伴读大师兄

数学其实很简单

李庆华 著

江苏凤凰教育出版社
Phoenix Education Publishing, Ltd

书　　名　数学其实很简单
作　　者　李庆华
责任编辑　杨新华
出版发行　江苏凤凰教育出版社(南京市湖南路1号A楼　邮编210009)
苏教网址　http://www.1088.com.cn
照　　排　江苏凤凰制版有限公司
印　　刷　江苏凤凰新华印务集团有限公司
厂　　址　江苏省南京经济技术开发区尧新大道399号(电话:025－68037410)
开　　本　787毫米×1092毫米　1/16
印　　张　20
版　　次　2019年8月第1版
印　　次　2024年6月第2次印刷
书　　号　ISBN 978-7-5499-8092-5
定　　价　38.00元
网店地址　http://jsfhjycbs.tmall.com
公 众 号　苏教服务(微信号:jsfhjyfw)
邮购电话　025-85406265，025-85400774
盗版举报　025-83658579

这是一本什么书

这是一位一线数学老师的教学日记，记录了在数学学习过程中师生互动的点点滴滴，真实而鲜活；写出了老师和学生在数学教与学中的喜怒哀乐，领悟与成长。

这是一本不寻常的教学手记。作者每天拖着疲惫的身躯在深夜记下每节数学课的所失所得，以及课后辅导学生的所感所悟，它是研究中国教师如何教授数学的原生样本。

这是一本以数学学习为主题的书，系统阐述了初中阶段许多知识板块的学习技巧和要诀。它主要以初二上学期的数学学习为素材，剖析了数学学习的规律和技巧，因为许多孩子往往在初二的时候掉队。这个阶段正是孩子发展逻辑思维能力和抽象思维能力的关键期，而数学学习则是关键中的关键，正如书中所言“得数学者得天下”。

作者希望通过这本书让大家多一些真切而深入的理解：孩子更能理解数学学习，家长更能理解孩子的学习，更能理解老师的工作。只有深刻的理解，孩子、家长和老师三方才能真正形成合力，帮助孩子顺利走过数学学习过程中的“沟沟坎坎”，让孩子不至于在关键期掉队。

书中有很多细节让家长和学生都能更清楚地认识到数学学习的一些规律，平实、可信。譬如作者在家长会上的一段话：

> 进入初二后，数学知识突然加深变难。很多几何题的解决，不仅需要形象思维能力，还需要一定的抽象思维能力，代数题也变得复杂繁琐。很多同学一下子没有适应过来，学习成绩有所下降，这是一种正常现象。一般来说，只要现阶段打好基础，力争不掉队就行了。初二时所学的知识到了初三，每位同学都是可以搞懂的。到了初三总复习时，每位同学都不会丧失中考冲刺的机会。

本书相较于其他同类图书多了一个视角。数学学习成功与否，不仅仅限于数学知识层面。拼命地刷题，疯狂地参加各种培训班，这些都是本能的选择，并不能真正帮助孩子摆脱学习的困境。我们需要多关注孩子数学学习的心理：老师和学生共同去营造好的学习环境，激发学习的兴趣，探寻切实可行的学习方法和技巧；家长需要真正走进孩子的学习生活，平等而明智地与孩子对话，切实支持和帮助孩子。这些才能在提升孩子的学习成绩中起到作用，书中记述的很多细节值得老师和家长借鉴。

作者记述了自己在日常教学中的得与失，更多关注的是学生在学习中的一些误区。由于作者独有的细心和耐心，有些发现许多书籍很少涉及。比如，关于学生经常出现的计算错误问题，落入题目陷阱的问题，作者认为这些问题并不能简单归因于粗心，而是应该深入分析每个孩子的答题过程，找到更深层次的原因，方能根除此类顽疾……因此，分析更加实事求是，角度更加出人意表，解决办法更加真实可信，并且遵从了数学学习的客观规律，紧扣了数学的学科本质……

全书也讨论了许多类型题目解决的经验、策略和技巧，但它不是一本解题指导书。题目仅仅是载体，作者追求的是“无题胜有题”的境界。

数学虽然复杂，但同时又简单而纯粹；数学学习虽然艰苦，但同时又充满乐趣，这是作者的感悟。最后，祝愿每位学生读者都能在数学学习中“体验快乐，取得进步，获得成功”，希望阅读本书的每位家长和老师都能有所收获，更好地陪伴孩子成长。

编　者

目　录

数学其实很简单

第1周

8月31日　星期六

上班第一天

今天是上班的第一天。

上午，教务处张主任通报了本学期老师们的带班调整情况。过去三年，我顺利将两个班的学生从初一带到初三毕业，而且，最后的中考成绩还相当优秀。

本学期，本以为自己会再从初一重新带起，但张主任宣读的带班决定却让我略略失望了一回。我并不是下到初一从头带起，而是接手初二另外两个班，一个是重点班14班，另一个则是普通班13班。

这里，先要简略介绍一下，我们学校初二年级共有14个班，其中4个是重点班，另外10个是普通班。小升初考试只考语文、数学、英语，然后按照总分情况将前200名学生平均分配编入重点班，其余学生再平均分配编入普通班。

从现在开始，我就要和他们一起学习数学，或者换句话来说吧，就要对他们的数学成绩负责，直到初三毕业。

换了办公室并将办公桌整理好后，我马上向两个班的班主任要了学生名单。

两个班97名学生，除了极个别的教工子女，其他的学生，我一无所知。14班这个重点班，学生守纪、爱学，可能在以后的教学过程中，不需要我花费太多的精力。按照中国所有分过重点班的初级中学的惯例，加上以往的教学经历，我知道13班这个普通班，一定会让老师操碎心的。我拿起13班学生的名单，尽管这些名单里的学生我一个也不认识，当前也不知他们的成绩，但每个孩子在出生命名的时候，家长一定是寄予厚望的，或者望子成龙，或者盼女成凤，我不由研究起这些同学的名字来。

锐风、子凯，锐不可当，勇士凯旋！不知他们两人的父母起名时是否这样想的。

雪欣、倩妮、咏珊，名字都很美。这三位女学生是否文雅清秀现在不好说，但想必是古灵精怪、聪明过人的吧。

萧淼，可能五行缺水，太过安静，不能远游，所以就用三个水来压一压。但学习数学正好需要这种安静的性格哦。

芷晴、靖莹、雪慧，三个女孩子的名字中规中矩，上课也应该是坐姿端正、认真听讲的吧。其实，初中数学如能做到课堂认真听讲，成绩是差不了的。

晓桐、晓帆、晓炜，在我印象里，凡是中间带一个晓字的同学，一定是谦逊、守礼、尊师、乐学的。你们三位同学，我说的对吗？

懿琳，我很喜欢你名字中间的那个“懿”字，这让我想到了三国人物司马懿的隐忍沉着。这是一种学好数学的良好性格。

天池、友成、中元，名字虽较普通，但一定会和老师非常亲近，因为老师的名字与你们的一样普通，不知你们是否也和老师一样，是一个外表冷漠、内心狂热的人。

雨婷、可晴，雨过天晴，心扉敞开。给这样的学生上课，还不让我如沐春风，如饮美酒？

……

每一个同学的名字都是那么优美而又寓意深刻，其实从出生的那一天起，你们的父母就对你们每一个人寄予了厚望。

13 班、14 班的同学们，接下来你们将如何进行这两年的数学学习呢？让我们拭目以待。

9月1日　星期日

同学们返校

早上来到办公室后，13 班班主任告诉我一个好消息。

千万不要太看重成绩，为一次考试成绩患得患失。你所关注的应该是自己的学习状态和努力的过程。

13 班来了两个插班生，分别叫楚涵和竣升。正当班主任要告诉我他们两个人的插班成绩时，我忙说：“先不要告诉我成绩，我想先看一看他们的学习状态和上课情况再说。”其实某一个孩子在某一次考试中的成绩，只是他前一段时间所付出努力的副产品，努力过程远比考试成绩重要。

多了两个学生，我其实还蛮高兴的。孟子曾说过，得天下英才而教育之，三乐也。这两个学生，我相信，在他们父母的眼里，一定也是光彩夺目的英才。楚涵，从名字来看，楚楚动人，内涵丰富；竣升，一直处于上升状态，不想成为英才都难。

上午，完成了数学组长分配给我的备课任务后，我就先行阅读起另一位数学老师已经备好了的第一课时的教案。教案备得真不错，既能应对学校领导检查，又适宜课堂教学。放下教案，我又拿起课本认真研读起来。

八年级上学期第一课时是“三角形的边”。课本上的内容先是三角形的定义、记法、分类，再是三边关系定理，环环相扣，层层展开，脉络清晰。按照这个顺序去组织学生学习，效果肯定不错。不过三边关系定理是这节课的难点，课本的叙述显得有点单薄，特别是做具体题目时，要经常把两条结论“三角形两边的和大于第三边”和“三角形两边的差小于第三边”综合起来用。每次我上这节课时，就常常想，为什么教材编者不在这两句话后直接总结：“三角形的第三边大于另外两边之差，小于另外两边之和。”这样，读起来琅琅上口，用起来得心应手。这个结论用字母表示就是 $|a-b|<c<|a+b|$，这样更简单，而且许多题目，都需要用到。

学好数学的基本要诀

下午，两个班的学生报到并领课本和教辅材料。数学练习册里夹着答案和一本考试试卷，我正在犹豫要不要让同学们把答案和试卷先行收起来放到我这儿保管时，14 班的数学课代表 H 瑞同学和 13 班的数学课代表文伟、晓桐同学，来到我的办公桌前请我指示。我一下子高兴起来，这两个班的课代表工作如此主动，并且刚返校就知道要换数学老师，对此也没有任何负面情绪。我对接下来的数学教学工作充满了信心。

有一位领着孩子报到的家长听说换数学老师了，马上过来与我沟通交流。她是雨婷的妈妈，和我一样，也是外地来这个城市努力打拼的一代。像我们这样的奋斗阶层总是对孩子的教育无比重视，可不想付出太多努力的孩子们并不理解啊。

雨婷的妈妈可能懂得点相由心生的道理。她看到我稳重善良的面相后，直夸我一定是一个数学教学经验丰富、工作认真负责的好老师。当她听说我是从初三才下来时，更是对我赞不绝口。

在雨婷的妈妈向我介绍孩子的情况时，受人称赞无以为报的我，突然想马上为她孩子的学习情况把把脉。叫来雨婷，随意问了几个问题，看了看她的站姿，听了听她回答问题的语气，我对她说：“以后上课专心点，做题细心点，你的数学成绩肯定会提高的，老师对你非常有信心。”

孩子高兴地走后，她的妈妈算是听明白了：上课不专心，做题不细心应该就是她的宝贝女儿目前面临的主要问题。其实，又哪里只是雨婷同学，所有数学成绩不是那么理想的学

> 上课不专心，做题不细心，是成为数学高手道路上的两只拦路虎。

生，不都有这样的毛病吗？

晚自习第一节课，是13班的数学学习时间，我用半节课的时间与孩子们进行了交流。

首先，我表扬了13班同学们的纯真、善良、美丽，接着又给他们鼓劲打气。当说完“有志者，事竟成，破釜沉舟，百二秦关终属楚”之后，我怎么也想不起来后面一句，真是书到用时方恨少啊。好在我急中生智，对同学们说：“外事不决，可问谷歌；内事不决，就问百度；数学不决，定要问我。”

接下来，我给同学们讲学好数学要做到的六个字：

第一个字“看”。多看书，将书上的重点内容标记下来，特别是一些基本概念和定理法则。

第二个字“听”。看完了书上的内容后，有些不理解的地方，有些自己忽视的重点内容，有些例题的简约而又规范的书写格式，都需要认真听老师在课堂上的讲解。现在初中学习数学首要的就是对老师亦步亦趋的模仿，而不是盲目的“创新”。唉，可惜很多自诩精通基础教育的伪专家们并不明白这些。

正所谓熟能生巧，只有在反复的模仿，耐心的学习之后，再考虑“巧”或者创新之类的。尤其像数学这种讲究逻辑、严谨求实的学科，反复的模仿实际上是对自己逻辑思维能力的训练，数学的基本功就是这样慢慢培养起来的。从来没见过小和尚进寺院见师父的第一天就说，扎马步、学黑虎掏心太没意思了，师父，咱们直接把“少林七十二绝技”拿出来练吧！

第三个字“悟”。就是重视对自己所看的课本、老师所讲的内容的理解。悟得快，数学就学得高效；悟得慢，在数学学习上就要多花功夫。

第四个字“记”。领悟到了那些基本的知识点、数学思想和解题方法后，就要把它们记住、背熟，一看到某种题型，就知道如何正确思考，就知道它的扣分点和陷阱在哪里。熟能生巧向来就是至理名言，做题少却想得高分，空手套白狼，只能是一厢情愿。

第五个字“问”。同学们在学习数学的过程中，肯定会遇到许许多多不懂的问题，千万不要害怕问问题，更不要怕麻烦，一定要把遇到的问题赶快拿去问老师，更何况，我们两个班的教室离我的办公室非常近。只有去问，才可能体会到豁然开朗、拨云见日的快感。

第六个字“慎”。上课要慎重、稳重，做题要谨慎、细心。学习数学需要课堂活跃，但这种活跃绝不是身体的移动，四肢的晃动，更不是随意的搞笑，而是思维的集中、大脑的兴奋。这种活跃是看不见的，但是能被感觉到。

孩子们还听得意犹未尽，可下课铃声已经响了。

9月2日　星期一

三角形定义及三边关系定理

上午第三节课，第一次在重点班14班上数学课。

重点班的学生确实不一样，预备铃刚响，同学们就齐刷刷坐在座位上，可能每一个学生都在想，教他们数学的这位新老师到底是何方神圣。

刚走进教室，坐在前排角落里的一个男生脱口而出："老师，你好帅哦。"

我晕！快四十岁的"老男人"了，还能被学生这样"夸奖"。我定定眼神，意味深长地看了他一眼，心里想：如果调教好了，这个孩子一定会是一个非常爱好数学的人；若处理不当，这种"炮筒子"将会给我以后的数学课堂，带来无穷无尽的烦恼。

"老师一直都很帅。"我异常肯定地望着他说。初次见面，先满足一下他的表现欲。

重点班的学生聪明，见多识广，勤于思考，善于质疑。为了稳住他们，我把每一个学生都扫视了一遍，才开口说道："我们14班的同学就是不一样，每一个同学的眼神都好清澈哦，由此可以看出，我们每一个同学的内心一定都非常善良。你们说是吗?"见没人反应，我接着说道："有没有眼神不清澈，内心不善良的？举手我看看——嗯，没人举手，我的判断一向都是准确的。"

先给这些优秀的学生戴一顶心灵善良的帽子，将来某一天，我真的在教学上出现什么失误，他们也不至于立马责难我。

昨天我所讲的学习数学的六字真言，又拿出来对着14班的同学们宣讲了一遍。说完我的六字真言后，就开始了正式上课。先给五分钟时间让同学们看书，检验一下我所说的第一个字"看"。

在同学们看书的时候，我把要进行的四个程序依次写在黑板上："1.三角形定义；2.记法；3.分类；4.三边关系定理。"同学们看书效果不错，有很多同学主动将书上的重点内容标记了出来。

五分钟后，开始提问。三角形的定义本来并不是这节课的重点，但我仍然问了两个同学，可惜回答得都不好。这个定义有两个要点：(1)不在同一直线上；(2)首尾顺次相接。我举了两个例子，都只满足一个要点却不是三角形，原因就是另一个要点没有满足。初中数学里，这样的知识点太多了。在我所教过的学生里，顾前不顾后的也太多了。希望能通过这次简单的举例，让他们在理解定义时能有所领悟。

第二个程序，三角形的记法，很快通过，因为书上已经说得很明白了。

第三个程序，三角形分类，有两种分类方法，按边分和按角分。课本上专讲了按边如何分。考虑到晚自习要做练习册，里面出现了将三角形按角分为直角三角形和斜三角形两大类的知识点，所以，我还是补充讲解了这种分类方法。按边分也分为两大类，不等边三角形和等腰三角形。

然后，我在黑板上专门画了两种等腰三角形，一种是顶角是锐角的常见的那种等腰三角形，还有一种是顶角是钝角的不是那么常见的等腰三角形。特别是后一种，不能让 14 班这些优秀的学生不见识一下。

讲到此处时，一个聪明但又不是那么淡定的同学急着问：还有等边三角形呢？这个问题正好引出等腰三角形，它再细分为底边与腰不相等的等腰三角形，和底边与腰相等的等腰三角形，也就是等边三角形。我还专门用尺规作图法画了一个标准的等边三角形。

第四个程序，就是讲这节课的重点——三角形的三边关系。很多同学都说，以前数学老师在初一时已经讲过了。同学们都知道“三角形两边之和大于第三边，两边之差小于第三边”。

既然都知道，也就没有必要详细讲解了。我只是将这两句话综合起来的一个结论写在黑板上：三角形的第三边大于另外两边之差，小于另外两边之和。

让同学们将这个结论抄在课本上之后，我举了一个具体的例子：一个三角形的三边是 3，5，x，那么 x 的范围是什么？这种小儿科题目丝毫难不住 14 班的同学，他们立马答道：$5-3<x<5+3$，即 $2<x<8$。我高兴地点了点头。练习册上有这道原题，同学们应该能全部做对。初中数学就那么百来个知识点，掌握一个少一个，到了初三中考的时候，想不得高分都难。

第四节课，在 13 班上。我告诉同学们，在百度上查到了那句我遗忘了的话：“苦心人，天不负，卧薪尝胆，三千越甲可吞吴。”

接下来，我对 13 班同学们说：“虽然我们只是普通班，但只要每个同学都卧薪尝胆，埋头学习，我们班一定会出现大量数学成绩超过重点班的同学。”古人云：“王侯将相，宁有种乎？”

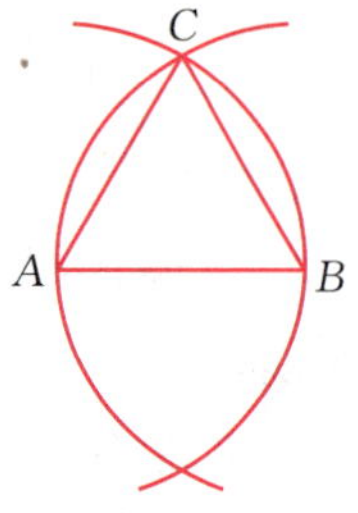

黑板上的图

接下来的程序与在 14 班差不多，不过，在 14 班已经讲完了三边关系定理，在 13 班还没来得及讲就响起了铃声。只有等到明天再讲了。

下课时，13 班有两个同学跑到讲台上来问我。一个同学问：“用尺规作等边三角形的依据是什么？”我指着黑板上的图说，画的两条弧的交点，到下面线段的两个端点的距离相等，都等于最下面的那条边。这位同学若有所悟。

还有一位同学，拿了一份试卷，一看就是外面培训机构印制的高难度奥数题。这些难题让大量的学生家长趋之若鹜，但又让大量的学生遭受着沉重打击，以至于失去学习数学的信心。最后的结果就是，众多的智力并不超常但又想有所成就的学生，浪费了大量的时间在培训机构。这些偏难怪题，中考根本就不会考。我是不支持，也不鼓励同学们去钻研这类题目的，当然那些对数学特别喜欢且很有天赋的同学在空闲时间可以钻研下。

培训机构不可迷信，用得好是帮助，用得不好是干扰。

有一道题，这位同学不会，但要解出来，必须要作出两条匪夷所思的辅助线，三次用到三边关系定理，再经过复杂的化简。而这，只有明天学了三边关系定理这个知识点后才能告诉他。

晚自习，我布置的作业有两个。一是做练习册上的选择题和填空题，至于解答题，等我明天结合例题讲述了具体要求后再做。另一个是给每一个同学发了一张纸，让他们预习完下一节的新课后，在纸上画一个锐角三角形和一个钝角三角形，然后再画出这两个三角形每条边上的高，最后上交检查。

画锐角三角形三条边上的高，没有出现什么问题，但钝角三角形三边上的高，很多人不会画。14 班有 2 位同学不会画，13 班有将近 20 个人不会画，待到明天再指导吧。

9 月 3 日　星期二

用分类讨论思想解等腰三角形

今天上午，14 班是第一节课，13 班是第二节课。

在 14 班，利用课前五分钟休息时间，我将书本上的例题完整地抄在了黑板上。有时间能往黑板上抄，我就不喜欢用课件展示，除非是公开课。

预备铃响后，我给同学们规定：每节数学课预备铃响到正式上课铃响的两分钟时间，以后完全交给他们，每个人把上节课讲的重要的知识点和课本上划出来的重点内容好好背一背，两分钟后，我找人提问。

一瞬间，书声琅琅。我绕场一周，很是高兴。

正式上课后，找了一个同学背三角形三边关系定理，背得很好，我很满意。

接下来就是结合例题，讲解规范而又简约的书写格式。例题的第一小题，有一句话："等腰三角形腰长是底边长的 2 倍"，我问同学们，该如此表达这句话？

同学们异口同声地回答:"设底边长为 x,腰长为 $2x$,列方程求解。"完全不用我做任何提示。还有一句话:"用 18 cm 围成三角形说明了什么?"又是一片异口同声:"周长是 18 cm。"

我本来只需要在黑板上写上"方程思想"四个字的,但考虑到让学生模仿书写格式,我还是完整地写了第一小题的答题过程。

第二小题有一句话:"等腰三角形有一边长是 4 cm",但没有说是腰还是底边。我问同学们,这种情况该如何处理,同学们纷纷答道:分两种情况讨论。我在黑板上又写上了答数学题常用到的第二种思想:分类讨论思想。接下来,按照我拟定的分类讨论的格式,在黑板上写上了标准过程。然后,让同学们仿照标准格式做练习册上的需要分类讨论的解答题。

14 班的 Z 会同学主动举手,要求到黑板上来板演。

离下课还有五分钟时,我点评了 Z 会同学的答题过程。

首先就没有写"解",同学们立即帮他指了出来。

这道题目没有单位,Z 会同学在答案后面添上了"单位长度"这个词,这确实是一种较好的处理方法,但也可以和题目一样,在数据后面不带单位。我擦去了"单位长度"这个词,同学们立马就叫喊,上一任数学老师说了,遇到这种情况,必须写上"单位长度"这个词,否则要被扣分的。

像我这样中途接手别人的班,就像是一个后妈,才开始相处的时候,总是让人不太舒适。怎么办?解释?说服?顺从?思考了几秒钟后,我这样说道:"因为题目本身的数据没有单位,这种情况下,我们按照中考评分要求来,也不用带单位。"说到中考评分要求,同学们才没有再鼓噪。这个过程我表现得尽管有点武断,但在即将下课的情况下,武断也是一种决断啊。

第二节课在 13 班上,由于先要讲昨天没有讲完的三角形三边关系定理,所以时间有点紧。最后还剩下 5 分钟时间时,同学们才开始做练习册上的那道需要分类讨论的解答题。

5 分钟要做完一道解答题,就不能让同学们主动举手了,我直接点了本班学习成绩最好的学生嘉琪。听班主任介绍,嘉琪同学入学时成绩在班里排二十多名,但上学期她学习特别努力,在期末考试时一跃成为班级的第一名,在年级里也仅以 3 分之差排名第二。她确实是一个上课听讲认真、神情专注的优秀生。其实,现在初中各科的知识点都属于呈现式的,而非创造式的,只要一个学生有良好的学习习惯和答题

> 听讲认真、神情专注,是一个优秀生的必备素质,请同学们自己也对照一下哦。

习惯，有坚强的毅力和高远的目标，都是可以在成绩上取得巨大进步的。嘉琪同学已经为所有的同学做出了榜样。

这道解答题，嘉琪同学虽然最后的答案正确，但是分两种情况讨论的解题格式还是不太符合要求。由于时间紧迫，已经来不及让同学们帮她指出格式错误，我只好"御驾亲征"。

下课铃响后，还没有写完。怎么办？戛然而止吗？我还真舍不得放弃给班级里成绩最好的学生讲评错误的机会。

最后，我向同学们"请示"——其实哪里是"请示"，只是通知了一下他们：本节课要拖堂一分钟。没有一个学生露出反对的表情，他们早已习惯了老师随意安排他们的时间。

下课后，我想了想，前天才定下的力争不拖堂的决定，这么快就违反了，希望以后尽可能地少违反。

晚自习，我布置了两个任务。一是完成练习册第一课时的练习题，二是留15分钟做一张小测试卷。13班的中元同学在交卷时，略带"娇嗔"地对我说，同桌把他自测试卷上的名字抹去了。面对这个情况，我只是定定地看了他长达一分钟的时间，直看得他心里发毛，稍后他才慢慢地低下了头。之所以这样做，是因为面对学生之间这种小得不能再小的纠纷，我也没有什么处理的高招。

马上批改后，发现两个班的同学在试卷上都出现了三大错误：

一是题目有单位，最后答案没有带单位。记得上一届我所带初三班有一个学生，最后成绩离高中公办生签约仅差2分，而他的数学试卷上就有一个填空题没有带单位，被扣了2分，他都后悔死了。

> 典型的三大漏分点，三把漏勺，你身上藏有几把？

二是有几个同学在填空题的答案中，写9－5，9＋5，而不把它们化简。没想到，已经是初二的学生了，还出现这种低级错误。什么时候，都不能高估这些学生，哪怕是重点班的。

三是仍然有大量的同学在做解答题时，出现格式书写错误。要让学生养成一种做题习惯，仅凭一次讲解是远远不够的。罗马不是一天建成的，以后只能再给他们反复强调、示范了。本次小测试，14班有四位同学不仅全对，而且卷面整洁，他们是Z祺、云龙、Z艺、泳仪。13班只有一人做到，他是志钊。

> 好班和差班的差距，有时就是书写格式、书写习惯的差距，而书写习惯则反映出学生认真与否！优生和差生的区别也是如此，有时甚至和聪明与否关系不大，自诩聪明的学生要注意了。

9月4日　星期三

三角形的高、中线和角平分线

今天14班、13班都有两节课，而且都是连堂课。14班是上午第一、二节，13班是下午第二、三节。

> 数学学习，背诵也很重要，大脑要对知识加工处理，首先要能记住知识要点，否则是无源之水，无本之木。

到14班后，仍然要提醒同学们在前两分钟的预备时间里去背课本上昨天所学的重点内容。可见，一个习惯要养成，仅仅训练两次是不够的。我记得在一本书上曾看到过，要养成一种终身受用的好习惯，需在某一段密集时间里，至少连续训练90天。

上课提问了雨馨同学三角形三边关系定理，她背得非常流利。

接下来，我专门用一点时间总结了一下昨天晚自习做小测卷的情况。

我表扬了四位小测卷做得不仅没有任何错误，而且书写还异常整洁的同学，并让他们将自己的小测卷拿着，每人负责一个大组，让每个大组的同学好好看看，让每一个同学好好学习一下，数学题的解答该如何去写。新学期才开始，榜样、标杆是要树立起来的。我又指出了小测卷中出现的三大错误，但愿这样的错误不要让我在班级里反复提醒太多次。

在学习新课"三角形的高、中线和角平分线"时，我仍然给了三分钟时间，先让同学们认真看书，并将书上的重点内容做好标记。

我在黑板上画了一个锐角三角形，一个直角三角形，一个钝角三角形。画出前两个三角形三边上的高，14班的同学没有什么问题。画出钝角三角形三边上的高，只有Z灿、皓天两位同学在前天晚自习时画错了。但我还是用了几分钟时间，分别画了这三种三角形三边上的高，我要让他们观察三条高或者高所在的直线是否都交于一点。

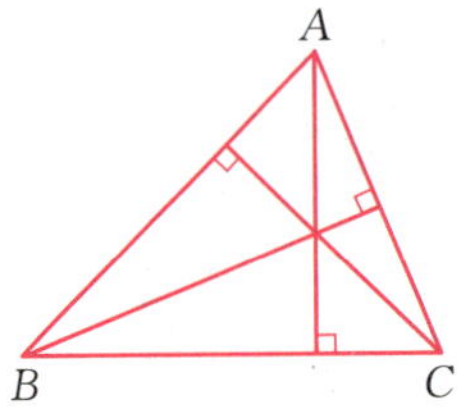

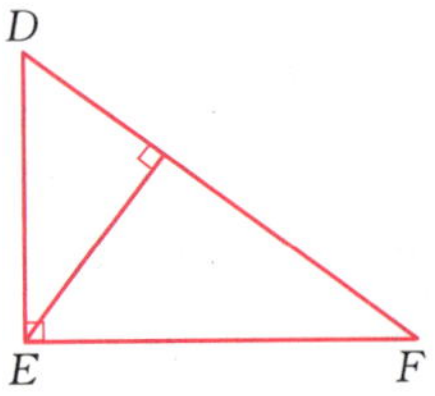

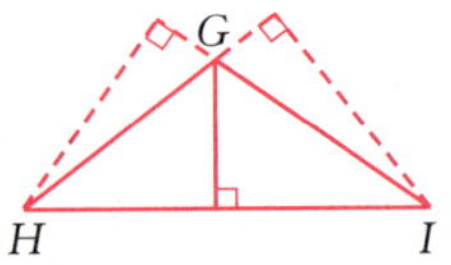

我跟同学们额外指出了，三条高(或者高所在的直线)的交点叫垂心。同学们也都看清楚了：锐角三角形的垂心在形内，直角三角形的垂心在直角顶点，钝角三角形的垂心在形外。

我以前曾用几何画板软件，专门做过一个小动画，可以看出当三角形从锐角三角形向直角三角形再向钝角三角形变化的过程中，垂心由形内慢慢向顶点再向形外移动的过程。

讲完三角形的高后，我问同学们，高常与三角形的什么计算联系在一起？同学们马上回答，三角形的面积，因为面积公式中用到了高。我满意地点点头。

接下来讲解三角形的中线和三角形的角平分线。在讲中线时，出现了一个小漏洞：没有通过提问跟同学们强调，三角形的中线把三角形分成面积相等的两部分。这个知识点非常重要，在很多作图题里要运用到。直到后来一个同学问我练习册上一道题时，我才想起来。下午到 13 班再讲到中线时，一定不能再忘掉这个小细节。

在讲三角形的角平分线时，我特意画了角的平分线和三角形的一个内角的平分线，一下子就看清楚了两者之间的区别。角的平分线是射线，而三角形的角平分线是线段。三角形的三条角平分线相交于一点，这个交点叫三角形的内心。“内心”这个词，全称为内切圆的圆心，属于初三年级的教学内容，本不想多提，但看到孩子们不解的神情和求知的目光，我还是简单地解释并画了一个三角形的内切圆，至于有多少同学能理解，那就由老天爷来决定了。

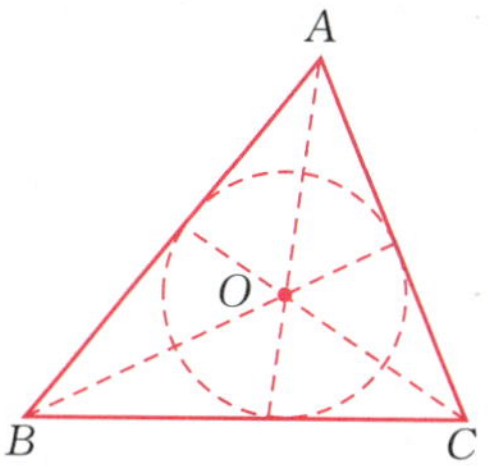

三角形的内切圆

讲完课本上的内容后，就开始让同学们做练习册上的题目。练习册上有三道解答题，前两道要先由三角形的面积公式推导出一个结论，即三角形的每一组底与高的乘积相等，然后再用这个结论去计算。14 班很多同学凭借他们的聪明才智，都算出了最后正确的结果。但是解题过程，要么冗长繁琐，要么简略粗糙。没办法，我又“跳”了出来，写出标准的过程，让他们一步一步地模仿。要想超越，必先模仿。

第三题，是一道典型的利用面积之和，求等腰三角形底边上一点到两腰距离之和的解答题。有一个同学自告奋勇地跑上讲台，但他思考了一会儿却找不到任何思路。我提示了要连接等腰三角形底边上的点与顶点，作辅助线，再利用面积之和等于总面积来计算。这位同学又思考了好一会儿，才勉强做对。

化整为零的意识——时刻想到基本图形

如图，已知$\triangle ABC$的面积为24，$AB=AC=6$，过底边BC上一点D分别作$DE\perp AB$于点E，$DF\perp AC$于点F，求$DE+DF$的值。

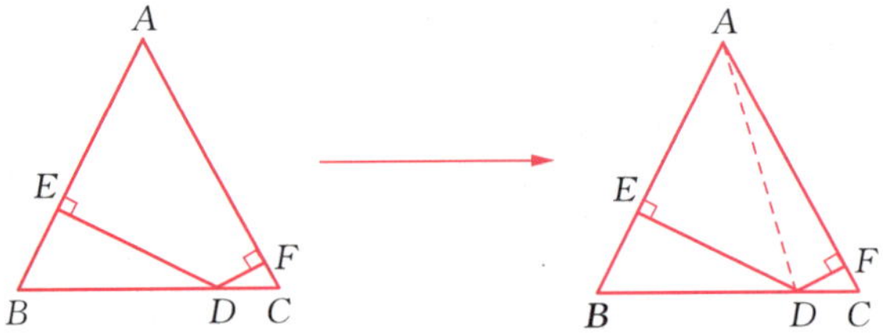

此题的关键是要把三角形分成两个。为啥分成两个？怎么会想到分成两个？

没有想清楚这两个问题，是这位同学对此题束手无策的原因。虽然老师告诉他要连接AD。但是，他不清楚为啥要作这条辅助线，作这条辅助线的目的是啥。下次遇到类似的题目，估计他还是一筹莫展。

这里面涉及一个基本的数学思维和经验。所有的数学问题，往往是由若干个基本问题组合而成的，数学题目也是若干小的基本题目组合而成的。就像小时候玩积木，用几个基本的积木，就可以堆砌成变化多样的复杂形状，你想知道最后拼成的图形到底是咋回事，就得把它拆了，最后看到的是一个个基本形状的积木。平面几何题也是如此，一道稍难题目的几何图形往往由几个基本的几何图形组成，因此解几何题必须要有这种意识：无法直接用公式或定理一次解决的题目的图形，必须将其分解为更基本的图形，这样便于你找到解决问题的突破口。

就本题而言，求底边上的点到两腰的距离之和，只知道整个三角形的面积，要求两个距离的和，由面积自然联想到三角形面积公式，由三角形面积公式又联想到高，而这里的两个距离不属于任何三角形的高，站在那里“形单影只”，怎么办？于是联想到分解，将一个图形分解为更基本的图形，必须分别找到它们所在的三角形。连接底边上的点D与三角形顶点A，将原三角形分成两个三角形，是一条必须要走的路。至此，便豁然开朗。

做几何题并不需要天才的大脑，也不需要特殊的技巧，往往只是一种组合与分拆的游戏。遇到类似困难时，多想想小时候搭积木、玩拼图的游戏吧！

下课的时候，14班有一个同学跑来跟我说，我讲课的速度太慢了。对于重点班的学生，我也想讲快一点，但是总有人并没有理解好所有的知识点，新学期才开始，还是培养学习习惯和做题习惯最重要。我对这位同学说：“你悟性好，觉得老师讲慢了，你可以在听懂后多去钻研一下更难的题目啊。进度已固定，你可以去加深一下深度。”

下午在 13 班上课，程序差不多。先给全班同学展示了志钊同学的小测卷答案，再纠正了试卷上的三大错误，然后开始讲解三角形的高、中线和角平分线。

在讲三角形的高相交于一点时，有一个同学在下面大声喊道，这个点叫重心。三条中线的交点才应该叫重心，可我还没有讲到那里去呢。这位学生也属于典型的“炮筒子”。对于这个“炮筒子”，在 13 班我采用了与在 14 班不一样的方法。

我盯着他看了一会儿后对同学们说：“学习数学最重要的是淡定，积极思考，理解记忆，想好再答。像这样，口在心先，言在脑先，是学不好数学的。”

最后快结束的时候，我没有去讲解答题中的第三题。两个班的学情不一样，还是要区别对待。当然，如果 13 班有学生主动来问第三题如何做，我还是会单独告诉他的。不过，在 14 班出现的那个课堂教学小漏洞，在 13 班上课时，我仍然没有想起来，尽管上课前我还提醒过自己。可见一个错误要想改正，是多么困难啊。我现在对同学们能够马上改正我提到的三大错误，也不抱太大希望了。

吃过晚饭，我开始批改 13 班同学昨天做的练习册。有一道题是这样的：“三角形有两条边分别为 5 和 3，第三边为 x，那么 x 的取值范围在______和______之间。”此题是我上课讲过的原题，答案是 $2<x<8$。可 13 班有将近 20 个同学的答案是：x 的取值范围在 3 和 7 之间。

才开始发现几个同学做错时，我还以为他们是计算错误，到后来看到越来越多的人做错时，我不禁疑惑起来，$5-3=2$，$5+3=8$，怎么也不应该算出 3 和 7 啊。难道他们都在抄作业？不行，我得调查一下。

叫来三个出错的女同学，我问她们，这道题她们都是如何思考的。沉默了好一会儿之后，有一个女同学才怯生生地跟我说：“$x>2$，不就是取 3 吗？$x<8$，不就是取 7 吗？所以，x 的取值范围在 3 和 7 之间啊。”

我晕！我从来没有想过这些出错的同学是这样思考的。$x>2$，并不是说，就要取 3，因为大于 2 的数，还有 2.1，2.2 等，甚至还有 2.01，2.001……我记得以前带过的几届学生中，也有不少学生出现同样的错误，但我从来就没有去问他们是怎么想的，而是反复责备他们计算不细心。我现在才明白了其中的原因，原来是我的脑子笨啊。

我第一次感到学生的思维与我们老师的思维是多么不一样。就算都是学生，成绩差一

> 不能停留在小时候数数阶段，三角形的边长不一定是自然数啊，它小于 8，有可能是 7.999 999 999 9…，你怎能武断地认为它就是 7？到了初中，我们认识了更多的数，从有理数到无理数。只要心里默念有理数的定义，就明白自己犯了多么低级的错误！

点的与成绩优秀的也有巨大的差距。这种差距是理解能力方面的，是思考层次方面的，是眼界见识方面的。看来，以后在教学时还要更多地站在他们的角度去想问题。

9月5日　星期四

三角形的稳定性

今天14班的课在上午第四节，13班的课在上午第五节。上课内容很简单，几乎不用我去讲什么。

预备铃响后，14班有三个同学立马拿出书，小声背诵昨天所学的知识点，而其他同学还在无动于衷地左顾右盼。我马上对全班同学表扬了这三个同学，他们不用我提醒，就已经在背诵知识点了。这时，其他同学才反应过来。一瞬间，教室里人声鼎沸，气氛热烈。

上课后，我找了两个同学，让他们用自己的语言说说什么叫三角形的高。这两个同学的答案都有一些小漏洞。我对他们说："让老师来给大家背诵一下，什么叫三角形的高吧——从三角形的一个顶点，向对边所在的直线引垂线，这个顶点到垂足之间的线段，叫三角形的高。"我边背还边重点强调"对边所在的直线""这个顶点到垂足之间的线段"这两处。

背完后，我问同学们，这样说是不是就无懈可击了？同学们纷纷点头称是，我也小小地得意了一把。在理解和表述定义方面，希望我给他们每一个人都做出了榜样。

接下来，讲了昨天小测卷上的一道解答题，此题涉及一个重要的计算公式（知道直角三角形的三条边，如何计算斜边上的高）：直角边×直角边＝斜边×斜边上的高。这个公式里，四条线段，只要知道了其中三条的长度，就可以马上求出另外一条的长度，其实也是一种方程思想的应用。

然后又强调了昨天上课时漏讲的一个内容：三角形的一条中线，将这个三角形分成面积相等的两部分。

针对几个反应不是那么敏捷的同学，我对着图形指出：中线分开的这两个三角形底边相等，高相同，所以面积就相等。

讲得这么细，14班的同学估计都已经理解了，但13班的同学里，总有几个身在曹营心在汉，对知识点一知半解。这些思想老是开小差，学习成绩"稳居"末流的同学，就成了老师们心口永远的痛。

至于新课“三角形的稳定性”，我给了三分钟时间让他们看书，然后针对课本上所举的用木条钉三角形和四边形的例子，给出了两个结论：(1)三角形具有稳定性；(2)四边形具有不稳定性。我分别举了几个应用实例后，就让同学们做书后的习题，并对了一下答案。

下课时，有两个同学来到讲台，就课本第 9 页的第 10 题，说我的答案不对。我立马重视起来。这道题目是这样的：要使四边形木架(用四根木条钉成)不变形，至少要再钉上几根木条？五边形木架呢？六边形木架呢？答案当然分别是钉一根、两根、三根。因为从一个顶点出发，可以分别连一条、两条、三条对角线。这些对角线将多边形分别分成两个、三个、四个三角形。这样，整个木架才稳定，不会变形。

这两个同学认为不对的理由是这样的：用五根木条钉成的一个五边形木架，只需要在第一根木条和第三根木条的中点处再钉一根木条就可以了。我马上告诉他们，如果这样钉，没有出现三角形，就不具有稳定性。他们两人解释说，因为是木条，用钉子钉住后，整个木架就被牢牢拉住了，不会再晃动，从而也就不会变形了。

> 孩子们提出这样的问题，实际上没有理解数学、物理学科中常用的一种游戏规则——理想化模型。此问题中的钉子钉进木条，就只能固定一个点，不能考虑钉子钉紧后，摩擦力的作用使木条无法自由转动。理想化模型，就是要剔除一些次要因素的干扰。本例主要考查三角形的稳定性，而不能武断地引进摩擦力，想当然地分析现实生活中的现象。

面对他们的解释，我的大脑凌乱了。能告诉他们，就按照我讲的来，标准答案就是这样的，不要钻牛角尖吗？我想了一会儿，这样对他们两人说：“你们家里有木条、钉子吗？如果有，下周带来，我们钉一个五边形的木架，亲自试一试。如果没有，那就按我讲的答案来。”他们两个面面相觑。哼，把难题抛给他们。

在 13 班上课时，就没有学生提出这样钻牛角尖的问题了。

离下课还有五分钟，我布置了一张小测卷，由于题目简单，同学们都做得很快。随后，我检查了小测卷，14 班同学全对，13 班有三个同学分别错了一道非常简单的选择题。这个事实，再一次验证了这么多年以来我总结的一个结论：每次考试，再难的题，也有人做对；再简单的题，也有人做错。

晚上批改 14 班同学做的练习册，有全对的，也有错得较多的，但有一个同学的练习册，引起了我的高度重视，就是浩龙同学的。

他的练习册，只做了最前面的三道题，后面的数学题完全空着，包括一些非常简单的填空题。这是怎么回事？我叫来了浩龙同学，询问原因。他告诉我，做完前面几道题后，就没有时间了，所以后面的题，没有做就直接交上来了。

我不想去探究他所说的理由是否真实，只是这样跟他说："以后的作业，如果有不会做的，可以随时来办公室问我。如果真的做不完，也可以在第二天下课时间或者活动课到我这里来补齐。"

语重心长地说完后，挥挥手让他出去了。我对他讲的话，也不知他能听明白多少。

9月6日　星期五

三角形内角和定理

今天，每个班都有两节数学课，13 班是第一、二节，14 班是第四、六节。对于 14 班，我的两节连堂课由于种种原因，被活生生地拆散为上午、下午各一节。尽管我牢骚满腹，但也只有默默接受。

今天与前几天不一样的地方是，13 班的课先上。

预备铃响后，我刚站在教室门口，13 班的同学看到我后，立即拿出书大声读起来。在这一点上，13 班的同学明显比 14 班的同学进步得快。我想了一下，可能就是因为 13 班是一个普通班，班里的同学对老师崇拜有余，质疑、思考不足。所以，他们对老师总是言听计从的多一些。这到底是好事还是坏事呢？

> 追求真理，不可盲从，正如亚里士多德所言"吾爱吾师，吾更爱真理"，学习数学要有"认死理"的劲头。

正式上课后，我随机找了一个同学，问了下三角形稳定性方面的知识点，他答得很好。又找了两个同学，提问什么叫三角形的高。第一个同学答得有所欠缺，第二个同学答得非常完美。

接下来，我宣布了一个计划。初中部文校长说，学生周末回家，数学家庭作业不能超过 30 分钟，可我打算本周根本就不布置家庭作业。同学们立刻欢呼雀跃。

"不过，"同学们又仔细聆听，"我写了一个日记连载，每天写一篇，放在我的博客里。同学们回家后，在百度上搜索就可以找到。每一篇读完之后，顶一下，如果发表评论就更好，再写上姓名，就算这周的家庭作业完成了。第一个抢到沙发的同学，到学校后我还有奖励。"又是一片欢呼声。

课本上的新课，我给了 6 分钟时间，让他们将课本上的内容好好看一看，并将重点内容做上标记。同学们看完之后，就该我“粉墨登场”了。

先通过一个规范的证明过程，得到“三角形的内角和为180度”的定理。在证明这个定理的过程中，我特别强调作辅助线时一种常见的叙述方式：过某点作某线平行于某线，交某线于某点。以后再作类似的平行线作为辅助线时，就按此叙述。这个小细节，以前教过的很多同学，总是一错再错。

又讲解了直角三角形两锐角互余的结论后，我就重点讲解书上的三道例题。

这三道例题都很简单，如果让一个六年级的小学生来做，他都可以算出正确结果。但问题就在于初中数学几何题，需要严格而又规范的书写过程，这个过程我给以前的学生，用十二个字来总结过：环环相扣、层层推进、无懈可击。为了让同学们达到这种境界，我只好再次“率先垂范”。

讲第一道例题时，我给同学们强调两点：(1)先把准备工作做好后，再发起最后的进攻——计算最后一问的答案；(2)在三角形中，知道两个角的度数，求第三个角的度数时，要写明在哪个三角形中。

第二道例题是关于方位角的。我结合例题中的三句话，重点讲了“B处在A处的北偏东80°方向，C处在B处的北偏西40°方向”分别是什么意思，然后按照规范的解题格式进行板书。

课本中的例3，实际上是“等角的余角相等”这个结论的具体应用。这种应用在初中数学几何证明题中，经常遇到。我进行了规范的板书之后，立即让同学们做课本上两道类似的习题。有三个同学主动到黑板前来演示。演示结果有喜有忧，我分别做了点评更正。

习题点评更正(规范格式)：如图，经测量，B处在A处的南偏西57°方向，C处在A处的南偏东15°方向，C处在B处的北偏东82°方向，求$\angle C$的度数。

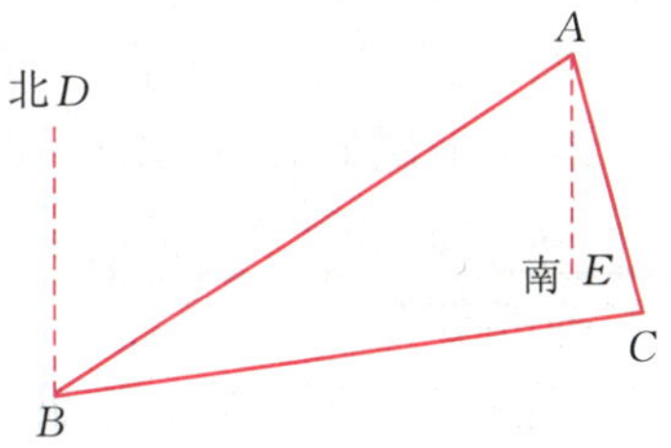

解 根据题意得$\angle BAE=57^\circ$，$\angle CAE=15^\circ$，$\angle DBC=82^\circ$，

$\therefore \angle BAC=\angle BAE+\angle CAE=57^\circ+15^\circ=72^\circ$。

$\because BD\parallel AE$，$\therefore \angle DBA=\angle BAE=57^\circ$，

$\therefore \angle ABC=\angle DBC-\angle DBA=82^\circ-57^\circ=25^\circ$。

在$\triangle ABC$中，$\angle C=180^\circ-\angle ABC-\angle BAC=180^\circ-25^\circ-72^\circ=83^\circ$。

点评完后，就下课了。相关的练习册上的作业，只有等星期天返校后的晚自习再来做了。

上午第四节课，在 14 班上。课代表 H 瑞同学来拿练习册迟了一点，所以在预备两分钟时间里，几个小组长和课代表在教室里忙碌地发练习册。当同学们主动去背昨天所学的知识点时，教室里就显得比 13 班乱多了。

接下来的程序，与 13 班的差不多。当我在黑板上写上百度搜索的内容之后，昊昊同学大声叫道："老师，你不是姓陈吗?"惹得同学们哈哈大笑。这样的大嘴巴，是我在 14 班遇到的第二个了，而且，在前几天的课堂上，他时常有这样的"惊人之语"。如果是一种大智慧、小幽默，我当然会和同学们一起"江山不要，开怀一笑"。但在他身上，老是出现这种小滑稽、小伎俩，我决定不再忍耐。

我对他说："这位同学，你是叫昊昊吧？我依稀记得，你像这样随意插嘴已经是第三次了。你随意插嘴的内容，如果是恰到好处、精彩无比，我当然会表扬你。但你所说的内容与课堂毫不相关，我只好在这里对你严厉斥责了。一个人要想学好数学，一定要淡定、专注、深思、多悟。像你这种'炮筒子''大嘴巴'，我想，你的数学是很难学好的，小聪明难成大气候!"昊昊低下了头。我又接着说："你现在已经在我脑海里留下了一个不好的印象，但我会给你机会，看你是否能够扭转。"

下午第一节课，我又到 14 班上课。刚走到教室门口，14 班的同学就对我大声喊："不公平，班级里有几个老师的孩子，中午回到家里，已经先打开你的博客看了，并最先抢到了沙发，我们拿不到奖励了。"

确实是有点不公平，但生活中这样不公平的事情还少吗？我无能为力，只好装着没有听清楚他们在喊什么。我张着嘴巴，睁着两只迷惑的眼睛，一一扫视同学们纯真的脸庞。

终于，正式上课铃响了，同学们也喊累了，我就开始讲课。

在快下课的时候，霖林同学对我说，课本上有一道习题，先问了两个角有什么关系，再问为什么，而我在给黑板上板演的同学更改答案时，并没有先回答两个角有相等关系，再说理由。

爱思考的女孩总是美丽的，那一瞬间，我发现这位女同学真够得上是秀外慧中。我对她这样解释："你说得很对，确实是老师写得不完美，但我主要是想让大家更好地看清楚这道题目的推理过程是如何环环相扣、层层推进的，所以，我削去了那些与焦点不相关的细枝末节。你在作业本上写的时候，需要加上去。"霖林同学若有所悟地点了点头。

这位女同学不仅秀外慧中，而且善良、宽容。这种性格与"炮筒子""大嘴巴"完全相反，老师想不喜欢都难。

第一周紧张而又忙碌的教学工作就这样结束了。

第2周

9月8日　星期日

周日晚自习

今天是星期日，同学们下午返校。每个班晚自习做数学的时间，只有二十分钟。我早已布置了数学任务——做上周五所讲内容对应的练习册上的题目，如遇不会做的，可随时来办公室问我。

在第三节晚自习时，14 班的同学里遇到不懂的问题，主动问我的有雨馨、章祺、富如。其中，富如同学有一道几何推理题，是用小学里列算式的方法做的。他问我是否可以，要如何改进。

富如同学能这样问我，至少说明了他已经认识到，初中几何推理题不能再用小学里的那种解题方式解了。我很高兴地告诉他应该如何书写解题过程。过了一会儿，当我去看他此题的答案时，发现他答得非常完美。

后来，H 瑞和焯坚两次主动到办公室，问我不懂的数学问题。我相信，像这样积极好问的学生，数学成绩是差不了的。

13 班的同学里，钦胜同学问了一道我上课时讲过的如何证明三角形内角和是 180°的解答题，我还是很高兴地告诉了他。对于有些同学来说，为了让他搞懂一道题，我真愿意对他讲两遍甚至更多遍。伤其十指，不如断其一指。与其对他讲十道题，他都一知半解，不如用十倍时间对他讲一道题，让他彻底把这道题弄懂。

> 同学们自己学习时也要有这样的策略，遇到问题就要想办法立即搞懂，弄清楚、想透彻，不可贪多求快。千万别脑子里装满似是而非的东西，到头来啥都掌握得不好，考试时哀叹"书到用时方恨少"。不是因为学的少，而是因为真正掌握的少。

13 班的子凯同学告诉我，他在家里的时候就已经做完了练习册上的习题。对于这样积极的学生，我告诉他，可以和 14 班的有些同学一样，再买一本好的数学资料，然后自己主动去做，有不懂的就问我。

13 班的嘉琪同学问了一个作辅助线时，该如何叙述的问题。我向她强调，作平行线的叙述模式是：过某点作某线平行于某线，交某线于某点。简单举例：

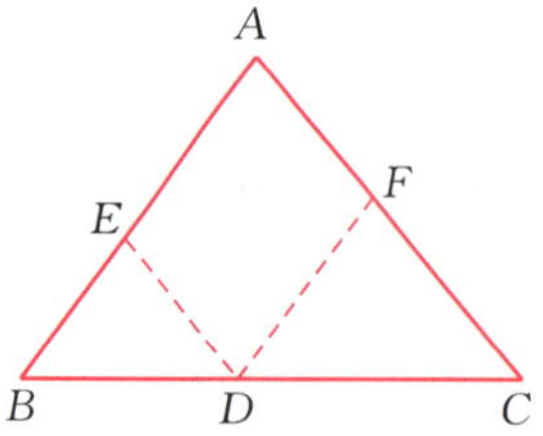

如图所示，过点 D 作 $DF \parallel AB$，交 AC 于 F 点；过点 D 作 $DE \parallel AC$，交 AB 于 E 点。

昨天和今天，一直都在家里关注我的博客，看同学们给我的留言，我还给个别同学做回复。

14 班的梓航和思宇同学说："为什么只点评 13 班同学的名字，而不点评 14 班的？是我们班的同学名字不够特殊吗？"我是这样回复的："因为 8 月 31 日晚上，我写到了凌晨 1 点多，而第二天早上 7 点钟又要起床上班。时间来不及了，所以匆匆结束。以后，等我有时间了，对大家也熟悉点，我会逐个点评 14 班同学的名字的，如果你们喜欢的话。"

14 班还有几位同学评论：你上课的风格与前任数学老师有很多的不同，我们不太适应，能否改进？我的回复是："所以说亲娘易做，后妈难当啊，不过，我会争取把这个后妈当好的。"

13 班的展鹏留言："老师多多关注我啊。"我的回答："我会的，如果以前不太注意到你的话，看了你的留言，我一定会在下周关注到你的。同时，也希望更多的同学对我提出类似的要求。"

还有很多同学在我的博客上留言："顶""加油""真实、精彩""老师，坚持每天都写啊"等等。那是肯定的，我会一直写到你们初三毕业时为止，除非我江郎才尽，写不出来了。不过，也需要你们好好学习，刻苦努力，积极配合。因为，这些日记连载其实是我们两个班的所有同学共同写出来的，你们说是吗？

还有大量的同学给了我源源不断的鼓励、喝彩，恕我不能一一列举回复。

我原只想收获一缕春风，而同学们却给了我整个春天；我原只想攫取一滴露珠，而同学们却给了我整个清晨；我原只想捧起一朵浪花，而同学们却给了我整个大海。同学们，你们真的都很懂事、善良。

在评论里，也留下了几丝不快。比如有一个朋友在留言里写了四个字，而这四个字有点低级庸俗，不好转述。唉，你们都懂的。我在他的留言后面是这样回复的："一般的读者都是先发表评论，再署名，而这位朋友却只署名，不发评论。"

调侃完后，我为自己不能像人民币那样做到人人都喜欢而有点黯然神伤。

其实，真的有什么不同意见，完全可以正常地用文字和我进行坦诚的交流。

昨天，手机收到上一届的一位同学诗琪发来的短信："李老师，我现在在读幼师，提前祝您教师节快乐。"

诗琪同学在班级里数学成绩很差，但她非常文静、善良，上课时从来不与别的同学讲悄悄话，下课后还经常拿一些不懂的数学题来办公室问我，但就是成绩上不来。有时候，看着她糟糕的成绩，我也会在班里对她严厉批评。有好几次，她都在教室里流下了委屈的泪水，可我为了自己的颜面，从来就没有向她道歉过。

在人的一生里，不同的人总是在不同的时刻开悟，有的人开悟的时间早，有的人开悟的时间晚，诗琪同学就属于在学习上开悟时间稍微晚一点的。我给诗琪同学的回复短信是这样的："读幼师是你做出的最正确的一道'数学题'，也是你根据自身性格特点所做的最正确的一个决定，老师祝贺你。干每一行都可以做出成绩，不过，做不出成绩也无所谓，只要每天过得开开心心、快快乐乐就好。以前在上数学课时，老师对你很苛刻，很多批评你时所说的话太过严厉，请原谅。"

> 孩子的心智发展有不同的特点，切不可仅仅因为某一阶段的成绩而武断地评价甚至批评自己的学生，否则造成孩子内心伤痛，自己也心怀愧疚。

13 班、14 班的同学们，要是我早两年教大家，可能你们很多人也会像诗琪同学一样被我严厉地批评，甚至被我直接骂哭。现在，你们赶上我正要反思以前的教学失误，赶上正在开悟的我，而我以前所教的那些学生们就比你们惨多了。

直到此时，我才慢慢想明白于永正老先生所说的那句话："年轻时不会教，等会教了，又老了。"

9月9日　星期一

三角形的外角

今天数学课的教学内容，是三角形的外角。

当我走到 14 班教室门口的时候，同学们都立即拿出课本，大声背诵上周五所学的三角形的内角这一节的知识点。终于，我想倡导的学习习惯，开始在他们身上慢慢出现了。

正式上课后，我并没有提问检查，而是给同学们发奖品。

上一周读我的日记连载抢到沙发的同学有七名，每个人可以得到一个奖品。

我跟同学们说："有同学反映，抢沙发发奖品很不公平，我自己也想了想，确实不公平。以后，我会凭同学们看完日记后的评论质量来发奖品，看谁发的评论最有意义，最有价值，最有感触，我就会给谁发奖品。同学们也都可以看评论，看老师是否公正、公平。”

14 班第一个得奖的是诺秋，13 班第一个得奖的是申辰。因为他们都是各自班里最先得奖的，所以，我又给了他们一个权利，就是可以从两样奖品里面挑选一件。一样是一本数学作业本，另一样是一块小石头。不过，这块小石头可不是一般的石头，它是我今年暑假驾着我那辆 1.4T 的小轿车，历尽千辛万苦，从珠穆朗玛峰山脚下亲自捡回来的，总共也就捡了十来块。石头虽小，但在珠峰脚底下躺了数千万年。天地的灵气有没有吸收到，我不清楚，但肯定这千万年来的露水、雨水、雪水是吸足了的。总之意义非凡，至少我这样认为。

这两位同学会选哪一样呢？当他们缓缓走到讲台上来的时候，我还在心里暗暗地想：是现实一点，选常见却有用的作业本呢？还是理想一点，选稀少但却无用的小石头呢？

> 理想主义还是实用主义？经常是摆在人们面前的艰难选择。理想主义者认为，人需要梦想，如果没有梦想，人和咸鱼没有什么区别。

两位同学走到讲台前，都毫不犹豫地拿起了小石头。那一瞬间，我“心潮澎湃”。因为我在他们这个年龄时，也是一个理想主义者，就算是现在，仍然怀揣梦想，屡撞南墙不回头。这可能跟我读初中时，一位数学老师在我心底深处种下了一颗梦想的种子有很大的关系吧。同学们，不管今后你们将遇到怎样的挫折，都希望你们永远保持心灵深处的那一丝最纯真的梦想。

正式上课后，我仍然给了三分钟时间，让他们看书，将重点内容划下来，等一会儿提问。

本节课主要的知识点，课本上讲得很清楚。当我提问时，14 班的同学里，H 瑞、龙翔和昊昊举手非常积极，以至于我不得不对他们说：请给别的同学一个回答问题的机会，也给我一个认识其他同学的机会，好吗？

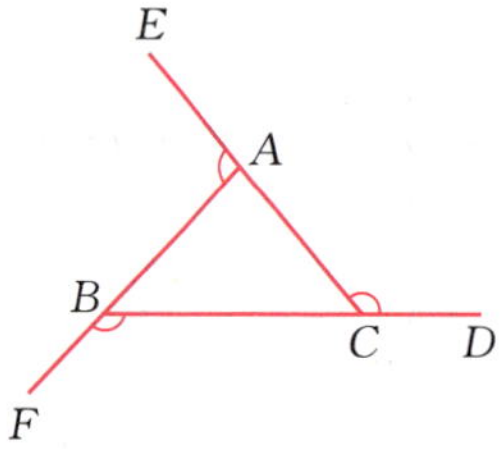

什么叫三角形的外角，我点了一个同学，他回答得很好：“三角形一边的延长线，与另一边所组成的角叫三角形的外角。”我又让他到黑板上，画三角形的外角，他画得非常完整，每个顶点处都画了一个外角。

在 13 班上课时，到黑板上画三个外角的那个同学就达不到 14 班这个同学的水平。其实课本上已经做出了示范，这只能说明同学们在观察、理解方面还是存在差距，而且这个差距也确实与考试成绩有一定的关系。考试成绩也许不能衡量孩子们的智商高低，但绝对可以说明他们的注意力、理解力、细心程度和专注度如何。

三角形的外角定理，同学们回答得很好：三角形的外角等于和它不相邻的两个内角的和。我只是重点强调了“和它不相邻”几个字。

接下来，我又补充讲了另一个推论：三角形的外角大于和它不相邻的任何一个内角。这个推论，在旧版人教社教材中是有的，但用的地方并不多，而且在应用的时候不是很好理解。所以，新人教版教材就将这个推论删除了。可是晚上要做的练习册上有两道填空题，要用到这个推论。所以，我还是给同学们讲了，并让他们记在了书上。对于这样已经删除了的知识点，市教研室所出的期末考试卷和中考数学试卷里，是绝对不会有的。但月考、期中考试都是本校或者兄弟学校的一些老师交换命题，而这些老师基本上都不看教材，随意从某些资料上找一些题出来让同学们来考。为了让同学们在考试时，不处于不利位置，我也只有花时间来讲这些本来可以不讲的知识点。

讲完课本上的例 4 后，我专门给同学们总结“三角形的外角和是 360°”这个知识点与后面要学的多边形的外角和有直接的联系。不知道同学们到时是否还记得今天所学的这个结论。在证明这个结论时，我是按照课本上例题的证法，也就是用“三角形的外角等于和它不相邻的两个内角的和”来写过程的。

讲完后，昊昊同学立即举手，他站起来说：“还可以用另一种方法做，每一个外角和它旁边的内角之和是 180°，三组加起来就是 540°，再减去三角形的内角和 180°，也可以得到三角形的外角和是 360°。”

我立即对他的方法进行了肯定，赞扬他这种思路就是一种大智慧，比起他以前在教室里

为什么聪明的孩子不一定学习成绩就好？学习乃至以后工作所取得的成就，和智商关系真的不大，成绩的好坏、成就的高低，往往取决于一个人的专注度：只有几十年如一日地学习、思考和努力，才能成就不凡的事业。不用说牛顿、爱因斯坦这些人类历史上的旷世奇才，就说 2015 年诺贝尔生理学或医学奖得主屠呦呦，也是 1951 年考入北大，开始从事自己感兴趣的研究工作，1969 年在中国中医研究院接受抗疟药研究任务，几十年如一日地研究青蒿素。可惜现在的孩子，大多不明白这个道理，许多大人明白这个道理，但是不能专注于某项事业。

有人讲我们的教育存在很多问题，从而有了“钱学森之问”：为什么我们的学校总是培养不出杰出人才？对于这一点大家都不否认，但是许多人没有注意到，任何一种教育都存在这样或者那样的问题，能不能培养出大师，除了教育的因素之外，整个社会的专注度也很重要，只有社会的价值观念一直把研究创造放在首位，人们才会专注于研究，大师才会涌现。小到个人，大到国家和民族，保持专注都是一种很重要的品质。

经常玩的小伎俩高明多了。当然，我也知道，这种孩子毛躁、轻浮的性格也不是一两次表扬和批评就可以改正的，我也做好了长期观察的准备。如果调教好了，这种喜欢耍小聪明的孩子将前途无量。

同学们做完课本后面几道简单的看图计算题后，我让大家做练习册上的一道解答题。之所以选择做这道题，是因为它很有典型性。

如图，$\angle 1=\angle 2$，$\angle 3=\angle 4$，$\angle DBA=84^{\circ}$，求$\angle 3$的度数。

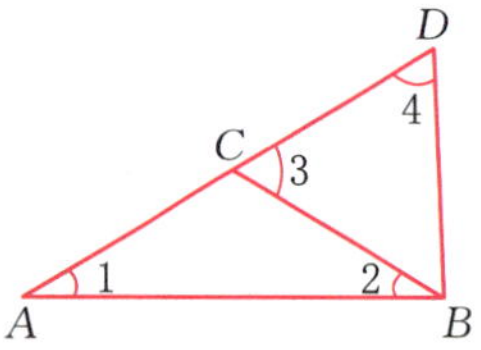

解 设$\angle 1=\angle 2=x^{\circ}$，则$\angle 3=\angle 4=\angle 1+\angle 2=2x^{\circ}$。

在$\triangle DAB$中，$\angle 1+\angle 4+\angle DBA=180^{\circ}$，即

$x+2x+84=180$，

解得$x=32$，

$\therefore \angle 3=2x^{\circ}=64^{\circ}$。

在这个几何图形中，$\angle 1=\angle 2$，$\angle 3=\angle 4$，而$\angle 3$又恰好是$\triangle CAB$的一个外角，等于$\angle 1$和$\angle 2$的和。题目中有一个角已知，还有三角形内角和为180°这个隐含条件。

这种几何图形的综合计算题，是初二数学里经常会遇到的，我让同学们思考了两分钟后，就问他们：对于这种条件众多，而条件又存在纠缠不清的内在联系时，用什么方法去做最好？

沉默了一会儿，云龙同学站了起来说，用方程的思想去做。

> 方程的思想不是虚的，也不是老师总结出来显示自己高明的，而是在实际解决问题时发挥作用的。如果在考试做题的紧急关头（尤其像做这种关系众多、斩不断理还乱的题目），你能不由自主地想到它，那就说明你的数学功力又进了一层。

正合吾意！

于是，我就让云龙同学在黑板上写过程，其他同学用方程思想在练习册上做。

13班的讲课过程与此差不多。不过，有一件事情让我批评了两个同学。

在我讲课的时候，R佳边玩玩具边听讲。我让她在黑板上画三角形的三个外角。结果，她上来时，走到最前面的申辰旁边，踩了一下申辰的脚。画完以后，在下去的时候，两个人就在座位旁边，连续互踩对方的脚好几个来回。

为什么有些同学在小升初考试中成绩不太理想，被分到普通班呢？为什么同样的老师上课，同样多的时间学习，但就是成绩差距巨大呢？这种上课习惯，可能就是罪魁祸首。我对他俩说："这是数学课堂还是春节联欢晚会啊？"R佳灰溜溜地回到了自己的座位。

今天，读李镇西老师的书时，看到一个观点：人与人之间的差距，就是从中学开始拉开的。这种差距不是学习上的，而首先是追求上的。有的人，追求高远不凡；有的人，追求浅薄庸俗。有的人严以律己，有的人散漫放任。

看到了吗？学生之间的差距就是这样拉开的，这和聪明与否没太大关系，和上了多少补习班也关系不大。

总有些学生，当她不能在成绩上获得老师和同学们的青睐时，就喜欢用其他的方法来引起注意。当老师批评她时，她又会抱怨老师偏心，不喜欢她。就我一个星期的接触来看，R 佳同学还是很善良可爱的，希望她和其他同学，不要成为我所批评的那种学生。

晚自习时，我找来中元同学，也就是上周向我问一道超难奥数题的 13 班的一位男生。我在上周跟他讲了一道解题方法类似但却简单多了的解答题，而且还和他打赌，13 班同学里能做对那道奥数题的不超过 5 个。中元同学分别将此题抄在 13 班和 14 班黑板上，举行有奖答题活动。结果 13 班还真没有一个同学能做出来，14 班也只有不超过 10 个人能做对。

真想提醒和中元成绩差不多的同学，先将课本上的知识点掌握好了，将我们练习册上的基础题做正确了，如果确实学有余力，再做那样的奥数题开开眼界、锻炼思维也没什么关系。若基础都没有打牢，却一味地思考那种偏难怪的题，则会走火入魔，得不偿失。

9 月 10 日　星期二

三角形角度的计算复习

今天是教师节，一走进教室，两个班的同学在起立后都对我说："祝老师教师节快乐！"那一刻，心底确实蛮高兴的。

同时令我高兴的是，在预备时间里，两个班的同学已经不需要我做任何提示，能马上拿出书本，认真背诵昨天学过的重要知识点。

课堂上，专门讲解了一道练习册上出错较多的填空题：在等腰三角形中，有一个角是 70°，则另外两个角是__________________。

这道题没有说 70°的这个角到底是顶角还是底角，所以要分类讨论。13 班同学的主要错误是，很多同学不知此题要考虑两种情况，他们只是随意选了一种情况做出了答案。14 班的同学基本上都知道要分类讨论，但他们的主要问题出在，当 70°的角是顶角时，另外两个角分别是 55°，55°，而他们却只写一个 55°！这样写，当然就不对了。此题正确的做法是填：70°，40°或 55°，55°。

典型错误，你会不会犯？

另外还有些同学的答案完全属于计算错误，因为按照他们的答案，三角形内角和根本就不是 180°。对于这些计算粗心的同学，我只有一再强调，一定要淡定、稳重、谨慎，养成回头多看看的做题习惯。特别是做完一道题后要回头检查，千金难买回头看。

应同学们的要求，又讲了两道错误较多的题后，就让同学们专做练习册上的三道解答题。

今天这节数学课不打算讲新课，而是想和同学们一起，对前面所学的知识点和解题方法，来一次停留、咀嚼、回味、定型。

第一道解答题，属于三角形里面的计算题，有角平分线，再利用三角形内角和为 180°来计算。这种题目非常经典，必须掌握。叫梓航同学上来做题的时候，他有一点处理得不太好，就是在表示由两个角组成的一个大一点的角时，他是用数字来表示这个角的。这样的角用数字来表示的话，在顶点处画弧线时，会与中间的线段发生交叉，很不美观。因此，我对同学们说，对于这样的由两个角组成的一个大角，一般我们都要用三个字母来表示。

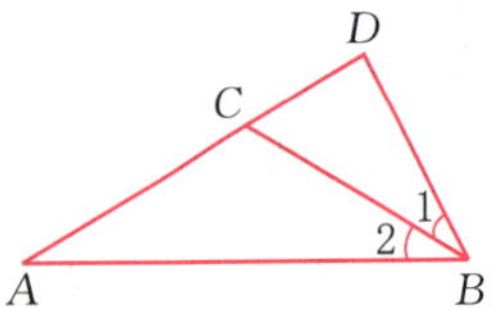

比如，图中的$\angle DBA$，由$\angle 1$与$\angle 2$这两个角组成，适合于表示为$\angle DBA$，不适合用数字表示，更不能只用一个字母表示为$\angle B$。这些小细节，是同学们在以后做图形证明题时，特别容易出错的地方。

顺便说一句，上图中，BC是$\angle DBA$的平分线，通常在角平分线的两侧画上弧线，标明数字 1、2，然后用$\angle 1$和$\angle 2$来表示角平分线两侧的这两个相等的角。

讲解完此题后，看到同学们一个个都点了点头。这一次没有人对我提出质疑，应该是在慢慢理解并接纳我所讲的做题习惯了吧。

接下来，我选择了两道计算题。这两道题可以用列算式的方法做，也可以用方程思想去做，后者是我更想倡导的。在请两个同学到黑板上来板演前，我特别问道："有没有用方程思想来解这两道题的？可以举手。"

很快，14 班的 Z 会、立烨被我请到黑板上来做题，13 班的中元、佳怡也因为是用方程思想来做的，被我点到前面来板演。为了让同学们养成我所倡导的做题习惯，我也只有这样优先挑选，暗示引导了。

这几位同学用方程思想做这两道题，做得非常正确、简洁。我不失时机地加深同学们的印象："对于这种已知条件错综复杂、纠缠不清的数学题，设未知数，用方程思想来解，是最好的方法。方程思想，顺向思考，无往而不胜。"

晚自习布置了任务，就是做练习册上剩余的题目，然后上交检查。

晚上，学校举行教师节表彰大会。散会后，恰好是 13 班同学做数学作业的时间。我悄悄地来到 13 班教室，同学们都在安静地做作业，但最前面的友诚、奥杰两位同学，却不知道做数学作业的时间到了，还在做其他科的作业。我当然不能让他们"种了别人的田，荒了自己的地"。提醒这两个同学数学学习时间到了后，我又把数学课代表文伟叫过来，让他以后到了数学学习时间，就在教室里巡视一圈，看有没有像友诚和奥杰这样的同学，到了数学学习时间，还在做其他事情。

练习册上有一道题，下课时 14 班、13 班有很多同学跑到办公室来问我。这道题与今天课堂上所讲的例题差不多。不过，课堂上所讲的例题，涉及两个内角的平分线，而同学们所问的题，涉及的是一个内角平分线和另一个外角的平分线。估计这种题，两个班里都有很多同学不会做，而做这种难题有一个小窍门，同学们苦苦思索而不得，只有明天上课时再统一给同学们讲解了。

13 班的中元同学，跑到我的办公室告诉我，他昨天所出的一道数学难题，只有 14 班里 11 个同学做对，问我应该奖励什么奖品。我问他："你打算准备什么奖品？"他答道："做对的同学发一根棒棒糖作为奖品。"我问道："价钱上会不会太贵？"中元同学说："不会的。"我就同意了，让他下周到校时带来。他高兴地走了。

同学们的数学学习可不是我一个人的事，得让每一个同学都发挥主观能动性，就像中元同学一样。如有可能，这种活动还要在两个班里多开展几次。

9 月 11 日　星期三

与三角形角平分线有关的计算题和多边形

今天每个班都有两节连堂课。

上午第一、二节是 14 班的课。在同学们大声读前天所学的知识点两分钟后，我找了一个同学提问。

我点的是 Z 灿同学，他的妈妈在本校的小学部任教，对 Z 灿的学习非常关心。像我这样的教师，可能不太关心时尚潮流，也不关心影视明星何时来本市演出，更不关心如何投资可以取得高额回报。我们最关心的就是：自己孩子的学习成绩如何，他的人品怎么样，他每天是否都有进步。

Z 灿同学站起来后，背得也不错，但与课本上知识点的顺序不太一致，有两个知识点还需要老师提醒才想得起来。这属于典型的对自己要求不高的表现。这样的同学，目标都是家长提出来的，他们几乎都没有自己去树立过什么目标。普通列车只靠火车头带，速度慢；高铁动车速度快，源于每节车厢都有动力，都能让自己不断地奔腾向前，风驰电掣。这个道理不知道和 Z 灿一样的同学，何时才能明白。

接着，我表扬了有奖答题正确的同学，他们是：云龙、Z 祺、霖林、泳仪、海英、H 瑞、少元、耀豪、邹晖、宁鹭、立烨，共 11 名。奖品是一根棒棒糖，下周日由中元同学亲自发放。

接下来，我对 14 班所有同学，讲了那道有奖题目应该如何去做。

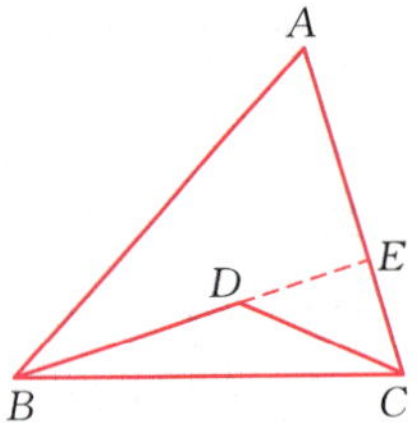

如图，$\triangle ABC$ 中有一个点 D，求证：$AB+AC>DB+DC$。

这道题关键的辅助线就是延长 BD 交 AC 于点 E，然后在$\triangle ABE$ 和$\triangle EDC$ 中，运用“三角形两边之和大于第三边”，去列两个不等式，然后分别相加，再化简就可得到最后结论。

解 如图，延长 BD 交 AC 于点 E。在$\triangle ABE$ 中，$AB+AE>BE$。

在$\triangle EDC$ 中，$DE+EC>DC$。

$\therefore AB+AE+DE+EC>BE+DC$，

即 $AB+AE+DE+EC>BD+DE+DC$，

即 $AB+AE+EC>BD+DC$，

$\therefore AB+AC>BD+DC$。

接着，对于昨天晚自习同学们问的较多的一道题，我就练习册上的三道类似的属于一个系列的题，做了一个对比讲解。

1 三角形两个内角的平分线的夹角，与第三个角是什么关系？即图 1 中$\angle D$ 与$\angle A$ 的关系。

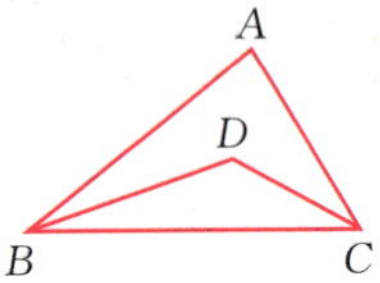

图 1

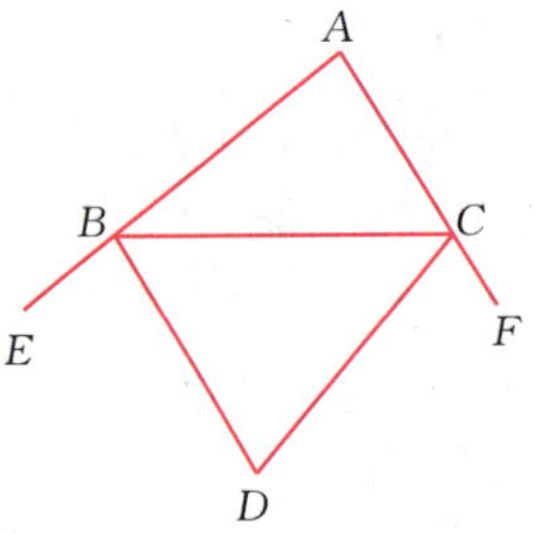

图 2

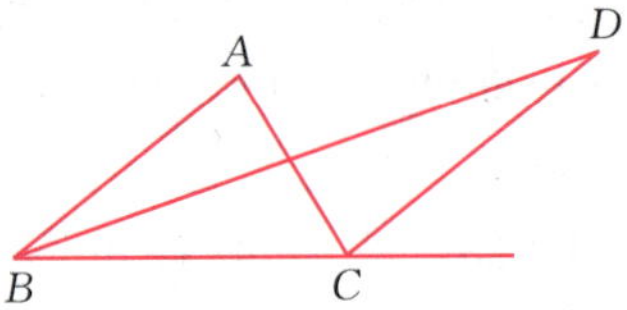

图 3

2 两个内角旁边的外角的平分线的夹角，与第三个角是什么关系？即图 2 中$\angle D$ 与$\angle A$ 的关系。

3 一个内角的平分线，与另一个内角旁边的外角的平分线的夹角，与第三个角是什么关系（像哲学著作一样，有点晦涩，同学们读慢一点，理解清楚）？即图 3 中$\angle D$ 与$\angle A$ 的关系。

这三道题的解题思路差不多，都是综合运用三个主要的基本知识点：(1)三角形内角和为 180°；(2)三角形的外角等于和它不相邻的两个内角的和；(3)角平分线平分角。

给同学们对比讲解完毕后，我又把最后的答案放在一起让同学们好好对比观察：

第 1 题的答案是：$\angle D = 90° + \frac{1}{2}\angle A$。

第 2 题的答案是：$\angle D = 90° - \frac{1}{2}\angle A$。

第 3 题的答案是：$\angle D = \frac{1}{2}\angle A$。

第 1 题的完整过程，书写如下：

解 $\because$ BD、CD 分别是$\angle ABC$、$\angle ACB$ 的平分线，

$\therefore \angle DBC = \frac{1}{2}\angle ABC$，$\angle DCB = \frac{1}{2}\angle ACB$。

$$\begin{aligned}\therefore \angle D &= 180° - \angle DBC - \angle DCB = 180° - \frac{1}{2}\angle ABC - \frac{1}{2}\angle ACB \\ &= 180° - \frac{1}{2}(\angle ABC + \angle ACB) = 180° - \frac{1}{2}(180° - \angle A) \\ &= 180° - 90° + \frac{1}{2}\angle A = 90° + \frac{1}{2}\angle A。\end{aligned}$$

刚才这个解题过程，前面的准备工作做好之后，最后一步的过程特别精彩，连续推理，连续变形，连续“进攻”，直至得到答案。

另外两道题的推理书写过程，与第 1 题的差不多。

让同学们自由交流了一会儿三道题的解法与答案的感受后，就让他们将练习册上的错题更正过来。离下课还有十分钟时，我让同学们做了一张小测试卷。

第二节课，先给了三分钟时间，让他们认真看课本上的新课——多边形，并将有关定义划出来，边理解边记忆，等一会儿提问。

这节课，主要是掌握两方面的知识点：一是与多边形有关的定义，另一个是个难点——n 边形的对角线条数的计算公式。

在问什么叫多边形时，我找了少元同学回答。她站起来，合上课本，直接就背：“在平面内，由一些线段首尾顺次相接组成的封闭图形叫作多边形。”这个定义本来并不是重点，但我没想到的是，少元同学竟然背得一字不差，而且，她特别强调了“在平面内”。这完全是在理解的基础上，悟透了概念才能达到的水平。

少元同学性格文静，听讲专注，看书一心一意，做题三思而后行，是一个学习数学的好苗子。

我又问同学们，如果不强调“在平面内”，会出现什么问题？同学们马上回答：“会出现一个立体图形。”对！

对于课本上的定义，我们就应该从正反两方面去理解和记忆。

接下来，找同学回答其他概念，这些概念有 n 边形、多边形的内角、多边形的外角、多边形的对角线、凸多边形、凹多边形、正多边形等。只有怡萱同学，在回答正多边形的定义时，能做到不看书，直接背出：“各个角都相等，各条边都相等的多边形叫正多边形。”我特别强调了第一个条件必须要满足。记得上一周，有一个同学到办公室问我，各条边都相等的多边形是正多边形吗？我答道，不是的。因为还要强调各个角都相等。

> 对于基本概念，建议大家还是多花些时间琢磨琢磨，画画图，找找特例。这些功夫不会白费，除了对特定概念理解更深之外，你还顺带学会了动脑筋，趁机又把以前的知识联系了一遍，这可是将所学知识融会贯通的重要前提！学习过程中，如果不联想，一味幻想融会贯通、提升功力，那几乎是不可能的。

在黑板上画了一个正方形后，告诉同学们，如果只强调各条边都相等，而不强调各个角都相等，那么，由于四边形不具有稳定性，它可能就会变成一个四条边都相等的菱形，就不是正方形了。其他正多边形也是如此，当然，正三角形除外（因为三角形具有稳定性，当三边长度确定后，三个角的形状也就确定了）。

本节课的难点是正 n 边形对角线条数的计算公式。我是这样讲解的：n 边形有 n 个顶点、n 个角、n 条边，从一个顶点出发连对角线，除了左边和右边相邻的顶点不能连之外，它本身也不能连，除去这三个点之外，共有 $(n-3)$ 个顶点可以连对角线。

说到这里时，我把对角线一条一条地连起来，然后再换一个顶点出发开始连。这时，14 班有一个同学突然嗤笑起来，还喊道，那条对角线已经连过了，怎么又画了一遍呢？我回过头，看了看他，没有理睬，直到从所有顶点出发都连了一遍对角线后才停止。还好，除了那个鼓噪的同学外，其他同学都在淡定而又专注地观察、思考。

我问同学们，从每个顶点出发，可以连 $(n-3)$ 条对角线，那么从 n 个顶点出发，共可以连多少条对角线呢？

同学们回答：$n(n-3)$ 条。

我又问道：“但这样计算，出现了一个什么问题呢？”

有同学马上说:“每条对角线被算了两遍。”

然后我又说:“对,每条对角线都是一条线段,线段都有两个端点,画过去时算了一遍,画过来时又算了一遍,怎样处理才不会计数错误呢?”

由于前面我不惜时间,做好了铺垫,所以同学们都马上回答:“用 $n(n-3)$ 除以 2 就可以了。”

我顺势在黑板上写上 $\frac{n(n-3)}{2}$,这就是 n 边形对角线条数的计算公式。

让同学们都记在课本上后,我还不放心,又点了一个同学给大家解释一下,公式里面的 3、n、2 分别是什么意思。在 14 班,我点的是云清同学。在 13 班,我点的是淑月同学。她们解释得都很好。不知道刚才鼓噪的那位同学,能否理解每个数字和字母的含义。

我们老家有一句俗语:“会说话的人,‘想想’地说;不会说话的人,‘抢抢’地说。”对于那种已经习惯了言在心先、口在脑先的同学,要想理解这句话,还要假以时日啊。

这节课剩下的时间,就由同学们做练习册上的题目了。

下午第二、三节去 13 班上课。

在预备时间里,13 班的同学们大声地背诵前天所学的三角形的外角这一节的知识点,但有三个同学开始并没有去背。我盯着他们看了好一会儿,他们三个才开始背诵。总有些同学,由于懒惰、松懈等原因,不能养成好的学习习惯,这只有靠老师不断地去提醒、督促了。

接下来的程序和在 14 班的差不多,在讲完关于三角形角平分线的三道系列题后,我没有让 13 班的同学们去做小测卷,而是让他们反复思考、研究那三道题的思路、解法和答案。

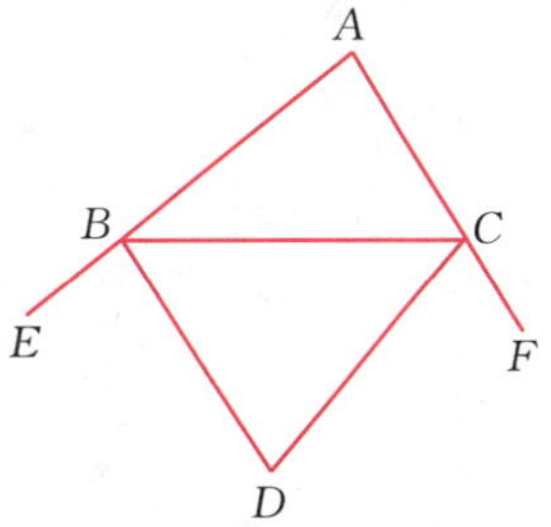

黑板上的图

中元同学指着黑板上第二个图问了我一个问题:“$\angle D$ 为什么可以写成 $180^\circ-(\angle DBC+\angle DCB)$?”我告诉他:“$\angle D$、$\angle DBC$、$\angle DCB$ 不恰好就是$\triangle DBC$ 的三个内角吗?”

“哦!”他恍然大悟。有一些孩子,他们就是在最基础、最简单的一个知识点,或者某个数学变形中,百思不得其解,从而导致数学成绩慢慢走下坡路的。如果都能像中元同学这样,遇到不懂的问题马上主动去问老师,他们的数学成绩一定会赶上来的。

> 不懂就问,想千方设百计地去拔掉自己学习中的“梗阻点”,你的数学之路才能一马平川。提醒自己:不懂就问,马上就问,不让问题过夜。

晚自习时,我把今天讲过的几道原题写在黑板上,并让同学们做在作业本上。13 班同学做两道题,再完成小测卷,14 班同学做三道题。尽管我已做好了准备，知道会有个别同学找不到正确的思路，但没想到的是，两个班的同学里面，竟然有十多人因为找不到思路举手问我。这几道题，都是我白天上课时才讲过的原题啊。讲完后，我还专门给了时间，让他们好好消化。

残酷的现实说明，还是不要对这些孩子们估计过高，哪怕是重点班的学生。李镇西老师曾说过，他从来没有想过，通过一次震撼心灵的谈话，就让差生把所有缺点改正。我也觉得，想通过一次全面细致的讲解，就让同学们彻底掌握某一种类型的难题，那也是痴心妄想。反复操练、多思多悟、熟能生巧始终都是学好数学的不变法宝。

9 月 12 日　星期四

多边形的内角和与外角和

在 14 班上课时，我先提问了梓朗同学："n 边形的对角线条数的计算公式是什么？"他答道："$\frac{n(n-3)}{2}$。"我又问道："公式里面为什么要减 3，后面为什么要除以 2？"他详细解释："减 3，是因为从一个顶点出发，有 3 个点不能与它连对角线。除以 2，是因为每一条对角线计算了 2 遍，为了不重不漏，需要除以 2。"

听完他的回答，我就知道，他上课认真听讲了，并且也完全理解了。我又提问了他的同桌浩龙同学。浩龙同学上一周的表现不是太好，所以我想找一个简单的问题让他回答一下，增强他学习数学的信心，也给我一个表扬他的机会。

我问道："什么叫正多边形？"他立刻回答："每一个内角都相等，每一条边都相等的多边形叫正多边形。"正多边形的两个条件，特别是"每一个内角都相等"这个条件没有遗漏。我马上对他大加表扬。

数学其实很简单！

我教了二十年初中数学了，越来越觉得初中的数学知识简单、基础，只要一个学生有学好数学的信心，能做到听讲专心，做题细心，都是可以把初中数学学好的。

接下来，给了三分钟时间，让同学们看课本上多边形的内角和这一节的内容，并将重要内容划出来。在同学们认真阅读并做标记的时候，我已在黑板上画好了一组多边形，同时也写好了本节课的两个主要的知识点。

一个知识点是 n 边形的内角和是 $(n-2)\times180°$，同学们看过书了，都能马上回答。但我还是结合黑板上所画的三角形、四边形、五边形、六边形直至 n 边形，循序渐进地讲解了一遍。从 n 边形的一个顶点出发，可以连 $(n-3)$ 条对角线，这些对角线恰好把这个 n 边形分成了 $(n-2)$ 个三角形。这种方法，在前面讲解三角形的稳定性时，同学们都曾见过。至于三角形的个数比对角线的条数多

1，14 班的龙翔同学用了一个词，形容得非常形象："一刀两断"，一刀下去，隔断为两部分，$(n-3)$刀下去，分成 $(n-3)+1$ 个部分，也就是$(n-2)$个三角形。所以 n 边形的内角和，就是$(n-2)$个三角形的内角和的总和。

龙翔同学在我第一次去 14 班上课时，突然冒出一句"老师，你好帅哦"，我就知道，如果调教得好，这种"炮筒子"将是不可多得的可造之才。至少到目前为止，他在数学课上的表现，一直都在我的预料之中。

按照课本上的方法，讲完了 n 边形的内角和是 $(n-2)\times180°$ 之后，我又问了 14 班的全体同学，还有没有别的方法也可以得到同样的结论吗？

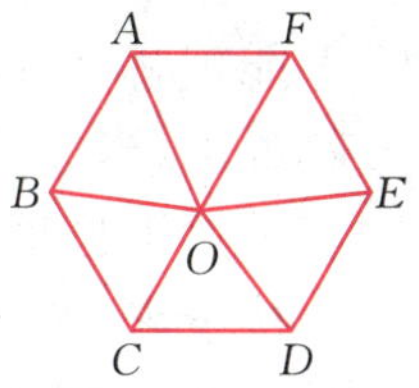

数学课代表 H 瑞同学马上举手，他站起来说："还可以在 n 边形内找一个点 O，然后将这个点 O 与其他所有的顶点连起来，那么就可以得到 n 个三角形。这 n 个三角形的内角和的总和是 $180°\times n$，但这个结果比 n 边形的内角和，多了以点 O 为顶点的一个周角。所以，n 边形的内角和就要用 $180°\times n$ 减去一个周角 360°，得到 $180°\times n-360°$。将这个式子提取一个公因数 180°后，也可以得到 n 边形的内角和是 $(n-2)\times180°$。"

我马上表扬了 H 瑞同学，而且他的这个方法从某种意义上来说，比课本上的方法更好理解。

龙翔也立即举起了手，站起来后，他说道："还可以在 n 边形的某一条边上取一个点 O，然后将点 O 与另外的顶点分别连起来，除了 O 点旁边的两个顶点不能连之外，一共可以连$(n-2)$条线段，这些线段把整个 n 边形分成了$(n-1)$个三角形，这些三角形的内角和的总和是 $(n-1)\times180°$，再减去以 O 点为顶点的一个平角 180°，经过化简，也可以得到 n 边形的内角和是 $(n-2)\times180°$。"我也马上肯定了他的这种方法。

这时，有一个同学在下面说："这两种与课本不一样的方法，是 H 瑞和龙翔先做了练习册上的一道拓展升华题，受到启发后才想出来的。我们没有做，当然就想不出来。"

我对同学们说："这不正是我要好好表扬这两位同学的地方吗？他们主动去做数学题，主动去思考，主动将做过的题目与要学的知识点联系起来考虑。长期坚持，他们的数学成绩将会越来越好。'勤能补拙是良训，一分辛劳一分才'。希望同学们也像这两位同学一样，积极学习，超前做题，并将所悟出的结论与要学的知识相互验证、融合。"

接下来，讲解 n 边形的外角和。课本上没有外角和的严格定义，只有第 22 页例 2 中出现过六边形的外角和的定义。我让同学们划出来后，再将六边形改为 n 边形，那就得到了 n 边形的外角和的定义：在 n 边形的每个顶点处各取一个外角，这些外角的和叫作 n 边形的外角和。

书上的例 2，得到了六边形的外角和是 360°。从特殊到一般，如何得到 n 边形的外角和也是 360°呢？

有一位同学站起来，答道："n 边形每个顶点处的外角，和它旁边的内角互补，和是 180°，共有 n 组，共是 $180^\circ\times n$，再减去 n 边形的内角和 $(n-2)\times180^\circ$，剩下的就是外角和了。提取公因数 180° 后化简，就可得 n 边形的外角和是 360°。"

他边回答我边在黑板上写下：

$$180^\circ\times n-(n-2)\times180^\circ=180^\circ\times[n-(n-2)]=180^\circ\times2=360^\circ。$$

n 边形，不管 n 有多大，外角和始终都是 360°。对于这一点，我担心部分同学不能理解，就问："为什么当 n 无限大时，n 个外角的和还是 360°呢？"有同学马上就说了，当 n 无限大时，每个外角就变得无限小，所以外角和还是 360°。他的回答虽然不是很严谨，但我还是点了点头。

接下来，按照课本上另一种解释方法，我又讲道："多边形的外角和，可以看作是一个人，绕多边形走一圈，在每个顶点处所转身的角度之和。不管多边形的边数是多少，所有的外角加起来，就相当于这个人又回到原来的起点处，又面向最开始的方向，此时，恰好转了一圈，而转一圈就是一个周角 360°，所以任何一个多边形的外角和都是 360°。"

不要仅满足于做出答案，要做得快、做得漂亮，这样才是高手。如 2016 年某市的中考题：已知一正多边形的每一个内角为 144°，求这个多边形对角线的条数。一道选择题，如果通过内角和公式算出多边形的边数，无疑很费时间，改为外角为 36°，外角和为 360°，一下算出边数为 10，而后利用前面学习的多边形对角线条数的计算公式，马上算出 $\frac{n(n-3)}{2}=35$。如此这般，思路清晰，计算简单，准确便捷。中考时用此法会在这道题上比别人节省更多时间，可以花更多时间在别的题目上。成绩的分水岭就是这样形成的！

接下来做课本后面的练习题。有一道题是求四边形的一个外角 x，14 班的倩茹同学，以为四边形的外角和三角形的外角一样，等于和它不相邻的内角的和，就把另外三个内角加起来，作为四边形一个外角的度数了。这样做当然不对。她完全把知识记混了，没有认真分辨每个知识点之间的异同和使用条件。

还有一道题：一个多边形的各内角都等于 120°，它是几边形？

这道题有一种低级解法和一种高级解法。

低级解法就是设边数为 n，然后用内角和公式 $(n-2)\times180^\circ$ 再除以 n，等于 120°，列方程去解。

高级解法就是由每个内角都是 120°，求出它旁边的每个外角都是 $180^\circ-120^\circ=60^\circ$，然后再用外角和 $360^\circ\div60^\circ=6$。这就说明，这个多边形有 6 个外角，那不就说明这个多边形是六边形吗?

我点了耀豪同学上来写过程。他会用哪一种解法呢?

当他按照我所希望的高级解法写出解题过程后，我赞赏地点了点头。练习册上有一道类似的题，要求用两种方法来解。我点了文滔同学来做，他先用低级解法做，再用高级解法做，都做得非常好。我又竖起了大拇指。

上午第五节课，到 13 班教室上课。预备时间里，13 班的同学都在大声诵读昨天所学的多边形的知识点，但 R 佳坐在那里好久都没有进入状态。我点了她回答 n 边形对角线条数的计算公式。她回答得很流利:“$\frac{n(n-3)}{2}$。”但当我问她为什么要减 3，下面为什么要除以 2 时，她支支吾吾，答不上来。这种情况就是典型的没有理解这个结论的来历，她的耳朵里，只是充斥着我昨天上课时大声叙述结论的声音。陡然让她回答，她也能根据记忆答对，但时间一长，或者相似的知识点一多，肯定就会在做题时出错。

知道理解有多重要了吗?许多孩子只会记忆，以为学习只要记住了就行了，但这只是幼儿园的学习方法:下次吃饭之前要洗手，记住了吗?记住了。那个时候你只要记住了并按这个做了，就是乖孩子、聪明孩子。但是现在初中了，你长大了，头脑更发达了，要学会运用逻辑思维，把事情的前因后果、来龙去脉，想它个清清楚楚、明明白白，这样才记得准、分得清，初中那么多概念、公式，纯粹靠记忆怎么能行?

我叫了她旁边的晓炜同学，他解释得很好。R 佳同学在别人回答问题时还是无动于衷的样子。过了几分钟后，在讲解过一点作 n 边形的对角线时，我再次提问她，为什么过一点作 n 边形的对角线可以作$(n-3)$条?这里的“3”是怎么来的?R 佳同学站起来后，又支支吾吾答不上来。对于她在一节课里，第二次答不出同样一个问题，13 班的同学们已经无法再忍耐了，纷纷向我投诉 R 佳同学上课时，经常不听讲，坐在教室后面偷偷地画漫画。

面对同学们的投诉和声讨，还好，我还能保持淡定、宽容的心态。我又找了坐在 R 佳前面的楚涵同学，她也解释得很好。而且，她还到黑板上专门把不能与这个点相连的三个点一一圈了出来。不知经过这样一个复杂的教学过程后，R 佳同学是否理解:在求对角线条数时，“$n-3$”的真正含义。突然想起导演陈凯歌的电影作品《霸王别姬》里面一句经典台词:“人啊，自个儿要成全自个儿。”

上晚自习前，14 班两名女同学来到办公室问我:“老师，我们可以向你请教两道数学题吗?”

“当然，有同学问我问题，我高兴还来不及呢。”说完后，就接过她们写在纸上的两道题目。

第一题是这样的:“桌子上有牌:红桃 A、Q、4,黑桃 J、8、4、2、7、3,梅花 K、Q、5、4、6,方块 A、5。从中挑一张牌,把牌的花色告诉甲,把牌的点数告诉乙。乙说:我不知道是哪张牌。甲说:我知道你不知道是哪张牌。乙又说:现在我知道了。甲也说:我也知道了。请问,这张牌是什么?”

读完这段像绕口令似的题后,我的大脑直接就缺氧了。还是瞧瞧另一道题吧,看看能否为我扳回点面子。

第二题就在纸的背面,题目是这样的:一个长方形,截去一个角,变成了一个五边形,要求画一条直线,把这个五边形分成两个三角形。

我看了一会儿,在半分钟内竟然找不到思路。对于初中数学题,在我身上出现这种现象,真是少见。我不由地看了看她俩,她们正神情专注地望着我,偶尔露出一点诡异的笑容,等待着我说答案。

听她们说,这两道题是小学五年级的数学题,原来她们会做的,可现在忘记了,所以就来问我。

我不知道这种数学题她们是从哪里找来的,与其说是数学题,还不如说是奥数推理题、脑筋急转弯等。

过了一分钟,我确定这两道题在我的智力范围之外,就直接对她们两人说:“这两道题我不会,如果你们找到答案的话,就直接告诉我,也让我开开眼界。”

我心里想,告诉我答案的时候,千万不要跟我讲:第二道题的答案是用一支很粗的笔画一条很粗的直线,把那条最短的边直接覆盖住,从而得到两个三角形的哦。答案要真是这样的话,我真想用棒子敲这两位女生的头。

第一道题属于逻辑推理题,在她们两人走后,我还不甘心,想了一会儿,实在没有眉目。内事不决,就问百度。在百度上输完题目后,一搜索,答案出来了,最终答案:方块 5。

看完答案后,早已晕头转向的我,直接就崩溃了。

有一次,数学家陈省身教授在大学校园里散步,有一个小学六年级的学生,拿了道奥数题,问他怎么做。他看完后,直接就说了三个字“我不会”。国际数学大师、数学最高奖“菲尔兹奖”得主丘成桐先生,曾说过“奥林匹克数学竞赛,正在扼杀我们的天才”。

北京教育部门去年就下发通知,严禁各级教育机关和各类补习学校开展奥数培训和奥数竞赛,因为真正适合做这类题目的,只有不到万分之一的智力超常儿童,可不要让这种题目毁了大多数孩子的童年。

许多孩子连 100 以内的加、减、乘、除都经常算错,却一门心思投入到各种奥数培训之中。是孩子疯了？还是他们的父母疯了？或者是整个社会都疯了？

9月13日　星期五

平面镶嵌

今天每个班都有两节课，第一、二节在13班上。

对于前面已经学过的知识点，我提问了几位同学。雪欣同学在回答n边形对角线条数的计算公式时，回答得很准确。可是，她在昨天做的练习册上，这个公式却写错了，这是因为知识掌握得不牢固。

又找了两位同学，一站起来就能直接回答：“n边形的内角和是$(n-2)\times 180°$。”“在n边形的每个顶点处，各取一个外角，这些外角的和叫n边形的外角和，n边形的外角和是$360°$。”

讲完书上的知识点后，就让同学们做课本后面的练习题。有一道题是这样的：“一个多边形的各内角都等于$120°$，它是几边形？”

这道题，昨天在14班讲过两种解法，一种低级解法和一种高级解法。为了检查13班同学对这道题的理解情况，我特意叫了一个学习成绩中等的同学到黑板前板演，这位同学想了很久，也找不到思路，只好让他下去再好好想想。

这时，数学课代表晓桐举手了，她走到黑板前刷刷点点，很快写完了答案。我一看，恰好就是我想向同学们推荐的高级解法。

晓桐同学的解答格式非常规范，先由每个内角$120°$，求出旁边的每个外角是$60°$，再根据外角和是$360°$，算出这个多边形有6个外角，从而得到这个多边形是六边形。整个过程不仅有完整的计算步骤，还有必要的文字语言叙述，一目了然，都不需要我做任何解释。

我大加赞扬。晓桐就属于已经完全开悟了的同学。

给了几分钟时间，让同学们认真观察、体会这种高级解法之后，我就练习册上一道类似的题，问同学们怎么做。这道题是这样的：“计算正十边形的每个内角的度数。”

找了世豪同学回答，他的方法是先用n边形内角和公式算出十边形的内角和：$(10-2)\times 180°=1\,440°$，再用$1\,440°$除以10，得到正十边形每个内角的度数是$144°$。

这种方法当然可以，但是比较落后，与晓桐同学的高级解法一比，就犹如大刀长矛与洋枪洋炮相比。有没有更好的解法呢？我又点了一个同学，那个同学想了很久，也想不出更好的解法。

学生与学生之间的领悟能力，差距确实好大啊，就算是优秀同学刚在黑板上用过的高级解法，很多注意力不是那么集中、领悟能力不是那么出众的同学，仍然过目即忘。因为他们没有真正理解。

一位数学教育专家曾说过："一个老师的教学成绩，是由每个班级里的成绩后十名的学生所决定的。"为了让这十名学习成绩暂时落后的学生能够进步，我也只有继续花时间，给他们再讲一遍这种高级解法。

正十边形的每个内角都相等，那么每个外角也都相等，用外角和 360°除以 10，可得每个外角的度数是 36°。所以，旁边的内角就是 180° − 36° = 144°。

接下来，让同学们按照先算外角，再算内角的高级解法，依次算正九边形、正八边形、正六边形、正五边形、正方形、正三角形的各个内角的度数。同学们算完后，我问道："在这些正多边形中，现实生活中最常见的是哪一种？"

同学们纷纷回答："正方形。"

对，我们的教室地面，就是由正方形地砖密密地铺在一起所形成的。我又问，用正方形地砖密铺地面时，每一个顶点处要铺几块地砖？为什么？

同学们直接答道："在一个顶点处密铺地面，要用周角 360°除以正方形的每个内角 90°，得到整数 4。所以，用正方形地砖密铺地面，在每一个顶点处需要铺四块正方形地砖。"这样，很自然地引到我要讲解的一个课外阅读知识——镶嵌。

镶嵌，在初中数学里的要求很低，只需要知道哪几种正多边形可以密铺地面就可以了。我接着问同学们，除了正方形可以密铺地面之外，还有哪几种正多边形也可以密铺？

计算了一会儿，同学们告诉我，正六边形和正三角形可以密铺，因为它们的内角分别是 120°和 60°，而 120°和 60°是可以整除 360°的。我点了点头，又问道："正五边形和正八边形能不能密铺地面呢？"

短暂计算之后，同学们纷纷回答："不行，因为正五边形的内角是 108°，正八边形的内角是 135°，都不能整除 360°，所以，这两种正多边形不能密铺地面。"这节课的教学任务就这样圆满完成了。

第四节课在 14 班上，用高级解法求正多边形内角的度数，昨天在 14 班是讲过的，但宁鹭同学在做作业时却不会用。我提问她，如何求正十边形的内角的度数。她站起来后，回答的方法，还是先求内角和，再求每个内角的普通方法。问她还有什么更简单的解法，她就答不上来了。我只好给没有很好领悟讲课内容的同学，再讲一遍先求外角再求内角的解法。要想把数学学得更好，不仅要会从正面去算，还要会从反面去算。

练习册上有一道题，求五角星的五个内角的度数和。题目后面还有一个提示：连接其中的两个点。按照这个提示去做，当然也可以，但并不是最优方法。

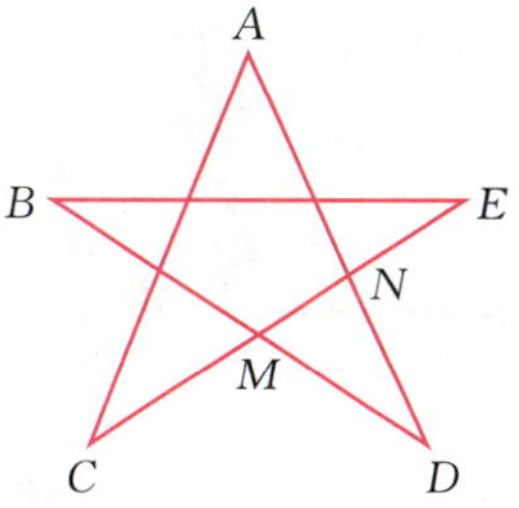

快下课时，云龙同学指着图问我，这道题为什么不用“三角形的外角等于和它不相邻的两个内角的和”来做呢？那样不是更简单吗？我连忙对他说：“你说得很对，这种方法恰好就是我马上要讲的方法。”

$\because \angle A+\angle C=\angle DNM$，$\angle B+\angle E=\angle DMN$，

$\therefore \angle A+\angle C+\angle B+\angle E+\angle D=\angle DNM+\angle DMN+\angle D=180°$。

才与学生们接触了两个星期，云龙同学就给我留下了深刻的印象。他上课时总是坐姿端正，解答数学题时更是考虑周详，有不同意见也是在老师空闲的时候，与老师诚恳交流。

上一周，我曾赞赏过霖林同学，这一周，云龙同学就是我首选的赞赏对象。有一些同学，活泼、好动，课堂上奔放有余、内敛不足，这恰好就是学好数学的大忌。这种性格、习惯，要是用在舞台表演或者课外活动中，那是恰到好处，如果用在数学课堂上，那可就用错地方了。

到哪里的山头，唱哪里的山歌。要学会调整自己，适应不同学科的学习，这才是有智慧的表现。老找借口，说自己的性格比较活泼，就是不太适应数学这种学科的学习，因此也不可能学得和别人一样好，于是放弃努力，这绝非智者所为，也非勇者所为，这只能是害怕挑战的懦夫行径啊！

第3周

9月15日　星期日

最佳评论

今天下午，我把同学们在我的博客上的评论都看了一遍，觉得每一位同学写的评论都非常好。因为同学们都很支持他们的数学老师，因为他们都很认真地读我的日记。

不过，上一周就说了，每一天的日记只能评选一个最佳评论，我只好“独断专行”一回，从我欣赏的角度来评选一个最佳。

9月8日最佳评论，是14班Z艺同学的。她是这样写的：“老师，我打电话给我妈妈，让她也来看你的日记，虽然这是由你逐字打上去的，但同样也是我们两个班的同学共同‘谱写’的。通过看老师的日记，可以知道我们的数学学习情况。”

不仅自己看，还让妈妈也来看，有什么理由不评Z艺同学的为最佳呢？

9月9日最佳评论，是14班珉浩同学的：“老师写得真不错！把我们两个班一天的数学学习情况都记录了下来，而且写得很真实，抓住了人物的细节，刻画得栩栩如生，不由得赞一个！老师还把我们课上的一些知识点，在日记里写了出来，看一遍日记，让我们又回顾了一遍课堂上所学的知识。”

此段文字把我好好地夸奖了一番，这样的帖子不评为最佳，我都不知要去评哪一个了。

9月10日最佳评论，是13班申辰同学的：“老师写得很详细！把一节数学课的内容都详细地写了出来，让我回忆起当天的数学课内容，让我对这节课有更深的了解。我周末在家看日记时好像又上了一遍课，把重要内容和知识点又记了一遍，想必这便是老师每天辛苦写日记的用意之一吧！辛苦您了！谢谢老师！”

还是有人懂得我写日记的真正用意，毫无疑问为当日最佳。

9月12日最佳评论，是14班龙翔同学的：“说是看看日记，其实是让我们回顾知识点，在快乐中学习数学，方法真好！”

我给他的回复是：“懂我者，龙翔也。”

9月13日最佳评论，是13班佳怡同学的："写得很好！又重新上了一次课！又想起上课时的快乐时光！数学真的很神奇！看到老师这么认真地记下课堂上的点点滴滴，十分感动！I Love Math！我热爱这个神奇的数学王国！"

一篇日记，能让一个学生真心地喜欢数学，即使每天都要花上两三个小时去写日记，我也觉得值。

今天晚自习，每个班都只有二十分钟的学习时间，我就直接让他们做小测卷。14班同学在做小测卷之前，我让13班的中元同学来到14班教室，给上一周做思考题正确的11位同学发了奖品。说过的话是一定要兑现的。

小测卷题目很简单，每一面的内容只要五分钟就能完成，所以我布置了四面的测试内容。如果能把全部的题目都做对，那就非常不错了。

其实，对于掌握了知识点的同学来说，每一道题都很简单；反之，则每一道题都很难。

13班同学在做小测卷时，我看到有一位同学坐在座位上苦思冥想却不下笔。我走近一看，却是这样一道题："十边形有________个顶点，有________个角，有________条边，有________条对角线。"

除了最后一空需要计算，有点难度之外，其余三个填空很简单。我只能说这位同学根本就没有苦思，而是一直处于冥想状态。当这位同学意识到我正在他面前观察他时，他立马惊觉，随即奋笔疾书起来。

9月16日　星期一

全等三角形

今天在两个班上课的内容，是第十二章的第1节全等三角形。

按照常规，第十一章上完后，应该先复习一下全章的知识，测试一下全章内容，再去上第十二章的新课。可是，星期二要在13班上一节公开课，而公开课的内容我早已选定了，是全等三角形的判定之边边边定理。为了"如约"讲到这个内容，我也只有"急行军"，抛下一部分掉队"战士"，剩下的"大部队"抖擞精神，轻装前进了。

全等三角形有五个知识点：(1)全等三角形的定义；(2)常见全等变换类型；(3)全等的记法；(4)对应关系；(5)全等三角形的性质。

在让同学们看书三分钟并划出重点内容后，我开始提问："什么叫全等三角形？"

14班思宇同学直接答道："能够完全重合的两个三角形叫全等三角形。"13

班晓炜同学答："形状、大小相同的三角形是全等三角形。"这两个同学的答案看起来不一样，但实际上是一回事，是从不同的角度对全等三角形所下的定义。

我在黑板上写下"完全重合"四个字，又在这四个字后面写下：(1)形状相同；(2)大小相等。接着我举了两个例子。

我首先拿起有一个角是45°的木三角板教具，又拿起有一个角是45°的学生用塑料三角板，然后问：这两个三角形形状一样吗？大小一样吗？它们全等吗？答案很显然，这两个三角形形状一样，但大小不一样，所以，它们并不全等。

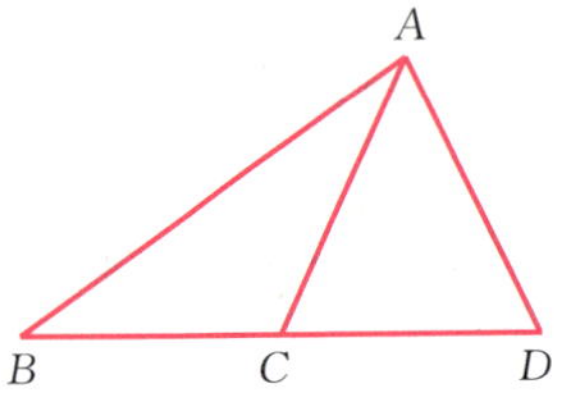

面积相等，形状不同

接着，我又在黑板上画了一个普通的三角形，并画了一条中线，问：中线两边的两个三角形的大小，也就是它们的面积是一样的吗？形状一样吗？它们全等吗？很明显，中线两边的两个三角形，面积是一样的，但形状不一样，一个是钝角三角形，另一个是锐角三角形，所以这两个三角形也不全等。因此，全等三角形既要形状相同，又要大小相等。

在讲全等三角形的全等变换类型时，我拿出上课前剪的三角形纸板，先把这个纸板靠在黑板上画了一个同样的三角形，又拿起纸板，平行移动了一段距离，再画了一个同样的三角形。然后告诉同学们，这两个三角形就是平移后的全等三角形。

接下来，用同样的方法，在黑板上画了翻折的全等三角形和旋转的全等三角形，并用纸板反复模拟了翻折和旋转的过程。

在初中数学里，如果只是单纯的这三种全等变换类型，那么对于同学们来说就非常好懂了。但是，很多考试为了对同学们的注意力、观察力、理解力进行一个综合的考查，各种数学试卷上的全等三角形经常是这三种全等变换类型的综合。

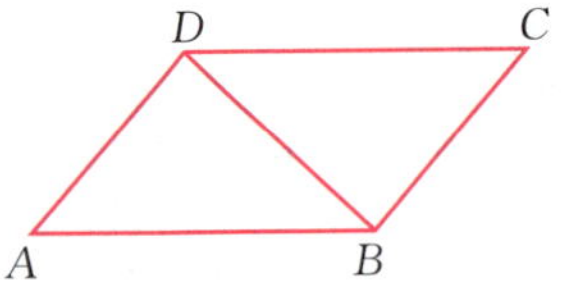

平行四边形中的两个三角形

我在黑板上画了一个平行四边形，又画了一条对角线，然后问同学们，对角线两边的两个全等三角形，是全等变换类型里面的哪一种？或者哪几种综合形成的呢？

马上就有同学在下面回答，平行四边形对角线两边的三角形，是翻折后形成的。我问道："是翻折吗？再好好观察一下。"边说边把三角形纸板靠在黑板上，演示了两个三角形全等的变换过程。这一次，大家都看清楚了：一个三角形先绕一个顶点旋转180°，再平移，得到另一个三角形。如果同学们看清楚整个过程，那么在找这两个三角形的对应点时，就不会遇到太多的问题了。

全等的符号"≌"和全等三角形的性质，书中已经说得很明白了，我略作讲解之后，就回到这节课的重点：三种全等变换所形成的全等三角形该如何记，特别是能够重合的对应点，该怎样熟练地写在对应的位置上。因为只有能够熟练地把对应点写在对应的位置上，以后在找对应边、对应角时才不会犯错。

接下来，我针对三种变换得到的一组全等三角形，分别让同学们回答：这两个三角形全等该如何记录；它们的对应边与对应角相等，又该如何书写。

在我提问的过程中，13 班奥杰同学主动举手回答，这让我很高兴，因为就我这两个周的观察，奥杰属于对自己学习要求不高，听讲习惯不是那么好的同学，但今天他的表现让我很满意。这至少说明，在这节课上，他在积极要求进步。

13 班有一个同学，在找全等三角形的对应角时，老是出现一个问题，就是他不能把对应点写在对应的位置上。实在没招了的情况下，我只好教给他一种最笨的办法：记两个三角形全等时，先把对应点写在对应的位置上，那么按第 1、3、2 个字母所排列的角，也一定与后一个全等三角形的第 1、3、2 个字母所排列的角是对应角，它们是相等的。比如，如果 $\triangle ABC \cong \triangle DEF$，那么 $\angle ACB = \angle DFE$，找对应边也如同此理。

上周的周末作业，我没有布置学校专门印发的试卷，而是让同学们在家里读我写的日记连载，再一次回忆课堂上所学的数学知识和常见错误。但总有一些同学，回到家后自制力不够，忘了老师布置的任务。我找了两名班干部，仔细统计了读日记后的签名，把没有完成任务的同学，在课外活动时间留在了教室，拿出了学校专门印发的周末作业，让这些同学补做。

立即，班级里出现了两种同学。有几个同学来跟我说，他们回家后已经读过我的日记了，只不过没有签名，为什么还要再做周末作业？同时，还有几个同学跟我说，他们虽然在家里已经读过日记，签过名，完成任务了，但听说有试卷，希望我能把试卷发一份给他们做，看一看自己能否做对。我在向不同的同学发放试卷时，心里不由得感慨：“人与人之间的差距，咋就这么大呢？”

有的同学，始终把学习看作是最重要的事情；有的同学，则把玩耍看作是最重要的事情。难怪李镇西老师说“人与人之间的差距，就是从中学时代开始的”。

> 从小要培养自己主动去做一件事情的习惯，明白自己在不同的阶段最重要的事情是什么，然后全力以赴去做，这才是聪明人所为。而不是在自己的学习生涯中偷奸耍滑、投机取巧、好逸恶劳，显得自己很聪明。要知道每天偷一次懒，少学一点东西，少做一道习题，日积月累，就会在学习道路上挖下一个大坑，再想赶上别人就非常困难了。

在家里已经完成了我布置的任务，又主动向我要试卷去做的同学有嘉琪、曾诚、邹晖、梓航、思宇。嘉琪同学的名字，相信各位读者将会在我后面的日记里，不停地看到。

试卷的最后一题有点难，补做的很多同学都跑来办公室询问，我索性做了两份标准答卷，分别贴在两个班教室前面的墙壁上，以便爱学习的同学自己去看、去悟。只有自己悟出来的东西，才能成为掌握得最牢固的知识。

9月17日　星期二

全等三角形的判定(边边边定理)

今天要在13班上一节公开课，讲课内容是全等三角形的判定之边边边定理。周末休息时，已经在家里做好了课件。平时上课，不喜欢用课件，但公开课，还是要认真准备一下的。

上午第一节，在14班上，相当于一次彩排。昨天晚自习已经给了五分钟让他们看过书了，所以今天上课就直接开讲。

首先，找了两个同学回答昨天所学的全等三角形的定义和全等三角形的性质，因为这两个知识点与今天所要学的边边边定理有一定的联系。有两位同学站起来回答："能够完全重合的三角形是全等三角形。""全等三角形的对应边、对应角相等。"我只是对全等三角形的定义重点强调了两个要点：(1)形状相同；(2)大小相等。

接下来，通过课件上两个平移得到的全等三角形，让同学们说出，根据性质可以得出什么结论。有一个同学站起来脱口而出："可以得到三组对应边、三组对应角分别相等。"

按照课本上的说法，如果这六组边、角元素分别对应相等，那么这两个三角形是可以完全重合在一起的，也就是全等的。我又问同学们，如果每次都去找六组元素对应相等，再去说明三角形全等，效率太低，有没有什么高效的方法去证明三角形全等呢？就这样，很自然地和同学们一起，从一个元素，再到两个元素，最后到三个元素分别相等，逐一开始研究。

只有一个元素相等，分两种情况：(1)只有一条边相等；(2)只有一个角相等。两个元素相等，分三种情况：(1)有两条边对应相等；(2)有两个角对应相等；(3)有一条边和一个角对应相等。

我找了几个同学到黑板前画反例，也就是画两个三角形，只满足一个元素或者两个元素对应相等，但它们却不是全等三角形。14班主动举手的同学有H瑞、龙翔、立烨、Z会等。这些同学到黑板上画图时，个个都用三角板认真地量准了，再去画反例。图形倒是画准了，却用了好长的时间。如果是平时上课，倒也没什么，但这是公开课彩排，我真担心后面的内容没有时间讲解。我心里急得火烧火燎，不过表面上还是不动声色，一直等到他们把反例画完后，我才开始往下讲课。

三个元素对应相等，有好几种情况：三条边对应相等，两边一角对应相等，一边两角对应相等，三个角对应相等。一口当然吃不成个大胖子，今天这节课，我们只研究，当三条边分别对应相等时，两个三角形是否全等。

我让同学们在硬纸板上画一个三角形，使这个三角形的三边的长度分别为 5 cm，6 cm，7 cm。这里的 5 cm，6 cm，7 cm 可不是我一时心血来潮随意想出的几个数字。我曾在课前专门画过，采用这三种长度的线段画出来的三角形，既不会太大，也不会太小，而且叠合在一起非常方便，又易让同学们观察。

利用圆规，根据我的讲解，同学们画好了三边长分别为 5 cm，6 cm，7 cm 的三角形后，我让同学们用剪刀将三角形剪下来交给我。有二十多个同学动作迅疾，很快他们的小三角形都放在了我的手上，让同学们仔细观察，全都完全重合。

由这个事实就得到了全等三角形的第一个判定定理：三边分别对应相等的两个三角形全等，简写为“边边边”或者“SSS”。14 班有一个同学说，“S”就是“边”的英文单词“side”的第一个英文字母。我以前还不知道这一点呢，感谢 14 班的这个同学。

“闻道有先后，术业有专攻”，诚如是也。

这个边边边定理，该如何运用呢？我结合一道例题，进行了具体的讲解。本来，用边边边定理去证明三角形全等的格式是最简单的。我以前所教过的学生，都可以用非常规范的解题格式去证明简单的三角形全等的题。在讲解的时候，我也和课本上的例题一样，先做好了准备工作，然后写明在哪两个三角形中，再用一个大括号，括住三组相等的对应边，最后得到两个三角形全等。

可是，在离下课还剩五分钟的时候，我让同学们做学案上的两道简单的证明题，结果却是惨不忍睹。14 班的同学里，有各种各样的书写格式：有“一字长蛇阵”的，有“十面埋伏阵”的，有“拦腰截断”式的，有“掐头去尾”式的……不一而足。只有很少的同学，按照我黑板上的板书格式规范地答题。是他们的眼睛不好使，看不见黑板？还是很多人不重视老师所说的话，只是一味地想去创新？或是他们这些尖子生，根本就不把我放在眼里，不顾我所讲的格式要求，反其道而行之？但不管怎样，明天上课时，一定要再次强调规范书写，哪怕他们再次“阳奉阴违”，作为一个老师，我基本的职责还是要尽到的。

下午第二节，在 13 班上公开课，都是本年级组的数学老师来听课。都是自家人，也没有什么好紧张的。不过，没想到的是，学校的校长和主任也来了。从教二十多年了，公开课也讲了无数回，我早已形成了自己的公开课授课风格，要想转变为目前教学最流行的“小组合作，研讨探究”式的新派教育模式，我这辈子可能是做不到了。其实，从内心来说，我认为，数学上有些基本概念、基本知识点，还是简洁明快地直接告诉同学们的好。许多定理，需要古时数学家们研究一辈子，你却让学生在 40 分钟里去探究、发现，也不现实。尤其令人忍俊不禁的是，同学们早已从书本上看到了最终的结论，可还要苦苦压抑住自己喜悦的心情，配合老师一步一步地去表演，这到底算是什么探究呢？

我个人认为，对于这些基础知识和基本理论，我们需要的是给同学们讲那些为人类数学发展作出巨大贡献的数学家们是怎样一步一步地发现这些定理的，后人可以通过验证这些定理，去钦佩那些数学家们细致的观察能力、良好的推理能力和完美的归纳能力，而不是在听课老师的面前展示各种伪探究过程。

牛顿曾经说过，如果说我比别人看得更远的话，那是因为我站在巨人的肩膀上。就让我的学生们，也站在前人肩膀上，先去模仿，再谈超越。

我决定，按照自己多年来已经形成的教学风格，来讲这节公开课。这么多年以来，我追求的教学风格就是整节课环环相扣、层层推进。

与在 14 班授课过程不同的是，在画一个元素相等却不能得到三角形全等时，为了节约时间，同时也为了暗示同学们怎样画反例，我就直接用手在黑板上，画了两个满足一个元素相等但却不全等的三角形。后来，找了几个同学，到黑板上来画满足两个元素相等却不全等的三角形时，这些同学和 14 班的同学一样，个个都用三角板画得规规矩矩。看着时间无情地流逝，尽管我急得恨不得抓耳挠腮，但表面上还是不动声色，静静等待。

在后面讲解例题时，我特别提到 14 班有很多同学，不注意观察我板书的证明三角形全等的格式，希望 13 班同学都认真观察、仔细模仿。果然，后面做练习题时，13 班的同学在解题格式上要规范多了。

随着下课铃响，这节公开课基本上算是完成了教学任务。学案上没有做完的题目，只有让同学们在晚自习再做了。本节公开课，主动举手、积极回答、踊跃表现的同学有晓桐、申辰、曾诚、佳怡、子凯等。

晚自习时，我在 14 班又一次强调了证明三角形全等的书写格式。我对他们说：“如果想不起来我在课堂上是如何书写的，那么就看课本上的例 1，我课堂上所讲的规范格式，完全是按照它的解题过程来写的。”

解题规范很重要，一步一步规范地书写，实际上是在规范你的思维。先模仿再创造，只有先学会规规矩矩、有逻辑、有条理地去思考、表达，才谈得上以后去创造和发现。同学们千万不要以为老师啰唆，也不要以为老师墨守成规、呆板无趣。老老实实去模仿，才是现阶段最重要的事情，大智若愚有时候就是这个意思。

9月18日　星期三

证明格式纠错和全等三角形判定(边角边定理)

上午第一、二节，在14班上。第一节课，我让同学们把昨天发的那张学案试卷拿出来，找了四位同学到黑板上，将四道证明题的证明过程写在黑板上。这四道题都是用边边边定理证明三角形全等。四位同学写完后，我就和同学们一起分析、纠正。

今天所找的四位同学写在黑板上的过程，比起昨天我所见到的证明过程要好多了，但还是有很多的问题值得注意：

1 题目中的已知条件和公共角、公共边、对顶角等显而易见的条件，不需要在证三角形全等之前单独列出。

2 用边边边定理证明三角形全等时，若缺少哪个条件，一定要在证三角形全等之前先得到，要先做好准备工作。缺少的那个条件，一定可以由题目中所给的另一个或者几个相关条件，经过推理得出的。

我做了二十多年的初中数学题，有一个感悟：上帝为你关上一扇门的同时，一定会为你打开一扇窗。数学证明题，一定会给你一些显而易见的条件，也会设置几个隐晦曲折的其他条件。把一道数学题做出来，一定要学会把那些隐晦曲折的其他条件，转化为能为我所用的条件。

3 同学们所用的方法还是比较繁琐。当然，繁琐一点，如果能做对，也是可以的。但是，有些思路已经错了，即使你写得再长，也不可能正确。有个同学证明了两个三角形全等后，然后用这两个三角形分别减去另一个相同的三角形，从而得到另外两个三角形全等。我立马否定了这种方法。如果不断然指出同学

要善于搜寻曲折隐晦的条件。有时候做数学题就如同躲猫猫，藏身之处显而易见那是最开始玩的时候，父母为了照顾你的情绪，而故意降低难度。但时间一长，你就觉得这种游戏没意思了。躲藏得较隐秘，寻找起来还有点费劲，你玩起来才津津有味。这和解数学题是同一个道理。解数学题，就是你和命题老师玩游戏，如果一道题目全是显而易见的条件和解题路径，数学就失去了味道。但是，现在有一种不太好的倾向：一旦题目有一些条件或路径难以发现，我们就会心烦意乱，社会上就有人开始呼吁要降低难度，减轻学生负担。当然过多的不必要的负担是应该减的，但是我们似乎忘记了学习是为了寻找乐趣，去玩一种能给我们智力和意志力带来挑战的游戏。切不可因噎废食，许多学科，尤其是数学，人为地降低难度，以至于数学原有的味道都“稀释”变味了。

们的这种错误，我真担心，以后会出现三角形加三角形、三角形乘以三角形等各种奇特的思路。

评讲完四道证明题后，我就学案上一道用尺规作图画一个角等于已知角的作图题进行了详细讲解。尺规作图是初中数学里必须掌握的一个基本作图，其实质就是用三边对应相等证明三角形全等的一个具体应用。过程中两次用到了圆规，而这是很多观察马虎、悟性欠缺的同学一直记不住，也理解不了的。我把整个过程分成了四个环节，一步一步地详细操作，再让同学们一步一步地模仿。

看同学们都画完后，我就问，能不能证明所画的两个角相等呢？14 班的昊昊同学利用课间休息时间，到黑板上写出了完整的证明过程。在 13 班，申辰同学最先举手，并且也在黑板上写出了无懈可击的证明过程。

第二节课，跟 14 班同学们讲解三角形全等的第二种判定方法——边角边定理。一上课，我就问同学们，要证明两个三角形全等，最少需要三个元素对应相等，第一种情况是三个都是边元素，也就是边边边定理，此外，还有什么组合情况呢？

有同学就回答了，有两边一角的，有一边两角的，还有零边三角的。我答道："对！不过，我们今天这节课，来研究两边一角的这种组合情况。这种组合，又可以细分为边角边组合和边边角组合。边角边组合就是两条边和这两条边的夹角对应相等，边边角组合就是两条边和第一条边的对角对应相等。"

为了更好地说明这两种具体情况，我在黑板上画了两个三角形，一个三角形的两条边分别为 7 cm、9 cm，夹角为 30°；另一个三角形一条边为 7 cm，另一条边为 4 cm，并且 4 cm 的这条边，所对的角是 30°。

第一种三角形，很好画。先让同学们在硬纸板上，利用三角板的 30°的锐角，画好一个 30°的角后，又在这个角的两边上，分别用刻度尺量出 7 cm 和 9 cm，从而得到这个三角形。画完后，让同学们把三角形剪下来交给我，叠合在一起，可以看出完全重合。这个事实，就作为判定三角形全等的第二种方法：两边和它们的夹角分别相等的两个三角形全等（简写成边角边或 SAS）。

接下来，我针对边边角分别为 4 cm、7 cm、30°的这种三角形，跟同学们探讨如何画。有一个同学说："还是利用三角板，先画一个 30°的锐角，然后，在这个锐角的一条边上，量出 7 cm 长的一条线段，这样就找到了三角形的两个顶点。"

那么，第三个顶点如何寻找呢？如何画出 30°的角所对的边，而且这条边恰好又是 4 cm 长呢？同学们都陷入了沉思。

有一个同学说："只有再次动用圆规，以 7 cm 长的一条边上的端点为圆心，以 4 cm 长为半径画弧，交 30°角的另一边于一点，就可以画出这个三角形了。”

我马上肯定了他的这种方法。在黑板上演示的时候，我故意把这条弧画得很长，与另一边出现了两个交点 B 和 B'。接下来，我在教室里巡视，看同学们在硬纸板上画这个三角形时会如何处理。

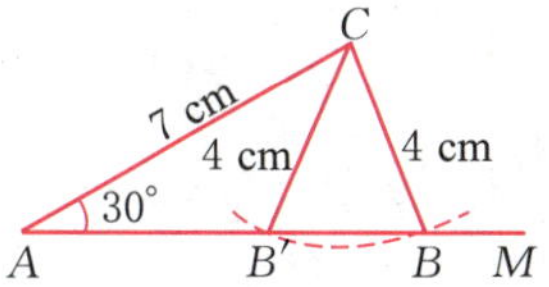

因为所画的弧与另一边有两个交点，所以按照给定的条件，是可以画出两个不同的三角形的。一个大一点(如图中的$\triangle ABC$)，另一个小一点(如图中的$\triangle AB'C$)。

我准备先看一圈同学们画的，如果所有的人画的都是那个大一点的三角形，那么我就必须再次“挺身而出”了。我就会在讲台上偷偷画一个三角形，也满足有两条边是 4 cm 和 7 cm，并且 4 cm 长的那条边所对的角是 30°，只不过，会与同学们所画的不一样，会小一点，如图中的$\triangle AB'C$。

14 班有两个同学率先画完，他们是宁鹭和 Q 朋。宁鹭画的是大一点的三角形，而 Q 朋画的是小一点的三角形。他们所画的三角形剪下后交给我。我高高举起，问同学们，这两个三角形是否符合我所说的两边和一边的对角对应相等？同学们纷纷点头。我又问道，这两个三角形放在一起，能够重合吗？

很显然，一个大，一个小，不能重合。只要能举出一个这样的反例，就可以说明：两边和其中一边的对角对应相等的三角形，是不一定全等的。

我对同学们说：“我要表扬 Q 朋同学，当其他同学在硬纸板上画的都是大一点的那个三角形时，我还很担心，需要自己亲手去画那个小一点的三角形。幸运的是，有 Q 朋同学画了一个小的三角形，从而证实边边角对应相等，是不能得出三角形全等的。感谢 Q 朋，感谢他发现并捍卫了真理。”

同学们听完后，都呵呵地笑了。在笑声中，我知道，同学们已经完全理解，为什么边边角对应相等是不能证明三角形全等的了。

让同学们把书本上这两个知识点划出来后，又让他们集体读了一遍。接下来，在讲完课本上的例题后，就让大家做课本后面的两道练习题。这一次，到黑板前板演的霖林同学，她用边角边定理证明三角形全等的格式，写得非常完美。我在下面也巡视了一圈，大部分同学的解题格式，都没有出现什么问题。每一个同学都在进步啊。

下午第二节，在 13 班上课时，整个程序与在 14 班差不多。有一道题需要连一条辅助线证三角形全等，晓桐同学在黑板上所写的过程正确无误，不需要我做任何解释。不过，我还是结合此题，指出了一种错误的推理过程。这种错误，两个班的很多同学都曾出现过。

举例如下：

∵ $AC=DB$，$AC=OA+OC$，$DB=OD+OB$，

∴ $OA=OD$，$OB=OC$。

最典型的一种模糊思维，想当然的推理。

这种推理当然是错误的，特别是当图形中的线段看起来似乎相等时容易出现。

我观察了一圈，发现有很多同学不是很理解。我又举了一个反例，比如：10＝10，前一个 10＝3＋7，后一个 10＝4＋6，但 3 等于 4 吗？7 等于 6 吗？显然不等。

快下课时，我对同学们说："我每天所写的日记连载，回家后，如果你认真阅读并能评论签名，就相当于你完成了三十分钟的周末作业。如果不想看也行，就到我这里领一份试卷回家去做，相当于周末作业。"

嘉琪同学走到讲台前，问我："既看日记，又想回家去做试卷，可以吗？"我马上答道："当然可以啊，我还要'隆重'表扬呢。主动学习，积极要求进步，老师就喜欢这样的学生。"

由于中秋节放假，13 班还有一节课被移到下周去上，边角边定理也只有到下周才能在 13 班讲解了。

第 4 周

9 月 23 日　星期一

台风长假后返校

中秋节休息三天，正准备返校时，接到学校转发的市教育局紧急通知：超强台风“天兔”即将登陆，为避免人员财产巨大损失，所有的中小学一律停课。

这几天，躲在家里边避台风边看同学们在我的博客上留下的评论。这一次要想选出最佳评论，还真挺难。有点像电视台组织的选秀节目，进入了最后的总决赛，真难以断定哪位选手表现得更好。《中国梦之声》评委韩红曾说过，再也不想当选秀节目的评委了，当几个同样优秀的歌手站在面前，却只能选一个留在舞台上时，那种折磨真不是常人所能承受的。

虽然我选最佳评论，没有选秀节目那么有影响力，但和韩红一样，我也在几个优秀评论之间“饱受折磨”。最后，只有一闭眼，随意选出这样几个同学的评论，作为当日最佳了。

9 月 15 日的最佳评论，是霖林同学写的：“看老师的日记不是为了免去那份周末作业，也不是为了老师的赞扬，而是为了更加牢固地掌握知识。希望同学们能够认真吸收日记里的精华，好好努力。”

整段话把我要对同学们说的话，都说了出来。

9 月 16 日的最佳评论，是嘉琪同学写的：“我到现在才看出，两个全等三角形是通过怎样的变换才形成的，这三天我会把它悟明白的。特别喜欢这句话：只有自己悟出来的东西，才能成为掌握得最牢固的知识。”

9 月 17 日的最佳评论，是靖莹同学写的：“老师的文笔幽默风趣，不仅为我们重现了上课的情景和知识点，而且还生动地记录了我们上课的过程，就像一部电影，记下了我们的成长和改变。”

9 月 18 日的最佳评论，是彦彤同学的：“上帝为你关上一扇门的同时，一定会为你打开一扇窗。这一句话让我明白了许多，以后做证明题，就应该有这样的想法，不要一看到难题就放弃。人就是从失败中走过来的，不经历失败怎么能成功？当我们遇到不懂的问题时，首先要自己动脑筋，实在不会，一定要问老师，只有这样我们才会不断进步。”

还有很多同学写的评论，让我记忆深刻。比如，F伟同学所写的：“我遇到不会的题，就去问老师，相当于免费的一对一辅导。我也要将老师的博客介绍给父母，正好也让父母了解老师呢。”

关于一对一辅导，其实我们老师很看重。只有你自己主动去问的问题，才是你真正想搞清楚的问题。这样的问题越多，你所不理解的知识点就越少，数学成绩自然也就越好。

还有一些评论，也打动了我。比如，申辰同学写的：“老师的‘作业’布置得很好，如果是普通的试卷，想必同学们做完，老师评讲完，时间一长，知识点就淡忘了。而这样的作业，既是同学们独立完成的，又是最好的复习。再者说，就算忘了，也可以通过查看老师前面的日记来复习。打心底感谢老师！”

还有怡康同学写的：“老师，我很喜欢上你的公开课，很真实，和平常上课一样。不像有的老师，为了一次公开课，排练都要排好几次，感觉假假的。”

看完怡康的直言快语，我感慨大发，回复了一长段话：“谢谢你的赞扬。你是一个善于独立思考的同学，希望你能一直保持这种习惯。对任何人所说的话、所做的事，都要有自己独立的思考和判断。这里的‘任何’二字，不知你能否理解？唉，还是说直白一点吧，包括父母、老师，对于他们所说的，都要有自己独立的分析、判断。当然，这需要我们不断地吸收知识，开阔眼界，不断地提高自己的分辨能力。其实在追求真善美方面，老师也不是一个完人。我只能说，尽量地怀着希望，向那个目标去努力。有一句话与你共勉：希望虽未必能实现，但在希望的过程中，我们会由于希望的鼓励，而增加生存的勇气。”

晚上到校后，每个班都有一节完整的自习课，我布置的任务是做练习册上三角形这一章的复习题。做完后，明天评讲。通过做这些复习题，让大家回忆前几周所学的知识点，然后在本周选一个时间，对这一章进行一次测验，检查同学们对这一章的掌握情况。

在同学们做题的过程中，我发现14班的章晖同学，已经把我布置的任务，在放假期间全部做完了。而且，还有好几节我没有布置的，他也完成了。在同学们紧张地做作业时，他已经开始沉思，开始回忆我们在三角形这一章里所学的各个知识点了。

几周前，在区教师节表彰会上，听一个专家讲座，说生活中的事情分为四类。第一类是重要而又紧急的，第二类是重要而不紧急的，第三类是紧急而不重要的，第四类是既不紧急又不重要的。当然，所有的人都知道，最先要完成的是重要而又紧急的，最后才去完成的是既不重要也不紧急的。但第二类重要而不紧急的，和第三类紧急而不重要的，应该把哪一类放在优先的位置上呢？不同的选择，将决定你将来能取得什么样的成就。如果你选择第二类，即重要而不紧急的，并且每天都把这种事情排在前面，那么你的人生成就将达到一个很高的高度。而如果你优先选择第三类，即紧急而不重要的，那么你的生命将在每天忙忙碌碌、无所作为中度过。

章晖同学知道，练习册上的任务是很重要的，是一定要完成的。所以，没等老师去布置，他每天都抽出一点时间，完成这些重要但不紧急的学习任务。我相信，长期坚持下去，章晖同学一定可以取得巨大的成就。相反，还有很多同学，每天只是被动地在做老师所布置的紧急而不重要的罚抄作业。可想而知，他们的学习将会取得什么样的成绩。先做重要而不紧急的事情，是指当这些事情还没有成为紧急的事情之前，就已经被处理掉了。居安思危、未雨绸缪，也是这个意思。

我在教室里批改作业，遇到两种错误。

第一种错误，是13班的雨婷同学所犯的：由 $n-2=7$ 得到 $n=8$。面对此种错误我能说什么呢？我想起以前所带的学生，有很多同学在考试中曾出现过类似 $13-5=9$ 的错误。归根结底，就是做题时不细心啊！我曾经统计过，一个同学如果能把他在各次数学考试中因为低级错误而扣的分补回来，那么他的数学成绩立马就会变为优秀。

第二种错误，是这样一道题：从十边形的一个顶点出发，可以连多少条对角线？有很多同学用 n 边形对角线条数的计算公式 $\frac{n(n-3)}{2}$，算得答案是35。找了一个出错的同学站在我的旁边，我用笔尖指着那句话，一个字一个字地移动，他突然大声说："啊！是从一个顶点出发的啊，不是指所有的对角线啊！"其神情和语气，与小品《卖拐》里的范伟范大厨师的有得一比。

面对这类在生活中比较毛躁，在学习上常犯低级错误的同学，我也只能定定地看着他，在心里缓缓地摇了摇头。

看来数学学习也能帮助自己练心、练气，心平气和才能学好数学。

9月24日　星期二

三角形复习

今天这节课的主要任务，是复习三角形那章的知识点，让同学们进一步领悟三角形的解答题格式该如何书写。明天，各有两节连堂课，正好来测试一下，看一看同学们对知识点掌握的情况，然后再根据考试情况，决定下一阶段的教学如何进行。

第一节在 14 班上。上课前，立烨到我办公室来说，小测本上有一道判断题："在平面内，四条线段首尾顺次相接组成的图形叫四边形。"他打了"×"，但我却判他错。他解释道："这句话没有强调四条线段不在同一直线上，而且也没有与课本上一样强调是封闭图形。"我细想一下，觉得他说得很对，这句话确实是错误的，等会儿到班级里要统一讲解这道题。

后面还有一道题："每个内角都是 144°的多边形为________边形。"正确答案是"十"，但很多同学，却画蛇添足填"正十"。他们就问，为什么错？我答道："根据课本上的定义，各个内角都相等，各条边都相等的多边形，叫正多边形。这里只强调各个内角都相等，没有说各条边都相等，所以不能确定是正十边形。"

14 班又有几个同学问："各个内角都相等的多边形，它们的各条边不就相等了吗？如果不相等，能不能举一个反例呢？"虽然这几个同学对课本上的概念理解得不透彻，但他们居然知道要举一个反例，我还是很高兴的。

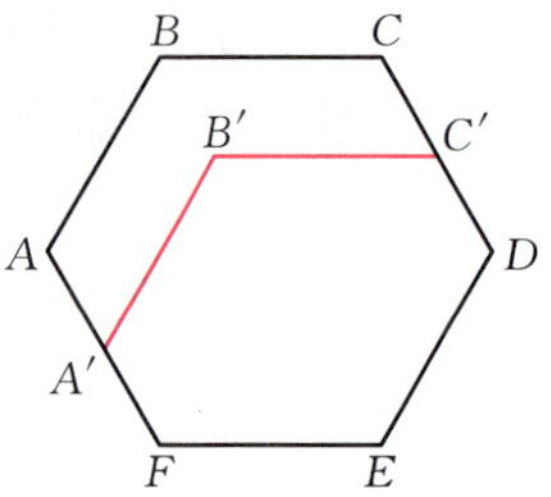

我先在黑板上，画了一个正六边形，说明这个正六边形的各个内角、各条边是相等的。接着，我用彩色粉笔，在这个正六边形相对的两条边上各取一点，然后过这两点分别画了另外两条边的平行线，这样也得到一个六边形。这个新六边形的每个角的大小是相等的，但六条边却不相等……同学们一下子都理解了。

接下来，处理练习册上的三角形单元复习题。我和同学们对了一下填空题的答案，然后又找了四个同学，到黑板上来写四道解答题的过程。写完过程后，再统一评讲。

这四道解答题，H 瑞、立烨、龙翔三位同学，主动举手，要求上黑板板书解答过程。我又叫了章晖同学上来写第四道题的解题过程。这四个同学的数学成绩在班级里还算不错。这四道解答题，他们都能把最后答案算对，但是书写的解题格式不是很完美。最大的问题就是，列算式计算的时候没有在所列算式前面

小学生做数学题，对推理格式的要求很低，但是现在是初中生了，开始训练逻辑思维了，要求把思维的来龙去脉交代清楚，而不是求得结果就行了。一个步骤，想写什么就写什么，不去管它是否规范、有没有跳步（逻辑链条断裂）等，这样做是不行的。数学学习不是为了最后正确的答案，它更注重解答过程，更注重对逻辑思维能力的培养。中考阅卷时，老师是根据试卷上的解答过程，分步骤给分的。

写明这个算式的来历。看他们的解题过程，每一步不知道在求什么，这些式子也不知道都是如何变形转化而来的。这种情况，我已经在 14 班说过很多遍了：要将小学的做题习惯，快速转变为初中的答题规范。

有一道解答题，有三种作辅助线的方法。我针对黑板上一位同学所作的辅助线评讲完后，14 班马上有同学站起来说，还可以作另外的辅助线。我立马肯定他的说法，还建议他按自己所说的那种辅助线完成此题。不管是哪一种辅助线，在答题时，都要写清楚解题过程。思路可以多样，格式必须规范。

后面还有一道解答题，在一个三角形里，过一个顶点有一条高，有一条角平分线，然后问这两条线的夹角与另外两个内角是什么关系，如何证明。这种题目，在三角形这一章里，实在太多了，但很多同学却不知道如何思考。

我总结过，这种数学题的解法就是八个字："转来转去，代来代去。"就是不停地转化，不停地代换。说是"不停"，其实也就是把角平分线和高线应用一次，再用一下三角形的内角和为 180°这个隐含条件，然后经过一系列耐心而又细心的变形，最后得到结果。这种计算证明题，跟以前的学生讲解时，我有一个说法：只要你的数学计算基本功扎实，你的书写格式规范，你把题目所给的已知条件都用一遍，最后一定可以得到正确答案。

例　如图，在△ABC 中，AD 是 BC 边上的高，AE 是∠BAC 的平分线，交 BC 于点 E。

求证：$\angle DAE=\frac{1}{2}(\angle B-\angle C)$。

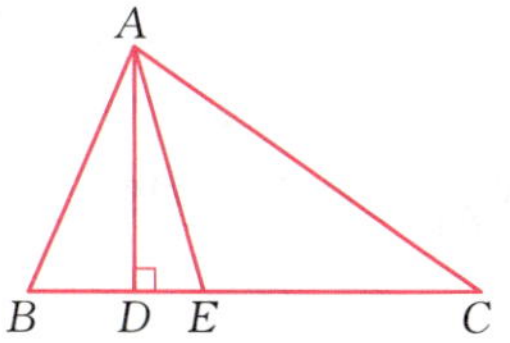

证明　∵ AD 是 BC 边上的高，AE 是∠BAC 的角平分线，∴ $\angle ADE=90^\circ$，$\angle EAC=\frac{1}{2}\angle BAC$。

在△ADE 中，$\angle DAE=90^\circ-\angle AED=90^\circ-(\angle EAC+\angle C)=90^\circ-\left(\frac{1}{2}\angle BAC+\angle C\right)=90^\circ-\left[\frac{1}{2}(180^\circ-\angle B-\angle C)+\angle C\right]=90^\circ-\left(90^\circ-\frac{1}{2}\angle B-\frac{1}{2}\angle C+\angle C\right)=90^\circ-90^\circ+\frac{1}{2}\angle B-\frac{1}{2}\angle C=\frac{1}{2}(\angle B-\angle C)$。

上午第二节，在 13 班上。为了节约课堂时间，我在课间就问同学们，有谁愿意利用下课休息时间把自己的解答过程写到黑板上，以便上课时点评。

马上，嘉琪、雪欣、靖莹、申辰同学主动要求到黑板上写答案。对于这样爱学习的同学，我立马答应了。在黑板上点评这些同学的答案，实际上是对他们进行一对一地辅导。我不得不说，这些主动要求到黑板上板演的同学，是最聪明的。可能另外有一部分同学，觉得我没有找到他们运气太好了，因为我没有耽误他们玩耍的时间。对于这样的同学，我也只有和他们一样认为，他们的运气确实很好，但愿他们一直都有这样的好运气。

评讲过程与在 14 班差不多，有两个地方，我重点强调了一下：一是，在表示由两个角合起来的一个大角时，不能画弧线用数字表示，而应该用三个大写字母表示；二是，有一道题的答案是 $1<x<7$，这个式子到底该如何读呢？对于这种未知数 x 夹在中间的式子，有两种读法，可以从左往右读“1 小于 x 小于 7”，也可以从中间往两边读“x 大于 1 小于 7”。两种读法虽然都可以，但是对于这种字母夹在数字中间的情况，我还是建议同学们采用后一种读法。

课间休息时间，我找来 14 班的家乐同学和韩琪同学改作业本上的错误，家乐来得比较勤，基本上算是改完了，韩琪由于种种缘故一直都没有改完。

明天的考试试卷上就有这两道题，这两位同学会考得怎么样呢？在辅导同学必考题过关方面，我可以试着去走九十九步，但如果哪位同学不愿意迈出自己要走的那一步，那我也没有办法了。

晚自习，每班都只有二十分钟的时间，所以在两个班里都布置了二十分钟的小测本上的任务，不同的是 14 班布置了 4 页的内容，13 班由于少上了一节课，只布置了 3 页。

9 月 25 日　星期三

三角形测试

今天每个班都有两节课，准备对三角形这一章进行一次测验。

找了一份试卷，难度不大，基本上课堂上都讲过。最后一道大题，更是在 14 班讲过两遍。试卷上规定了考试时间为 40 分钟，我准备根据具体情况再延长一点时间，反正今天是两节连堂课。对于掌握了的同学来说，40 分钟绰绰有余。相反，给再多的时间也是枉然。

既然是考试，肯定要摆出考试的架势。在 14 班，让同学们拉开桌椅后，就开考了。巡视了一遍，看同学们都在快速作答，我就坐在讲台上，做起了这份试卷。这也是我从教多年养成的习惯，一般我对自己的要求是只用同学们一半的时间，完整而又规范地答完整张试卷。二十五分钟后，我完成了整张试卷，那么也就意味着，同学们做五十分钟后，就要交卷。

利用课间休息的十分钟，凑足了五十分钟，我看到同学们都做得差不多了，就开始收卷。收卷完毕后，就让他们呆在教室里补休了十分钟。

接下来，还有大半节课的时间，我结合昨天晚自习所做的证明三角形全等出现的问题，在 14 班做了一个统一讲解。才开始证明全等，同学们总是出现各种各样的错误，虽然我在前几天上课时更正过，但还是有部分同学不以为然，屡做屡错。纠正完证明三角形全等的格式后，又给同学们讲解有些三角形证明全等要做好准备工作。比如，要把题目所给的某两条线段相等转化为三角形的对应边相等。这个推理过程，有一些同学喜欢这样写：

如图，$\because AB=CD$，$AC=AB+BC$，$BD=CD+BC$，$\therefore AC=BD$。

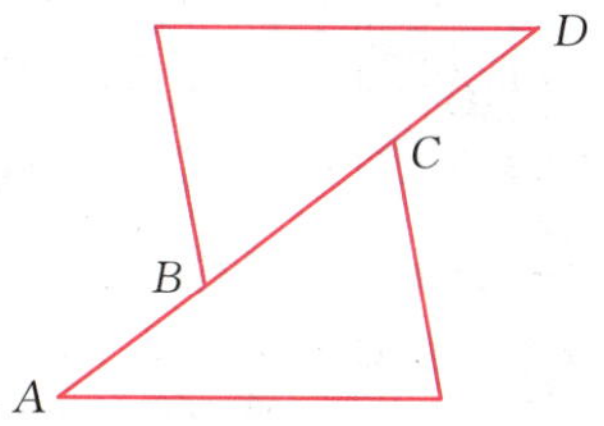

我让同学们以后写这个过程时，统一改为：

$\because AB=CD$，

$\therefore AB+BC=CD+BC$，

$\therefore AC=BD$。

之所以要这样写，是因为这三行，步步有据。第一步是已知；第二步是根据等式的基本性质 1，在等式两边同时加上一个相等的量等式仍然成立；第三步是结合图形，对第二步作出的一个解释。这也符合做几何推理题时所追求的层层推进、无懈可击的答题原则。

在讲课时，14 班的诺秋同学与旁边的同学不停地在“讨论”。因为我无法听清楚他是不是在与旁边的同学讲闲话，所以我姑且用“讨论”这个词。我对他说：“这位同学是诺秋吧，你能不能少讲一点，上课认真听一听，先把你的数学成绩提高了再讲话，好不好啊？”

下课后，我想了一下，觉得当着全班同学的面这样批评他，确实有点过分。一方面，不应该直接在课堂上批评他；另一方面，就算数学成绩提高了，也不能理直气壮地上课讲话。有时候，心里一急，口不择言的老毛病又犯了，还是要多控制自己的情绪啊。好在诺秋同学还是很懂事的，我提醒了他之后，他立马就改正了。这种孩子，也就是没有养成一种好的听讲习惯。我们都一起慢慢地改进吧。

回到办公室，开始批阅试卷。有一道填空题，很多人出错。“一个三角形的两边长分别是 2 和 7，且第三边长为奇数，则三角形的周长是________。”

这道题要先把第三边 x 的取值范围求出来，为 $5<x<9$。接着在这个范围内再把奇数挑出来，只有一个“7”。最后，再求周长，为 $2+7+7=16$，答案应该填 16。

我找了几个出错的同学，问他们为什么把这道题做错了。他们看到我打的“×”之后，才开始认真审视这道题。看完题目后，一个个张大了嘴巴，欲言又止。

我想起了小品《卖车》里面的一个经典段子：赵本山问范伟，一加一在什么情况下等于二？憨憨的范大厨师立即梗着脖子喊了一句：“在算错的情况下等于二。”当本山大叔告诉他又错了时，他才想明白：“啊，这一次是等于2啊，你刚才不是说，等于3的吗？”

我对他们说：“接下来的话，我来帮你们说吧：‘啊，这一题是求周长啊，上一次课堂上所讲的不是求第三边的长吗？’”

这些常出低级错误的同学，我觉得已经不能光用粗心来形容了，他们是没有养成好的审题习惯。

看到一道数学题的前半句后，就想当然地当成以前做过的某道题，后面的叙述没耐心看清楚，就开始急吼吼地求解，这必然会出现令人啼笑皆非的错误。人们往往把这个现象归结为粗心，实质上是由于心态不好，根源在于对自己没有信心：不认为自己按部就班能把题目解决得干净利索，能把整个卷面或者一份作业的题目在规定时间内完成，因此急于求成。许多孩子把粗心当作自己成绩不好的借口，以掩饰自己的思维不够缜密。或者为了维护自己的颜面，当别人问起他的成绩为啥不好时，就说：没啥，那些题目我都会，只是我有点粗心，看错了。不管怎样，我还是聪明的。

粗心只是表象。这种自欺欺人的做法，只是一种逃避，当你选择逃避的时候，你永远不会变得强大，粗心的毛病就会伴随你整个学习生涯，甚至一辈子。

一个真正优秀的学生，拿到题目首先想到的是出题者的用意何在，考查的是哪些知识点，会用到什么方法，有什么好的计算技巧，陷阱在何处……而不是胡乱联系以前做了什么题目，并把那些题目的零碎信息和眼前的题目混在一起，搅成一锅浑水。

试卷上还有一种错误，是霖林同学犯的。题目说完了已知条件后，问直线 AB 与 CD 是否平行。霖林同学的答案，与别人的都不一样。

她采用的证法：先假设 AB 与 CD 是平行的，然后经过一系列的推理，得到题目中的一个已知条件，从而再回过头来，证实 AB 平行于 CD。

这种方法去做数学推理题，当然是不行的，我们应该是从已知条件出发，经过一系列的推理，得到最后的结论。

还有几种计算错误，列举出来：一是韩琪同学犯的，$180-70-90=10$；二是少元同学犯的，$180-60=130$。

13班同学是下午考试的，过程、时间和在14班差不多。我在阅卷的时候，发现一个怪现象：一些简单的解答题，13 班同学的答题格式普遍比 14 班同学的好。

这是怎么回事呢？可能就是我以前讨论过的，普通班的同学，对老师崇拜多、模仿多，因此规范性上表现好一些。重点班的孩子，对老师质疑多、挑剔多。

为了赶进度，13 班的第二节课，我把边角边定理讲解了一遍。两边和夹角对应相等的两个三角形全等，对于同学们来说没有什么问题。

讲解本节课的难点——两边和其中一边的对角对应相等的两个三角形不一定全等时，我也很担心 13 班的同学们所画的三角形都是那种大一点的，没有人能画出那种小一点的三角形。结果，有两个同学画的是那种小一点的三角形，她们是雪慧和萧淼同学。可能她们已经读过我上一周所写的在 14 班上课时的教学过程。

我立马拿起她们所画的小三角形，和同学们所画的大三角形放在一起，向同学们说明，只要能举出一个这样的反例，就可以说明边边角对应相等的两个三角形不一定全等。刚讲到这里，就到下课时间了，练习巩固只有晚自习时间再来做了。

晚自习，在两个班都布置了练习册上的用边角边定理证明三角形全等的题目，上台板演的同学都做得不错。

今天，在学校的 QQ 工作群里，有一位老师这样发表议论："行为太规范后，会制约人的思维，从而变得循规蹈矩，久而久之，变得没有创造力。"

联系到做数学解答题时，要求同学们规范书写格式，有部分同学及家长认为大可不必，他们怕格式规范后，会让学生失去创造力。对于这一点，我想谈谈自己的一点想法。

行为规范与思维活跃并不矛盾，行为规范是外在的，思维活跃是内在的。循规蹈矩表现在行为方式上，创新活力体现在思想上，两者之间不仅没有矛盾，而且还可互相促进。如果真的要在行为规范和没有创造力之间强行画等号，那么又怎么来解释"细节决定成败"这句话呢？

我们都知道，德国人的走路方式、穿衣习惯非常规范，甚至严谨到刻板的地步。但谁也不能否认，就是这样一个民族，创造出了巨大的物质财富和精神财富。宝马、奔驰是世界上著名的豪华汽车品牌，德国的诗歌优美含蓄，德国更是出现了很多伟大的思想家，比如康德、黑格尔、马克思……

可是，为什么这种观点在生活中颇有市场呢？因为有太多的生活事例，提供了反面"榜样"。比如，撑死胆大的，饿死胆小的。比如，一个仅小学毕业的大老板敛聚了大量财富，而很多大学毕业生却在为他打工。

这些仅仅是特例，我相信，当知识和文化渐渐成为社会成员共同的追求时，当社会规则变得更加公平和规范时，最具创造力的人也一定是尊重基本规范的人。因为只有在掌握了基本规范之后，你才能真正有所创造。

9 月 26 日　星期四

三角形全等的判定之角边角定理、角角边推论

今天，把两个班的三角形测试卷都批阅完了。14 班的最高分是文韬同学，120 分的试卷，一分都没有扣，满分。13 班的最高分是贺怡和锐风同学，并列第一，分数是 114 分。这三位同学值得两个班的同学好好学习。两个班的最低分，分别是……还是不说了，相信下次，他们会进步的。

这个测试成绩，只是反映了同学们在过去几周里的学习状态和知识掌握情况。考得好的，继续保持；考得不好的，努力改进。从现在开始，每个同学又都处在同一起跑线上。好好努力吧，同学们。

试卷上的最后一道题最难，以前在课堂上也讲过，而且在 14 班还讲了两遍。就是关于三角形的两个内角的平分线、两个外角的平分线、一内角一外角的平分线所组成的夹角与第三个内角的关系。这道题是三角形这一章里面必须过关的一道解答题，在初二上学期的各种考试中，一个同学能否取得优异成绩，往往取决于这道题能否答得完整无误。

在 14 班尽管讲过两遍，还让同学们都在作业本上做过了，但是，只有三位同学的解题过程完美无缺，他们是立烨、龙翔、文韬。大多数同学也做正确了，但在细节处理上欠缺一点。要完美地写出一道解答题的规范过程，看来还任重道远啊。

13 班同学的试卷上出现的错误就更多了。还是那道填空题："一个三角形的两边长分别是 2 和 7，且第三边长为奇数，则三角形的周长是________。"

13 班文伟和竣升同学，粗心地以为是求第三边的长度。当他们来到我面前，认真把题目重读一遍后，才意识到这道题目是求周长。一道数学题，确实因不会做而丢分，是情有可原的，但若由于粗心、马虎而做错，则是最令人惋惜的。

像这样粗心的错误在 13 班还有很多，现摘录一部分。中元同学的错误，$180-70-70=30$；曾诚同学的错误，$180-70-35=85$。还有一道计算题：$540-150-145-60-120$，翊洋同学算成了 165，曾诚算成了 75，还有很多同学

算成了其他错误答案。计算不过关的同学，要想数学考试得高分，几乎是不可能的。

中午，我把自己所做试卷的标准答案，分别贴在两个班的教室里，让同学们认真看看我写的标准格式。如果有人能得到一点启发，那就“功德无量”了。

今天的课，在两个班分别讲三角形全等判定的第三种方法——角边角定理以及它的附属定理角角边推论。预备铃刚响，我还没走进 13 班教室，就听到一片热火朝天的读书声。原来，同学们都在背诵前几天所学的证明三角形全等的前两种方法。14 班同学，由于前两天的预备时间没有诵读，有很多同学好像忘了这回事，只是呆呆地望着我，我也定定地看着他们。好几秒后，他们才意识到要背诵书上的知识点。在这一点上，14 班同学要向 13 班同学看齐了。

提问了几个同学，回答得都很好。接下来，顺着这几位同学的回答，我开始了讲课。

三角形有三条边、三个角，共六个元素，从这六个元素里挑选三个元素，有这样几种组合。一是三条边，二是两边一角，这种组合又细分为边角边和边边角。边角边对应相等是可以证明三角形全等的，但边边角对应相等的两个三角形不一定全等。

第三种组合是一边两角，这种组合又分为两种情况：(1)两角及夹边；(2)两角及其中一个角的对边。说到这里，有同学问我：“什么叫夹边？”

我正好在黑板上画了一个三角形，有两个角分别为 30°和 45°。这两个角的公共边，我用红色粉笔画了出来，向同学们解释，这条公共边就叫 30°角和 45°角的夹边。待同学们都弄懂了夹边的含义之后，我就问同学们：“怎样在硬纸片上画出角边角分别为 30°、8 cm、45°的三角形呢？”同学们立刻拿出硬纸片，在上面画了起来。有一些动作迅捷的同学，很快把画好的三角形剪下来，交到了我的手上。收到十几个这样的小三角形后，我向同学们展示，按照角边角这三个数据，所画出来的三角形放在一起，它们能完全重合。这说明什么呢？

由于已经学过了前两个判定三角形全等的定理，同学们很快答出：“两角和它们的夹边分别对应相等的两个三角形全等，简称为‘角边角’或‘ASA’。”

这个重要定理是一定要在黑板上书写出来的。我在写的时候，要求同学们在书上标记出来，并在理解的基础上快速记忆。待我写完后，在 13 班我专门试验了一次，让同学们读出这个定理，能够记住的同学可以不看书背诵。同学们大声读的时候，我站在第一大组前面仔细地观察每一个人的脸。有三个同学，在一分钟的时间里，可以做到不看书完全背出这个判定定理了。他们是怡康、嘉琪、楚涵。

接下来，用角边角定理讲解了课本上的例 3。这道例题非常简单，刚读完题目，整个答题过程就呼之欲出。我对同学们开玩笑说“这道题目非常‘善良’”。不过，唯一不“善良”的是，两个全等三角形扭在了一起，不便于观察。

我拿出了证明全等的杀手锏，把其中一个三角形，用彩色粉笔勾勒出来，再把另一个三角形平移到旁边，让这两个三角形不再“纠缠”在一起。很快，同学们都迅速找出了证明三角形全等的三个条件。晚自习做练习册上的证明题时，有几个同学遇到较为复杂的全等三角形，也像我那样，用彩笔勾勒出其中的一个三角形，再进行分析。我看了之后非常高兴，因为我的解题习惯，慢慢地影响了部分学生。

后来，我又画了两个三角形，分别标明了两个角对应相等，还有其中一个角的对边也对应相等。然后问同学们，能不能根据刚才所讲的角边角定理，来证明这两个三角形全等呢？

思考了将近一分钟，两个班都各有一个同学站起来回答：“可以的，因为这两个三角形，分别有两个角相等，再由于三角形的内角和都是 180°，所以第三个角也是相等的。这样一来，第二个角、第三个角，还有相等的那条边，正好构成了角边角对应相等，根据角边角定理，这两个三角形是全等的。”

回答得非常好，这就是我马上要总结的一个新结论，根据角边角定理所引出来的一个推论：“两角与其中一个角的对边分别对应相等的两个三角形全等，简写为‘角角边’或者‘AAS’。”

这虽然是三角形全等判定定理 3 的一个推论，但它也可以用来判定三角形全等。13 班有一个同学小声地问：“既然角角边可以用来证明三角形全等，那为什么不叫判定定理 4 呢？推论和定理是什么关系呢？”

我一愣，是啊，推论和定理到底是什么关系呢？我想了一会儿，这样对同学们说：“推论是由定理所推导出来的，虽然地位上略逊一筹，但功能上是一样的，都可以用来证明三角形全等，而且，用角角边推论证明三角形全等，是非常常见的。”

看着部分同学还睁着一双迷惑的眼睛，我又接着说道：“全等三角形的三个判定定理和这个推论，就分别相当于我们学校的校长和副校长的关系，虽然是副校长，但也同样具有教学管理的权力。”

虽然对于刚才这个不恰当的比喻，我觉得不太合适，但当同学们都在哈哈大笑时，我也露出了得意的神色。

课本后面的第一道练习题，需要用角角边推论去证明，但很多同学在写三个元素对应相等时，并不是按照角、角、边分别相等的顺序写的。用大括号括起来的第一行，应该写第一个角对应相等；第二行，应该写第二个角对应相等；第三行，才写其中一个角所对的边也对应相等。这是用角角边推论证明三角形全等时，必须遵守的书写格式。

还没来得及给同学们完全更正，下课铃就响了，只有等到明天统一讲解证明三角形全等时，再强调该如何书写标准的答题过程了。

晚自习，两个班的同学做数学题时都非常安静。有些同学遇到不懂的问题，也是轻轻地举手，小声地询问，其他的同学也没有出现交头接耳的情况。这是第一次数学晚自习如此的安静，我很欣慰。

9 月 27 日　星期五

证明三角形全等的阶段复习

今天是星期五，由于国庆节放长假，所以今天改上周一的课，明天上周二的课，后天才上周五的课。

今天，每个班都只有一节课，我打算稍作停留，把前面所学的证明三角形全等的方法复习巩固一下。一方面，是同学们积累了太多的知识点需要消化；另一方面，有几道典型证明题的推理过程和书写格式，要再次强化。

一上课，我就找了几个同学提问："到目前为止，我们学习的证明三角形全等的方法有哪几种？"所找的几个同学，都回答得很好。

我在黑板上，边写这些内容，边重点强调两个关键点：

1 边角边定理证明三角形全等时，一定要注意，相等的角必须是两条对应边的夹角，如果相等的角不是夹角，而是某一组对应边的对角，那么是不能证明这两个三角形全等的。也就是说，"边边角"不能证明三角形全等。

2 两角一边分别对应相等，有两种情况，角边角和角角边。这两种组合都可以证明三角形全等，在应用的时候，一定要仔细分辨。如果相等的边是两组对应角的夹边，那么就用角边角定理。在书写证明过程时，括在大括号里的三个全等条件，一定要按照角边角对应相等的顺序来写，也就是说，对应边相等一定要写在中间位置。如果相等的边是一组对应角的对边，那么就要用角角边推论。在书写证明过程的时候，要按照角角边相等的顺序来写。也就是说，第一组角相等要写在最上面一行，第二组角相等要写在中间，其中一组角的对边相等要写在最后一行。这样才符合用角角边推论来证明三角形全等的格式。

讲完后，我就从练习册上找了四道典型习题，让同学们先做，做得快的同学举手，然后，我点到黑板上来写他们的解题过程。14 班率先做完的同学有很多，我从举手的同学里面，找了这样几位同学：蔚桢、霖林、梓航、耀豪。还有一些同学，也很早就做完了这四道题，纷纷举手，最积极的就是云龙了。我对他说："你先在座位上做做其他的题目，给别的同学一个到黑板上板演的机会，好吗？"

云龙同学，我在 14 班多次表扬过，他是一个对自己要求很高，数学学习很踏实，也很积极的同学，我曾多次点他到黑板上板演。这一次，我没有点他去黑板上做题，他没有一点负面情绪，马上去做其他我还没有布置的习题。这种对老师的理解、对学习的态度，值得所有的同学学习。

布置同学们做的四道题，是我精心从练习册上挑选出来的。第一题是常规的三角形全等的证明题。蔚桢同学在黑板上写完此题的解题过程后，回到了座位，过了几分钟，她发现过程里面有一个小瑕疵，马上又上来更正，14 班就有部分同学大声抗议。我对同学们说："上来板演的同学，如果出现了错误，其实对大家来说，比这位同学做对了此题更有价值，因为我们可以一起纠正这种错误，并在以后的解题过程中予以避免。这一次，就让蔚桢同学更正完，下次如果有人写错了，回到座位后才发现，就不要上来修改了。考试时，你一旦交卷，哪还有修改的机会？所以，同学们，一定要把数学基本功打扎实，做题时争取一遍做对。"著名作家柳青曾说过，人的一生虽然漫长，但关键处就那么几步，我们必须每一步都小心谨慎。因为一旦走错，就没有修改的机会，更不可能重来。

> 要想得高分，平时训练时，要有一次做对的意识，并严格要求自己。许多人认为平时无所谓，考试时会搞定的。实际上不可能，平时尚且一次不能到位，考试时时间紧、压力大，必然会磕磕绊绊。纵使你再检查，还是会有不少疏漏。高手和一般选手的区别，就在于这些细节上是否对自己严格要求。没有一次到位、一招制敌的气势和心气儿，即使天资再高，也不可能成为高手。

第二题要证明两次三角形全等，证明第一次全等，是为了得到一组对应边相等，从而为证明第二次全等做好准备。初中数学里，较难一点的全等证明题，就有这一种类型。

第三题和第四题是一个重点，也是一个难点。已知条件里有两个垂直或者三个垂直，同学们在找三角形全等的条件时，往往只能找到两个全等条件，第三个全等条件怎么找也找不到。而这第三个条件，却是远在天边，近在眼前，就是利用图形中的两个垂直得到两个锐角相等。还是结合图形来说明吧：

如图，已知点 B、C、D 在同一直线上，过点 B、D 作 $AB \perp BD$，$DE \perp BD$，且使 $AB = CD$，连接 AC、CE，使 $AC \perp CE$。求证：$\triangle ABC \cong \triangle CDE$。

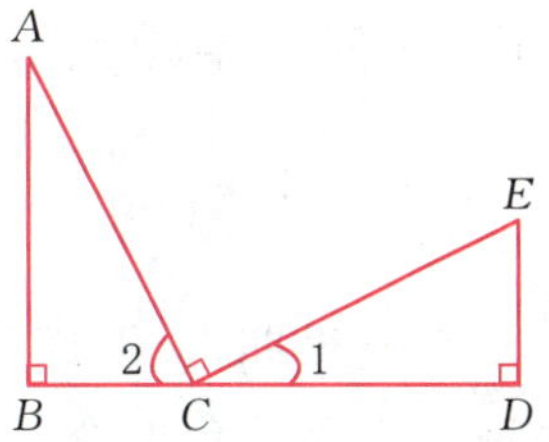

这道题目，在找全等条件时，很多同学都只能找到两个：$AB = CD$，$\angle B = \angle D = 90^\circ$。第三个全等条件怎么也找不到。

我跟同学们讲，$AC \perp CE$ 不就说明 $\angle ACE = 90^\circ$ 吗？继而说明 $\angle 1 + \angle 2 = 90^\circ$。很多同学点了点头。又由于 $AB \perp BD$，说明 $\angle A + \angle 2 = 90^\circ$。既然$\angle 1$ 和$\angle A$ 加上$\angle 2$ 都等于 90°，那么不就说明 $\angle 1 = \angle A$ 吗？这样，证明三角形全等，不就有第三个条件了吗？同学们想了一会儿，才恍然大悟。这个推理过程是几何证明题里经常会遇到的，特别是在一个图形里出现三个垂直时，更是经常遇到。

在 13 班上课时，我担心部分同学过几天后，会遗忘这个经典的推理过程，就又对同学们总结道："这里用两个垂直，可以得到两个直角三角形里两个较小的锐角相等，简称为'双垂直，尖角等'。""双垂直"，就是图形里出现两个垂直；"尖角等"，就是两个直角三角形中两个较小的锐角相等。让同学们看着这个经典图形念了好几遍"双垂直，尖角等"后，才开始让他们做这道题。

第四题与第三题属于同一种类型，也是要利用"双垂直，尖角等"找到第三个全等条件。希望同学们以后再做类似的有多个垂直关系的几何证明题，特别是证明三角形全等还差一个条件时，能马上想起我今天讲的"双垂直，尖角等"。

其实，同学们数学题做多了之后，就可以发现，对于有多个垂直关系，又需要证明三角形全等的几何解答题，几乎都是用这种方法。

在 13 班上课时，做得较快并被我点到黑板上板演的四位同学是：怡康、嘉琪、文伟、曾诚。这四个同学写完答案后，我用红色粉笔为他们做了一些细节方面的修改，再让同学们仔细看一看整个过程，然后按照我修改后的标准答案进行订正。

有几个怎么讲也听不太明白的同学，我只好叫他们到黑板前面，将整个标准解题过程先抄下来，以后再慢慢地领悟。

9 月 28 日　星期六

斜边、直角边定理

今天星期六，上周二的课。教学内容为斜边、直角边定理。这个定理只能用来证明直角三角形全等，简称为“HL”。

上课后，我首先找了几个同学，回忆前面所学的证明三角形全等的判定定理和推论。在 14 班找了子涵、子洋、万芊等同学，在 13 班找的是奥杰、怡康等同学，这几个同学把几个判定定理背得滚瓜烂熟：

“三边分别对应相等的两个三角形全等。”

“两边和它们的夹角分别对应相等的两个三角形全等。”

“两角和它们的夹边分别对应相等的两个三角形全等。”

“两角和其中一个角的对边分别对应相等的两个三角形全等。”

我在黑板上依次写下“边边边”“边角边”“角边角”“角角边”。在写这几个定理的简称时，我专门在边角边的后面，留下了一个很大的空。然后问同学们：“两边一角分别相等，除了边角边定理外，还有一种组合是不能证明三角形全等的，请问，是什么组合？”

同学们马上大声回答：“是边边角组合，两边和其中一边的对角分别对应相等的两个三角形不一定全等。”

我在黑板上“边角边”三个字后面，用红色粉笔写下了“边边角”三个字，又在这三个字后面，打了一个“×”。

接着，边在黑板上画图，边给同学们解释：“上一周，专门让同学们画过边边角分别为 4 cm，7 cm，30°的一个三角形，其中 4 cm 的边是 30°角所对的边。当时，几乎所有的同学都是画的那个大一点的三角形，但是有一个同学，画了一个符合要求的小三角形，而这个小三角形与其他同学所画的并不全等。同学们，你们还记得这位同学是谁吗？”

14 班的同学记得很清楚：“是 Q 朋同学。”在 13 班上课时，同学们也记得很清楚：“是雪慧和萧森同学。”我对同学们说：“哪怕只有一个同学画出符合要求的三角形，而这个三角形与其他同学所画的不全等，我们都可以说，边边角对应相等是不能证明三角形全等的。”

接着，我话锋一转：“如果把这个 30°的锐角改为 90°的直角，7 cm 的边就成了直角边，它所对的边，自然不能再是 4 cm 了，应该比 7 cm 的直角边要长。”说到这里，我停顿了一下，找了一个同学来回答，为什么这个时候，90°的直角所对的边，要比 7 cm 的边长呢？这位同学马上就回答："因为此时 90°的角所对的边，是这个直角三角形的斜边，而斜边要比直角边长。"

同学们能知道直角三角形的斜边比直角边长，我已经很满意了，至于斜边为什么要比直角边长，是因为直线外一点到直线上所有点的连线中，垂线段最短。我思考了片刻，没有问大家这个知识点，因为我不想"节外生枝"，更不想把简单的问题弄得过于复杂。

接下来，我把 90°的直角所对的斜边定为 9 cm。这里，之所以要把斜边定为 9 cm，直角边定为 7 cm，是因为我在课前亲自画过，这样的直角三角形不大不小，恰好便于同学们观察。

在 13 班上课时，有部分同学不知从何画起，我就在黑板上示范。第一步，利用三角板，先画一个直角 C。第二步，在一条直角边上截取一条线段 CA 等于 7 cm。第三步最关键，我问同学们："直角三角形的两个顶点确定了，如何确定第三个顶点，而且斜边恰好是 9 cm 呢？"有部分同学就说了，用圆规。

对，当知道一个顶点，同时知道一条边的长度时，要确定另一个顶点时，圆规就是首选的工具。把圆规张开 9 cm 的宽度，以直角边的一个顶点 A 为圆心，以 9 cm 的长为半径，画弧，与另一条直角边交于点 B，而点 B 就是所画直角三角形的第三个顶点。

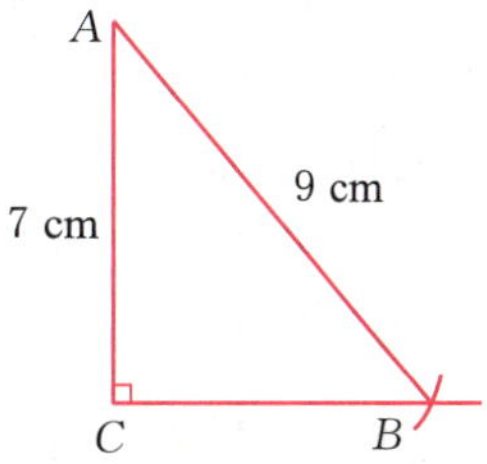

同学们在用圆规画图的过程中，我看到坐在最前面的奥杰同学没有圆规，但他也画出了符合要求的直角三角形。我觉得很奇怪，就问他是如何做到的。

奥杰答道："把三角板上刻度尺的零刻度线对准直角边的一个顶点，摆弄三角板的位置，让 9 cm 的刻度线恰好落在另一条直角边上，然后在这条直角边上作一个记号，这个记号就是直角三角形的另一个顶点。"我听了后，觉得虽然这个方法不符合尺规作图的要求，但也确实算是一种办法。看着奥杰同学，我不由得点了点头。

现在的孩子，其实都很聪明，但数学考试，并不考查你在生活中聪不聪明，而是看你会不会解那些数学题，看你在做那些数学题时，是不是细心，是不是有思路、有方法，是不是熟悉数学体系下的定理、公式和规则。而且，这种考查，有时候直接决定着，你能进入什么样的大学去深造，你将来参加工作时的起点。

数学学习首先要学会遵守规则，要有规则意识，就像下棋，必须按照对弈规则来走，剩下的才是看你到底有多聪明。在理解规则、遵循规则基础之上的聪明，才能成为真正的智慧。

有近二十个同学画完后，又用剪刀将直角三角形剪了下来，纷纷叫着："老师，收我的，收我的。"虽然我事先说了，只收十个人所剪下来的三角形，但看到同学们都这么积极，这么信任我，我有什么理由不收后面同学交来的小三角形呢？

收来的小直角三角形叠放在一起后，让同学们观察，所有的直角三角形都重合。由此，得到一个结论，并板书到黑板上：斜边和一条直角边分别对应相等的两个直角三角形全等，简写为"斜边、直角边"或"HL"。我又对同学们说："这里的'H'和'L'，据我分析，应该是斜边和直角边的英文单词的第一个字母，同学们可以下课后查一查英文字典，看我的猜测对不对。"

让同学们将这个定理齐读一遍后，我对同学们感慨："边边角组合，本来是不能证明三角形全等的，但是，当这个角由锐角'变身'为直角后，情况发生了巨变，原来被打入冷宫的边边角组合，一下子来了个咸鱼翻身，得道成仙，修成正果，成了斜边、直角边定理，让我们刮目相看。我们在座的每一个同学，特别是一些学习较差的同学，可能在以前你很少引起老师和同学的注意，但是，只要你也像边边角组合那样，改变一个因素，也就是在你的学习过程中，变懒散为勤奋，变消极为积极，那么，你也可以像边边角组合一样，来一个咸鱼翻身，让所有的同学都对你刮目相看。"

下课后，我还在思考边边角组合与斜边、直角边定理之间的关系。确实，只因为一个角由锐角变成了直角，本来被认为的谬误一下子"变身"为真理。生活中，许多事例与此同理。一个人，他如果能把身上的某一个"锐角"改变成一个"直角"，也就是把尖锐、尖刻的毛病变为直率、正直的性格，再加上扩大自己的一条"边"的长度，也就是让自己拥有某种特长，虽然他以前被人冷落，从未成功过，但假以时日，他也会由庸才变身为精英……

课堂上，把斜边、直角边定理讲完后，我专门给了两分钟时间，让同学们认真看课本上一道用斜边、直角边定理证明直角三角形全等的例题。看完后，让同学们回答用斜边、直角边定理证明直角三角形全等的过程，与我们以前证明三角形全等的过程，有什么相同点和不同点。

有同学说，用大括号括起来的条件只有两个，第一行写的是两个直角三角形的斜边对应相等，第二行写的是一组直角边对应相等。又有同学说，过程里面也写了第三个条件，就是有两个角都是直角，不过，这个条件是作为准备工作写在最前面的。我立即表扬了这个善于观察的同学。又有同学说："与以前的证明三角形全等相比，在'△'前都有字母'Rt'。"我让同学们猜测一下这个"Rt"大概会是什么意思。同学们立即回答："是直角三角形英文单词的简写。"虽然我没有去查字典，但估计差不多吧。

表扬了同学们观察仔细后，我又按照课本上例题的证明过程，在黑板上重写了一遍，强调了几个与以前用其他方法证明三角形全等不同的地方。之后，就让同学们做练习册上的两道习题，看看同学们是否真正掌握了用斜边、直角边定理证明三角形全等的格式。

在14班找的是Z祺、云清同学，在13班找的是晓桐、子凯同学。他们做得都很好，只是有几个细节问题没有注意。比如，用斜边、直角边定理证明直角三角形全等时，要把斜边相等写在大括号里面的第一行，而很多同学在写过程的时候，没有注意这一点。

晚自习时间，让同学们做这一节练习册上剩余的习题。有几道题要证两次三角形全等，或图中的全等三角形互相“纠缠”在一起，很不好观察。有些全等条件比较隐蔽，比如公共边、公共角、对顶角等。还有些题目所给的条件，是不能直接作为证明三角形全等的条件的，还需要对这些条件进行改造，也就是要做好准备工作，然后再去证三角形全等。在13班上课时，中元同学给这些条件取了一个名字——辅助条件，我想了一下，觉得还蛮合适的。表扬了中元同学后，我也把这样的条件称为辅助条件了。

这一章的有些证明题之所以难，是因为在这些证明题里，要综合运用知识点，要随时调用头脑里面还不熟练的解题技巧。这对悟性好、头脑灵活的同学来说，可能很快就能掌握，但对于另外一些同学来说，就会感到力不从心了。希望同学们都能睁大慧眼，打开心眼，多练多见识，多悟多总结。

9月29日　星期日

角平分线的性质

今天上星期五的课，每个班都有两节。上午第一节，在13班上。

首先，我公布了上周写博客评论的获奖同学名单，15日的获奖者是霖林，16日的是嘉琪，17日的是靖莹，18日的是彦彤。另外，本周考试文韬同学得了满分。给上述同学每人发了一本写有“奖”字的作业本，以示鼓励。

接下来，先布置了假期任务，以免下课后忘记。

随后，找同学回答了证明三角形全等的方法，共五种：(1)边边边；(2)边角边；(3)角边角；(4)角角边；(5)斜边、直角边。让同学们拿出练习册，挑选了几道典型题进行了讲解。有一道大题有5道小题，都是同一个图形，但是条件不同，让同学们说明应该用何种方法去证明三角形全等。这道题把证明三角形全等的五种方法都涉及到了，叫了五个同学站起来回答，都回答得很好。三角形全等，只要认真观察，基本上是没有什么难度的，因为只有这五种证明三角形全等的方法，根据题目条件认真比对即可。

练习册上有一道选择题，问能判定两个三角形全等的是哪一项，下面有四个选择项，每个选择项都有三组相等的元素。这道题目对于理解力强的同学来说没有什么问题，但总有一些同学，对几个判定定理理解得不透彻，四个选择项猛一看上去，似乎个个都对。

我在黑板上画了两个三角形，选了一个错误的选择项，跟同学们一起分析，为什么这个选择项的三个条件是不能证明三角形全等的。在两个三角形中，第一组角是对应相等的，第二组角也是对应相等的，但前一个三角形的第一个角的对边，与后一个三角形的第二个角的对边相等，这样可以说两个三角形全等吗？当然不能，因为不对应。什么叫对应相等呢？就是前一个三角形的第一个角的对边，与后一个三角形的第一个角的对边相等，才能叫对应相等，而不是随便找两条边相等，搞“拉郎配”。

又在练习册上找了三道解答题，在13班找了Y波做第一题。后来，吴直、怡康主动举手，要求到黑板上来做。我立马答应了，这两个同学本周学习非常积极，值得表扬。

三个同学做完后，我针对他们出现的一些细节上的小错误，进行了点评更正。最普遍的细节错误是用“HL”证明三角形全等时，没有把斜边相等写在大括号里的第一行，还有部分同学，在三角形全等后面没有注明运用的是何种判定定理。

要有这种小心谨慎的心态，尤其是初学时，等到你什么都烂熟于心、胸有成竹，那个时候方可闲庭信步、信马由缰，哪怕是身处令人紧张的考场。

学生做数学解答题，很有点像一个乡下农妇，挑着两大筐鸡蛋，到人群拥挤的集市上去卖。她既要小心左侧的行人挤坏她的蛋筐，又要担心右侧的行人碰翻她的蛋筐，还要防备前面的行人贸然横穿马路，更要注意后面的行人偷拿她的鸡蛋。总之，要处处小心，步步为营，方可完整无误，圆满得分。

第二节课，讲解角平分线的性质。

这一节课的内容很不好理解，角平分线的性质更不好运用。而且这一节的教材编排也不是很合理。

其一，本来是两节课的内容，却搅和到一起。前面是角平分线的性质，后面是角平分线的判定及角平分线的作图运用，可是最后又是一道利用角平分线的性质的解答题。学生不好去自学，老师也不好去讲解。

其二，角平分线的性质是“角平分线上的点到角两边的距离相等”，这个性质在运用时，要强调三个条件：角平分线，点到一边的距离，点到另一边的距离。最后得到一个结论：两个距离相等。

这个性质该如何用符号语言表达呢？举例说明：

如图，$\because \angle AOC=\angle BOC$，

$PD\perp OA$，

$PE\perp OB$，

$\therefore PD=PE$。

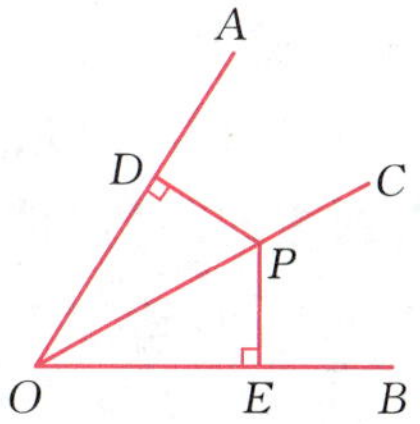

可我翻遍了教材整节内容，也没有找到这样一个规范的书写过程，就算是最后一道例题，用到了角平分线的性质，也没有这样写，而是用了大量的文字语言。

别说这样编排，不符合数学学习的特点，就是看一遍也觉得心中烦闷。很多时候，学生做数学题的书写格式不规范，有一个原因就是教材上没有一个规范的示例可以让同学们好好模仿。可是，中考试卷都是由一线教师进行批阅打分的，他们对书写格式要求得很严，与约定俗成的一些规范的书写格式如有不符，立即扣分。

我给了三分钟时间让同学们认真看书，并将重点内容划下来。待同学们都看完后，我就开始讲解三个问题。

1 平分角的仪器的原理是什么？

由于同学们看得很认真，我又在黑板上专门画图说明了几条相等的线段，所以我找的那个同学，能够马上回答出仪器的原理，就是利用边边边定理，证明三角形全等，然后再得到对应角相等。

2 如何用尺规作图法画一个角的角平分线？

用尺规作图法画角平分线，是中考数学必考的一个知识点。我先在黑板上分三个步骤详细讲解如何操作，然后再让同学们在草稿本上模仿着去画，力求人人过关。画完后，我又找了一位同学，问他这样画角平分线的原理是什么。这位同学回答得很好，与上面平分角的仪器的原理是一样的，都是利用边边边定理，得到三角形全等，再得到对应角相等的。

3 角平分线的性质是什么？

按照我的方法，让同学们删除教材叙述中的两个“的”后，我把角平分线的性

质——“角平分线上的点到角两边的距离相等”写在了黑板上，然后结合图形，分析题目的已知条件和结论。

“角平分线”这几个字，结合图形来说，就是 OC 是 $\angle AOB$ 的角平分线，说明 $\angle AOC=\angle BOC$。角平分线上的点有无数个，我们任意选择一个点 P，这个点到两边的距离，就是指 P 点到边 OA 的距离和 P 点到边 OB 的距离。在 13 班，我找了曾诚和中元同学来黑板上画点到边的距离，其他同学坐在下面认真观察。在 14 班上课时，我找的是龙翔和霖林同学。还好，这几位同学都知道，点到直线的距离，指的就是点到直线的垂线段的长度。他们一个个利用三角板的直角，把点到边的距离画得有模有样，我顺势在黑板上写下：

已知：$\angle AOC=\angle BOC$，

$PD\perp OA$，

$PE\perp OB$。

最后的结论是距离相等。这是什么意思呢？如何证明呢？同学们都回答：“距离相等，就是说线段 $PD=PE$。”接着，我在黑板上写下：

求证：$PD=PE$。

如何证明呢？让同学们思考一分钟后，马上就有同学举手了，可以用角角边定理来证明 $\triangle POD\cong\triangle POE$，然后就可以得到 $PD=PE$ 。这个证明过程很简单，书上也有详细的过程，我就没有在黑板上板书。

证明角平分线的性质之后，我就对同学们讲：“既然我们今天证明了这个性质，那么以后在遇到类似的图形时，就可以直接利用这个性质得到结论。标准过程如何写呢？”

我把黑板上刚写的那四行擦去了“已知”“求证”，分别改为了“∵”“∴”。这就是角平分线的性质具体运用时的规范的书写格式：“∵”后面有三行，“∴”后面有一行，由三个条件得到一个结论。直接利用这个性质得到 $PD=PE$，要比证明三角形全等简便一点。让同学们将这个规范推理过程写在课本上之后，就到了下课时间。做类似的习题，只有等到下周再说了。

在 14 班上课时，整个过程大同小异。

第6周

10月6日　星期日

国庆假期后返校

七天的国庆长假，按学校的历来行事安排，属于第5周。长假结束，返校后的这一周，属于第6周。

返校前，我在家里认真细读同学们在我的博客里所发的评论。

9月23日，怡康同学的评论最合我意："很佩服老师这种坚持不懈的写作精神，值得我们去学习。唉，这个星期我很伤心，因为数学考差了。不过，我对这次考试做了分析，主要原因是做题速度太慢，最后一题基本上是乱写的。其次，就是我做题效率不高，速度一快，错的就多。这些都是我的缺陷，我会努力改正的。现在我最大的心愿就是，快点再参加一次考试，来弥补我的这次失败。我知道这不属于评论内容，但是我想借此抒发一下自己的心情，也可以让老师更进一步地了解我。"

有同学曾问过我，最佳评论的标准是什么？我认为，只要是你真心所想，只要你言之有物，只要你内容丰富，只要你能引起我的共鸣，我都认为是好的评论。所谓嬉笑怒骂，源于心性，率真表达，皆成文章。

一次考试结束后，所有的同学又都处在同一起跑线上，你在上课时听讲的专注程度，你对老师所讲知识细节的领悟情况，你对待作业的态度，所有的这一切，将决定你下一次考试时的成绩。

9月24日的最佳评论，是珉浩同学的："这是因台风放假后的第一节课，我都已经遗忘了很多。老师写得很形象，把当天上课的知识要点一点点浮现在我的脑海里。在家又上了一次课，又巩固了一次，这样的作业真是又妙又好。这样的作业并不是为了免去那张作为周末作业的试卷，也不是为了那个写有'奖'字的本子，而是为了更好地巩固知识。"

珉浩同学对我所布置的作业，理解得最为正确，也最为深刻。

要学会坚强，方可抵御来自考试的杀伤。考试表面上是检测你学得怎么样，但往往暗地里会打击一下你的信心，尤其是对于成绩名次总是排在后面的同学。因此，必须学会坚强，学会接受卷面上老师赠送的红叉叉，学会在红叉叉中找到不足并不断提高。记住：笑到最后才笑得最好！

9月25日的最佳评论，是Z灿同学的："不尽如人意的考试分数，不会摧毁我心中的理想，反而可以激发我的斗志。我还有时间，还有机会。虽然一次考试不能说明什么，考试成绩会被渐渐淡忘，但一次次考试让我学会了坚强。你自己都不相信自己，别人又怎么可能会相信你呢？我决定，要好好学习，认真对待每一次考试。"

Z灿同学在过去的一段时间里，学习状态出现了一些问题，直接导致了他成绩糟糕。幸运的是，他意识到这种问题，并努力地去改变。现在离中考还很漫长，如果醒悟，如果努力，还是有很多的机会扭转局面，反败为胜的。关键在于自己。

9月26日的最佳评论，是靖莹同学的："这次考得不好，我会继续努力的。说真的，我的数学不怎么好，我自己也有买资料做，可是不管做多少，成绩就是上不去。一些知识点总是在考试过后才理解。妈妈说，如果再这样不开窍，中考就很危险了。老师，我要怎么做，才能让成绩上去呢？"

多问为什么，可能比做题更重要。买资料努力去做题，关键是在做题的时候，多问几个为什么。为什么会出这道题？它主要考查什么？应该怎么解？怎么会想到这种解题方法的？自己独立去解会怎么去想？资料上的做题方法有哪些可以借鉴？……而不是为解题而解题，解完没收获，解完这题却不会解另外类似的一题。

靖莹同学能在评论里这样问，说明她已经认识到自己在数学学习上的问题。可惜我也没有那根点石成金的手指。我只能说，要想成绩好，只有上课认真听讲，遇到不懂的就问，多思多悟多总结，牢记错题，不要再错，等等。其实，这都是一些老生常谈的学习方法。

9月27日的最佳评论，是晓桐同学的："老师，有时看你在黑板上讲解，能明白，但轮到自己做同一种类型的题目时，又会乱了方寸，不知该怎么做。有什么办法可以改变这种状况吗？"

晓桐同学写数学解答题的过程，已经非常完美了，在以前的日记里，我曾多次表扬过她。现在晓桐意识到自己还存在着不足之处，相比别的自我感觉良好的同学来说，已经有天壤之别了。古希腊哲学家芝诺有一句名言，人的知识就好比一个圆圈，圆圈里是已知的，圆圈外面是未知的。你知道的越多，圆圈也就越大，你不知道的也就越多。

9月28日的最佳评论，是云清同学的："老师，下次我一定会注意细节，尽量把题目做到完美。"

这是云清同学在评论里第一次正视自己的错误，并想去改正。我当然相信她所说的完全是出自真心。就我一个月的观察，云清是一个心气很高，不轻易承认别人比自己强的人。而且，她有自己独立的思想，对于周遭的一切，总是带着挑剔、怀疑的目光。这样的同学，我会格外高看一眼。可以预见，她的未来一定会取得很大的成就。如果能在挑剔、怀疑的性格里面，增加一些包容，我相信她不仅在事业上能取得很大的成就，在生活中也能过得诸事如意。

晚自习每班都只有二十分钟的时间，任务就是做角平分线的性质所对应的练习册上的习题。角平分线的性质是"角平分线上的点到角两边的距离相等"，但这个性质，同学们在刚开始运用的时候，不知道该如何用符号语言来表达。尽管上周我已经讲过这个格式书写的要点，也就是"∵"后面有三行，"∴"后面有一行，但我仍然不放心同学们的书写过程。

14班同学在做题时，我发现云清和梓航同学在家里就已经完成了练习册上的题目，就叫他们两人到黑板上去做其中的两道解答题。

云清同学先做完，我看了一下，果然在运用角平分线的性质时出现了漏洞。她刚在第一行写明了角平分线的条件，就在第二行得到了两条线段相等。我在下面巡视的时候，发现很多同学都是这样写的。

我对同学们讲道："角平分线上的点到角两边的距离相等，这里的'距离'两字，该如何体现呢？点到直线的距离，就是点到直线的垂线段的长度，要表达清楚距离的含义，就必须写清楚垂直这个条件。"

我在云清同学所写答案的第一行后面，插入了两行，添加了两个垂直条件，然后再得到两条线段相等。

评梓航同学的答案时，我发现他在运用角平分线的性质时，写得很好，与我所要求的完全一样。可是几分钟前，我看他的答案时，发现他是通过证明两个三角形全等得到两条线段相等的。

我这样对同学们说："梓航同学最开始的方法，是证明两个三角形全等。后来，可能是在听我点评云清同学的答案时，受到启发，立即擦掉证明三角形全等的步骤，换上用角平分线的性质去证明两条线段相等。这一方面说明梓航同学非常机警，有错即改；另一方面也说明，运用角平分线性质得到两条线段相等，与证明三角形全等得到两条线段相等，可以达到同样的效果，但过程却显得更为简洁。角平分线的性质，其实是跳过证三角形全等所走的一条捷径。"

13班的晚自习，我只选了一道题，让一个同学来黑板上写过程。文伟同学主动举手。尽管他也做错了，但我相信，听完我的点评后，对于角平分线的性质到底该如何运用，他应该是全班里感悟最深刻的。

板演的机会别错过！

下一次，如果再有上台板演的机会，同学们可要积极举手哦。不管你做得对还是错，至少能够让你对所做题型和相关知识点掌握得比别的同学更好。

10 月 7 日　星期一

角平分线的判定

今天是国庆长假结束后的第一天。

预备铃响后，14 班有几位同学迟迟没有把课本拿出来背诵知识点，好在大多数同学还是在大声读。既要见树木，更要见森林，我没有去指责那几位背诵不及时的同学，而是看着大多数认真诵读知识点的同学，露出了满意的笑容。

在点同学回答角平分线的性质时，我撇开了大部分属于“森林”的同学，揪住了一个最不认真的。点他起来回答时，他凭着自己的理解，结结巴巴地答完了，我针对他答案的漏洞，又对同学们强调了一遍角平分线的性质：“角平分线上的点到角两边的距离相等。”

这个性质在运用时，要注意强调两点：一是强调角平分线，二是强调点到两边的距离。只有强调了这两点，才能得到表示距离的两条线段相等。我从练习册上找了一道要运用角平分线性质的证明题，给同学们进行了详细的讲解，特别是运用角平分线性质去证明的书写过程。“∵”的后面有三行，第一行要标明角平分线的条件，第二行和第三行要写清楚两个垂直。“∴”的后面有一行，得到表示距离的两条线段相等。

讲完性质的运用后，我让同学们看课本上角平分线的判定定理：“角的内部到角两边距离相等的点在角的平分线上。”这个定理，与角平分线的性质定理互为逆定理。在运用的时候，有一点细微的差别。举例说明：

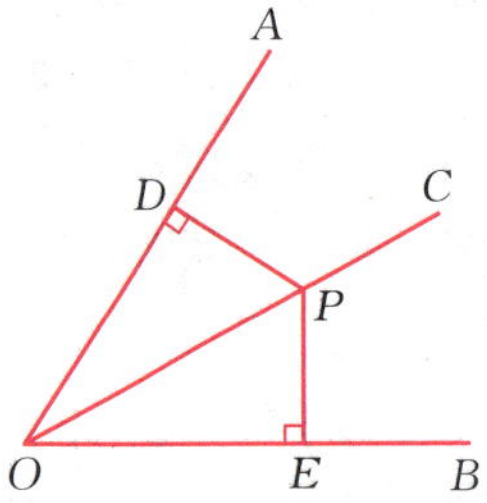

如图，∵ $PD \perp OA$，

$PE \perp OB$，

$PD = PE$，

∴ $\angle AOP = \angle BOP$。

这个过程也是四行，“∵”后面的第一行和第二行写明两个垂直，这两个垂直，暗示着 PD 和 PE 分别是点 P 到 $\angle AOB$ 两边的距离。第三行，写清楚这两个距离是相等的。最后，得到结论，即点 P 在 $\angle AOB$ 的角平分线上。写符号语言的时候，可以直接在“∴”后面写“$\angle AOP=\angle BOP$”。因为“$\angle AOP=\angle BOP$”与“点 P 在 $\angle AOB$ 的角平分线上”，所表达的意思是完全一样的。

整个书写过程，严丝合缝，无懈可击。

讲解完角平分线的判定定理及运用方法后，14 班有一个同学说：“运用判定定理和运用性质定理，只是条件和结论互换了位置，其他格式相同。”我立即肯定了他的说法。这位同学就是观察仔细、领悟能力强的人。

接下来，我把书本上的例题略微修改，变成了这样一道题：

在 $\triangle ABC$ 中，$\angle ABC$ 的平分线和 $\angle ACB$ 的平分线相交于点 O，求证：AO 平分 $\angle BAC$。

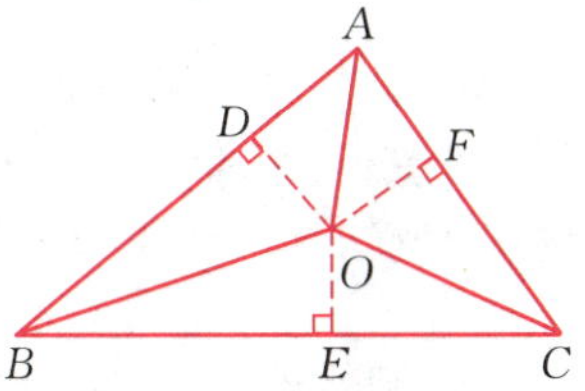

这道题目，需要综合运用角平分线的性质定理和判定定理，对于同学们理解性质定理和判定定理是一道不可多得的好题。以前的老教材上是有这样一道题的，但新教材却将这道题删掉了。

当我把图形在黑板上画好后，龙翔同学率先举手：“过 O 点分别作三条边的垂线段，然后可以证明这三条垂线段相等，最后就可以得到点 O 在 $\angle BAC$ 的平分线上。”

龙翔同学边回答，我边在黑板上写。

证明　如图，过点 O 作 $OD\perp AB$ 于点 D，过点 O 作 $OE\perp BC$ 于点 E，过点 O 作 $OF\perp AC$ 于点 F。

∵ $\angle ABO=\angle OBC$，

$OD\perp AB$，

$OE\perp BC$，

∴ $OD=OE$。

同理，$OE=OF$。 ∴ $OD=OF$。

∵ $OD\perp AB$，

$OF\perp AC$，

$OD=OF$，

∴ AO 平分 $\angle BAC$。

写完这个过程后，我重点强调了三个地方：

（1）作完辅助线后，前面的四行，是运用角平分线的性质。

（2）“同理”后面所得到的结论，与前面四行所运用的定理、书写的格式完全一样，可以用“同理”得到。

（3）最后面的四行，是运用角平分线的判定。

练习册上有一道类似的题，要求证明三角形两个外角的平分线的交点也在另一个内角的平分线上。这道题的证明思路与证明过程，与所讲例题的一样，只不过图形略有不同。上课认真听讲、理解能力强的同学，应该是没有什么问题的。本想在课堂上解答此题，但由于时间不够，只有等到晚自习再让同学们去做了。

在 13 班上课时，整个过程大同小异，略有不同的是预备环节。13 班的同学背诵知识点时，仍然十分投入。我点了晓炜同学回答角平分线的性质，他答得很好。

> 有些孩子似乎总觉得，自己是为老师或者家长学的，这样，学习的主动性就没了，很难做到持续努力地学习，学习成绩自然也就很难拔尖。成绩真正拔尖的学生，其中一个必要条件就是，他内心盼望进步的动力源源不绝。那种动力，绝对不是为了追求一个短期的目标，也绝对不是因为别人的要求。只有改变心态，自主学习，才能做到老师在与不在一个样，才能做到成绩稳步提高。

上课时，W 智和靖莹同学在课堂上积极举手，踊跃到黑板上做题，表现很出色。

周一晚自习，学校初中部召开全体教师大会。散会后，来到教室，看了几个同学的练习册，做得很不好。有老师在和没老师在，作业效果差距太大了。我常听到优秀老师介绍带班经验，说自己的班级总是能做到：老师在与不在一个样，课堂内与课堂外一个样，检查与不检查一个样。但是，更多不太热爱学习的学生，却做不到这个样。普通班的部分孩子，他们一直没有明白，自己是在为谁学习。

练习册上同学们不会做的题，只有等到明天上课时再评讲了。

10 月 8 日　星期二

角平分线的复习

角平分线的性质定理和判定定理搅和在一块，很不好理解，也不好运用。今天每个班都各有一节课，我准备停下来，让同学们好好复习这部分内容。

与以往相比，14 班今天的预备时间，同学们都利用得很好。没有贪玩的，没有磨蹭的，没有装蒜的，个个都在大声诵读课本上关于角平分线的两个知识点。我找了宁鹭同学来背诵角平分线的性质和判定。她一站起来，就脱口而出："角平分线上的点到角两边的距离相等。角的内部到角两边距离相等的点在角的平分线上。"前一句是角平分线的性质，后一句是角平分线的判定。

接下来，我讲解了课本上两道用尺规作图作角平分线的作图题。这两道题都是要找到一个点 P，让它到角两边的距离相等，需要用尺规作图作角的平分线。上一周讲过了，本以为全班同学都没有什么问题了，但在 14 班找泽滨同学上来画角的平分线时，他居然不会用尺规作图的方法来画。对于这个考试时必考的知识点，我只好再讲一遍了。

画完角平分线后，再与题目所给的另一个条件结合起来，找到唯一的那个点 P。找到点 P 后，必须要交代一句"点 P 即为所求"。我在黑板上写完这句话后，又重点强调：考试时，如果不写这句话，是要被扣分的。我观察了一下同学们，有好几个同学仍然无动于衷。算了，我也不想再强调第二遍了，就让他们到考试中去接受教训吧。

针对昨天布置的练习册上的一道题目，我进行了讲解。这道题是要证明三角形的两个外角的平分线的交点，也在另一个内角的平分线上。我在黑板上画好图形后，让同学们思考。

一瞬间，14 班的同学都陷入了沉思。龙翔同学率先举手回答："先过交点，分别作三角形三条边所在直线的垂线段。然后运用角平分线的性质定理和判定定理来证明。"

他边说，我边在黑板上写过程。我们两个"精诚"合作，顺利证完此题。

昨天，我在课堂上讲另一道差不多类型的例题，在同学们茫然无措找不到思路时，就是龙翔同学第一个站起来力挽狂澜，整个证明思路和书写过程完美无缺。他现在已经渐入佳境了，我对他也越来越喜爱了。面对一个数学学习进步巨大的榜样，有些积极思考不足、课堂搞笑有余的同学，真该好好反省了。

接着，我在练习册上找了两道几何证明题，第一题要用角平分线的性质来做，第二题要用角平分线的判定来写。如果能把这两道题做对，那么角平分线这一节的基本要求，算是达到了。霖林和龙翔主动举手，要求到黑板上来写过程。我扫视了一遍教室里其他同学，没有人愿意举手，就只好叫他们两人来写过程。虽然我想更多地照顾到其他同学，但是当没有人愿意主动举手时，我也实在无法拒绝积极主动要求板演的同学。

真希望有更多的同学，愿意主动举手到黑板上展示自己的答案。即使做错了，又有什么关系呢？你用一个错误的答案从我这里换取一个正确的答案，就像你用一张假钞从我这里换取一张真币，这是多么划算的买卖啊！

上午第二节，在 13 班上课，我找了淑清同学来背角平分线的性质和判定，她背得非常流利。在用尺规作图法画角平分线时，奕锋同学不会画，我又找了锐风同学来画，他用圆规和直尺把角的平分线画得很规范。

接下来的教学过程与在 14 班差不多。在讲解练习册上一道综合运用角平分线的性质和判定的解答题时，大多数同学陷入了沉思，W 智同学主动站起来说出必须要作的三条辅助线。当他说完这三条辅助线时，我就知道，他完全掌握了这道题的解法。后来，我又将整个证明过程分解为三段，分别找了主动举手的怡康、靖莹、晓桐同学来回答，他们回答得都很好。我对全班同学说："上一周，我发现 W 智和怡康等同学，学习特别积极主动。这一周，仍然是这几位同学在学习时奋勇争先，其他同学要向他们看齐。"

在做练习册上另外两道习题时，嘉琪和倩妮同学主动要求到黑板上板演，我检查之后，发现她们做得都非常正确。这两位同学应该是把角平分线的知识点完全掌握了。

晚自习时间，两个班布置的任务，都是做练习册上全等三角形这一章的章节复习题。在做题过程中，两个班都有部分同学跑来问我一道几何证明题，他们在做这道题证明两个直角三角形全等时，怎么找都找不到第三个全等的条件。我把题中图形看了一眼，对他们说，这个图形里面有两个垂直，那么就可以找到两个直角三角形中较小的锐角相等。上一周，我在课堂上总结过"双垂直，尖角等"。听到这儿，有几个同学恍然大悟，但还有几个同学依然疑惑。我只好对着图形，对不太理解的同学讲解：

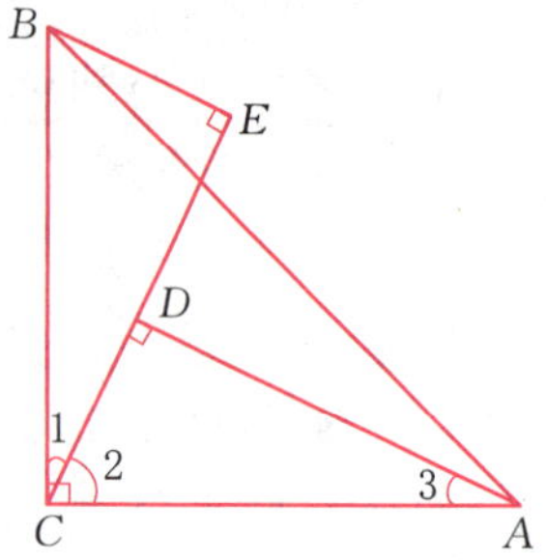

双垂直，尖角等

如图，在这个几何图形中，因为$\angle BCA$是直角，所以$\angle 1+\angle 2=90°$。又因为$\angle CDA$是直角，所以$\angle 3+\angle 2=90°$。既然$\angle 1$和$\angle 3$加上$\angle 2$后都等于 90°，那不就说明$\angle 1=\angle 3$吗？

看着这几个同学弄懂之后慢慢地离开，我心里想，一个知识点或者一个变形过程，不要指望老师讲一遍，就能让所有的学生全部搞懂，特别是几何推理中关键性的变化。孩子们总是在思考、领悟、记忆的过程中，螺旋式上升，反复中掌握。

10月9日　星期三

轴对称

下周三，学校要举行建校以来的第一次教学开放日，很多兄弟学校的老师都要来听课交流。蒙学校领导信任，由我来承担初二数学公开课的教学任务。

我已选定公开课的教学内容为等腰三角形的性质。为了"如约"讲到此部分内容，对于全等三角形这一章，就不能进行系统的复习和规范的考试了。

今天每个班都有两节课。14 班打算上一节轴对称的新课，再讲解全等三角形里的几道经典习题。13 班也上一节轴对称的新课，还有一节课试讲一下等腰三角形的性质。在 13 班之所以采取非常规方法跳跃式前进，是因为明天按照学校领导要求，要在另外一个兄弟班级先行试讲一回，看看我所设计的教学过程存在哪些瑕疵，周末回家后还可以修改。虽然轴对称和等腰三角形之间隔着好几节内容，但这几节内容与等腰三角形的知识点联系并不大。有了轴对称的知识打底，同学们学习等腰三角形的性质应该是没什么问题的。

凡是举办过教学开放日，或者参加过优质课评比的老师都知道，一节高水平的课，几乎是集全校所有老师之力，加以反复设计，精心打造，力争光灿夺目，务求大获成功。为了对整个教学环节做到心中有数，在另外的班里适当试讲一两次，我觉得是应该的。中央电视台的春节联欢晚会，还要彩排好多次呢。但如果试讲次数太多，则大可不必。一方面，耗费太多的人力、物力；另一方面，也与实际教学相距太远。试想，任何一位老师，哪有可能做到每节课都是优质课的水准？况且，那些优质课，可能起承转合设计得尽善尽美，双边活动进行得高潮迭起，但学生的学习效果到底如何，只有天知道了。因为学生对知识的掌握，绝不靠一节精彩的课就"OK"了的。另外，我个人认为，一节课是否精彩，除了看学生们在课堂上学的效果，还要看授课老师的"内功"如何：是否会随机应变，是否会"左右逢源"，是否会处理突发事件。

轴对称这一节，知识点比较杂乱，但很多知识点，凭借生活经验就可以理解。如果老师一直在那里喋喋不休，反而会让同学们越来越糊涂。

我首先给了五分钟时间，让同学们认真看书，并将书上的重点内容划出来，一会儿提问。

五分钟后，我结合书上的六幅生活中常见的轴对称图片，进行了一个归纳，从而引出轴对称图形的定义："如果一个平面图形沿一条直线折叠，直线两旁的部分能够互相重合，这个图形就叫轴对称图形。这条直线，就是它的对称轴。"

这节课本来是可以很顺利地进行的，但课本上有一幅天安门的图片，14 班有几个同学说这幅图片不是轴对称图形。我一愣，揉揉眼睛，再仔细看，天安门图片确实是轴对称图形啊，沿着最中间的垂直线折叠，两边可以互相重合。我就问那几位同学："天安门图片为什么不是轴对称图形？"

有一个同学这样回答："天安门城楼上，毛主席领袖像两侧的标语不对称，一句是'中华人民共和国万岁'，另一句是'世界人民大团结万岁'，而且，城楼上红旗飘扬的方向都是向右边，也不对称。"

我晕！我又揉揉眼睛，细细察看，确实如此。抬起头，望着这位同学好几秒后，我这样解释："数学研究的是图形的形状、大小、位置，至于文字内容、红旗飘向，则不是数学所关心的。这幅图片从形状上看是轴对称图形。"

让这位同学坐下后，我又看到另外几个同学露出狡黠的笑容，我突然觉得自己傻得可以。这样的问题，有什么必要解释呢？这几个同学虽然口头上说不是轴对称图形，可到了关键性的考试现场，你看他们敢不敢如此"信口雌黄"。以后再遇到这样的情况，一笑了之算了。

接下来，我举了一些数学上常见的轴对称图形的例子，比如：等腰三角形、正方形、长方形、圆、线段、角等。

等腰三角形的对称轴是底边上的高所在的直线，也可以说是底边上的中线所在的直线，还可以说是顶角的平分线所在的直线。看着同学们频频点头，我露出了会心的笑容。倒不是因为同学们对我所讲的知识都领悟了，而是我在此处为下周三的数学公开课做好了铺垫。

线段的对称轴是线段的垂直平分线。我重点强调了"垂直"和"平分"两个词的含义：平分说明过线段的中点，垂直表示对称轴与线段成直角。

线段的对称轴，除了线段的垂直平分线外，还有一条同学们意想不到的，就是线段本身所在的直线，沿这条直线折叠，线段两旁的部分也可以完全重合。13 班有同学问，此时线段两旁什么都没有，怎么重合？

我答道："对，本来无一物，何处惹尘埃。"听完我的回答后，大部分同学睁着双眼，茫然地看着我。唉，还是算了吧，不要解释了，如果以后有同学读到这句话，能想到我今天所讲的课，就算缘分和造化了。

第二个知识点是轴对称的定义。我在两个班各找了一位同学，他们都只能对着课本读概念："把一个图形沿着某一条直线折叠，如果它能够与另一个图形重合，那么就说这两个图形关于这条直线成轴对称。这条直线叫对称轴，折叠后重合的点是对应点，叫对称点。"

这个概念不需要学生去背，只要理解就可以了。这个定义与轴对称图形的定义非常相似，但有一个关键不同。我问同学们，这两个定义最大的不同在哪里？同学们认真看我写在黑板上的定义之后纷纷说，轴对称图形是一个图形，关于直线成轴对称是两个图形。同学们能这样细致观察，我很满意。

接着，我专门在黑板上画了一个三角形关于一条直线对称的另外一个三角形。我边画边对同学们强调，对称点的连线被中间的对称轴垂直平分，对称轴是任何一对对称点所连线段的垂直平分线。这样，就把后面垂直平分线的定义和轴对称的性质这两个知识点一起讲完了。而且，还让同学们看清楚了如何画一个图形关于某条直线的对称图形。后面遇到这样的画图题，同学们应该不会有什么问题了。

轴对称图形是一个图形，关于直线成轴对称是两个图形。它们的共同点除了都有对称轴之外，还有一个内在联系：把关于直线成轴对称的两个图形看作一个整体，那么它就是一个轴对称图形；把一个轴对称图形沿对称轴分割开来看成两个图形，那么这两个图形就是关于直线成轴对称的。

这个联系，课本上专门有说明，理解力强的同学能看懂，看不懂的同学即使我跟他讲了，他可能还是不理解。我想了想，还是不要“节外生枝”了，没必要把简单的问题复杂化。

14 班的第二节课，让同学们做练习册上几道经典的需要证明三角形全等的习题。

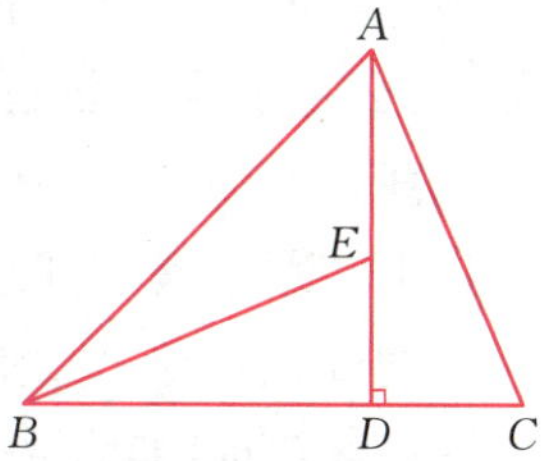

别忘了位置关系

有一道题比较具有代表性。如图，在利用三个全等条件证明了 $\triangle ADC \cong \triangle BDE$ 之后，题目问 BE 与 AC 有何关系，并证明。

几乎所有的同学都回答 $BE=AC$。但这样做是不能得满分的。因为线段与线段之间的关系，要从两个方面来回答：(1)从数量上来说，$BE=AC$，这个结论很好证明；(2)从位置上来说，$BE \perp AC$。位置关系结论同学们都没想到，而且对于一些数学基础不是很好的同学来说，这个结论几乎会亮瞎他们的双眼。这些同学会这样想，BE 和 AC 根本就没有接触，怎么会垂直呢？难道能“隔空打物”“凌空点穴”？

数学就是研究关系的学科，而几何中的关系无非是数量关系和位置关系。有了这种意识，就很难遗漏本题中的位置关系了。

金庸小说《天龙八部》里的反派人物丁春秋，他经常施展常人所不能理解的邪派武功。比如，他大手一挥，远在几十步开外的武林人物，就被他手到擒来。其实金庸先生在小说里说得很明白，他是将一张肉眼看不见的冰蚕玉丝网甩出去，将人装入网内再擒到手边的。

此题要证 BE 与 AC 垂直，需要将 BE 延长，与 AC 相交于一点 F，这里虚线 EF 就是“冰蚕玉丝网”了。然后再证 $\angle AFE=90^\circ$，从而可以说明 $BE\perp AC$。

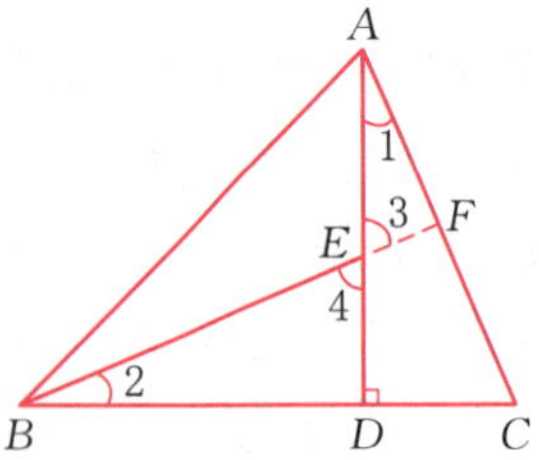

找到“冰蚕玉丝”

如图，因为 $\triangle ADC\cong\triangle BDE$，所以 $\angle 1=\angle 2$。又由于对顶角 $\angle 3=\angle 4$，所以 $180^\circ-\angle 1-\angle 3=180^\circ-\angle 2-\angle 4$，即 $\angle AFE=\angle BDE=90^\circ$，可得 $BE\perp AC$。

这个证明过程，也要人人掌握。有些同学，数学成绩好，就是因为对这些基本的数学变形非常熟悉。一看题目的已知条件，就知最后要证明的结论；一看试题提问的方式，就知该从哪几个方面去考虑问题。数学学习如果能做到这一层，就像武侠小说里面的那些武林高手打通了任督二脉，想不傲视群雄都难。

13 班的第一节课，讲完了轴对称后，留了 5 分钟时间，让同学们先预习一下等腰三角形的性质。

第二节课上此节内容，相当于明天试讲之前的走场。按照我设计的程序讲完后，发现有好几个地方需要改进。

(1) 用剪刀和白纸剪等腰三角形时，由于我没有事先展示课本上的剪纸方法，很多同学没有将纸对折后再剪，所剪出来的三角形，要么是特殊的等腰直角三角形，要么是小得后面的同学根本看不清楚的等腰三角形。友成同学把一个手指头举到我的面前说，剪好了。我问他，你剪的等腰三角形在哪里？他说：“在我的手指头尖上。”我凑近了仔细端详，才发现，他的一个手指头上有一个仅仅比标点符号大一点的等腰直角三角形。

(2) 在证明等腰三角形的性质 1（即等边对等角）时，一个同学站起来回答，作等腰三角形底边上的高，然后通过三角形全等来证明。可是我在课件上先放的是作底边上的中线来证三角形全等的图形，在后两张幻灯片上才有作底边上的高来证明三角形全等的图形。要是平时上课，直接将课件翻到那一页就可以了，但一节公开课，如果让同学们先看到其他的页面，再翻到那一张幻灯片，就不是很好了。下课后要好好设置一下链接，最好将三种辅助线的作法都设置好，不管站起来的同学回答得是哪一条辅助线，我都可以很巧妙地，不被同学们发觉地链接到那一页。

(3) 由于前面讲课耗时太多，后面两道解答题就没有多少时间完成了。平时上课经常遇到这种情况，大不了下节课或者晚自习再来讲呗。但一节好的公开课，要做到起承转合，有始有终，不能留下尾巴，留下缺陷。课后要好好修改我的课件。

力争前面知识点讲解简洁一些，能快速通过。然后留下时间，去解决本节课的重点，也就是运用等腰三角形的性质去做解答题。最后还要留两分钟时间，总结本节课所学的知识点。“虎头豹尾猪肚”，这是公开课所应追求的目标。

晚自习，在两个班都布置了练习册上关于轴对称的习题作业。这一节习题很简单，但还是有个别同学做错。

14班的Z会同学问：“平行四边形为什么不是轴对称图形？沿着中间和边平行的一条直线折叠，两旁的部分不是可以重合吗？”

他这种错误，就是因为没有仔细地分析图形的特点。我在他的草稿本上画了一个平行四边形，然后又画了一条与边平行的直线，沿这条直线折叠，两旁的部分错位了，是不会重合的。所以平行四边形不是轴对称图形。

这部分习题做完后，我在14班布置了这一章的综合习题。找了雨馨做一道解答题，她的思维遇到了一点障碍，在提示了一条辅助线后，她马上就能领悟，做得很好。还有一道要证三次三角形全等的解答题，龙翔同学愿意主动到黑板上来做，也做得很正确。证第一次三角形全等得到一组对应角相等，又和另外两个条件结合起来，证第二次三角形全等，再得到一组对应边相等，再和另外两个条件配合起来，证明第三次三角形全等。整个过程环环相扣，层层推进，无懈可击。这道题在期末考试和中考是不会考的，但学校自己组织的期中考试却是很可能考的，而且能做对此题，对于复习巩固三角形全等极有帮助。

现在我把此题转录如下，同学们可以试着予以证明：

如图，$OM=ON$，$OD=OE$，EM 和 DN 相交于点 C，求证：点 C 在 $\angle MON$ 的平分线上。

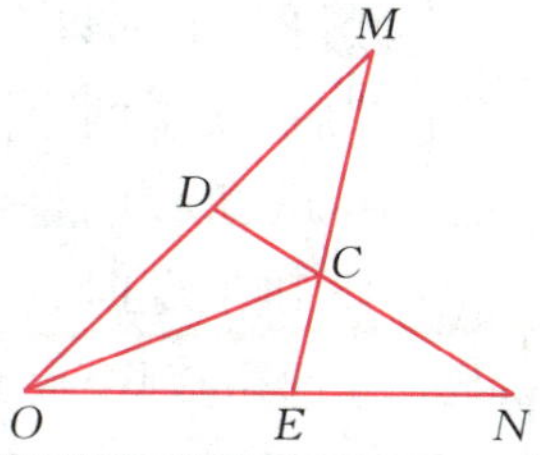

13班的晚自习，同学们做完练习册上的习题后，就做学案试卷上还未完成的题目。我找了雪欣同学来做其中一道解答题。她做得很好，就是在运用等腰三角形性质1时，准备工作做得不充分。我在黑板上给大家一起更正：在每一个等腰三角形中，分别写清楚“因为两条边相等，所以两个底角相等”。这样，在后面进行计算和发起“总攻”时，就会顺理成章，得心应手。希望同学们能进一步领悟：做几何证明题一定要做好准备工作，所谓兵马未动，粮草先行。

第二道解答题可以用传统的证明三角形全等的方法来做，也可以用等腰三角形的性质 2,也就是用三线合一的知识来做。有两个同学举手了,我看了第一个同学的答案,发现不是我所心仪的运用三线合一的方法来做的,就只是向她点了点头,又向另一个同学子凯走去。他是运用三线合一的方法做的,整个过程既简洁又规范,非常精彩,我如获至宝,立即命他到黑板上去写过程。很快,短短八行,顺利搞定。

我对同学们“大肆”表扬,说子凯同学就是悟明白了三线合一用法的人。还有很多同学是用三角形全等来做的,虽然正确,但是太过繁琐。三线合一为我们提供了一条捷径,虽然书写过程少,但是答题效果却不差,事半功倍。要达到这一层水平,需要对课本上的这些性质有深刻的理解。还有角平分线的性质、线段垂直平分线的性质,如能深刻地理解,都可以让我们避开证明三角形全等,经过一个简洁、高效的答题过程,快速得到最终的答案。

接着,我又说:“在金庸小说里,萧峰大侠在少林寺大战群雄时,连续使用三招亢龙有悔,凭他充沛的内力,三招相加,连绵不绝,将不可一世的丁春秋打倒在地。子凯同学连续两次,在两个等腰三角形中运用三线合一,顺利将最后答案证出,这就是数学功力深厚的表现。希望两个班里,像子凯这样的同学会越来越多。”

10 月 10 日　星期四

线段的垂直平分线

今天每个班都只有一节数学课,教学内容是线段的垂直平分线。

上课后,找了两个同学,分别背诵轴对称的定义和关于某条直线成轴对称的定义。在 14 班找的是文韬和 Z 艺两位同学,他们按照自己的理解背得很好。

在 13 班上课时,我找了明珠同学背诵昨天刚学的等腰三角形的性质 1,就“等腰三角形的两个底角相等,简写为等边对等角”一句话,她背得很流利。明珠同学虽然成绩暂时落后,但是并没有放弃学习。而且,她还是一个心态积极、乐于助人的同学,我每次遇到稍简单的问题时,总是第一个想到找她来回答。如有可能,希望明珠同学以后能够回答略微难一点的问题。

我又找健慧同学背诵等腰三角形的性质 2,她也背得很熟练:“等腰三角形顶角的平分线、底边上的中线、底边上的高相互重合,简写为三线合一。”肯定了她的答案后,我对全班同学强调:“在等腰三角形中,对称轴中间的一条折痕线段,有三个‘身份’,一是顶角的平分线,二是底边上的中线,三是底边上的高。这三个‘身份’只要确定了任何一个,马上就可以得到另外两个。这就是三线合一的实质。”

接下来，在13班又找了芷晴、彦彤、懿琳三位同学。芷晴同学对轴对称的定义背得不错。但彦彤同学和懿琳同学，在背诵关于直线成轴对称的定义时，每人只能说出定义的一半内容，合起来才算一个完整的定义。希望同学们以后在两分钟预备时间里，要好好背诵上一节课所讲的知识点，力争人人都能过关。

背诵完上节课所学的知识点后，我问同学们，线段是不是轴对称图形？同学们都回答："线段是轴对称图形。"我又问，线段的对称轴是什么？

同学们都说："线段的对称轴是线段的垂直平分线。"还有部分同学，记得我昨天所讲的，线段的另外一条对称轴就是线段本身所在的直线。这两条对称轴中，我们这节课主要研究的是第一条，也就是线段的垂直平分线。

我找了一位同学问，如何画一条线段的垂直平分线？他答道："先用刻度尺找到线段的中点，然后再把三角板的直角顶点靠近中点画这条线段的垂线，就可以得到线段的垂直平分线。"线段的垂直平分线，本来是可以用尺规作图的方法画的，但尺规作图法是下一节课的教学内容。

我按照这位同学的方法，画了线段的垂直平分线后，就给同学们四分钟时间认真看书，并把书上的重点内容划出来，一会儿提问。

在同学们认真看书的时候，我在黑板上写好了本节课的主要知识点：(1)线段垂直平分线的性质；(2)线段垂直平分线的判定。

在14班上课时，我是对比角平分线的性质和判定讲的。在13班上课时，由于前面花了点时间提问了昨天所学的等腰三角形的知识，所以就没有对比角平分线的性质来讲。

同学们看完课本后，我结合两个知识点开始了讲解。

线段垂直平分线的性质：线段垂直平分线上的点到线段两端的距离相等。画好图形后，对照图形，这个性质很好证明。我在两个班分别找了一个成绩不是很好的同学，他们都能回答出利用三角形全等来得到最后的结论。而且他们在找三个全等条件时非常轻松。

有了线段垂直平分线的性质后，再要证明垂直平分线上的点到线段两端的距离相等，就不必通过证明两个三角形全等来得到结论了，而是可以走一个捷径。书写过程如下。

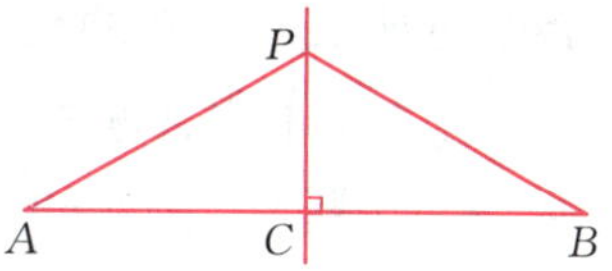

如图，$\because$ PC 是 AB 的垂直平分线，

$\therefore$ $PA=PB$。

或者这样写也可以：

$\because$ $PC\perp AB$，$AC=BC$，

$\therefore$ $PA=PB$。

这个过程比先证明 $\triangle PAC \cong \triangle PBC$，再得到 $PA=PB$，可要便捷多了。运用线段垂直平分线的性质去证明线段相等，确实是一条捷径。

还有一个知识点是线段垂直平分线的判定。书上是这样叙述的："与一条线段两个端点距离相等的点在这条线段的垂直平分线上。"

我记得老版本教材上关于这个判定是这样叙述的："到线段两端距离相等的点在线段的垂直平分线上。"两句话的意思差不多，同学们记哪一句都行。

线段垂直平分线的判定可以用来判断某条直线是否为某条线段的垂直平分线。但课本并没有用"判定"这个词，也没有规范的书写格式。我凭着自己的理解，教同学们这样运用这个判定方法。

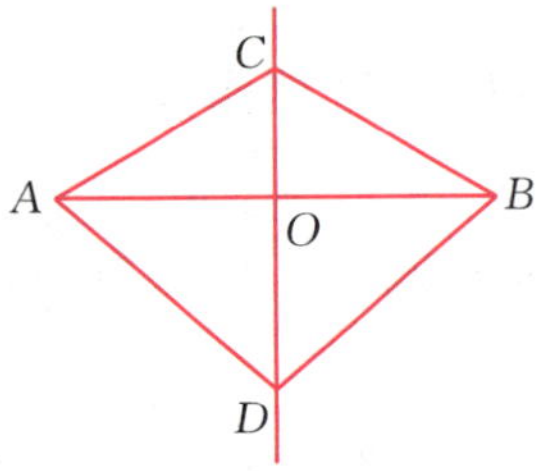

如图，$\because CA=CB$，

$\therefore$ 点 C 在 AB 的垂直平分线上。

$\because DA=DB$，

$\therefore$ 点 D 在 AB 的垂直平分线上，

$\therefore CD$ 是 AB 的垂直平分线。

$\therefore AO=BO$，$\angle AOC=90°$。

讲完后，14 班有同学问："为什么 $CA=CB$ 后，要先得出点 C 在 AB 的垂直平分线上？不能直接得出 CD 就是线段 AB 的垂直平分线吗？"

我这样解释：线段垂直平分线的判定，只是说，到线段两端距离相等的点在线段的垂直平分线上。这里 $CA=CB$，说明点 C 到线段 AB 的两个端点的距离相等，根据判定只能得到点 C 在 AB 的垂直平分线上。只有再得到点 D 也在 AB 的垂直平分线上，才能说明过 C、D 两点的直线是线段 AB 的垂直平分线。

我问同学们，为什么必须强调两个点都在 AB 的垂直平分线上，才能说明过这两个点的直线是 AB 的垂直平分线呢？14 班有一位聪明的同学回答："因为过两个点才能确定一条直线，而过一个点是可以画无数条直线的，所以必须得到点 C、D 都在线段 AB 的垂直平分线上，才能说明过 C、D 两点的直线是线段 AB 的垂直平分线。如果只得到一个点在 AB 的垂直平分线上，是不能得到过这个点的某条直线是线段 AB 的垂直平分线的。"这位同学解释得非常完美。

课本上的例 1 是一道作图题，要用尺规作图法，过直线外一点画一条直线的垂线。按照课本上例题的方法，让同学们和我一起画了一遍后，就到了下课时间。

晚自习的任务，是做练习册上的有关线段垂直平分线的习题。这些习题里面的线段以及线段的垂直平分线，都不是像课本上那样画得方方正正的，而是歪着、斜着、侧着、扭着。再加上和三角形的周长结合在一起，题目难度加大了。一方面，要做好准备工作，就是利用线段垂直平分线的性质，先得到垂直平分线上的点到线段两个端点的距离相等；另一方面，再把三角形的周长转化为三条线段的和，再把这三条线段不停地转化、代换，最后才能得到答案。

孩子们第一次做这样的题，一下子找不到思路是很正常的。两个班里，有很多同学纷纷跑来问我该如何做。一一指点之后，我决定明天上课时再把这种必考题在黑板上好好讲一讲，力争每个人都能过关。

10 月 11 日　星期五

画线段的垂直平分线

今天，在两个班要上四节课。另外还有一节本应该昨天试讲的公开课移到了今天，讲完后又用了一节课的时间评课。

上午第二节，在初二(4)班试讲了一遍等腰三角形的性质。由于师生之间互相陌生，课件的交互链接还不熟练等原因，这一节试讲课出现了很多问题。

第三节，同级组的数学老师在数学组长于老师的带领下，对我这节课提出了很多中肯的意见和专业的指点。

学会灵活变换

接下来的上课时间，我在 14 班找了健森、梓航同学背诵线段垂直平分线的性质和判定，这两位同学背得很好。在 13 班上课时，我找的是萧森和可晴同学，也背得不错。

但是，在运用线段的垂直平分线的性质的时候，却出现了很多问题。练习册上有一道典型习题：

如图，在$\triangle ABC$中，$AC=10$，DE是AB的垂直平分线，$\triangle BDC$的周长是17，求BC的长。

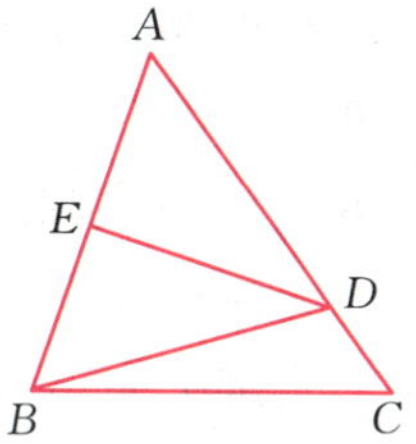

这道题，对于会做的同学来说，非常简单。但对于不会灵活运用线段垂直平分线性质的同学来说，就非常难了。他们往往不知从何处着手。昨天的晚自习时间，13 班有一个同学跑来问我，DE 是 AB 的垂直平分线，怎么和课堂上所讲的不一样呢？我问他，怎么不一样？他说："这里的 AB 和它的垂直平分线 DE，都是斜着的，而课堂上和课本上所画的线段和它的垂直平分线，都是横平竖直的，不一样。"

听完他的话后，我快要傻掉了。想了一会儿，我找出课本中的一条线段和它的垂直平分线的图形，然后把课本旋转一定的角度，再和练习册上的这个图放在一起对比，让他观察。他把头歪来歪去，看了好一会儿，才说："哦，原来这里的线段和它的垂直平分线是斜着画的。"

DE 是 AB 的垂直平分线，根据垂直平分线的性质，可以得到 $DA=DB$。

得到 $DA=DB$ 后，同学们又遇到第二个思维障碍，$\triangle BDC$ 的周长是什么意思？很多同学不明白。我告诉他们，$\triangle BDC$ 的周长就是$\triangle BDC$ 的三条边的长度之和，也就是 $BC+CD+DB$。而 DB 是等于 DA 的，所以要把这三边之和转化为 $BC+CD+DA$。

前面的准备工作里，说明了 $DA=DB$。在后面的计算过程中，如果出现了 DB，而又不把 DB 代换成 DA，简直是没有天理了。初中数学里，不管是几何证明题，还是代数计算题，都是这种转化、代换。有的转化、代换少一点，题目就简单；有的转化、代换多一点，题目就复杂。我在前面的日记里曾经总结过，做初中数学题最常用的方法就是"转来转去、代来代去"。

$BC+CD+DA$ 的和，就是$\triangle BDC$ 的周长。这里，观察不仔细、理解能力差一点的同学，又遇到第三个思维障碍。$CD+DA$ 结合图形看，是等于 CA 的。再次转化、代换，得到 $BC+CA=17$。而线段 CA 的长度，题目已经告诉了，是 10，那么就得到 $BC+10=17$。做到这里，答案呼之欲出。

数学解题中，你所需要的解题条件，结合图形，结合已知，都是可以得到的。因为这都已经事先安排好了，在解题过程中，所需要的各种条件，在已知和图形里都可以找到，就看你会不会找，会不会用。

对于部分数学成绩不是很好的同学，我有一个建议：好不容易弄懂一道题，一定要把它的解题方法悟透记牢，学会灵活运用。每天记一种题型的解法，到了中考，数学成绩就差不了。

轴对称知识的灵活运用

又讲了一道练习册上的习题后，我就跟同学们讲解本节课的内容，用尺规作图的方法画线段的垂直平分线。在画线段的垂直平分线之前，先复习了作角的平分线和过直线外一点作直线的垂线的尺规作图方法。看同学们都能过关之后，我就在黑板上，用规范的尺规作图的方法，画了一条线段的垂直平分线。画线段垂直平分线要注意的是：在线段的两旁都要画弧，都要出现弧的交叉点，连接这两个交叉点才能得到线段的垂直平分线。

会画线段的垂直平分线后，一道每次考试都要考到的经典作图题，就成了一个必讲内容。已知∠AOB，还有另外的两点C、D，要求找一个点E，使点E到∠AOB两边的距离相等，同时使点E到点C、D的距离也相等。

因为到∠AOB两边的距离相等的点在∠AOB的平分线上，所以必须用尺规作图的方法，画出∠AOB的平分线OW。可∠AOB的平分线上有无数个点啊，点E到底在哪个位置呢？

上天都安排好了，这时一定会出现另外一个限制条件，即点E到点C、D的距离相等。到点C、D距离相等的点，不就是在线段CD的垂直平分线上吗？所以，连接线段CD，再用尺规作图的方法，画出CD的垂直平分线MN。

点E既要在∠AOB的平分线OW上，又要在线段CD的垂直平分线MN上，那么只有一种可能，就是在∠AOB的平分线和线段CD的垂直平分线的交点上。这个交点就是点E，如图所示。

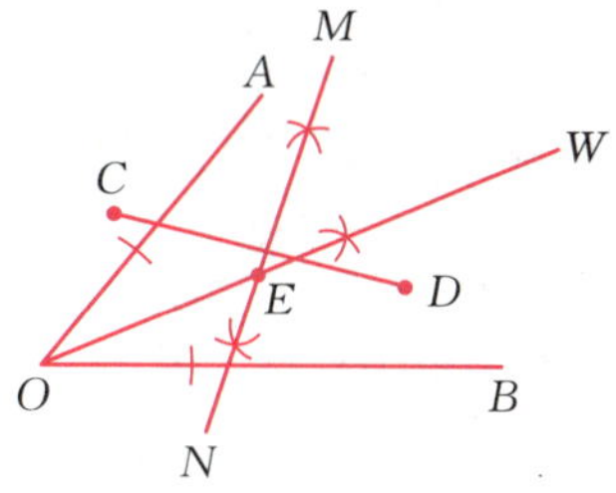

经典作图

练习册上本节内容其他作图题，基本上大同小异。我让同学们画完图后，就下课了。

两个班的第二节数学课，先给了15分钟时间，让同学们继续做练习册上未做完的题。接下来，在作轴对称图形这一节里，找了两道典型的作图题进行了讲解。

第一题，是作一个三角形关于一条直线对称的三角形。这道题简单，只需要把每一个顶点关于直线的对称点画出来，再依次连接起来就可以了。

第二题，是一道典型的距离之和最短的作图题。在直线l同侧，有两个点A和B，要在直线l上找一点P，使$PA+PB$的和最小，点P如何选取？这种题目，在生活中也经常遇到。比如道路同侧有两个村庄，要在路边建一个输送站P，使点P到两个村庄的线路之和最短，请问：这个输送站P该建在哪里？

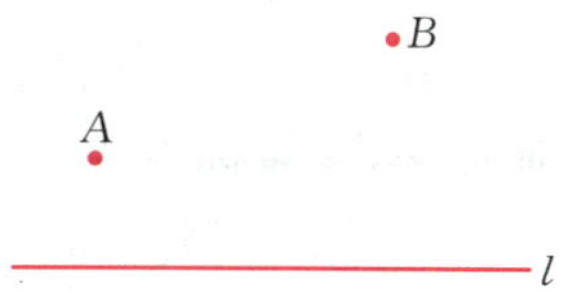

第二题

这道题，课本里只是作为一个课外阅读知识，但是练习册里却有好几道类似的作图题。而且，此题的解题思想与轴对称的知识联系紧密，所以需要做一个统一讲解。

我问同学们，应该如何找到点P的位置？14班有一个同学说，作线段AB的垂直平分线，这条垂直平分线与直线l的交点，就是点P的位置。我立即否定了他的这种思路，因为按照他的方法，只是找到了一个到A、B两点距离相等的

点 P，而题目要找的是一个让 $PA+PB$ 的和最小的点 P。

立烨同学举手了，他说："在直线 l 上找一个点 P，使 $\angle APB=90^\circ$。"我也立即否定了他的这种说法，因为别说让 $\angle APB=90^\circ$ 的点 P 不好找，就算找到了，也不能保证 $PA+PB$ 最小。

同学们又陷入了沉思。云龙同学站起来说："和平面镜成像一样，先作点 A 关于直线 l 的对称点 A'，然后再把 A' 与点 B 连接起来，与直线 l 有一个交点，这个交点就是点 P 的位置。"

云龙同学刚说完，14 班的同学都哄堂大笑。我立马对同学们说："你们笑什么，是不是认为这种思路不对啊？我告诉你们，恰好这就是最正确的方法。"

同学们立刻收起了笑声，开始认真思索起来。还有几个同学问，为什么点 P 在这个位置时 $PA+PB$ 就最小呢？

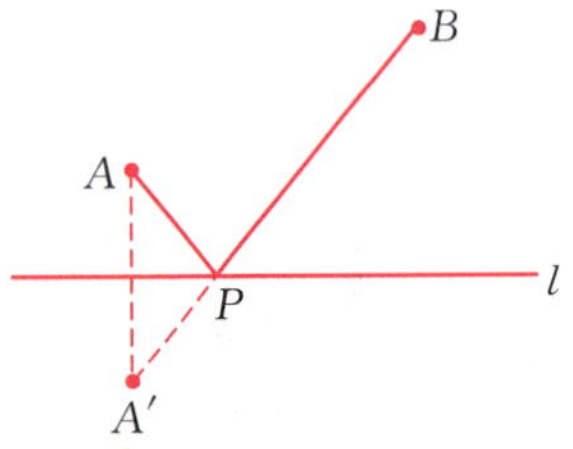

第二题解答

我在黑板上画完图后，对照图形给同学们解释。

如图，因为点 A 与 A' 是关于直线 l 的对称点，也就是说直线 l 是线段 AA' 的垂直平分线，而线段垂直平分线上的任何一点，到线段两个端点的距离都是相等的。也就是说 $PA=PA'$，那么 $PA+PB=PA'+PB$。要想让 $PA+PB$ 最小，等于让 $PA'+PB$ 最小。那么，只有让 P、A'、B 这三点处于同一条直线上，即点 P 在线段 $A'B$ 上，此时，$PA'+PB$ 的和就是线段 $A'B$ 的长度。点 P 既要在线段 $A'B$ 上，又要在直线 l 上，那么点 P 就只能是线段 $A'B$ 和直线 l 的交点了。

14 班有一个同学问，最开始画对称点的时候，可不可以不画点 A 的对称点，而画点 B 关于直线 l 的对称点呢？我回答："可以的，如果画的是点 B 的对称点 B'，那么连接 AB'，最后得到的点 P 还是在同一个位置。"

我又问 14 班的同学，为什么我在黑板上画对称点的时候，不画点 B 的，而要画点 A 的对称点呢？立烨同学率先回答："因为点 A 离直线 l 近，画对称点时，容易一些。"我笑着对他说："你懂我。"

在 13 班讲这个内容时，我还担心没有一个同学在讲解之前能够回答出这种作图方法，结果却让我很是高兴。子凯同学在我提问后，立即举手，说按照平面镜成像的方法，作出点 A 关于直线 l 的对称点 A'，再连接 $A'B$，$A'B$ 与直线 l 的交点就是点 P 的位置。

我听到后，非常满意。真是不能小瞧这两个班的任何一个同学。联想到子凯同学前几天的课堂表现，我觉得他可以无可争议地成为本周最佳。

让同学们做了练习册上几道类似的作图题之后，就到了下课时间。

本周繁忙的教学工作又结束了。

第 7 周

10 月 13 日　星期日

周日返校

返校后，看了同学们在我的博客上留下的评论，这样一些同学的评论，被我评为最佳。

最佳评论

10 月 6 日的最佳评论，是嘉琪同学写的："我们写评论，就要写自己的真实感受，把老师当作朋友，与老师分享自己的心情和心中所悟。"

我希望有更多的同学，能够和大家一起，分享自己的真实想法和内心感悟。唯有真实，才有价值。

10 月 7 日的最佳评论，是倩妮同学写的："作业真的好多啊，而且只有二十分钟，不提前写根本写不完。不过，想想还是老师累，批作业，备课，还要写日记，佩服！"

倩妮很能理解老师，每当有同学抱怨作业真多，或者又要考试时，请你想想，老师还要把每个人的作业批改一遍呢。这个工作量，不会在你的十倍以下。

10 月 8 日的最佳评论，是靖莹同学的："老师对于我们来说，更是一个诤友，有批评有肯定，这么多个日子以来，我们学到了不少知识，这都是老师的功劳。"

虽然只和 13 班的靖莹同学接触了一个多月的时间，但我从她的身上发现了很多可贵的品质，比如积极、善良、包容、勇敢、乐观等。这些可贵的品质，希望她永远拥有。善者无敌，勇者无惧。

10 月 10 日的最佳评论，是晓桐同学的："这节课原本是不怎么理解的，但是，在做练习题的过程中，我渐渐懂得如何运用了，所以知识不能死记硬背，要活学活用啊。"

当天上课的内容是线段垂直平分线的性质。这个性质本身比较简单，但在具体运用时不太容易。特别是与线段垂直平分线的判定糅合在一起时，更是难以理解。知识不能死记硬背，要活学活用，这确实是学好数学的金玉良言。

10 月 11 日的最佳评论，是梓航同学的：“老师真是值得敬佩，希望你能像诺贝尔物理学奖得主希格斯那样，付出后获得巨大的成功。”

让我毫不犹豫地把当日最佳投给梓航，并不是因为他把我和希格斯相提并论。而是因为一方面他学习认真，积极上进，另一方面他志向高远，眼界非凡。言及诺贝尔奖，语及希格斯，他已经超越了好多同龄人。

晓桐同学还有一个评论，虽然没有被评为最佳，但我觉得非常好，现完整记录如下：“老师把图片插入到日记里面，再一一重新讲解，就像回到了课堂一样。孔子说过‘温故而知新，可以为师矣’。真好，周末又可以温习一下具体题目，明白老师让我们评论博客的真正意义了。”

晓桐同学工作认真负责，课堂上回答问题积极，学习上对自己要求严格，领悟能力强，是一个不可多得的优秀学生。希望同学们都能向她学习。

有点纠结的一道轴对称应用题

晚自习，布置同学们做练习册上没有做完的几道作图题。有一道题，我在两个班里都做了讲解。

一个牧民赶着他的羊群，先要到河边饮水，再到草地吃草，最后返回起始地点羊圈 P 点。请问：牧民要怎样走才能让所行走的距离最短？这个问题中，小河和草地是用两条形成一定夹角的直线代替的。

这种问题，在现实生活中，根本就不用考虑。我曾在青藏高原上，见过牧民，他们总是赶着羊群，往水草丰茂的地方迁徙，日复一日，年复一年，向来如此，他们从不考虑怎样行走才最近的数学问题。

但这个问题提出来了，并且就摆在每个同学的面前，我就不得不考虑了。如何行走最近呢？

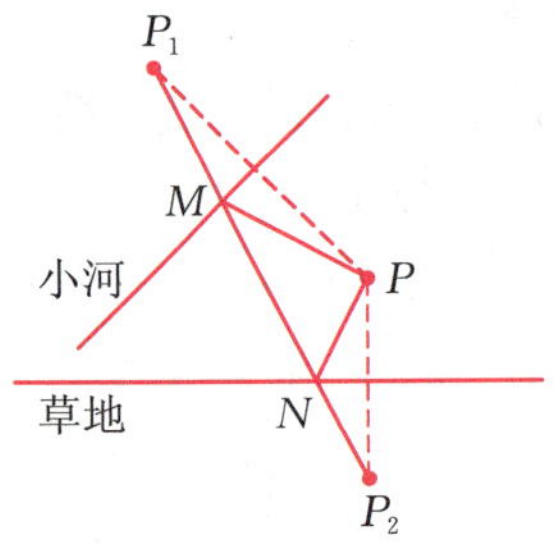

羊吃草示意图

我是这样给同学们讲解的：“如图，先作出点 P 关于小河这条直线的对称点 P_1，再作出点 P 关于草地这条直线的对称点 P_2，然后连接 P_1P_2，与小河相交于点 M，与草地相交于点 N。”

答案出来了，从羊圈 P 点出发，先到点 M 饮水，再到点 N 吃草，最后返回 P 点，这样行走的路程最短。

下课后，13 班的嘉琪同学来问我，为什么这样走的路程是最短的？我只好又拿起这道数学题，对她讲道：“P 和 P_1 关于小河这条直线对称，也就是说，小河是线段 PP_1 的垂直平分线。因为垂直平分线上的点到线段两个端点的距离相等，所以点 M 到 P 和 P_1 的距离相等。同理，点 N 到 P

和 P_2 的距离也相等。换句话说，$PM+MN+NP$ 的和，相当于 $P_1M+MN+NP_2$ 的和。这个和要想最短，就相当于从点 P_1 到点 P_2 怎样走最近，当然就是沿直线从点 P_1 走到点 P_2 啰。”

嘉琪同学若有所悟地点点头，然后就回去了。我突然想，连嘉琪都不太理解，那剩下的大多数同学，他们能真正理解这样作图的原理吗？回到办公室，我犹如电影《大话西游》里的至尊宝一样，在心里反复问自己：像这样的数学题，需要讲吗？不需要吗？需要吗？……

10 月 14 日　星期一

用坐标表示轴对称

两分钟的预备时间，同学们都在背前几节数学课所学的知识点。正式上课后，我问同学们：“线段垂直平分线的性质和判定分别是什么？”

在 14 班上课时，我叫了韩琪与子仪同学来背。这两位同学一站起来，就背得非常流利：“线段垂直平分线上的点到线段两端的距离相等。到线段两端距离相等的点在线段的垂直平分线上。”

我在黑板上画了一条线段，又用标准的尺规作图法，画了它的垂直平分线。然后我对同学们说，线段的垂直平分线是由无数个点组成的，这无数个点有一个共同特征：每个点到线段两个端点的距离都相等。也就是说，线段的垂直平分线可以看作是到线段两端距离相等的所有点的集合。

从点的集合的角度来理解线段的垂直平分线，是课本第 61 页最下面一句不起眼的话。这句话，十多年前的人教版老教材里，专门用加粗字体表示过。但现在的新教材，为了降低难度，就一笔带过了。由于前面学习线段垂直平分线的时候，没有来得及讲这个内容，所以今天就专门花点时间补充讲解。

部分同学对集合这个词不太理解，我对同学们说：“我们班的所有同学，集合在一起，就形成了 14 班这个班集体。到一条线段两端距离相等的所有点，集合在一起，积少成多，集腋成裘，就形成了线段的垂直平分线。”

讲完了线段的垂直平分线可以看作是到线段两端距离相等的所有点的集合后，我又在黑板上画了一个角，然后用标准的尺规作图方法，作出了这个角的平分线。作完后，我找了 Z 艺和宁鹭同学来回答，角平分线的性质和判定分别是什么？

两位同学回答得很准确：“角平分线上的点到角两边的距离相等。到角两边距离相等的点在角的平分线上。”我又问同学们：“线段的垂直平分线可以看作是到线段两端距离相等的所有点的集合，那么角平分线可以看作是怎样的点的集合呢？”

先找了一个同学，他站起来后不知如何去回答。我又找了万芊同学，她答得很正确。按照她的答案，我在黑板上写下“角平分线是到角两边距离相等的所有点的集合”。刚写完，14 班有几个同学说：“要强调‘在角的内部’几个字，否则，意思就不准确。”

我想了一下，觉得这几位同学说得有道理，又改成了“角平分线是在角的内部到角两边距离相等的所有点的集合”。

找到规律，理解规律，记熟记准

按照集合的定义，重新理解了角平分线和线段的垂直平分线之后，就进入了这节课的新内容——用坐标表示轴对称。

给四分钟时间让同学们看书，并划出课本上重要的知识点后，我只举了一个例子。

老北京城的示意图，以天安门为坐标原点，以长安街和中轴线为 x 轴和 y 轴，建立平面直角坐标系。东直门的坐标为$(3.5, 4)$，那么东直门关于 x 轴对称的点在哪里呢？坐标是什么？东直门关于 y 轴对称的点在哪里呢？坐标又是什么？

对照坐标系，同学们很快就找到：点$(3.5, 4)$关于 x 轴对称的点在第四象限，坐标是$(3.5, -4)$；$(3.5, 4)$关于 y 轴对称的点在第二象限，坐标是$(-3.5, 4)$。由此，我直接总结出课本上早已归纳出的结论：“点(x, y)关于 x 轴对称的点的坐标是$(x, -y)$，点(x, y)关于 y 轴对称的点的坐标是$(-x, y)$。”

担心同学们时间久了会搞混，我又专门强调：“关于 x 轴对称的两个点，横坐标不变，纵坐标相反；关于 y 轴对称的两个点，纵坐标不变，横坐标相反。”反正就是关于哪个轴对称，就哪个坐标不变，另一个坐标相反。

课本后面的几道练习题，只要小心分辨，细心做题，基本是不会做错的。练习册上的题目，可就有挑战性了，但只要知识点掌握扎实，计算认真，画图准确，基本上也是不会错的。

在 13 班上课时，整个过程与在 14 班差不多，就看同学们对所讲知识点的理解能力、当堂记忆能力以及综合运用能力如何了。普通班的优秀学生与重点班的大部分同学不相上下，而普通班的后进同学，由于种种原因，在学习效果上，就与其他同学有点差距了。这种差距只有靠自己努力去追赶了。

晚自习时间，布置的作业是练习册上这一节的配套习题。14 班有好几位同学问了这样一道题：已知点 $A(x, 4-y)$ 与点 $B(1-y, 2x)$ 关于 y 轴对称，求 x

和 y 的值。

这两个点关于 y 轴对称，也就是说，这两个点的纵坐标不变，横坐标相反。于是很自然地得到两个方程：$x=-(1-y)$，$4-y=2x$。把这两个方程联立起来组成一个方程组，可以解出 x 和 y 的值。只要基础知识扎实，计算过关，这样的题目基本上就是送分题。但部分成绩落后的同学，伤就伤在这两点上。

做题慢的原因——计算是个致命伤

13 班同学在做这节习题时，普遍做得很慢。我观察了几位同学，认真分析了一下，原因有几点。(1)做题习惯不好。做一题，玩一会儿，或者东张西望，或者独自发呆。(2)对知识点理解不深。比如遇到两个点关于 x 轴对称，不能很快得出这两个点的横坐标不变，纵坐标相反；或者得出了，还再三犹豫，反复猜想。(3)计算不过关。这部分习题，一般都是用方程思想来解的，有时还要列二元一次方程组来解。

有些同学计算不过关，本来不难的题却计算得很慢。更关键的是，出现计算错误后发现不了，又将这个错误结果代入到下一步去算，耗时很长。我就曾见到一位同学，先算出 x 的值，是一个很少见的分数。然后，他又将这个分数代入到下一步去求 y 的值。当别的同学做了好多道题的时候，他还在那里做无谓的计算。

在以前的教学中，我曾对计算不过关的学生说过："计算题，做几个步骤后，停下来，回头看看前面是否有错。特别是，当算出来的一个中间结果比较怪异时，更要回过头去认真查看，而不是继续往后计算。要知道，南辕北辙比停步不前离真理更远。"

最后，我总结了几句话：(1)每做几步，回过头去看看，保证前面的步骤没有错误再往后计算，千金难买回头看；(2)力争计算过关，现在的数学考试，不管是初中，还是高中，唯细心者得高分，得计算者得天下；(3)计算暂时还不能做到又快又准的话，宁可牺牲速度，也要保证准确率。

10 月 15 日　星期二

作业评讲

上课后，在两个班各找了几位同学背诵昨天所学的知识点。

第一个知识点，按照点的集合的意义，如何理解线段的垂直平分线。在 14 班找的是思宇同学，在 13 班找的是 F 伟同学。这两位同学背得很好："线段的垂直平分线是到线段两端距离相等的点的集合。"

第二个知识点，按照点的集合的意义，如何理解角平分线。在14班找的是焯坚同学，在13班找的是雨婷同学。他们也背得很好："角平分线是角的内部到角两边距离相等的点的集合。"

第三个知识点，点(x, y)关于x轴和y轴对称的点的坐标有何特点。14班找的是海英同学，13班找的是志钊、S佳同学。这几位同学一站起来，立即脱口而出："关于x轴对称的点，横坐标不变，纵坐标相反；关于y轴对称的点，纵坐标不变，横坐标相反。用字母表示：点(x, y)关于x轴对称的点为$(x, -y)$，点(x, y)关于y轴对称的点为$(-x, y)$。"

不妨来点记忆法——适合自己的就是好的

在回答问题的过程中，特别令我高兴的是，13班的S佳同学在我问关于x轴和y轴对称的点的坐标用字母如何表示时，第一个主动举手。在我的印象里，这是S佳第一次主动举手要求回答问题，我立刻点到她，她回答得非常正确，我对她大加表扬。

表扬之后，我额外问数学基础并不是很扎实的S佳同学："你是如何在短时间内背出关于x轴或者y轴对称的点的坐标的？"

S佳答道："关于x轴对称，我重点看两个字'x'和'对'。也就是说，关于x轴对称的点，x是对的，即横坐标是对的，纵坐标就是相反的。关于y轴对称，y对，就是说，y是对的，即纵坐标是对的，横坐标就是相反的。"

对于自己老是记不住的东西，学会采用一些记忆的技巧或者策略，也是智者所为。

我倒吸一口冷气。没想到，数学成绩经常排到班级里最后几名的S佳同学，竟然用这种办法记忆。略微思考了几秒钟，我对13班的同学们说道："S佳同学采用这种记忆法，非常好。只要能记住规律，并能灵活运用，正确解题，就是王道。"

学会主动参与课堂——寻找自信和乐趣

两个班的孩子们现在已经知道我的上课规律。在刚上课的前两分钟，我一定会提问昨天刚学过的知识点。两个班的所有同学都能在课前两分钟时间大声诵读，以免被我点到时回答不上来。我很高兴同学们已经养成了这样一个好的学习习惯。我甚至还建议，一些成绩暂时落后还未得到大家称赞的同学，可以在两分钟的预备时间里，好好诵读一下昨天所学的知识点，在我上课提问的时候，立即举手。尽管我每次提问的时候，都在思考该提问哪些同学，才能最大限度地起到检查、激励的作用，但是当平常很少举手的同学一旦举手，我一定会优先选择他们。希望更多的同学，能用这种方式，让自己的学习越来越主动，同时也让自己学得越来越自信。到那时，也只有到那时，这些同学才能真正体会到学习的乐趣。这种乐趣里面，包含着进步、成功、自我肯定、他人赞扬。这种乐趣，将会使他们越学越轻松，越学越有劲。

我检查昨天晚自习的练习册后，发现错误还挺多的。两个班里，甚至有人还不知道平面直角坐标系里的四个象限是如何划分的。为了这少数几个同学，我不得不花上两分钟时间再次讲解：在平面直角坐标系里，右上角的部分是第一象限，坐标特点为(＋，＋)；左上角的部分是第二象限，坐标特点为(－，＋)；左下角的部分是第三象限，坐标特点为(－，－)；右下角的部分是第四象限，坐标特点为(＋，－)。

接下来，又讲了在坐标系的方格里如何求不规则三角形的面积。在坐标系里，求三角形面积是必须掌握的。一个三角形，如果有一条边是平直的或者是竖直的(即与 x 轴平行或与 y 轴平行)，求这个三角形的面积还比较简单。把平直的或者竖直的边看作底边，找出这条边上的高，底 × 高 ÷ 2 即可。但是如果一个三角形的三条边，都不是平直的或者竖直的，即全部是斜的，那又该如何求它的面积呢？

在 13 班讲这个内容时，有几位同学说用割补法。我听了之后，就知道这几位同学是会求这种三角形的面积的。对于其他的同学，我还是认真地讲解了一遍："先画一个横平竖直的长方形的方框，恰好将这个三角形套在里面，也就是让三角形的三个顶点恰好落在长方形方框的两条边和一个顶点上。然后用长方形的面积减去旁边的三个小直角三角形的面积即可。"

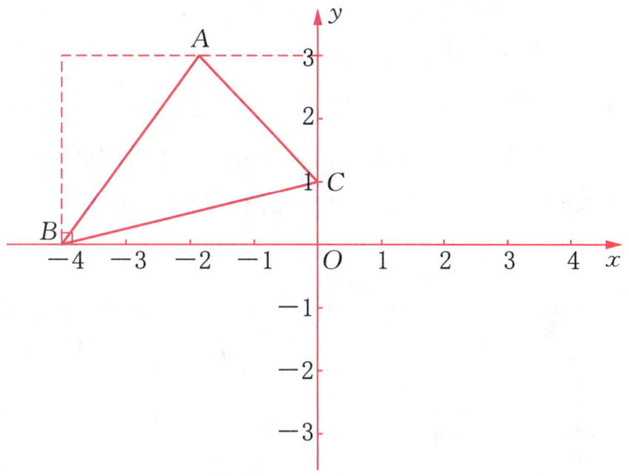

割补法图示

根据我以前所教学生的情况，这里的长方形的面积和三个小直角三角形的面积，在计算时都不会出现什么错误。丢分点会出现在减法计算上，也就是 20 以内的减法计算，特别是带小数点时，总是有一部分同学屡屡算错丢分。要是将这些同学的计算错误一一收集起来，拿到小学一年级去，对于一年级的小朋友来说，一定会是一份不错的错题集。

做题时，一定要看清楚题目的具体要求

讲完这道题后，我针对前天所做练习册上的一道作图题进行了讲解。这道

题有两个小题。第(1)小题：直线 m 同侧有两个点 A 和 B，要在直线 m 上找一个点 P，使 $PA+PB$ 最短。这道题在课堂上讲过了，同学们基本上没有做错。问题出在第(2)小题：有一条直线 l 和同侧两点 A、B，要求在直线 l 上找一点 P，使 P 点到 A、B 两点的距离相等。

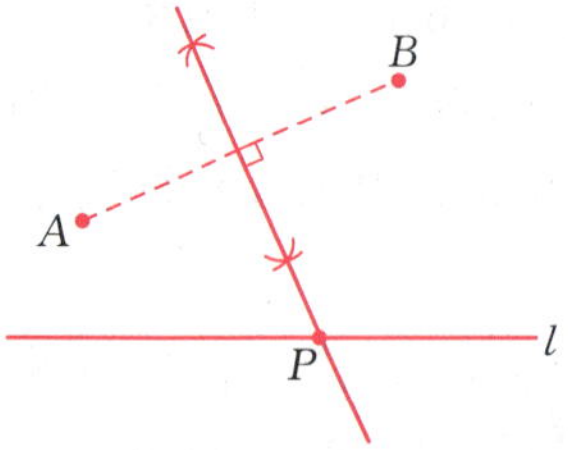

一些同学不认真看题，以为这题与上一小题是完全一样的作图方法。这题的要求是点 P 到点 A、B 的距离相等，这样的点 P 应该是在线段 AB 的垂直平分线上。因为线段垂直平分线上的点到线段两端的距离相等，所以此题要先用尺规作图法作出线段 AB 的垂直平分线，这条垂直平分线与直线 l 有一个交点，这个交点即为所求作的点 P。

每一个同学在做题时，一定要看清楚题目的具体要求。千万不要一看到相似的图形，就以为都是一样的方法。数学要学好，一方面知识点要掌握扎实，另一方面还要基本题型熟练，再加上仔细看题，慎之又慎。

没有学不好数学的

在14班上课时，为了明天的公开课，我给了二十分钟的时间让同学们认真预习，并按课本上探究中的剪纸方法剪一个等腰三角形，以便明天上课时备用。

在13班上课时，剩下的二十分钟的时间，我专门讲解了一道几何证明题。这种题型在14班已经讲过，但在13班还没有讲过。

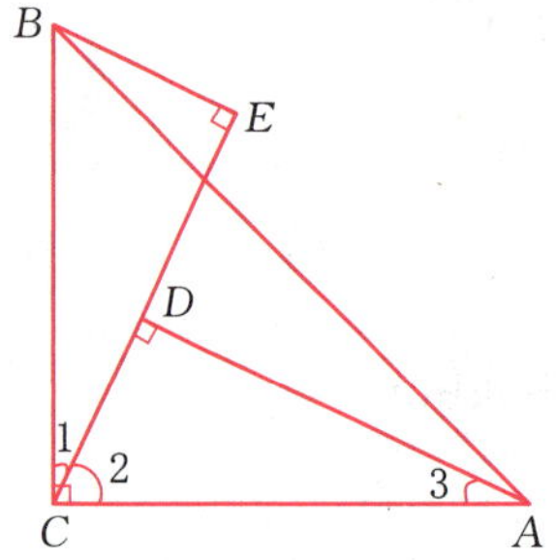

如图，在$\triangle ABC$中，$\angle ACB=90^\circ$，$AC=BC$，点E为$\triangle ABC$外一点，且$BE\perp CE$，过点A作$AD\perp CE$于点D，求证：$AD=BE+DE$。

在这道题里，很多同学都知道要去证明$\triangle ADC\cong\triangle CEB$。但是在找全等条件时，却只能找到两个非常明显的全等条件，第三个全等条件怎么也找不到。

文伟和W智同学马上回答：“$\angle 1=\angle 3$。”我问他们为什么，这两个同学异口同声：“双垂直，尖角等。”上一周，我曾在14班专门讲过这个问题，而且在日记里面详细记录过这种方法。文伟和W智同学回家后，应该是认真看了我上一周所写的日记，并真正理解了。

看到 13 班其他的同学睁着一双双迷惑的眼睛，我对他们讲解：“这里，$\angle BCA$ 是直角，所以 $\angle 1+\angle 2=90°$。又因为$\angle CDA$ 是直角，所以 $\angle 3+\angle 2=90°$。既然$\angle 1$ 和$\angle 3$ 加上$\angle 2$ 后都等于 90°，那不就说明 $\angle 1=\angle 3$ 吗？图形里面有两个垂直，经过推理，就可以得到两个直角三角形中两个锐角相等，这就是‘双垂直，尖角等’的真正含义。”

$\triangle ADC \cong \triangle CEB$ 证完后，得到两组对应边相等，也就是 $AD=CE$，$CD=BE$。只有这些准备工作都做好后，才可以发起最后的进攻：

$AD=CE=CD+DE=BE+DE$。

畅通无阻，直捣黄龙。

讲解完后，我怕同学们不重视这道题的证明方法，对同学们透露了一个秘密：“本周要进行全等三角形的单元测试，就要考这道题，到时看还有谁不会做。”

听到我这样说后，立马有几个同学在练习册上写了起来。

今天的数学课堂上，除了 S 佳同学表现积极之外，天池同学也给我留下了深刻的印象。有近十道填空题和选择题，我找她回答，她全部答对。在以前，要想连续十道题无误，对于天池同学来说，几乎是不可想象的。

其实，就如我曾经说过的，只要上课认真听讲了，把知识点都理解清楚了，做题再细心一点，没有学不好数学的。

10 月 16 日　星期三

教学开放日

今天，两个班都有两节课。其中，14 班的第二节数学课，是本校的教学开放日公开课。

上午第一节，在 14 班上。我布置了 3 道几何证明题，让同学们做在作业本上。这三道题是我要进行的全等三角形单元考试试卷上的原题。考试时能把做过的原题全部做对，对于几何证明题来说，已经非常不错了。以前，我曾经做过这方面的试验，但结果总不尽如人意。总有一些同学，并不能把我刚讲过的原题做得完全正确。

对于讲过的原题，虽然总有人出错，不过，多数的同学还是能够在考试中做到正确无误。对于几何证明题，考试时再做一遍，再加深一次印象，待到期中考试或者期末考试时，这种证明题就基本掌握了。

“牵线搭桥”的学问

三道题里面，前两道题比较简单，较难的是第三道题，这题在试卷上是最后一道压轴题。

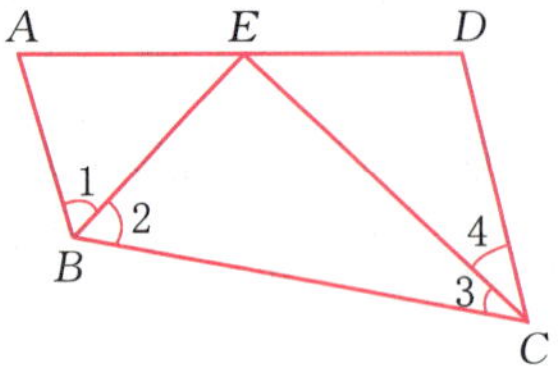

如图，在四边形 $ABCD$ 中，已知 $AB \parallel CD$，过点 B 作 BE 交 AD 于 E，且使 $\angle 1=\angle 2$。连接 CE，若 $\angle 3=\angle 4$，求证：$BC=AB+CD$。

这道证明题，乍一看，似乎简单，细分析，却无从下手。同学们思考了一会儿，有几个同学提出了自己的思路，但却被我逐个否决了。同学们一下子陷入了沉思。

我知道，该我“粉墨登场”了。我指着已知条件对同学们说：“$AB \parallel CD$，说明了什么?”

同学们回答：“两直线平行，同旁内角互补，也就是 $\angle A+\angle D=180°$。”另外有几个同学问，这个结论有什么用呢?

我把这个结论写在了黑板上。读完另外两个已知条件后，就到了要求证的结论：$BC=AB+CD$。我对同学们说：“这个结论，要证 BC 这条长线段等于另外两条短线段的和，可这三条线段看起来风马牛不相及，怎么办呢?”待同学们进入沉思状态后，我对同学们说：“这个结论本身，其实给我们暗示了一种思路，可以先在 BC 这条长线段上截取一条线段等于 AB，然后再证剩下的那条线段等于第二条线段 CD 即可。”

看到有几个同学点头，我问同学们，用什么工具在线段 BC 上截取一条线段等于 AB 呢?

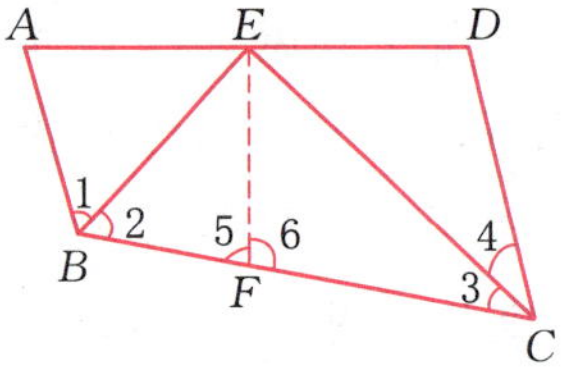

“牵线搭桥”图

有几个同学说：“用圆规。”

对，作一条线段等于已知线段，是一种基本的尺规作图。

我用圆规在线段 BC 上截取了 $BF=BA$，然后问道，这个点 F，难道让它孤零零地呆在线段 BC 上吗?有同学答道：“连接 EF。”

对！这样一来，看起来毫无联系的已知和求证之间，就有了一丝联系。

根据已知条件 $\angle 1=\angle 2$，$BE=BE$，加上辅助线作法里面的 $BF=BA$，刚

好可以用“SAS”来证明 $\triangle ABE \cong \triangle FBE$。再由全等三角形的对应角相等得到 $\angle A=\angle 5$。

讲到此处后，我问同学们，接下来只要再证明 $CF=CD$ 即可，可怎样证明 $CF=CD$ 呢？

思考了片刻，有同学说，只需要证明 $\triangle CFE \cong \triangle CDE$。

我立即肯定这位同学的思路，又问道：“现在已有 $\angle 3=\angle 4$，以及 $CE=CE$，还差一个全等条件，该如何去找呢？”

由于只能在 $\triangle CFE$ 和 $\triangle CDE$ 中找相等的元素，很快就有同学指出，可以找 $\angle 6=\angle D$。

可是如何证明 $\angle 6=\angle D$ 呢？同学们再次陷入沉思。

我启发同学们：“$\angle 6+\angle 5=180^\circ$，$\angle D+\angle A=180^\circ$，前面刚证明了 $\angle 5=\angle A$，根据等角的补角相等不就可以得到 $\angle 6=\angle D$ 吗？”

同学们直到此时，才恍然大悟。整道题目的思路全部打通后，就由同学们按照这个思路去写详细的证明过程了。

在 13 班上课时，我找了懿琳同学到黑板上按照我所讲的这个思路去做。懿琳同学做得非常完美，我立即表扬了她。

懿琳同学认真听讲，并领悟了截取法的思路。前一段时间，她的学习状态不是太好，直接导致了她在第一次单元测试中成绩不理想。我相信，一个同学只要认真听讲，细心领悟，不懂就问，下次考试一定会取得好成绩。

在 13 班讲完这道题后，紧接着的一节课，我讲解练习册上一道类似的证明题。这道题是这样的：

如图，在四边形 $ABCD$ 中，$AB \parallel CD$，$\angle B=90^\circ$，过点 A 作 AM 交 BC 于点 M，使 $\angle 1=\angle 2$，连接 DM，若 $\angle 3=\angle 4$，求证：$MB=MC$。

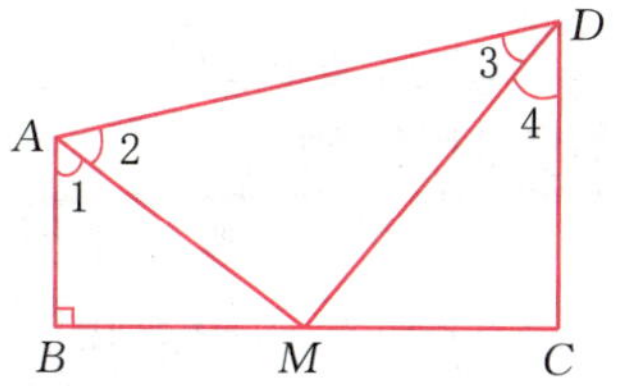

我问同学们，这道题的解题思路与刚才所讲的那道题的是否一样？有什么区别？

13 班的同学看了一会儿，说：“完全一样，就是图形方向调换了一下。”我又问道：“再仔细观察一下，刚才的两个图形有一个本质的不同，看谁能最先找出来。”此时，同学们才开始仔细观察。有同学说字母标的顺序不一样，我摇了摇头。W 智同学举手了：“这个图形的两个同旁内角 $\angle B$ 与 $\angle C$ 都是 90°，而上一道题的两个同旁内角$\angle A$与$\angle D$只是互补。”

我对W智大加赞扬。在上一周里，W智就曾多次受到我的表扬，这一段时间，我发现他的学习渐入佳境。

我又问同学们，$\angle B$与$\angle C$都等于90°，再加上$\angle 1=\angle 2$，$\angle 3=\angle 4$这两个已知条件，该如何证明$MB=MC$呢？

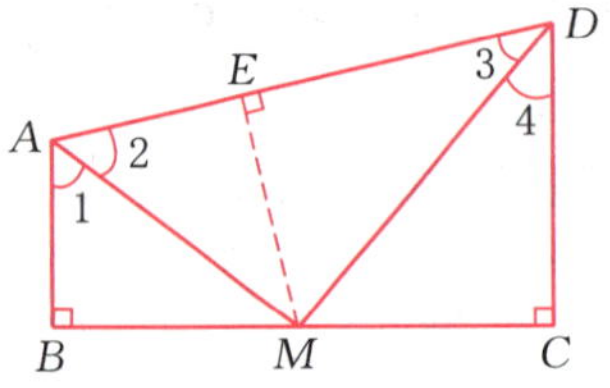

“牵线搭桥”又一例

同学们思考了一会儿，不得要领。我只好对同学们说：“可以过点M作$ME\perp AD$，垂足为E，如图。然后利用角平分线上的点到角两边的距离相等，可得到$MB=ME$。”

过程为：$\because \angle 1=\angle 2$，$MB\perp AB$，$ME\perp AD$，

$\therefore MB=ME$。

同理，$MC=ME$。这样一来，MB不就等于MC了吗？

此时，13班的同学才发出“哦——”的一声惊叹。

这两道题在全等三角形这一章里较难却又容易混淆，同学们可一定要仔细分辨哦。

公开课

上午第三节，在14班上等腰三角形的性质这节公开课。

后面坐满了来自本市其他学校的数学老师。我没有仔细去看有没有我认识的老师，因为这么多年以来，每次讲公开课时，我都努力做到眼里只有学生。

本节课的内容，我按照这样几个环节层层展开：

(1) 认识生活中的等腰三角形。

(2) 回忆等腰三角形的定义。

(3) 剪等腰三角形，并结合所剪的等腰三角形，小组讨论等腰三角形中相等的边和相等的角。

(4) 证明等腰三角形的性质。

(5) 讲解运用等腰三角形的性质例题。

(6) 总结本节课的知识点。

(7) 如果还有时间，我在学案试卷上设计了几道额外的解答题——可做可不做的那一种。做了，可以打发课堂上剩余的时间；不做，丝毫不影响本节课的教学效果。

上课后，我对同学们说：“前面学习了全等三角形和轴对称的知识。今天，我们以此为基础，来继续学习等腰三角形的性质。”开门见山，同时还暗示今天所学的内容，与全等三角形和轴对称的知识点联系紧密。等会儿提问，同学们就不至

于答非所问，满嘴跑火车了。

见识了生活中常见的等腰三角形的图片后，又回忆了等腰三角形的定义。我特别问了同学们，等腰三角形与三角形是什么关系？

H瑞同学举手回答："等腰三角形是一种特殊的三角形。"我又问道："等腰三角形既然是一种特殊的三角形，那么它一定具有哪些性质？"H瑞同学说："等腰三角形具有普通三角形所具有的一切性质，比如：三个内角的和是180°，任意两边之和大于第三边，任意两边之差小于第三边……"

我点点头，开局很顺利。

由于昨天同学们已经剪好了等腰三角形纸片，今天上课时，就直接四人一个小组讨论：在所剪的等腰三角形纸片里，有哪些相等的边和相等的角？等会儿，挑选两位代表到黑板上去板书结论，看哪个小组所派的代表写得又多又对。

同学们表现积极，马上热火朝天地讨论起来。一分钟后，我找了两位举手的同学，到黑板上就我所剪的一个标上字母的等腰三角形纸片，写相等的边和相等的角。

两位同学不相上下，都写出了三组相等的边和三组相等的角，这正是我课堂上所需要的。我把他们所写的结论放在一起对比，挑出相同的，并用文字语言叙述在黑板上：

(1) 等腰三角形的两个底角相等。

(2) 等腰三角形的顶角平分线、底边上的中线、底边上的高互相重合。

在写第二句之前，我专门分析了两位同学写在黑板上的结论，再由他们的结论分析得到，等腰三角形纸片里的折痕同时具有三个"身份"：顶角的平分线、底边上的中线、底边上的高。

虽然得到了两个结论，但没有经过专门的数学证明，只能算大胆猜测，接下来就要小心求证了。

首先，证明第一句话是正确的。我问同学们，要证明一个命题是正确的，一般要经过哪些步骤。由于之前，我很少安排这样的练习，同学们一时回答不上来。在公开课上，我只好来一次"包办代替"了。上完课后，我自己反思了一下，这个环节我处理得不好，原因就是在以前的课堂中，我回避了这个不重要而且也很难讲明白的知识点。

我对同学们说，要想证明一个命题是正确的，首先要画出一个符合题意的图形，再结合命题里面的题设和结论，写好已知和求证。

在具体证明等腰三角形的两个底角相等时，我分别找了三位同学，让他们按照不同的辅助线作法，到黑板上进行证明。这三种不同的辅助线，可以是顶角的平分线，也可以是底边上的中线，还可以是底边上的高。三种辅助线作法不同，证明的具体思路也有所不同，但实际上都是同一条线段，也就是等腰三角形的对称轴的一部分。而且，之所以要让三位同学都到黑板上写证明过程，也是为了后面证明等腰三角形的三线合一的性质埋下伏笔。

三位同学在黑板上做的时候，我让其他同学在练习本上做。待同学们都做完后，我开始点评。三位同学的答案都是正确的，这样就证明了等腰三角形的性质 1。我在黑板上所写的第一句话前面加上了“性质 1”，又在后面写上“简写为等边对等角”。

这三位同学里，第一位同学作了底边上的中线，然后证明三角形全等，再得到两个底角相等的。我问同学们，这条辅助线是等腰三角形底边上的中线，它还有其他的“身份”吗？

有同学就说了，这条底边上的中线，同时还具有两个“身份”，一是顶角的平分线，二是底边上的高。这个证明过程很简单，我直接在第一个同学的证明过程后面添了两行。

其他两位同学所作的辅助线，除了本身所具有的“身份”，也还具有另外两个“身份”。总之，等腰三角形的顶角平分线、底边上的中线、底边上的高互相重合。这样就证明了性质 2。

我在第二句话前面写上“性质 2”，又在最后面写上“简写为三线合一”。接下来，在课件里显示这两个性质如何结合图形用几何符号语言表达。我本来准备在黑板上再详细写一遍的，但一看手表，前面由于三个同学在证明等腰三角形的性质时耗费了大量的时间，后面的内容已经快来不及讲了。只好让同学们结合我课件上的图形，立即做运用两个性质的填空训练题。

在运用等腰三角形的三线合一性质时，我通过一个小动画，向同学们强调，在等腰三角形 ABC 中，写了 $AB=AC$ 后，在以下的三个结论中：① $\angle BAD=\angle CAD$；② $BD=CD$；③ $AD\perp BC$。只要任选一个与 $AB=AC$ 搭配，就可以得到另外两个结论。这样做，比每次去证明三角形全等要简捷多了，相当于走了捷径。

角平分线的性质、线段垂直平分线的性质、等腰三角形的性质都是通过证明三角形全等得到的。以后，我们遇到能够运用这些性质的证明题时，可以不用再证三角形全等，让过程进一步简化。

还有十分钟时，才到例题精讲环节。本来，课本上只有一道例题，是运用性质 1 的。为了让等腰三角形的两个性质都得到运用，我“擅自”加了一道例题，但这样一来，时间显得有点紧张。讲课过程中，我临时决定，对于这两道例题，只引导同学们分析题意，得出思路。详细解题过程，留到晚自习去完成。

在回答第一道例题的思路时，立烨同学率先举手。他把整道题目的解题思路回答得很详尽。其中，有一个小细节，在设一个角为 $x°$ 时，他选择的是设一个较大的角为 $x°$，这样一来，就需要设另一个较小的角为 $0.5x°$，计算、书写都不太方便。我对同学们说："在设一个角为 $x°$ 时，一般选择最小的那个角。这样，其他较大的角就可以用 $x°$ 的整数倍来表示。这样做的话，后面的计算、书写都很方便。"

小技巧，也要注意积累，对于提高解题速度很有帮助。数学的进步就是这样一小步一小步走出来的，"不积跬步，无以至千里"，同学们要留意啊！

第二道例题，是运用性质 2 去解的一道证明题。云清同学最先举手。我问她应该如何做。她回答，可以运用性质 1，得到一些内角相等，然后再利用三角形全等来证明。虽然这种方法不是我心仪的，但我还是肯定了她的思路。我又问同学们，还有没有其他的解法？H 瑞同学主动举手了："利用三线合一的性质，等腰三角形底边上的高，同时也是底边上的中线，再经过一些推理过程，最后可得到结论。"我立马表扬了他。

晚自习时，我分别找了云清同学和另外一个同学，用两种不同的方法来做同一道题。两相比较，虽然证三角形全等和运用三线合一都可以得到最后结论，但解题过程却有很大区别。这两种方法对比，就像义和团团民拿着大刀，去和身着短装、手执洋枪的英法侵略者搏斗。历史早就告诉我们，落后就要挨打啊！同学们可要牢记在心里。

离下课还有三分钟时，我果断将课件切换到课堂小结环节。先找了一个同学，总结了本节课所学的知识点。又找了一个同学，总结等腰三角形的性质是用全等三角形和轴对称的知识点经过推理综合得到的。

最后我总结，经过今天的学习，我们学会了在线段相等和角相等之间互相转化。数学考查的就是同学们的这种转化能力。其实，复杂纷纭的现实生活，不也一直处于这样永恒的互相转化之中吗？不就是在考查个人在逆境和顺境之间的转化能力吗？

转化是一种能力，不仅解数学题需要，解决人生中的难题也需要。

下课后，有一位听课老师走上前来，请我把上课的课件拷到他的 U 盘里。我很高兴，这至少说明了我所设计的课件，还是得到了听课老师们的好评的。

10月17日　星期四

等腰三角形的判定

上午第三节课，在14班上。预备的两分钟时间里，同学们都在背昨天刚学的等腰三角形的性质。

上课后，我首先表扬了昨天公开课主动举手回答问题的同学。作为奖励，这些同学每个人得到了一本作业本。

接着，我找了浩天同学背诵昨天刚学的等腰三角形的性质。他背诵得很流利："等腰三角形的两个底角相等，简称等边对等角；等腰三角形的顶角平分线、底边上的中线、底边上的高互相重合，简称三线合一。"毕竟是刚学过的知识，而且还是在公开课上学习过的，同学们高度集中了注意力，对这些知识点理解得也更透彻。所以，随便找一个同学都背诵得非常好，我很满意。以后在做数学题时，如果同学们能对这些性质灵活自如地运用，那就更好了。

这节课的主要知识点是等腰三角形的判定。我给了四分钟时间，让同学们认真看书，并将重点内容划出来。在同学们看书的过程中，我已经在黑板上写好了本节课要重点讲解的三个问题。

1 等腰三角形的判定。由于刚看完课本，同学们都能立即回答："如果一个三角形有两个角相等，那么这两个角所对的边也相等，简称等角对等边。"

这个判定是用命题的形式给出的。通过昨天的公开课，我已经发现，对于同学们来说，证明一个命题是真命题是一个难点。

结合这个命题的证明，我给同学们讲解，证明一个命题是真命题要按下列步骤进行：(1)根据命题的意思，画出符合要求的图形；(2)写出"已知"和"求证"，"已知"后面通常写命题的题设，"求证"后面写命题的结论(写的时候，要结合所画的图形中标明的字母，将题设和结论具体化)；(3)写出证明过程。

证明一个命题是真命题，对于改版后的初中数学教材来说，不是重点内容。期末考试和中考，遇到的数学题一般都是画好图形，写好"已知""求证"，学生只需要写出证明过程即可。但作为初中数学中的一个知识点，每一个同学还是要了解一下。

如果要证明一个命题是假命题，那就简单多了，只需要举出一个反例即可，也就是举出一个例子，符合命题的题设，而不符合命题的结论。前不久，在说明边边角对应相等不能证明三角形全等时，就是通过举出一个反例，从而将边边角组合打入"冷宫"的。

如何证明等角对等边这个判定定理呢？同学们思考之后，纷纷举手。立烨同学说，作顶角的平分线，然后通过角角边组合证明三角形全等，从而得到两条边相等。Z会同学说，作底边上的高，通过角角边组合证明三角形全等，也可以得到最后结论。在他们两个说完后，我都点了点头。

梓航同学站起来说，作底边上的中线，然后证明中线两边的两个三角形全等。我对同学们说："好好观察一下，梓航同学说得对吗？"很快，有些心思缜密的同学指出，这种方法行不通。因为如果作的辅助线是底边上的中线，要证明三角形全等时，能够找到的条件，只能凑成一个边边角组合，而边边角组合是不能证明三角形全等的。在13班上课时，文伟同学也这样思考，不过，立马就被同学们否决掉了。

我点了点头。确实是这样，要证等腰三角形的判定定理，只能作前两种辅助线，而证明等腰三角形的性质定理，却是三种辅助线都可以作。

2 证明例1中的一个几何命题："如果三角形一个外角的平分线平行于第三边，那么这个三角形是等腰三角形。"这个命题的证明过程比较简单，同学们按照我所说的证明一个命题是真命题的步骤依次进行，很快就完成了。

这个结论经常在初二下学期要学的平行四边形中一些难度较大的综合题里出现。

3 尺规作图的问题。例题中的作图题不是基本尺规作图，而是利用基本尺规作图进行的一个组合作图。例题中给出了两条长短不一的线段 a 和 h，要求作一个等腰三角形，使底边等于线段 a，底边上的高等于线段 h。

首先这种作图题要分析图形的结构，我对同学们说要"画图纸"。然后，分析图纸，确定尺规作图的步骤。

和同学们一起画完图，并分析了图纸上的等腰三角形的结构之后，就在黑板上开始了尺规作图。首先，画一条线段 AB 等于已知线段 a。因为等腰三角形底边上的高实际上就是底边上的垂直平分线，所以要用尺规作图法画出线段 AB 的垂直平分线。这是一个基本作图。

我在线段两旁分别画弧的交点时，14班的写意同学问，画弧的两个交点时，在线段的两旁分别取两个不同的半径，然后画弧，得到两个交点，再连接起来，可以吗？我回答，这样画也可以，但是不鼓励，最好还是按照规范的尺规作图的画法来画，这样更简捷，更不容易出错。

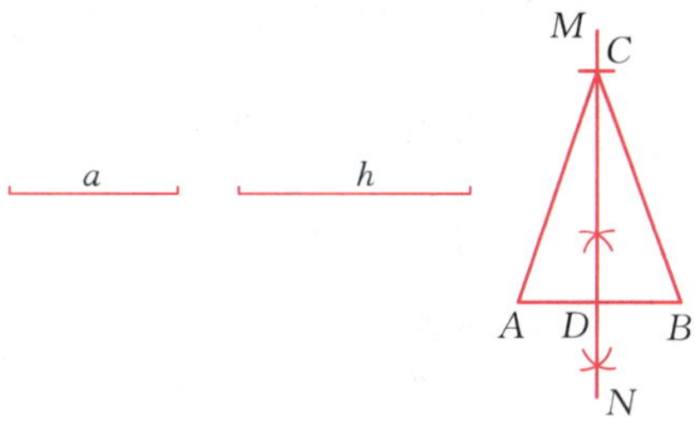

接下来，只需要在垂直平分线上截取线

段 DC 等于已知线段 h，然后再连接 AC、BC 就可以了。这时，在 14 班的教学过程中，又产生了分歧。我按照课本上的示例，向上画等腰三角形。有同学问，为什么不向下画呢？

向下画等腰三角形，当然是可以的，但是一般不太符合我们的审美习惯。有一个同学还在那里喋喋不休，我只好对他说："向上画等腰三角形，说明积极向上，阳光开朗，你要是思想阴暗……也可以向下画等腰三角形啊。"

创新和守规需要找到一个平衡点：一味求新求异显然会撞得头破血流；只知循规蹈矩，不敢越雷池半步，则死气沉沉，毫无生机。平衡点很难找，但是有一点，家长和孩子必须清楚地认识到，创新的基础是守规，必须把基本规则、基本原理搞清楚之后才能创新。落实到目前的数学学习，学生必须把数学基本原理和规则理解透，再考虑创新。一些地方盲目让孩子去创新，那是为创新而创新，不切实际，只不过是另一种形式的拔苗助长而已。

强行中止这场好笑的争论之后，回到办公室，我还在思考这个问题。确实，为什么就不可以向下画这种等腰三角形呢？一个学生能逆向思考，不正说明了他的思维求新求异吗？是什么样的因素将一个个的孩子引向了世俗标准？思维求新求异与遵守常规准则之间，到底要把握怎样的一个度？为什么一个孩子越是成长，就越要循规蹈矩？在幕后操纵这一切的那只手，到底在哪里？

我百思不得其解，恍恍然，犹如大梦一场。很久之后感觉自己才慢慢清醒过来，回到现实之中。

第五节课，到 13 班上课。找晓帆同学背诵了等腰三角形的性质之后，又专门画图讲解了这两个性质该如何运用。因为 13 班等腰三角形的性质已经上了好几天，担心同学们遗忘得太多，所以就多花了几分钟去复习。

接下来的过程与在 14 班差不多。在 13 班上课，就没有同学提出一些"非主流"的问题了，我的讲课进程也进行得很快。申辰和 W 智同学积极举手，踊跃发言，令我印象深刻。

10 月 18 日　星期五

全等三角形的单元测试

今天，每个班都有两节课。14 班的两节课本不在一起，经过调换，也首次"相聚"。这么做是为了在今天进行一次"迟到"很久的考试——全等三角形的单元测试。

在测试之前，我花了十分钟时间，特意跟同学们讲解了全等三角形这一章里面需要搞清楚的三个易错问题。

1 证明三角形全等的方法。共“4＋1”种，有边边边、边角边、角边角、角角边，还有一种就是只能用来证明直角三角形全等的斜边、直角边定理。在这些方法中，两边一角的组合，只有边角边组合才可以证明三角形全等，边边角组合是不能证明三角形全等的。如果找到了两组边对应相等，还有一组角相等，那么角必须是夹角。否则，是不能证明三角形全等的。

2 证明三角形全等的格式。用不同的方法证明三角形全等，就要用不同的格式。比如，用角角边组合时，在大括号里所括的三项，一定要把对应边相等写在第三行的位置。在用“HL”证明直角三角形全等时，大括号里虽然括的是两个条件，但其实还是由三组元素对应相等得到三角形全等。只不过，有一组直角相等的元素，在证明直角三角形全等之前，就已经写出来了。

3 证明三角形全等时，要注意对应。并不是任意找三组元素相等，就可以得到三角形全等的。比如同样找的是两角一边相等，但是当两个三角形中，相等的这条边所对的角并不是对应角，是不能得到这两个三角形全等的。举例说明，如图，在$\triangle ABC$和$\triangle DEF$中，知道$\angle A=\angle D$，$\angle B=\angle E$，同时还知道$\angle A$的对边BC与$\angle E$的对边DF相等，看上去符合两角一边相等，但是BC所对的$\angle A$与DF所对的$\angle E$并不是对应角，所以这种情况是不能得到$\triangle ABC\cong\triangle DEF$的。

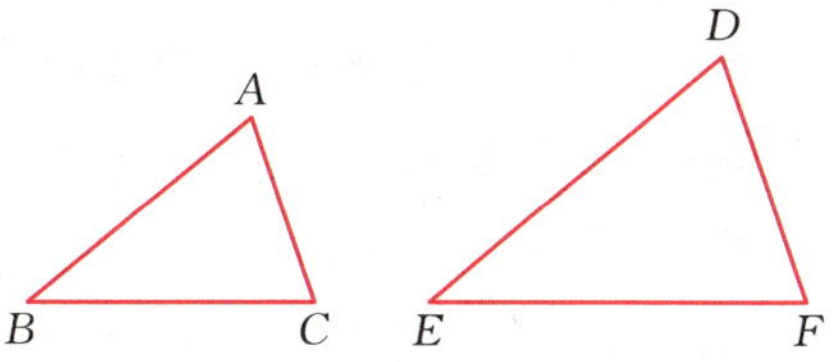

在讲这三个易错问题时，13班的同学个个眼睛睁得大大的，专注地看着我，生怕漏掉我所讲的任何一个小细节。14班的同学就没有那么专注了。有几个同学还催着我快点考试，在我看座位表上的同学名单以便决定找哪个同学来回答问题时，他们接连催我随便点一个同学，回答完就马上开考。好像都急着要去拿回属于自己的满分，我隐隐感到有点不安。

开考直到收卷，13班的同学一直在认真做题，仔细检查。14班有一些同学很快就问：做完了，也检查完了，可不可以提前交卷？

收完试卷后，回到办公室立马就批改起来。两个班都有一些同学围在我的办公桌旁，请我优先批阅他们的试卷。当面批改，效果是最好的。我仔细统计了一下，13班围过来的同学数远远超过了14班的。

改完试卷后，统计一下成绩，结果让我大跌眼镜。13班满分的有5人，14班有3人；13班110分以上的有29人，14班有22人。13班的平均分居然比14班的高出了 1 分多，简直逆天了！

我当然知道一次考试的成绩不能说明问题。龟兔赛跑中，兔子还有睡大觉的时候呢。下一次考试，14 班一定会超越 13 班，但这一次为什么这么反常呢？

我拿出两个班的试卷分析起来。最后一道题在两个班都讲过，13 班基本正确的有 42 人，14 班基本正确的有 29 人。这些人中，13 班的清一色都用的是我所讲的思路。14 班有两个人是用其他辅助线的方法做的。我仔细看过，做得很好，我没有扣分。这至少说明两点：(1)14 班聪明的孩子确实比 13 班多，那两个同学作的辅助线，可能 13 班的同学想破脑壳也想不出来；(2)对于与我所讲的解题方法不一样的思路，只要能够做正确，我是绝对不会扣分的，而且还要鼓励。不是如有些同学所说的，老师不鼓励求异，扼杀创新。

14 班有很多同学作了一条似是而非的辅助线，写了很长的过程，结果却全部错误。这只能说明，14 班有很多同学对于老师所讲的解题思路一知半解。更要命的是，这些同学满足于一知半解。13 班的同学里，除了完全不会做的同学外，其他能做对的同学，全是理解清楚了老师所讲的解题思路，并按照这种解题思路做对得分的。从正确率方面来说，13 班做得好，至于创造力和将来的发展潜力方面，我不敢妄下结论。但有一点想与同学们沟通交流：在考试时间紧迫的情况下，最好还是按照老师在课堂上所讲解的常规方法去做题，这样能在有限的时间里，取得更好的成绩。你可以说这是一种应试技巧，也可以说是一种策略或智慧。

第 8 周

10 月 20 日　星期日

评论回复

王侯将相宁有种乎——差生也能成学霸

下午，在家里看同学们在博客上留的评论，让我印象深刻的有这样一些。

10 月 13 日的评论中，雪欣同学说：“我必须笨鸟先飞。”

雪欣同学平时在课堂上的听讲是很认真的，回答问题也很积极。但在这一次全等三角形的考试中，她的成绩并不好。有两道解答题由于思路错误导致全部丢分。一次考试发挥超常，不能说明这位同学学习一定优秀；一次考试发挥失常，也不能说明这位同学学习一定不行。但“笨鸟先飞”这句话，却是至理名言。科学研究表明，绝大多数同学的智商都是正常水平，而这些同学的成绩却有天壤之别，其原因就在于是否勤奋与努力。如果觉得自己理解能力弱，记忆力差，那么想跟上优秀同学的步伐就要花更多的时间，付出更多的汗水，做更多的题目，让老师帮自己解开更多的疑惑，笨鸟先飞！

10 月 14 日的评论，Z 灿同学是这样说的：“兵不在多而在精，题不在快而在准，准确率高才是王道。”相似的表达还有嘉琪同学的：“我做题有时也会回过头去看看，保证没错了再往后做。老师说得对，宁可牺牲速度，也要保证正确率。”

> 总结得好，按此做，数学能力至少提高一个等级。

Z 灿同学在认识上已经与嘉琪同学相近了，甚至说得更好，但关键在于行动。如果 Z 灿在学习态度上与嘉琪相仿，在付出努力上与嘉琪一样，那么 Z 灿也会与嘉琪一样，取得优异成绩。

10 月 15 日的评论里，霖琳同学说得很好：“希望老师能够多指出我的缺点与不足，或许在多年后的我看来，这是一笔不小的财富。”

10 月 16 日的评论里，宁鹭同学写得很好：“老师的公开课从开头到结尾，我都很认真地听进去了。不仅是因为后面有老师坐着，不仅是因为这是一堂公开课。我觉得，我们应该拿出十二分的精神，对待老师上的所有的课。就像老师说的，我们应该尊重每位老师的劳动。”

宁鹭是一个很有正义感的学生，她在课堂上发言不多，但有什么想法能和老师及时沟通，是一个非常优秀的学生。

10 月 18 日的最佳评论，是倩妮同学的：“为什么平行班的考试成绩超过重点班的一次就是逆天呢？难道老师认为平行班的潜力比不过重点班的？我希望 13 班的同学都加油，在期中考试时证明给老师看。”

我给她的回复是这样的：“倩妮同学的评论说到我的心坎上去了。‘王侯将相，宁有种乎？’现在的数学考试，就是看同学们是否上课听讲了，是否理解了每个知识点，是否在细心做题，是否在总结各种失误中提高。13 班的同学如能做到，将不会比任何人差。加油！”

小升初的一次入学考试证明不了什么，每一个学生的可塑性都非常强，每一个学生的发展空间也非常大。希望 13 班的同学，在接下来的时间里好好努力。等到中考成绩揭晓的时候，你们每一个人都能自信而又豪迈地喊出这句话：王侯将相，宁有种乎？

目前的数学学习和天赋关系不大，但和你的学习态度关系很大。许多家长认为，自己孩子成绩不好是因为没有天赋，但其实初中所学的数学知识都是最基础的。天赋是读完硕士、博士后从事数学研究才真正需要的东西。可以说，如果没有智力缺陷，数学学不好的主要原因是不够努力。所谓缺少天赋，只是一种借口。

还有一些同学的评论写得也很好，现摘录如下：

“学习的态度与考试所得到的成绩紧密相连，与其老是抱怨自己考试没有发挥好，还不如多反省一下学习态度。”（霖琳）

“老师说 13 班逆天了，其实我觉得不然。13 班和 14 班是一样的，没有什么不平等的，我们两个班老师一样，试卷也一样，考得怎么样全靠个人。13 班也有可以考出年级前几名的同学，14 班也有考出很低成绩的同学。不能仅仅因为小升初考试成绩的高低，就给两个班同学扣上优生或差生的帽子。”（宁鹭）

“好伤心，虽然成绩比上次有进步，但是，还是没有做到滴水不漏。看来，我还要继续努力。期中考试就要到了，但我并不害怕，因为我始终相信只要做到上课认真听讲，下课努力做题，悟透知识点，成绩就一定会提高。”（怡康）

“老师，我爱死你了！本来这道题我还有些不明白，看了你的日记之后，我就彻底懂了。我终于明白老师让我们看日记的真正用意了。加油，我和我的父母

都很支持你这样做。”(怡康)

龙翔同学上周生病了，一周未上课。他在家里看完我的日记后，这样评论：“因为生病，所以没上课，有些失落。但在这里上了一次，很好。”

我的日记还有这样一个作用，就是让因为生病没有上课的同学在家里上一遍课。不过，这种课效果肯定有所欠缺。到校后，遇到不清楚的知识点，还是要到老师这里及时弄明白。另外，祝龙翔同学身体早日康复，早日回到我们中间。再加一句，难怪上周公开课，课堂气氛不太活跃，因为少了我的一员爱将龙翔。龙翔，你可一定要快点归来哦。

奕锋同学这样说：“老师，说实话吧，我们这些同学大部分都不怎么敢去问，怕露馅，怕被老师骂。”

虽然奕锋同学成绩不是太好，但他是一个很坦诚的同学，有什么想法就直接在评论里告诉老师，我很高兴。我只能这样说，如果是以前的基础知识欠缺，或者未能理解课堂上所讲的知识点，未能掌握一些解题格式和技巧，一定要及时去问老师。丑媳妇也要见公婆，你说对吗？更重要的是，到目前为止，还没有一个同学是因为问我的问题太简单而遭我骂的。只有那些对最简单的错误不问也不改的同学，才有可能被我骂哦。

还是那句话：敢于去问，敢于暴露自己的不足，才是智者、勇者，才是真正诚实的人。有些话容易说，也容易懂，但真正去做，才是考验勇气和决心的时候。

十八般武艺样样精通——每个定理和公式，都要弄懂用熟

数学晚自习时间，我在14班找了思思、怡萱、健森、浩龙四位同学来办公室。除了浩龙需要我亲自“邀请”外，其他三位同学立即就到了。他们四人还不会用“HL”定理去证明直角三角形全等，跟他们讲解了正确的思路和方法后，就让他们去改错了。章回演义小说里，常用“十八般武艺样样精通”来形容一位好汉。我们班的学生要想成为别人仰慕的“好汉”，也得定理和公式样样精通。

接下来，我找来了梓航同学，因为他在评论里批评我不允许同学们用创新思维去做数学题，还说一位同学的思路只因与我所讲的不一样，而被我判错。可他仔细看过那位同学的过程，尽管有点繁琐，但却是正确的。

昨天看到他的评论后，我几乎惊出了一身冷汗，一宿睡不着觉，生怕自己把一个新颖的正确思路给否定掉了。让他找来那位同学的解题过程后，我和他一起逐字逐句地看起来。思路与我在课堂上所讲的不一样，看上去好像没有问题，但是中间的一个过程却不知从何而来。我又认真地读了一遍，确定这个环节的确出了问题，后面的推理也就根本站不住脚了。

10 月 21 日　星期一

讲评试卷

一知半解，数学学习的大忌

今天，在 14 班上课时，心情很不好。一方面，同样一张试卷，14 班的总体成绩比 13 班的要差；另一方面，14 班同学一直以来听讲的状态不太好。

课堂上，首先分析了这次考试的成绩。特别提到最后一道题在两个班都讲过，在以前的日记里面也写过。但这道题，13 班同学里基本做对的有 42 人，每个同学都是用的我在课堂上所讲的思路。14 班同学里基本做对的只有 29 人，其中，Z 艺和宁鹭同学凭借自己深厚的数学功底，用别的思路也做对了，剩下的 27 人是用我在课堂上所讲的思路去做的。

> 建议同学们在解题时，注意首选通性、通法。不一定要按照老师的思路，但一定要按照正常的思路寻找解题途径。解答题目，不要刻意标新立异，选择一些过分追求技巧的方法。学有余力的同学，可以多思考题目还能有哪些变形，题目反映了哪些数学本质，解决题目用到了哪些思维的技巧，而其中有哪些又是带有规律性的东西……这些才是学习数学需要挖掘的宝藏。

分析了这些数据后，我对同学们发表了这样几点感慨："第一，Z 艺和宁鹭同学用另外的思路做对这道题，我非常赞赏，并不是像有些同学所说的，老师不予承认，扼杀创新。不过，在都能做对得分的前提下，我还是觉得用最常用的、最简洁的方法做比较好，因为考试时时间宝贵。第二，在课堂上听讲时，很多同学心不在焉。比如，最后一题，有一些同学作了一条与我在课堂上所讲解的方法相似的辅助线，但差之毫厘，谬以千里，通过那条辅助线是做不出最后那道题的。这说明 14 班有很多同学对老师所讲的知识点和解题方法一知半解，却还不想认真听课、细心领悟。自以为是，自命不凡，此乃兵家之大忌啊！"

做题时不仅要能做出来，而且手法也要高明

给了几分钟时间让同学们改试卷上的错误，然后从练习册上挑选了同学们问得较多的两道题进行讲解。

第一题中，一个变形过程比较关键。详述如下：

如图，∵ $AE=AF$，

∴ $\angle 1=\angle 2$。

∵ $\angle 1+\angle 2=\angle BAC$，∴ $\angle 1=\angle 2=\frac{1}{2}\angle BAC$。

∵ $\angle 3=\angle 4=\frac{1}{2}\angle BAC$，∴ $\angle 2=\angle 4$。

∴ $AD \parallel EG$。

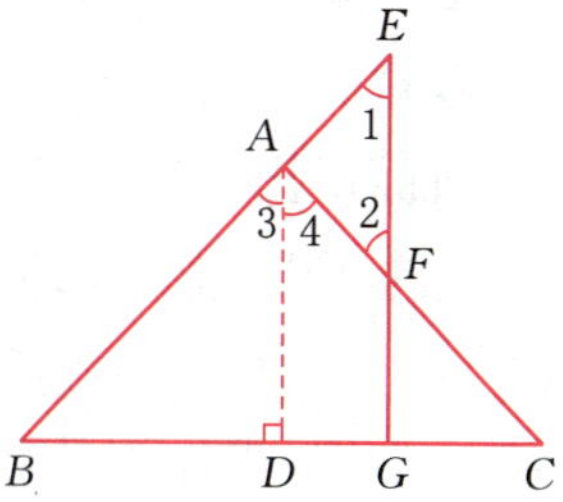

这个推理过程，希望同学们看明白后，能够记住，特别是：

∵ $\angle 1=\angle 2$，$\angle 1+\angle 2=\angle BAC$，∴ $\angle 1=\angle 2=\frac{1}{2}\angle BAC$。

以后在做其他证明题时，这样的推理过程比比皆是。

第二道题，是一道非常典型的跳过证明三角形全等，直接用角平分线、线段垂直平分线和等腰三角形的知识就能解决的几何证明题。

已知：如图，在△ABC 中，$AB=AC$，过 BC 边上的点 D 作 $DE\perp AB$，$DF\perp AC$，垂足分别为 E、F，且 $DE=DF$。连接 AD，在 AD 上取点 G，连接 BG、GC。求证：$\angle 1=\angle 2$。

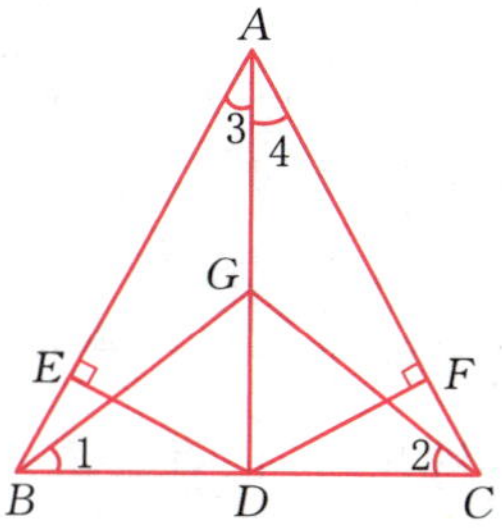

证明 ∵ $DE\perp AB$，

$DF\perp AC$，

$DE=DF$，

∴ $\angle 3=\angle 4$。

这四行过程是运用角平分线的判定“到角两边距离相等的点在角的平分线上”。同学们好好体会一下几何符号语言的表述。接下来：

∵ $AB=AC$，

$\angle 3=\angle 4$，

∴ $BD=CD$，

$AD\perp BC$。

这四行是运用等腰三角形三线合一的性质。

用符号语言，仅仅四行就表达得淋漓尽致，请同学们细心体会。

接下来：

∴ $GB=GC$。

前面得出 $BD=CD$，$AD\perp BC$，即 AD 是线段 BC 的垂直平分线。点 G 是 AD 上的一点，根据“线段垂直平分线的点到线段两个端点的距离相等”得到 $GB=GC$。短短一行，但水到渠成，言简意赅，无懈可击。

同学们，当你们的数学功力达到一定的程度，就会发现解题过程并不是写得越多越好，而是要写得恰到好处：增一字太多，减一字太少。

最后一行：∴ $\angle1=\angle2$。

由前面所得的 $GB=GC$，根据“等边对等角”，得到 $\angle1=\angle2$。

整个过程，用证三角形全等也可以做，但过程繁琐、冗长。灵活运用相关性质和判定定理，可以避开证明三角形全等，整个过程简洁、高效。

注意领悟，让思维水平升级

下课后，雪欣同学把自己在其他数学资料上做的三道题拿给我看，并让我帮她批改一下。对于这样积极学习的同学所提出的要求，我总是十分高兴地答应的。这一次考试，雪欣同学成绩不太理想，自己也很着急，而她又是一个对自己要求很高的同学。

看完她做的三道题后，我发现她做的都是错的。这三道错题有一个共同点，就是两个全等三角形扭在一起，即有一部分重合在一起。这种图形，如果没有掌握规律，将很难看清楚对应边、对应角。我教她把两个扭在一起的三角形分开画在旁边（如图），再把相等的边和相等的角标上记号，一一对比，就会发现可以用哪种方法去证明三角形全等。证明三角形全等后，又可以很快找到另外的对应角相等、对应边相等。

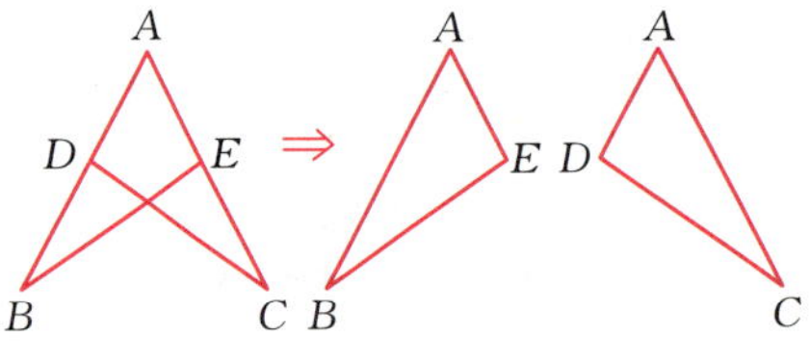

分身有术

总有一些孩子，他们对复杂的图形欠缺一点想象力。他们想象不出两个全等三角形是怎样变换到一起的。这种时候，只有用最笨的方法，把两个全等三角形分开画，仔细观察，找到规律，逐渐熟练。到时候，一看到图形，就知道该如何去找对应元素相等去证明三角形全等。希望这个逐渐熟练的过程不要太长。

所谓的难题只是“悟”得不够——如果思维水平还停留在小学的话，那么稍微有点思维难度的题目对你来说都难以逾越。

晚自习，在两个班各讲了两道题。

第一题是练习册上的一道习题，它与课本上的一道例题类似，不过更加复杂一些。课本上的例题是这样的：

> 如图，在$\triangle ABC$中，$AB=AC$，点D为AC边上的点，且$BD=BC=AD$，求$\triangle ABC$各角的度数。

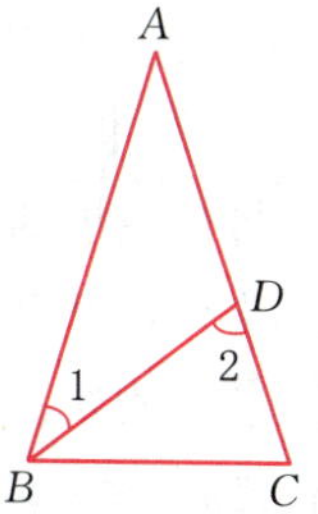

在这个图中，有三个等腰三角形。因为$AB=AC$，所以$\angle ABC=\angle C$。因为$BD=BC$，所以$\angle 2=\angle C$。因为$DA=DB$，所以$\angle A=\angle 1$。这些角之间的关系错综复杂，用设未知数的方法来理解这些角的关系最方便。设$\angle A=\angle 1=x°$，那么$\angle 2=\angle A+\angle 1=2x°$，$\angle C=\angle 2=2x°$，$\angle ABC=\angle C=2x°$。最后，在$\triangle ABC$中利用三角形内角和为180°列方程求解。

练习册上的习题是这样的：

> 如图，在$\triangle ABC$中，$AB=AC$，点D、E分别为AC、AB边上的点，且$BC=BD$，$AD=DE=EB$，求$\triangle ABC$各角的度数。

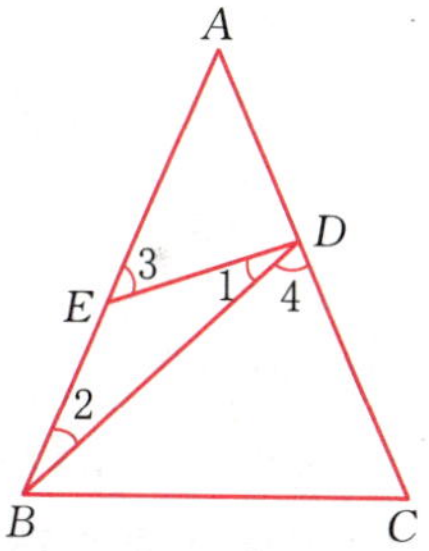

这道题实际上是课本上例题的升级版，但解题思路是一样的。这里有四个等腰三角形。因为$AB=AC$，所以$\angle ABC=\angle C$。因为$DA=DE$，所以$\angle A=\angle 3$。因为$ED=EB$，所以$\angle 1=\angle 2$。因为$BC=BD$，所以$\angle C=\angle 4$。设最小的$\angle 1$为$x°$，那么其他各角的度数都可以用含x的代数式表示。最后，在$\triangle ABC$中利用三角形内角和为180°列方程求解。

> 想一想：为啥要设最小的角为$x°$？

这种题目，部分同学觉得很难，原因有以下几点。

（1）$AD=DE=EB$，这个连等式不好理解。实际上，此连等式分解开来就是$AD=DE$，$DE=EB$，说明有两个等腰三角形，等边对等角，分别得到对应的角相等。

(2) 要两次用到"三角形的外角等于和它不相邻的两个内角的和"这个结论,比如,这里的 $\angle 4=\angle A+\angle 2$。如果设 $\angle 1=x^\circ$,那么 $\angle 2=x^\circ$,$\angle A=\angle 3=\angle 1+\angle 2=2x^\circ$,$\angle 4=\angle A+\angle 2=3x^\circ$。

(3) 图形中没有告诉我们任何一个角的度数,怎么去求结论中角的度数呢?特别有些思维一直停留在小学生水平上的初二学生,始终想不透为什么一道题目没有告知我们任何一个数据,居然可以凭空把角度求出来。这些同学之所以有这样的疑惑,还是因为做题太少,或者没有总结领悟。因为所有这种题目里一定会有一个隐含条件。比如,上面两道题目都要用到三角形内角和为 180°。180°不就是一个数据吗?

同学们可以把这两道题好好做一下,多悟一悟我所说的这些道理。他人说来终觉浅,绝知此事要躬行。

第二道题,是我写在黑板上,并要求同学们做到作业本上的思考题。这道题的解题思路和辅助线作法颇具代表性,同学们在学完全等三角形之后要拓展思维,这种题目是必须要过关的。

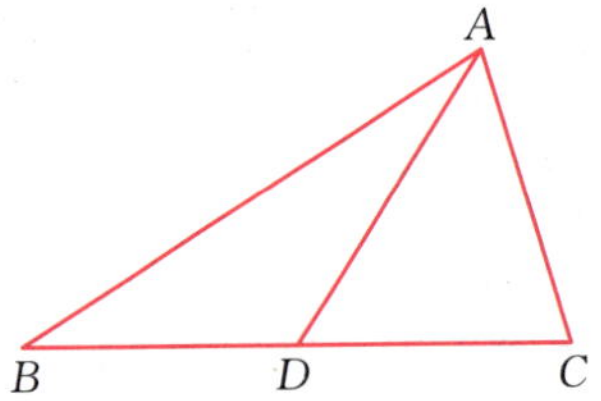

如图,在$\triangle ABC$中,点 D 是 BC 的中点,求证:$AB+AC>2AD$。

这种题目,第一次看到时,几乎无从下手。初中数学里面,总有些数学题,同学们完全依靠自己的思考,很难找到思路。此时就需要老师依据自己的做题经验加以点拨了。

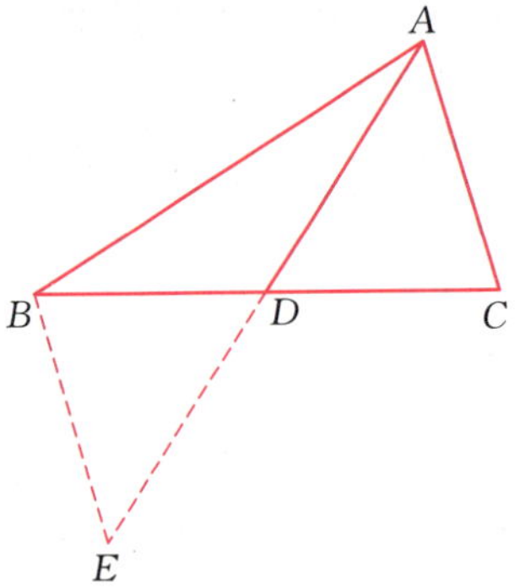

倍长中线

其实,结论中的"$2AD$"已经暗示了解题思路中的一个关键点,怎样才能得到 $2AD$ 呢?很自然地联想到将 AD 延长一倍。这个过程用尺规作图可以做到。

如图,延长 AD 到点 E,使 $DE=DA$。此时,不可能将点 E 孤零零地放在那里啊,就要把点 E 与点 B 连接起来。由于点 D 是 BC 的中点,再加上对顶角相等的隐含条件,就可以得到 $\triangle BED\cong\triangle CAD$,从而得到 $CA=BE$。最后,在$\triangle ABE$ 中,根据两边之和大于第三边，可得 $AB+BE>AE$。再代换一下，就得到了最后答案 $AB+AC>2AD$。

这种题目，涉及初中数学里一种常见的作辅助线的思路：倍长中线法——加倍延长与中点相关的线段，然后得到全等三角形，就可以将某两条看似“远隔千山万水”的线段，来一个“乾坤大挪移”，从而将解题思路打开。同学们好好体会一下，认真做一做，仔细悟一悟。以后，我们还会用这种方法做一些更难的证明题。

学会乾坤大挪移之法，会使你的数学功力大增。

10 月 22 日　星期二

等边三角形

等边三角形是一种特殊的等腰三角形，特殊在于：每条边都相等，每个内角都等于 60°；等边三角形的每条边都可以看作是底边，另外两边看作是腰，等腰三角形的三线合一的性质也可以用在等边三角形上。

很多同学在等腰三角形中用三线合一的性质都不过关，现在要在等边三角形中用三线合一的性质，特别是很多时候，要把等边三角形斜着的一条边看作底边，就更不容易了。再加上加入了等边三角形这个条件之后，三角形全等的知识点就更有了用武之地。大量的证明题，都是在以等边三角形为背景的图形里面找全等三角形的。而这些全等三角形，几乎都是旋转的全等变换。所以，等边三角形这一节的内容综合性很强，容不得半点马虎。

首先，给了两分钟时间让同学们看书。本节课的知识点很容易理解，但课本上没有分类叙述。在同学们看完课本后，我在黑板上依次写下：

知识点 1　等边三角形的定义：三边都相等的三角形是等边三角形。
知识点 2　等边三角形的性质：等边三角形的三个内角相等，都等于 60°。
知识点 3　等边三角形的判定：①三个角都相等的三角形是等边三角形；②有一个角是 60°的等腰三角形是等边三角形。

在第二种判定方法里，一个等腰三角形再加上有一个角是 60°，不管这个 60°的角是顶角还是底角，都可以得到这个三角形是等边三角形。

我又问了一个问题：“有两个角是 60°的三角形是等边三角形吗？为什么？”

同学们马上回答："有两个角是 60°，那么第三个角也必然是 60°，所以这样的三角形是等边三角形。"

十多年前，旧版人教社教材上是有这个判定方法的，但后来删除了，替换为"三个角相等的三角形是等边三角形"。

课本上的例题很简单，略微讲了一下，接着就让同学们开始做练习册上的习题。

我找了三道题，第一道是角度的简单计算，第二道是等边三角形的性质与判定的综合运用，第三道是证明旋转变换的两个三角形全等。

第二道题很典型，在这里再讲解一遍。

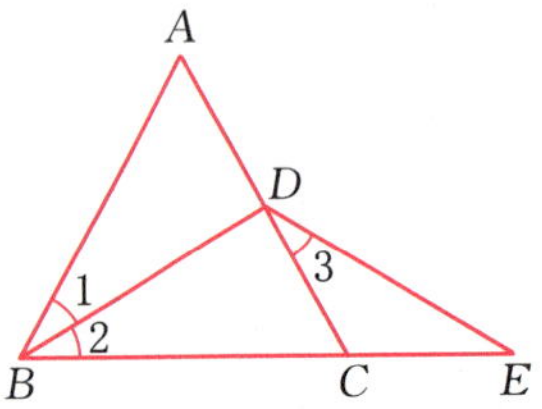

如图，$\triangle ABC$ 是等边三角形，点 D 是 AC 的中点，点 E 是 BC 延长线上的一点，且 $CE=CD$，求证：$BD=DE$。

这道题的证明过程，有两个地方不好理解。

首先，因为 $BA=BC$，$AD=CD$，所以 $\angle 1=\angle 2=\frac{1}{2}\angle ABC=\frac{1}{2}\times 60^\circ=30^\circ$。这个过程运用的是等腰三角形的三线合一的性质，只不过底边 AC 是斜着放的。同学们如果觉得看不习惯，可以把你正在读的书顺时针旋转 120°，将会看得更加清楚。

第二，因为 $CD=CE$，所以 $\angle 3=\angle E$。又由于 $\angle 3+\angle E=\angle ACB$，所以 $\angle 3=\angle E=\frac{1}{2}\angle ACB=\frac{1}{2}\times 60^\circ=30^\circ$。这个过程，可能很多同学一下子看不明白。在课堂上讲完这个过程后，13 班的嘉琪同学来问这个过程是怎么变形得来的。正因为嘉琪不放过任何一个疑惑点，所以她才能取得优异的成绩。希望其他同学多向嘉琪学习，一旦遇到自己不懂的推理变形，必须马上搞懂，根本就不要担心老师会因为你在课堂上没有听讲而责罚你。而且，我也从来没有责罚过主动来问的同学。相反，那些不懂装懂、自以为是、自命不凡的同学，却屡次受到我的批评。

推理过程中，$\angle 3=\angle E$，又由于 $\angle 3+\angle E=\angle ACB$，所以……同学们好好想想，是不是$\angle 3$ 和$\angle E$ 都刚好占$\angle ACB$ 的一半？即 $\angle 3=\angle E=\frac{1}{2}\angle ACB$？

得到 $\angle 2=30^\circ$，又有 $\angle E=30^\circ$，那么 $\angle 2=\angle E$，从而可得 $BD=DE$。

练习册上另外几道证明题几乎都需要去证三角形全等，而全等的两个三角形都是经过旋转变换后形成的。在一个几何图形里，不管它含有一个等边三角形，还是两个等边三角形，要证的全等三角形几乎都是经过旋转变换后形成的，因为命题老师通常这样去编制数学题。

看准了要证哪两个三角形全等，只要仔细观察，一定可以找到三个全等的条件。因为以等边三角形为背景的证明题，相等的线段、相等的角简直是太多了，就看你会不会找。

10 月 23 日　星期三

在以等边三角形为背景的图形里找全等三角形

雾里看花

两分钟预备时间里，在我的提醒下，14 班的同学才想起来要去诵读昨天刚学的等边三角形的有关知识点。

正式上课后，我找了子涵、家乐、建森同学背诵等边三角形的定义、性质、判定。三位同学都背诵得非常熟练。在 13 班，我找的是中元、钦胜、成彬同学，他们也背得很好。

这些知识点都很简单，但是要想灵活运用却有一定的难度。特别是在以等边三角形为背景的图形里，寻找全等三角形更是非常的困难，有时如雾里看花。这一类题目都有一个共同点，就是要去寻找旋转变换后的全等。

搞定五虎将——弄透五道典型题

接下来，在两节课的时间里，我从练习册上找了四道典型的证明题，让同学们去做、去悟，又从课本上找了一道类似的证明题，让同学们做在作业本上。能把这五道证明题搞懂并逐题过关，那么这一节就没有什么问题了。

1 如图，已知$\triangle ABC$为等边三角形，在 BC 上取一点 D，以 BD 为边，作等边三角形 BDE（在$\triangle ABC$ 形外），连接 CE。求证：$AD=CE$。

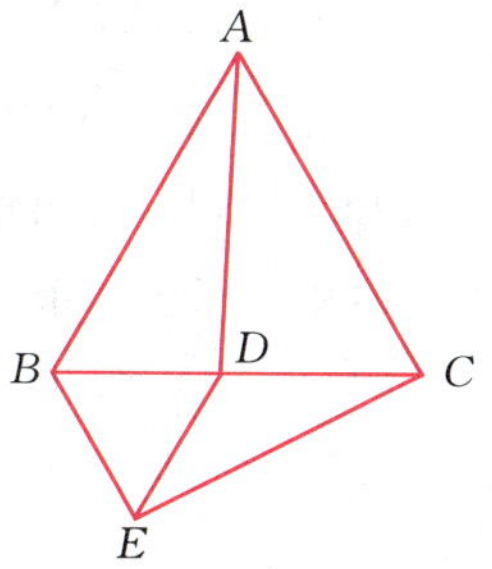

这道题要证 $\triangle ABD \cong \triangle CBE$，这两个三角形是绕点 B 旋转后得到的。但总有些同学缺乏一种想象能力，我只好剪了一个和$\triangle ABD$ 差不多的纸片来演示旋转的过程。看清楚后，又有一些同学不知道如何找三组全等条件，特别是有些边和角搅和在一起时。我把这两个三角形分别用红色和蓝色粉笔勾勒出来，再让同学们观察。这时，大部分同学才看清楚：$BA = BC$，$\angle ABD = \angle CBE = 60^\circ$，$BD = BE$，边角边对应相等，所以$\triangle ABD \cong \triangle CBE$，从而 $AD = CE$。

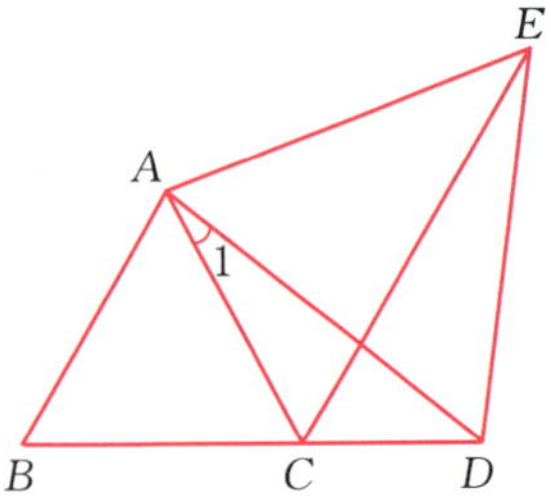

2 如图，$\triangle ABC$ 是等边三角形，过点 C 作 $\angle ACE = 60^\circ$，延长 BC 至点 D，且使 $BD = CE$，连接 AD、AE。求证：$\triangle ADE$ 是等边三角形。

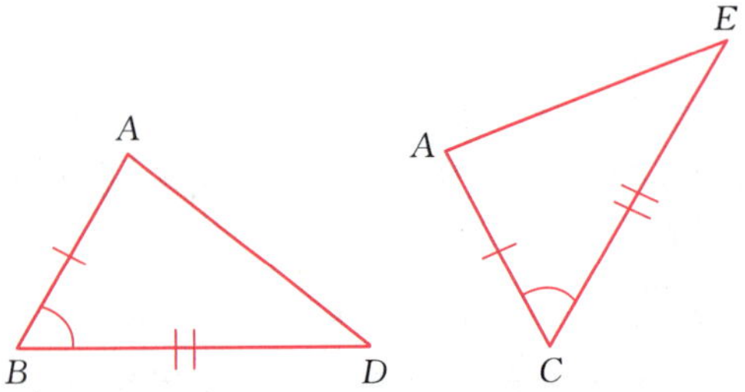

分离出的两个全等三角形

此题中已知$\triangle ABC$ 是等边三角形，据此可以得到 $AB = AC$，$\angle B = \angle BAC = 60^\circ$。题目又告诉我们 $\angle ACE = \angle B = 60^\circ$，$BD = CE$，所以就可以得到$\triangle ABD$ 与$\triangle ACE$ 的边角边对应相等，也就可以得到这两个三角形全等。讲到这里，班级里有一些同学还看不出三角形全等，我只好单独把这两个三角形平移出来，画在黑板上，再一一标上记号。此时，同学们才看得比较清楚了。

这一节，之所以有些同学觉得很难，原因就在于他们找两个经过旋转变换所得到的全等三角形时，缺少经验，辨别不出。

接下来，还有一个难点：怎么证明$\triangle ADE$ 是等边三角形呢？

因为已经得到了 $\triangle ABD \cong \triangle ACE$，所以对应边 $AD = AE$，这就说明$\triangle ADE$ 是等腰三角形。要从等腰三角形升级到等边三角形，需要一个条件：有一个内角是 60°。那么如何找到$\triangle ADE$ 中有一个内角是 60°呢？

回到原图中去，因为 $\triangle ABD \cong \triangle ACE$，所以 $\angle CAE = \angle BAD$，那么 $\angle CAE - \angle 1 = \angle BAD - \angle 1$，也就是 $\angle DAE = \angle BAC = 60^\circ$，从而得到$\triangle ADE$ 是等边三角形。

3 如图，在等边三角形 ABC 中，分别在 BC、AC 上取点 D、E，使 $BD=CE$，连接 AD、BE 相交于点 P，求 $\angle APE$ 的度数。

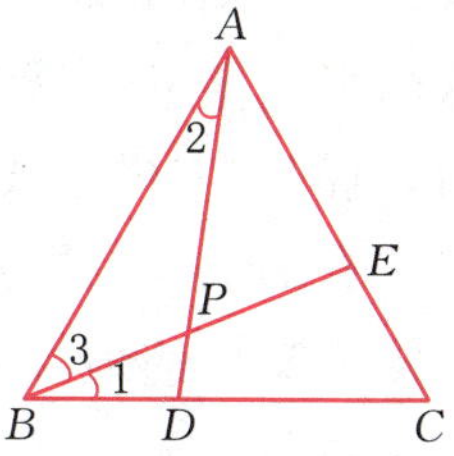

这里只有一个等边三角形 ABC，但由于有 $BD=CE$，根据边角边对应相等可以得到 $\triangle ABD\cong\triangle BCE$。这两个三角形全等后，就可以得到对应角 $\angle1=\angle2$。因为 $\angle APE$ 是 $\triangle ABP$ 的一个外角，所以 $\angle APE=\angle3+\angle2$，再转化为 $\angle3+\angle1$，即等于 $\angle ABC$。$\angle APE$ 不就等于 60° 了吗？

4 如图，$\triangle ABC$ 和 $\triangle DCE$ 都是等边三角形，且点 B、C、E 在一条直线上，连接 BD、AE 分别交 AC、DC 于点 F、G。

(1) 求证 $AE=BD$；

(2) 求证 $CF=CG$；

(3) 连接 FG，求证 $\triangle CFG$ 为等边三角形。

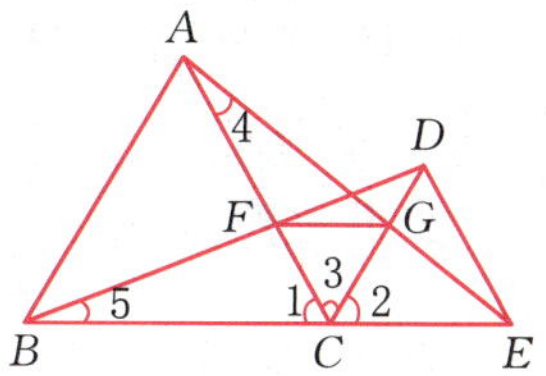

这道题是初中数学三角形全等里面最为经典的一道证明题。最近十年来，我在期中、期末以及中考试卷里，遇到过不少于十次之多。而且可以预见，就算是再过若干年，这道经典几何证明题，还是会一次又一次地出现在初中学生的练习册及考试卷上。总之，这道题一定要人人过关。整道题的解题思路就一条道，步步为营，逐步解答，一定可以顺利完成。

首先，因为 $\triangle ABC$ 和 $\triangle DCE$ 都是等边三角形，所以就可以得到很多组线段相等，很多个角都等于 60°，而且图形中的 $\angle3$ 也等于 60°。

做好准备工作后，就需要证第一次三角形全等。证哪两个三角形全等呢？在 14 班上课时，我找的是云龙同学，在 13 班找的是奥杰同学。有了前面几道类似证明题的铺垫，这两位同学一站起来，就能正确回答要证 $\triangle ACE\cong\triangle BCD$。这两个三角形是绕点 C 旋转变换后得到的。在这两个三角形中，找三个全等条件非常容易。班级里有个别同学不太明白，我专门在课堂上剪了一个三角形纸片，模拟了旋转的过程，然后让他们在草稿纸上分开画这两个三角形，然后观察相等的边和相等的角。

第(1)小题解决后，我问同学们，第(2)小题中，如何去证明 $CF=CG$ 呢？思考了一会儿，有同学回答："要证 $CF=CG$，可以先证明 $\triangle BFC \cong \triangle AGC$，因为这两个三角形也是绕点 C 旋转变换后得到的。"我表扬了同学们观察力敏锐之后，就问："怎样去找三组全等条件呢？"

有 $BC=AC$，还有 $\angle 1=\angle 3=60^\circ$，还差一组条件。同学们又陷入了沉思。有同学又快速地找到了思路，因为在第(1)小题里证明了 $\triangle ACE \cong \triangle BCD$，所以对应角 $\angle 4=\angle 5$，刚好凑足三组全等条件。

像这样一道有 3 个小题的几何证明题，一般第(1)小题里面证出的结论，恰好是为第(2)小题的证明准备的。

下课后，13 班的嘉琪同学问我，可不可以不证 $\triangle BFC \cong \triangle AGC$，而去证 $\triangle DFC \cong \triangle EGC$？我马上告诉她，可以的。这实际上就是沿另一个方向去找三角形全等。

第(3)小题就简单多了。前面证明了 $CF=CG$，再加上 $\angle 3=60^\circ$，立即得到 $\triangle CFG$ 是等边三角形。因为有一个角是 60°的等腰三角形是等边三角形。

如果愿意把题目变形一下，还可以让同学们证明 $FG \parallel BE$。

> 中考题往往就是在平时练习的经典题基础上做些变化后编制出来的，所以基本功很重要。平时的题目一定要弄懂、弄透，烂熟于心。否则，等到中考想发力时，就会觉得力不从心了。

有一年的中考试卷上，最后的压轴题还把这个图形做了一个变化：把$\triangle CDE$ 绕点 C 旋转一定的角度后，上述几个小题的结论还成立吗？请画图说明理由。

同学们可以在课外时间思考，看自己是否能找到思路。

讲完这道题后，给了充足的时间让同学们好好将此题做在练习册上，并认真体会整道题目的解题过程是如何环环相扣、层层推进的。

还有十分钟，让同学们在作业本上做课本上的一道差不多类型的证明题。

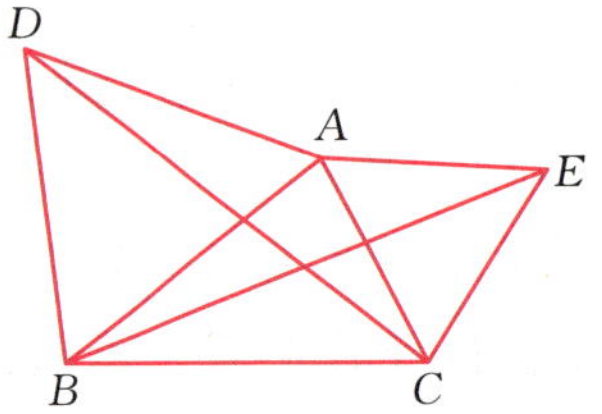

5 如图，过$\triangle ABC$ 的两边 AB、AC 分别向形外作两个等边三角形 ABD、AEC，连接 CD、BE。求证：$BE=DC$。

如果前面所讲的几道题都能明白，那么这道题就非常简单。很容易看出两个经过旋转变换后得到的全等三角形 DAC 和 BAE，整个解题过程就呼之欲出了。知道要去证哪两个三角形全等，只需要在这两个三角形中，“顽强”地去寻找全等条件就可以了。

任何一个三角形，都只有三个角、三条边，共六个元素。一个个元素地去试，总可以找到三组相等的边或角。最后，仔细观察这些相等的边与角，合在一起是什么样的全等组合，就基本上可以找到正确的思路了。

以上五道证明题，如果都能做到搞懂过关，那么与等边三角形相结合的证明三角形全等的题，将不会再难住你。同学们，加油吧！

10 月 24 日　星期四

30°的角所对的直角边等于斜边的一半

上课后，我用了三分钟时间，在两个班里分别找了几位同学背诵等边三角形的定义、性质和判定。

在 14 班找的是汝岚、曦盈、Z 灿，在 13 班找的是健慧、彦彤、志钊。这几位同学都背诵得非常好。

接下来，给了两分钟时间，让同学看课本上 80 页到 81 页的内容。这节内容讲的是等边三角形性质的一个推论。不过，这个推论非常重要，在做数学题时经常要用到。这个推论的具体内容是：“在直角三角形中，如果一个锐角等于 30°，那么它所对的直角边等于斜边的一半。”

在初中数学的几何定理中，有四个很重要的定理涉及“一半”这个词。很多同学经常搞混，或者在关键的时候想不起来。今天就遇到第一个“一半”定理。

让同学们看了两分钟的课本后，我问：“本节课最重要的一个知识点是什么？”

本节课的新内容很少，唯一的知识点非常醒目。在两个班各叫了一个同学回答，都回答得很好。14 班找的是宁鹭同学，她站起来，不用看书，直接就背：“在直角三角形中，如果一个锐角等于 30°，那么它所对的直角边等于斜边的一半。”

在黑板上写下“30°的角所对的直角边等于斜边的一半”后，我对同学们说：“我在黑板上所写的这句话，与课本上的定理有一些不同，但意思一样，课本上的‘如果一个锐角等于 30°’，我在黑板上用‘30°的角’这几个字来表述。黑板上所写的句子有没有表达出课本上的‘在直角三角形中’呢？”

同学们说：“黑板上所写的这句话表达清楚了，是用‘所对的直角边’来说明的。既然说到了直角边，那么一定就是在直角三角形中。”我赞赏地点了点头。

我又对同学们解释，为什么我要把课本上的那句话改写为这一句。一方面，这一句要比课本上的定理更加简练，但意思未变。另一方面，时间久了以后，同学们在做数学题时，会经常忘记这个重要的定理。如果你拿着一道数学题来问我，我只需要快速告诉你"30°的角所对的直角边等于斜边的一半"。像打机关枪一样，说话效率就高了。但是如果我对你说"在直角三角形中，如果一个锐角等于30°，那么它所对的直角边等于斜边的一半"，当我把这三个短句说完时，可能你就没有那种瞬间豁然开朗、拨云见日的感觉了。

定理已经写在了黑板上，但肯定有很多同学并不明白这个定理是如何得到的。我向同学们借了两块角度分别为30°、60°、90°的大小一样的三角板，和课本上一样，把它们的长直角边拼在一起，就得到了一个大三角形。因为这个大三角形的每一个内角都等于60°，所以这个大三角形是一个等边三角形。那么，每一块小三角板的短直角边也就是30°的角所对的直角边，就等于这个等边三角形的底边长的一半。自然也就等于这个等边三角形另外两条边的一半，也就是等于斜边的一半。

当我讲到这里的时候，听到13班有一个同学在下面发出"哦"的一声。我暗自庆幸，幸好我把这个定理的来历讲了一遍，要不然，有些同学死记硬背但并不理解，时间久了可能会忘记。

思维有两个层次，处于哪个层次基本决定了数学成绩的高低。初中学生的数学思维分为两个层次。第一层是直线型思维。你告诉他，某条线段等于与它平行的另一条线段的一半，他很容易理解。但你告诉他，一条线段等于与它不平行的另一条斜线段的一半，他就要想很久才能明白。第二层是折线型思维。一个三角形，即使旋转一定的角度，他也能够立马分辨出来；线段和它的垂直平分线是斜着摆放的，也挡不住他的火眼金睛。这样的同学，学习数学总是特别轻松。希望同学们经过一段时间的努力，都能够从直线型思维升级到折线型思维。

我在黑板上画了一个有一个角是30°的直角三角形后，问："同学们，这个定理该如何用呢？只写$\angle A=30^\circ$能马上得出$BC=\frac{1}{2}AB$吗？"同学们立即回答："不能，还要再加一个条件'$\angle B=90^\circ$'才可以。因为，一方面要强调有一个锐角是30°，另一方面还要强调是直角三角形。"同学们能这样理解，我很满意。

接下来，我在练习册上找了三道解答题让同学们做。这三道题，都要用到这节课所学的知识点，而且，第一题实际上就是课本上的例题。能把这三道题做对就算达到了最低要求。

第一题和第三题比较简单，但在做第二道题时，同学们遇到了一点问题。

如图，在$\triangle ABC$中，$AB=AC$，$\angle C=30^\circ$，$DA\perp BA$于点A，$BC=4$，求AD的长。

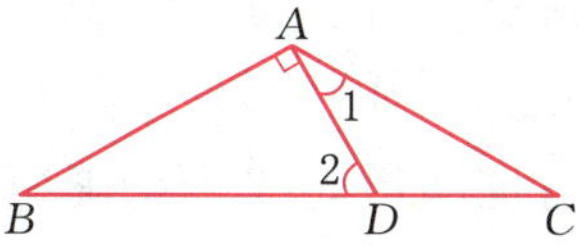

此题中，$AB=AC$，$\angle C=30^\circ$，$DA\perp BA$，可以得到$\angle B=30^\circ$，$\angle 2=60^\circ$，根据今天所学的知识点不难得出$AD=\frac{1}{2}BD$。但是，到了这个地方后，很多同学的思维开始受阻。大家心里想，每一个已知条件都用了一遍，可为什么得不到AD与BC的关系呢？

接下来，同学们一定要看清楚下面的推理过程：因为$\angle 2=\angle 1+\angle C$，所以$\angle 1=\angle 2-\angle C=60^\circ-30^\circ=30^\circ$，而恰好$\angle C=30^\circ$，也就是$\angle 1=\angle C=30^\circ$，从而得到$AD=CD$。而$BC$等于$BD+CD$，等于$2AD+AD$，也就是$BC=3AD=4$。最后就能把$AD$的长求出来了。

在这道题的思考过程中，本来似乎是山重水复疑无路了，但是通过计算得到$\angle 1=\angle C=30^\circ$，从而峰回路转，柳暗花明。其实，同学们做多了这种数学题之后，就会发现，当你觉得找不到任何思路的时候，不妨仔细算算一些角的度数，有没有恰好相等的角，再得到另外的线段相等。

智慧体现在善于迂回，闪转腾挪方能绝处逢生。

初中数学题几乎都是这种设计模式，掌握了其中的规律，就可以走出“迷宫”。

同学们做完这三道题后，就下课了。但我还是拖堂了一分钟，因为练习册上的一道题很不容易找到思路。为了晚自习时不会有太多的同学来问我，我决定把这道题的解题思路点拨一下，也就一分钟的事情。

如图，在$\triangle ABC$中，$AB=AC=8$，$\angle A=30^\circ$，求$\triangle ABC$的面积。

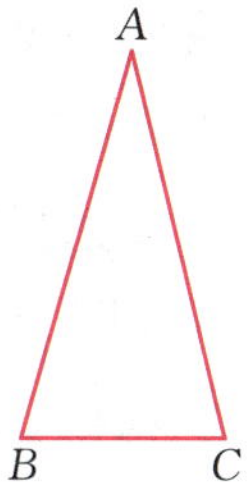

同学们看完题目后，都大声回答：“作底边上的高AD，然后底边BC乘以底边上的高AD，再除以2，就可求得$\triangle ABC$的面积。”

我笑着摇了摇头，说："这种思维就属于典型的直线型思维。这种思路是做不出这道题的，因为不知道 BC 的长度，BC 边上的高 AD 也不知道。再好好想想，看谁能最先找到正确思路。"

下课后，几个爱思考的同学围在黑板前，跟我说了好几种思路，我一一否定。正准备离开的时候，14 班的龙翔同学拉住我："作腰 AB 上的高 CD，那么 CD 就等于 AC 的一半。然后用 $AB \times CD \div 2$，就得到$\triangle ABC$ 的面积了。"

听完他的思路后，我对他竖了竖大拇指："你这种思维就属于折线型思维。"

同学们，你们可以在草稿本上画画图，想一想：为什么要作腰 AB 上的高 CD，才能求出这个等腰三角形的面积呢？

离开讲台后，看到其他没有搞懂的同学围着龙翔同学询问为什么要这样做后，我愉快地走出了教室。

在 13 班上课时，我还担心这道题没有一个同学能够思考出来，但 W 智同学给了我一个惊喜。他的方法与龙翔同学的一模一样，他也是一个具备了折线型思维的同学。

10 月 25 日　星期五

练习册评讲

轴对称这一章的内容基本上都讲完了。接下来就是好好复习，准备这一章的单元测试。而且，现在也上到了期中考试的备考范围。接下来两周的时间就用来复习备考，巩固所学知识。

上课后，我在 13 班找了翊洋同学背诵昨天所学的知识点，他背诵得很流利："在直角三角形中，如果一个锐角等于 30°，那么它所对的直角边等于斜边的一半。"

表扬了翊洋同学后，我又问同学们，昨天我在黑板上写了另外一句话，和课本上的定理是相同的意思，谁还记得？S 佳同学主动举手："30°的角所对的直角边等于斜边的一半。"

S 佳同学现在主动举手的次数越来越多了，我相信，随着她学习数学的态度越来越积极，她的数学成绩也一定会越来越好。

讲解练习册上的题目时，我贯彻的原则是"伤其十指，不如断其一指"。所以，在 13 班的两节课的时间里，我只选了 5 道题，和同学们一起读已知条件，寻找思路，再让同学们在练习册上做，下课时上交检查。

1 一艘轮船以 15 海里/时的速度由南向北航行。如图，轮船在 A 处时望小岛 P，测得 $\angle PAN=15^\circ$。两小时后，轮船到达 B 处，测得 $\angle PBN=30^\circ$。在小岛 P 周围 18 海里的范围内有暗礁，若轮船继续向北航行，试分析它有无触礁的危险。

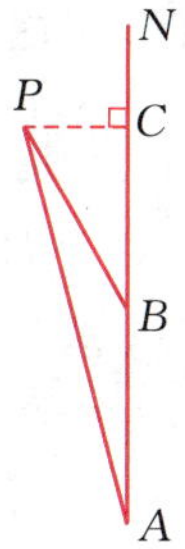

这道题首先要读懂题意。轮船两个小时从 A 航行到 B，共航行了 30 海里，也就是说 $AB=30$ 海里。又因为 $\angle PAN=15^\circ$，$\angle PBN=30^\circ$，这里的 15° 和 30° 可不是随便安排的数据，而是精心设计的。此时恰好可以得到 $\angle APB=\angle PAN=15^\circ$，由等角对等边得到 $BP=AB=30$ 海里。

做多了这种数学题之后，同学们可以总结出一个结论：几乎所有的数学题，都是这样设计出来的，同学们在做题时，要多总结、多归类、多识记。

接下来，题目说点 P 周围 18 海里的范围有暗礁，实际上是要你先去求点 P 到直线 AN 最短的距离是多少。也就是求点 P 到直线 AN 的垂线段 PC 的长度，然后把 PC 的长度与 18 海里进行比较。如果垂线段 PC 的长度大于 18 海里，那么轮船继续航行就会太平无事。因为垂线段 PC 的长度是点 P 到航线 AN 的最短距离。如果这个最短距离都比 18 海里大，当然就不会遇到危险了。

回到 $\triangle PBC$ 中，$\angle PBC=30^\circ$，$\angle PCB=90^\circ$，$PB=30$ 海里。由"30° 的角所对的直角边等于斜边的一半"，可以得到 $PC=\frac{1}{2}PB=\frac{1}{2}\times 30=15$（海里）。点 P 到航线 AN 的最短距离比 18 海里小，说明轮船会航行到小岛周围 18 海里的危险区域里去。所以，轮船有触礁的危险。

2 如图，在 $\triangle ABC$ 中，$AC\perp BC$，$\angle A=30^\circ$，CD 是斜边上的高，CE 是中线，若 $AB=8$，求 DE 的长。

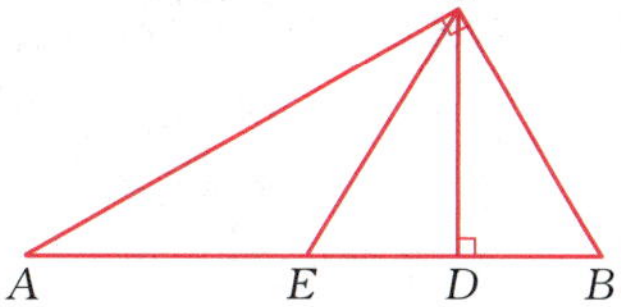

这道题目由 CE 是中线，得到 $BE=AE=\frac{1}{2}AB=\frac{1}{2}\times 8=4$。再由 $\angle A=$

$30°$，$AC \perp BC$，得到 $BC=\frac{1}{2}AB=\frac{1}{2}\times 8=4$ 和 $\angle B=60°$。这样一来，$BC=BE=4$。再加上 $\angle B=60°$，由"有一个角是 60°的等腰三角形是等边三角形"，得到$\triangle BCE$ 是等边三角形，所以 $CE=CB$。由于 $CD\perp EB$，由等腰三角形的三线合一的性质，得到 $DE=DB=\frac{1}{2}EB=\frac{1}{2}\times 4=2$。

在 13 班上课时，我问由 $\angle A=30°$ 可以得到什么结论。很多同学回答，因为 $\angle A=30°$，在直角三角形 ACD 中，可以得到 $CD=\frac{1}{2}AC$。

这个结论当然正确，但是在结论 $CD=\frac{1}{2}AC$ 中，CD 和 AC 与题目中的已知线段没有半毛钱的关系，沿着这个思路进行下去，根本不可能找到答案。这样的同学的思维也是直线型思维，在他们眼里看到的只有横平竖直的线段。

在 14 班上课时，我特意在此处做了一个停顿。问他们由 $\angle A=30°$ 可以得到什么结论。同学们都能回答，可以得到 $BC=\frac{1}{2}AB$。

14 班的同学在思维层次和准确性方面，确实比 13 班的同学要高一点。我问 14 班的同学，为什么要得到 $BC=\frac{1}{2}AB$，而不得到 $CD=\frac{1}{2}AC$ 呢？有同学回答："因为得到 $BC=\frac{1}{2}AB$ 后，可以与 $AB=8$ 这个已知条件联系起来。而得到 $CD=\frac{1}{2}AC$，不能与任何已知条件联系起来，就不能'可持续发展'了。"

讲完这道题后，我问同学们："这道题的解题过程中，运用了哪些数学定理？"有同学总结用到了这样几个定理：(1)30°的角所对的直角边等于斜边的一半；(2)有一个角是 60°的等腰三角形是等边三角形；(3)等腰三角形底边上的高同时也是底边上的中线。

一道数学题要想做对，所有的定理、定义、法则都要掌握。只有十八般武艺样样精通，才能笑傲江湖。

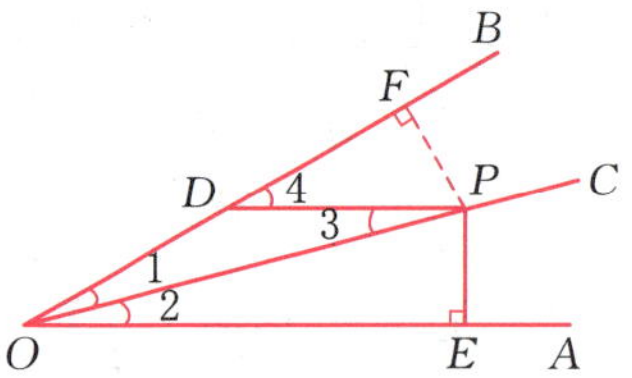

3 如图，$\angle AOB=30°$，OC 平分$\angle AOB$，P 为 OC 上的一点，作 $PD \parallel OA$ 交 OB 于 D，$PE\perp OA$ 于点 E，若 $OD=4$，求 PE 的长。

这道题的思路是这样的：由 $PD \parallel OA$ 可得 $\angle 3=\angle 2$。又因为 $\angle 2=\angle 1$，这样就得到了 $\angle 3=\angle 1$。根据等角对等边，得到 $PD=OD=4$。

讲到这里时，我给同学们强调了一个规律：当角平分线遇到平行线时，一般会出现一个等腰三角形。比如，这个图形中的 $\triangle DOP$ 就是一个等腰三角形。

得到 $PD=4$ 有什么用呢？由 $PD \parallel OA$ 还可以得到 $\angle 4=\angle BOA=30°$。因为 30°的角所对的直角边等于斜边的一半，所以过 P 点作 $PF \perp OB$ 于点 F 后，就很自然地得出 $PF=\frac{1}{2}PD=\frac{1}{2}\times 4=2$。做到这里后，如果让你来命题，你会求什么呢？

只要对数学命题略微了解一点的人就会知道，要求点 P 到 OA 的垂线段 PE 的长。因为角平分线上的点到角两边的距离相等，所以 $PE=PF=2$。如果最后不是求 PE 的长，那简直就是没有天理了。转化思想在数学题中就是这样运用的。小时候妈妈在和你捉迷藏时，她总是躲在你必经的某个地方等着你的到来，做数学题也是这样，你只需要沿着正确的思路逐步前行，就一定能得到最后结论。当然，前提条件就是你必须思路正确、知识熟练、计算准确、细节规范，这样你就一定可以圆满地找到那个“躲”起来的结论。

这道题讲完后，我又找同学来总结此题的解题过程中用到了哪些知识点。

同学们总结出了这些知识点：(1)两直线平行，同位角相等且内错角相等；(2)等角对等边；(3)30°的角所对的直角边等于斜边的一半；(4)角平分线上的点到角两边的距离相等。

同学们，对照这些知识点，你们可以回到原图中去看看这些知识点分别是在哪里运用的。

讲完这三道题后，我又讲了一道练习册上的题目。昨天在每个班里都问过，两个班里只有龙翔和W智同学很快找到正确的思路。题目再呈现一遍。

4 如图，在 $\triangle ABC$ 中，已知 $AB=AC=8$，$\angle A=30°$，求 $\triangle ABC$ 的面积。

如果作 BC 边上的高，那么用初中知识是做不出来的。正确思路应该是作 AB 边上的高 CD，也就是过点 C 作 $CD \perp AB$ 于点 D。

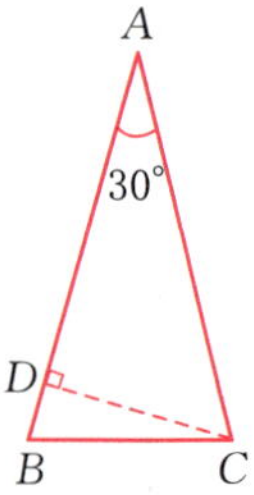

第 4 题

如图，在 Rt△ACD 中，由 $\angle A=30^\circ$，可得 $CD=\frac{1}{2}AC=4$，则 $S_{\triangle ABC}=\frac{1}{2}AB\times CD=16$。这种思路就是我所说的第二层思维——折线型思维。把腰 AB 看作是△ABC 的底，底上的高就是 CD。

讲完这道题后，我在黑板上出了一道题让同学们思考，题目如下：

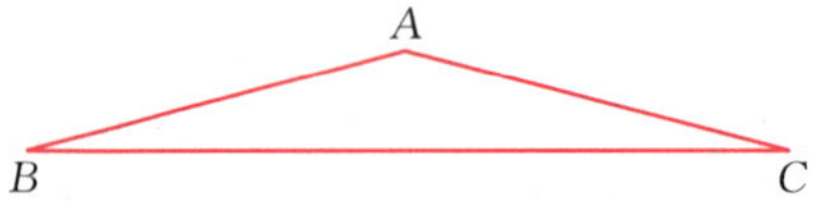

5 如图，在△ABC 中，$AB=AC=8$，$\angle BAC=150^\circ$，求△ABC 的面积。

面对这道题目，同学们都学乖了，没有人贸然地说作底边 BC 上的高。因为即使作出了这条高，也无法知道这条高是多少，BC 也不知是多少，所以这种思路是走不通的。

在同学们都陷入苦苦沉思的时候，两个班里各有一个同学主动站起来。

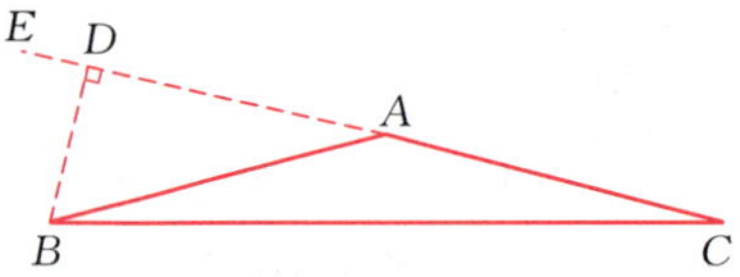

第 5 题

13 班的 W 智同学走到黑板前，作了这样的辅助线：如图，延长 CA 到点 E，过点 B 作 $BD\perp CE$ 于点 D。因为 $\angle BAC=150^\circ$，那么它旁边的外角 $\angle BAD=30^\circ$。在 Rt△ABD 中，30°的角所对的直角边 BD 等于斜边 AB 的一半，也就是 4。最后，△ABC 的面积 $S_{\triangle ABC}=\frac{1}{2}AC\times BD=16$。

W 智同学近几周的表现非常优秀。不管是回答问题，还是到黑板上板演，他总是一马当先。他还是一个已经具备了折线型思维的优秀同学，希望更多的同学能够“修炼”到他这个水平。

在 14 班上课时，H 瑞同学最先找到思路。但他在黑板上计算时，连续出现了好几次低级错误。比如，他会把 $8\times4\div2$ 算出 12 这个结果。

还有同学对△ABC 的面积等于 $\frac{1}{2}AC\times BD$ 很不理解。在他们的思维里，好像只有 BC 才能是△ABC 的底边。对于这样的只具备第一层思维——直线型思维的同学，可惜我没有魔力，只能将黑板上的图形，旋转一定的角度后再让他观察，我对这样的同学说：“可以试着把自己的头尽可能偏转，让 AC 这条腰处于视线最下面的位置，看看能否理解。”我边说这句话，边把头夸张地拼命偏转，直逗得有些同学哈哈大笑。看着他们开心的笑容，我心里想，只要你们能够明白这点道理，老师就算再多扮一次丑角，也觉得值。

第 9 周

10 月 27 日　星期日

同学们的评论

今天下午，我就宅在家里，看同学们留的评论，以下同学的评论给我留下了较深的印象。

不懂就问，共同成长

10 月 20 日，雪欣同学说："一次考试不代表什么，失败乃成功之母。我们必须实事求是，有不懂的问题一定要提出来，不能憋在心里。"

雪欣同学上一次考试成绩不是很好，我专门看过她的试卷，跟她分析了她在数学学习上存在的问题。主要是她对几种证明三角形全等的方法还没有理解透。特别是对 HL 定理和 SAS 定理的区别，分辨得不是太清楚。这个只有她自己好好地去悟一悟了。如果在做题过程中，确实遇到弄不明白的问题，就一定不能憋在心里，要主动地去问老师。相信老师会在数分钟内，一语点醒梦中人的。

靖莹同学说得也很好："两个班里都有优秀的同学，也有落后一点的同学，如果这些同学可以互相帮助的话，大家对于知识的理解都会更加深刻。不懂的就要问，这样，对于知识点的理解就会更透彻。考试完再去看以前的知识点，再加上老师的讲解，下次再做类似的题目就能得心应手了，正如老师说的'多悟'。"

在数学学习上，同学们之间如果能做到互助学习那是最好的。三人行，必有我师。每个同学都有自己在某个知识点上领悟得更深的地方，与其他同学分享，积极主动地帮助别人，自己也会取得巨大的进步。

资质不重要，坚持才关键

10 月 21 日，霖琳同学评论说："与老师相处了这么长的一段时间，在老师的身上发现了许多优点。比如有毅力、有耐心、宽容和工作认真负责！我真是越来越喜欢上数学课了。老师加油哦！"

我会加油的，希望每一位同学也都能加油。不要满足于自己目前所取得的成绩，更不要因为落后的成绩对自己失去信心。每一个孩子的可塑性都很强，每一个同学的成绩都有很大的提高空间，关键是看自己愿不愿意付出努力，自己能不能够找到合适的学习方法。特别是现在两个班里都有一两名同学正准备放弃学习，老师看到后很焦虑。这里不点名，希望看到这段文字的正准备放弃学习的同学，能够重新振作起来。

我以前所带的班里有一位同学，理解能力很差，记忆力也不好，考试时经常出现低级错误，分数一直都在班级的末尾徘徊，但她始终没有放弃自己。我对她提了一个要求，每节课都要把最基础的知识点记住。初三总复习时，我要求她把试卷中的基础题做对就行了。中考试卷前面的试题坡度很小，很简单，她稳扎稳打，将前面的 100 分左右的基础题全部做对了。对于最后两道压轴题的第三问果断地放弃，而前两问能做多少就做多少。最后，中考数学成绩得到了 106 分。不管她最后能进入什么样的高中去学习，不管她最后能取得什么样的成就，但至少她用自己的三年初中经历证明：只要付出努力，自己的成绩就不会比别人差多少。

10 月 22 日，龙翔同学说："老师每天都写日记连载，带给我们的不单单是知识，还有一种值得我们学习的坚持不懈的精神。"

成绩暂时落后的同学也要坚持，相信总有一天，你会拉近与别人的差距。蜗牛爬到山顶，靠的就是坚持。而且，蜗牛爬到山顶后所看到的风景与雄鹰飞到山顶所看到的风景是一样的。

发现解数学证明题的核心机密

皓天同学评论说："看完日记后，感觉会做的数学题更多了。在对一个图形不理解时，要学会把图形'转过来'看。"

23 日的评论中，Z 灿同学说："做全等三角形的证明题时，看得懂的就做，看不懂的就拆，必要时剪纸来对比着分析。"

这两位 14 班的同学成绩都还有很大的提升空间，他们能发表这样的评论，说明他们已经开始慢慢接触到做数学证明题的核心机密。虽然他们所总结的方法还处于低级阶段，但毕竟是在进步。只要坚持下去，他们也能够赶上很多优秀的同学。

云清同学说："老师，我每次都是在你还没上那一课的时候先做练习册，虽然会有一两题不会做，但起码精神可嘉。"

云清同学确实精神可嘉。每一节课，她总是先自学，然后尝试着做练习册上的习题。遇到不会的，马上问老师，这是一种非常好的学习方法。就算自己在预先做题的过程中出现了很多错误，但第二天老师讲解时，她一定会针对性地听讲，课堂上她对知识点的领悟就一定会比很多同学都要深刻。希望更多的同学，能像云清同学这样，有一套适合自己的学习方法。

10月24日，钦胜同学说："30度的角所对的直角边等于斜边的一半，预习的时候觉得很抽象，课上听老师讲，觉得很好理解了。"

钦胜同学能在评论里这样说，我相信他对这个知识点已经真正地理解了。相信他在下一次考试时，成绩一定会比上一次的进步一点。

10月25日，梓龙同学说："老师很耿直。我们要好好学习，不辜负老师的一番苦心。即使老师真是一个丑角，我们也知道他是为了什么而甘愿充当的。要考试了，让我们一起努力！"

我们一起努力，特别是期中考试即将临近的时候。数学家华罗庚曾经说过："勤能补拙是良训，一分辛劳一分才。"

晚自习时间，我布置了练习册上的等腰三角形这一部分的复习题。同学们都做得很认真，还有很多同学遇到不会的数学题主动来问我，他们是梓航、钦胜、晓帆等。

10月28日　星期一

等腰三角形的复习

预备铃响后，我在两个班都给了五分钟时间，让同学们大声诵读轴对称这一章的知识点。五分钟后，我找了一些重要的知识点让同学们背诵。

1 线段垂直平分线上的点到线段两端的距离相等；与一条线段两端距离相等的点在这条线段的垂直平分线上。

2 关于 x 轴对称的点的坐标特征是：横坐标不变，纵坐标相反。关于 y 轴对称的点的坐标特征是：纵坐标不变，横坐标相反。

3 等腰三角形的两个底角相等，简称等边对等角；等腰三角形的顶角平分线、底边上的中线、底边上的高相互重合，简称三线合一。

4 等边三角形的三个内角都相等，每一个内角都等于 $60°$；三个角都相等的三角形是等边三角形；有一个角是 $60°$ 的等腰三角形是等边三角形。

5 $30°$ 的角所对的直角边等于斜边的一半。

轴对称这一章的知识点很多，以上这些知识点在本章最为重要。正是这些知识点的综合运用，为期中考试试卷提供了很大的提高难度的空间。要想在难题中少丢分，这里的每一个知识点都要逐一理解过关。

接下来的时间，让同学们做昨天晚自习没有完成的练习册上等腰三角形专题训练的复习题。

有一道填空题是这样的："等腰三角形的两个内角之比为 2∶5，则顶角的度数是________度。"

每一次的数学考试，等腰三角形都是命题重点。因为等腰三角形从边来说，有腰和底，而且两条腰相等；从角来说，有顶角和底角，而且两个底角也相等。很多关于等腰三角形的考题中，提到边的长度时，却不指明到底是腰还是底边；提到角的度数时，也不指明到底是顶角还是底角。这就需要同学们分两种情况去分类讨论。如果你不分两种情况去讨论，那么你与其他细心的同学之间的差距，就通过考试分数体现出来了。

比如上面的这道填空题里，两个内角之比为 2∶5，但到底是顶角与底角的比是 2∶5 呢？还是底角与顶角的比是 2∶5？题目没有说明，就要分两种情况去讨论。如果想当然只考虑一种情况，那么你就会丢分。

大的思路确定了，在小的计算细节上，可以设两个内角的大小分别为 $2x°$ 和 $5x°$。第一种情况，$2x°$ 是顶角，$5x°$ 是底角；第二种情况，$5x°$ 是顶角，$2x°$ 是底角。然后分别运用三角形内角和为 180° 来列方程求解，方便快捷，高效准确。

说到这里，我知道很多孩子并不能保证得到该得的分。因为还有很多小陷阱要注意：比如，等腰三角形有两个底角，如果你算内角和时，只加一个底角，那么就错了。再比如，求出了 x 的值，千万不要洋洋得意，你还要把 $2x$ 和 $5x$ 分别求出来，再去看顶角的度数是多少。

另外，这种题只是计算等腰三角形的角度。如果是计算等腰三角形的腰和底边，在得出结果后还有一个工序，就是要看两腰之和是否大于底边。如果不大于，则构不成三角形。

一道数学题，要想做对得分真的不容易。你在任何一个环节上都不能失误，特别那些做事马虎、做题粗心的同学就更得细心了。

有一道解答题较难，问这题的同学很多，我在两个班里都讲解了思路。

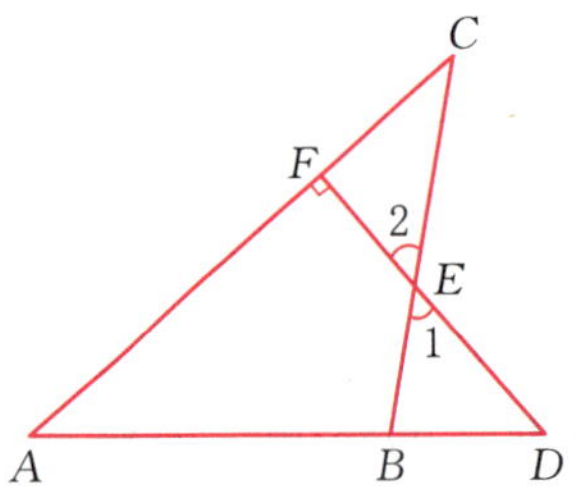

如图，在 Rt△AFD 中，$\angle AFD=90°$，在直角边 DF 上取一点 E，并在斜边 AD 上取一点 B，使 $BD=BE$，连接 BE 并延长交 AF 的延长线于点 C。求证：△ABC 为等腰三角形。

在此题中，由 $BD=BE$，可得到 $\angle D=\angle 1$。又因为 $\angle 2=\angle 1$，所以 $\angle D=\angle 2$。但是怎么才能得到 $\angle A=\angle C$，从而得到 $BA=BC$ 呢？

这里有两个关键性的地方。一是由 $\angle AFD=90°$，可得 $\angle C+\angle 2=90°$。同时，再由 $\angle AFD=90°$，可得 $\angle A+\angle D=90°$。一个条件 $\angle AFD=90°$，用了两遍，得到两个结论：$\angle C+\angle 2=90°$，$\angle A+\angle D=90°$。特别是第二个结论，在 $\mathrm{Rt}\triangle AFD$ 中，得到两个锐角互余。这个结论，由于受到 EB 这条线段的干扰，很不容易发现。

由于前面已经得到了 $\angle D=\angle 2$，因为等角的余角相等，所以 $\angle C=\angle A$。再由等角对等边，得到 $BA=BC$。

一道几何证明题，如果每个条件都用一遍，可以把最后的解题思路找到，这样的题算是比较简单的。有些证明题，难在一个已知条件可能要在不同的地方用两次。再加上一些隐含条件，比如公共角、公共边、对顶角等，这些条件，题目是不会直接告诉你的，需要你去看图分析。只有多思、多练、多总结，你才会在做一些难一点的数学题时做到举重若轻。

练习册上还有一道题，上周刚讲过，很多同学又忘了解题思路，没办法，只有再讲一次了。

如图，在 $\triangle ABC$ 中，$AB=20\text{ m}$，$AC=30\text{ m}$，$\angle BAC=150°$，求 $\triangle ABC$ 的面积。

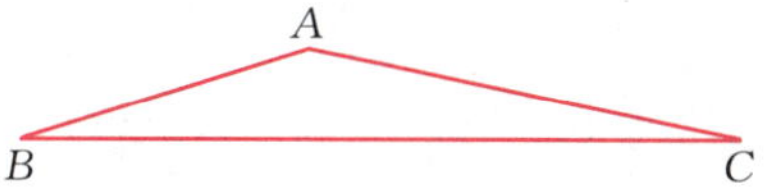

$\triangle ABC$ 的面积，同学们都知道，底×高÷2 即可算出。但问题的关键是把哪条边看作底边，这条底边上的高在哪儿。在上图中，大部分同学都把 BC 看作底边，然后过点 A 作 BC 边上的高。这样，思维立即陷入了“沼泽”，因为这里的 BC 不知道长度，BC 边上的高利用所学过的知识也求不出。这种思维，我上周曾经总结过，属于直线型思维，大部分人的思维都是这种直线型思维。

这样思考本身并没有错，但问题在于，当你无法继续前行时，你仍然一条道走到黑就不对了。

悲观者诅咒风向，乐观者调整风帆。聪明的同学此时发现“$AB=20\text{ m}$，$AC=30\text{ m}$”没有用上。而且，如果作 BC 边上的高，$\triangle ABC$ 被高活活劈为不知大小的两部分。这种思路是绝对行不通的。

怎么办呢？能不能不把 BC 看作底，而把 AB 看作底呢？这样思考的话，马上柳暗花明。

把 AB 看作 $\triangle ABC$ 的底，过点 C 作 AB 边上的高 CD，此时的高 CD 在

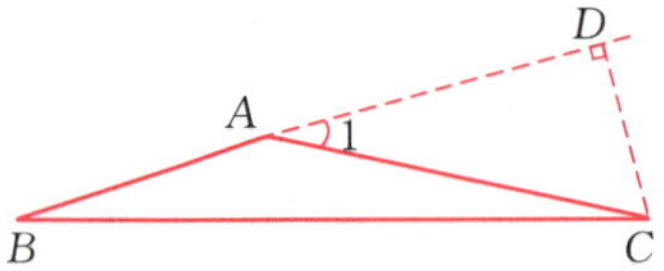

改变思路换个底

$\triangle ABC$ 的外面(如图)。

这样一来,150°的$\angle BAC$没有遭到丝毫破坏,而且还得到它旁边的外角$\angle 1$恰好等于30°。对,恰好就是30°。为什么会这么巧,恰好可以与"30°的角所对的直角边等于斜边的一半"联系起来呢?

因为……因为出题老师早就安排好了,或者换句话来说,题目只能这样设计。通过这道题,你们慢慢理解了数学题都是如何设置的吗?

最后$\triangle ABC$的面积$\left(等于\frac{1}{2}AB\times CD\right)$就可求出了。

讲到此处,两个班里仍然有一部分人不太明白。因为在他们的印象里,一个三角形的底边怎么可能不在最下面呢?这条底边上的高,怎么可能不是竖直向下的呢?

看清楚问题的实质,不能仅停留在表面。几何图形总是要从不同的角度来研究,三角形的底边不是绝对的,根据研究的需要,每一条边都有可能成为底边,因此高线也不是唯一的。数学题就是要考查数学知识运用的灵活性。若只重表面,而不究其实质,只知某种形式,而不知其变形,数学就学死了,学习就会乏味无趣、寸步难行。

呵呵,慢慢理解吧,如果实在"悟"不出,可以把脑袋向右偏转一定的角度后,再来看这个图。晚自习在 14 班辅导的时候,Z 灿同学就很不理解这道题的解法。我把他的练习册旋转一定的角度,让 AB 边处在他视线的最下面的水平线上,再让他观察,他才慢慢明白。

记得本学期第一次的作业里有一道题是在一张纸上画钝角三角形的三条高。14 班有两个同学不会画,其中一个就是 Z 灿同学。难怪他现在不明白这种计算三角形面积的方法。

第二次讲完这道题后,希望同学们真正能掌握这道题的解法。

晚自习,让同学们做导学案上轴对称这一章的复习题。另外,我还在黑板上补充了一道思考题,让同学们抄在作业本上做。这道思考题是这样的:

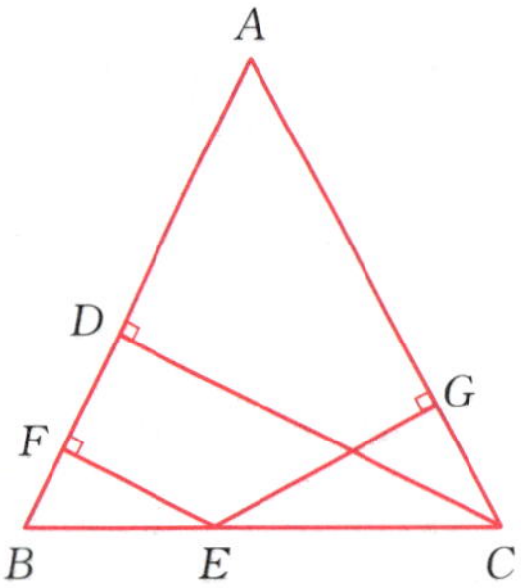

如图,在$\triangle ABC$中,$AB=AC$,$CD\perp AB$于点D,E是BC边上任意一点,过点E作$EF\perp AB$于点F,$EG\perp AC$于点G。

求证:$EF+EG=CD$。

在 14 班，很多同学做完导学案上的题后都在苦苦思索黑板上的题，其中宁鹭和龙翔同学凭借他们强大的“内力”，硬是通过作辅助线证明三角形全等的方法证明了出来。不过，这种方法还要用到初二下学期才会学到的矩形的一些知识点，我并不是很鼓励和提倡这种方法。对他们进行表扬之后，我问同学们：“想一想，能不能利用三角形面积相等的思路来找到答案呢？”

13 班的嘉琪和倩妮同学思考了很久不得要领，下课后来到办公室问我。我对她们说，这道题有一种非常巧妙的解法，就是利用三角形的面积相等来做。

如图，连接 AE，$\triangle ABE$ 的面积加上 $\triangle ACE$ 的面积等于 $\triangle ABC$ 的面积。而 $\triangle ABE$ 的面积就是 $\frac{1}{2}AB\times EF$，$\triangle ACE$ 的面积就是 $\frac{1}{2}AC\times EG$，而 $\triangle ABC$ 的面积就是 $\frac{1}{2}AB\times CD$。所以可以得到 $\frac{1}{2}AB\times EF+\frac{1}{2}AC\times EG=\frac{1}{2}AB\times CD$。

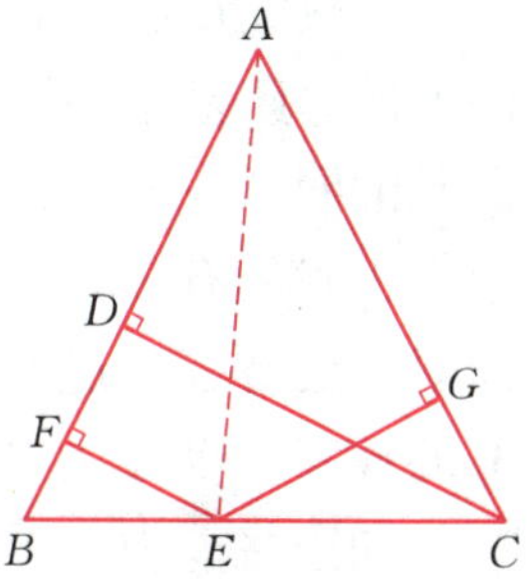

黑板上的题图

等式两边同时除以 $\frac{1}{2}$，可得 $AB\times EF+AC\times EG=AB\times CD$。

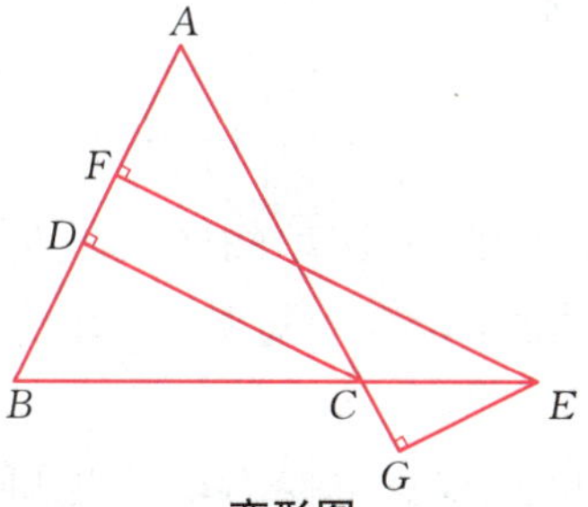

变形图

又由于 $AB=AC$，所以上式转化为 $AB\times EF+AB\times EG=AB\times CD$。

两边同时除以 AB，可得 $EF+EG=CD$。

当我讲到这里时，这两位同学才恍然大悟。

同学们，看完后，不知你们是否明白。而且这道题还可以再变化一下，如果点 E 是 BC 延长线上的一点，其他条件都不变(如图)，那么 EF、EG、CD 三条线段又是一种怎样的关系呢？你们能不能再次运用三角形面积之间的关系，来得到一个正确的结论呢？试试看吧。

许多时候利用面积相等可以解决很多问题，而且过程简单，现在考题经常会考这类题型，大家要有意识地多思考、多总结。

10 月 29 日　星期二

轴对称单元测试

今天每个班只有一节课，但由于明天学校所有的学生要一起外出参加社会实践活动，本来定于明天进行的轴对称单元测试就移到了今天。只有一节课时间，让同学们删除了一道画图题，就开始考试了。如果基本功扎实，一节课的时间做这些题绰绰有余。如果知识点不过关，给再多的时间也没用。

两个班的学生做完试卷后，我立即批阅起来。最后一题较难，又由于时间紧张，除了个别学生能够得两分之外，其余学生全部做错了。这道题只有等到上课时间再去讲解了。倒数第二题，上一周我还讲过。在 10 月 21 日的日记里，还能找到这道题的解题思路。

批改完试卷后，我统计了一下，13 班参考总人数 48 人，倒数第二题，按照我讲解的思路基本做正确的有 6 人，自己创造另外一种思路做正确的有 2 人，其他做错的同学有 40 人。14 班参考总人数 50 人，倒数第二题，按照我讲解的思路基本做正确的有 15 人，按照其他思路做正确的有 3 人，其他做错的同学有 32 人。面对一道曾经讲过的中等难度的几何证明题，这些令人难堪的数据真是一种残酷的现实。没办法，只有在讲评试卷时把这道题重新讲解一遍了。当同学们的理解和记忆能力不尽如人意时，只有用时间加汗水的万能法则来弥补了。

我又统计了其他一些典型题的正确率。“角平分线上的点到角两边的距离相等”这个知识点，不会运用的同学，13 班有 13 人，14 班有 8 人。等腰三角形的三线合一的性质，不会运用的同学，13 班有 28 人，14 班有 14 人。钝角三角形的面积，不会计算的同学，13 班有 25 人，14 班有 3 人。

惨不忍睹！还有些同学的几何证明过程写得很长，但没有一句是抓住重点的。其过程，有点像故弄玄虚的武术表演者开场的亮相姿势，一连串的令人眼花缭乱的动作就是打不倒一个敌人。相反，数学功底深厚的同学，短短数行，却能做对得分。

同学们还要多领悟，多学习模仿。在以后的教学过程中，我也要力求这些知识点，每个同学都能逐个过关。

还有一些同学的错误，更是让我哭笑不得。有一道选择题，将一个长方形纸片折叠两次后，需要求解一个角的度数，这个角应该是平角的一半，答案是 90°。但两个班里，有很多同学选择的是 95°这个答案。我觉得很奇怪，就找了一个做错的同学，问他是怎么思考的。他告诉我，试卷上配了图形，图形中要求解的那个角比直角略微大一点，他就用量角器量了一下那个角的度数，恰好是 95°，所以就选了这个答案。

数学结论是通过论证或计算来获得的，通过尺子去量、量角器去测，这和数学思维格格不入。况且测量是有误差的，初二物理中也会讲这个问题。通过测量去得出一道数学题的结果，是一种比较荒唐的“尝试”。

我晕！试卷上的图形画得不是很准确，看上去比 90°略微大一点，但怎么能通过量角器来量出答案呢？必须利用题目给的数据去计算，这样才能得到正确的答案啊。

同学们在这次考试中的失误，一方面是课本上的知识点理解不深，运用得不熟；另一方面是考试经验不足，解题技巧不精。

现在，好盼望快到周四数学课，课上能给同学们好好讲讲这次考试暴露出来的问题。

10 月 30 日　星期三

深圳华侨城游玩后的晚自习

今天一大早，全校师生在学校领导的严密组织下，由旅行社带领着，到深圳华侨城游玩。如果角度站得更高一点的话，那就是全校师生到华侨城景区参加社会实践活动，以培养同学们与人相处的能力、互助协作的能力、欣赏大自然的能力、感悟生活的能力。

回到学校后，由于同学们都玩得很累，所以晚自习只上两节，两个班的数学学习时间都只有 20 分钟。

把轴对称单元考试的试卷发给同学们后，在 14 班，我针对试卷上的 4 道题，把做错的同学一个个叫到讲台上当面讲解，直到每个同学都明白自己错在哪里并更正后，我才罢休。在 13 班就不能采取这种办法了。因为 13 班错的人太多，要是一个一个地叫到讲台上来，可能时间不够，只好在黑板上做一个统一的讲解。

七步"杀"一题

有一题，先要用等腰三角形的三线合一的性质，再用角平分线上的点到角两边距离相等的性质，经过短短七行就可以得到答案。我在 13 班教室的黑板上做了一个详细的解答。对这两个性质运用不熟练的同学，一定要好好理解。

如图，在$\triangle ABC$中，$AB=AC$，点 D 是 BC 的中点，点 P 是 AD 上任意一点，过点 P 作 $PM\perp AB$ 于点 M，$PN\perp AC$ 于点 N。求证：$PM=PN$。

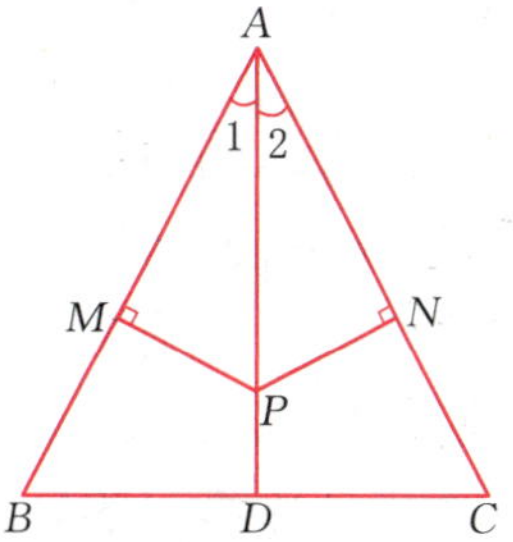

我把此题的详细证明过程写在下面，这道题做的有所欠缺的同学要特别注意。13 班做错的同学有世豪、成彬等 28 人，14 班做错的同学有思思、耀豪等 14 人。此题的详细证明过程如下：

证明 ∵ $AB=AC$，D 是 BC 的中点，

∴ $\angle 1=\angle 2$。

∵ $\angle 1=\angle 2$，$PM\perp AB$，$PN\perp AC$，

∴ $PM=PN$。

这样就证明完了。前三句，是运用等腰三角形的三线合一的性质。后四句，是运用角平分线的性质。不用证明三角形全等，完全可以运用等腰三角形和角平分线的性质，走一条捷径。言简意赅，短短七句，即可搞定。在批改数学试卷时，我看到一些同学绕来绕去，写了一长串无关痛痒的证明文字，我真恨不能亲自帮他们写。

与难题周旋的套路

在 14 班讲完此题后，还有 10 分钟时间。我讲了试卷上最难的一题，也就是最后一题。这道题，由于图形复杂，我在做时，花了三分多钟的时间才找到思路。

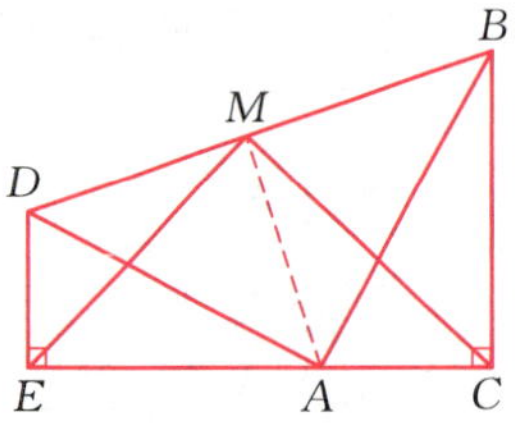

两个全等的含 30°，60°，90°的△ADE 和△BAC 如图所示放置，E、A、C 三点在一条直线上。连接 BD，取 BD 的中点 M，连接 ME、MC。试判断△EMC 的形状，并说明理由。

> 这是解难题一下子找不到思路时，起码应有的态度和程序。

这道题目的图形中，干扰思维的线段很多，我一下子没有找到思路。这种情况下，我的思考一般进入第二个程序，就是**重新细读一遍题目，并按照题目所给出的已知条件，把图形重新在草稿纸上画一遍，看看有没有遗漏关键条件，有没有忽视重要思路。**

我边给同学们讲解我做这道题时的具体经过和感受，边在黑板上画图形。当我画到此处时（如图 1），因为这两个三角形是全等的，三个角分别为 30°，60°，90°，同学们都发现“$AD=AB$，$\angle DAB=90°$”。

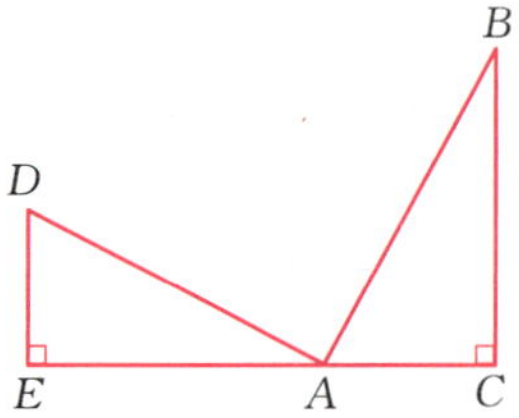

图 1

我又连接了 BD，并找到 BD 的中点 M，如图 2。此

时，同学们才突然发现，这里可以运用等腰三角形的三线合一的性质。因为 $AD=AB$，$MD=MB$，所以 $AM\perp BD$，$\angle DAM=\angle BAM=45^\circ$，从而又得到 $\angle ADM=\angle DAM=45^\circ$，$MD=MA$。这几个重要结论，同学们看原图时，由于受到其他线段的干扰，一直没有发现。我在做题的前三分多钟时间里，竟然也没有发现。

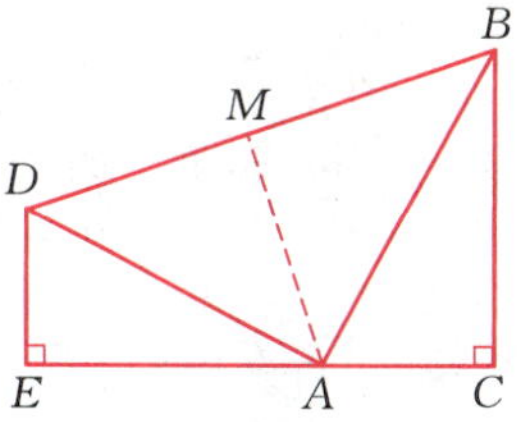

图 2

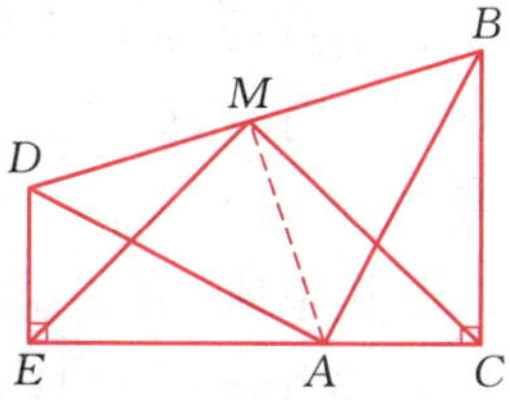

图 3

又连接了 ME 和 MC（如图 3），初步可以感觉到应该证明 $\triangle MDE\cong\triangle MAC$，因为这两个三角形是绕点 M 旋转变换后得到的。

一旦找到正确的思路，在 $\triangle MDE$ 和 $\triangle MAC$ 中找全等的三个条件就很简单了。有 $DE=AC$，$\angle MDE=\angle MAC=60^\circ+45^\circ=105^\circ$，再加上 $MD=MA$，于是可证得 $\triangle MDE\cong\triangle MAC$。由两个三角形全等可以得到 $ME=MC$。再加上 $\angle EMC=90^\circ$，就可以得到 $\triangle EMC$ 是等腰直角三角形。

有同学问："怎样证明 $\angle EMC=90^\circ$？"

我只有帮人帮到底，送佛送到西了。前面得到了 $\triangle MDE\cong\triangle MAC$，可得 $\angle DME=\angle AMC$，则 $\angle EMC=\angle EMA+\angle AMC=\angle EMA+\angle DME=\angle DMA=90^\circ$。

$\angle DMA$ 为什么等于 90°？呵呵，回到前面去看看，前面不是运用三线合一的性质得到过 $AM\perp BD$？

再好好想想，是不是有一种醍醐灌顶的感觉？同学们，当你们想了好久也没有找到证明题的解题思路时，不妨也像我这样，在草稿本上重新画图，看看有没有遗漏了什么重要线索。电视连续剧《神探狄仁杰》里面，狄公经常到现场去复查，看有没有忽略了什么线索。

10 月 31 日　星期四

轴对称单元试卷讲评

讲评周二考试的轴对称单元试卷前，我给了四分钟时间，让同学们背诵三角形这一章的知识点。同学们背完后，我通过提问的方式，让大家一起回忆三角形这章主要的知识点：

1 三角形的第三边大于另外两边之差，小于另外两边之和。

2 三角形的外角等于和它不相邻的两个内角的和。

3 n 边形的内角和为 $(n-2)\times180°$，外角和为 $360°$，对角线总条数为 $\frac{n(n-3)}{2}$。

本章还有很多关于三角形的其他知识点，由于时间关系，不能一一提问，同学们只有在课外时间，再去背诵过关了。期中考试即将到来，可不能带着疑惑上考场呀。

接下来，开始讲评前天考试的试卷。13 班的最高分是子凯同学的 110 分，14 班的最高分也是 110 分，由瑞平和写意同学获得。

试卷上有些试题，昨天晚自习已经讲过了。今天，在两个班里，我针对同学们错的较多的，我还未讲过的几道题进行了讲解。

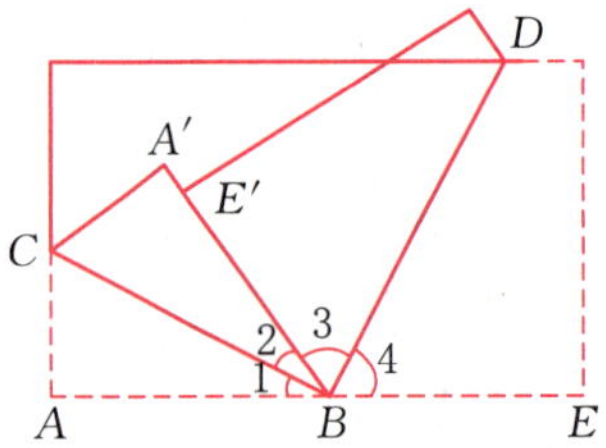

1 一张长方形纸片，按如图所示的方式折叠，BC、BD 为折痕，求$\angle CBD$ 的度数。

前面说过有人用量角器去量，得出 95°的答案，这样做显然是不行的。这道题该如何解答呢？我找了一张长方形的纸，按照试卷上的操作方法折叠了一遍。同学们看得很清楚，$\angle1$ 与$\angle2$ 重合在一起，也就是说 $\angle1=\angle2$。同样的道理，$\angle3=\angle4$。那么，$\angle2+\angle3=\angle1+\angle4$。又因为$\angle1$、$\angle2$、$\angle3$、$\angle4$ 这四个角，合起来是一个平角，为 180°。那么 $\angle2+\angle3$ 和 $\angle1+\angle4$ 度数相等，自然各占 180°的一半，也就是 $\angle2+\angle3=90°$。所以，$\angle CBD$ 等于 90°。

讲完这道题后，我不禁想，像这种涉及某个量的一半的几何题，在初中数学里简直太多了，但很多同学一直都没有真正明白。可能他们对“一半”这个词，没有真正地领悟过。而且，这里还有一个理解难点：$\angle1$、$\angle2$、$\angle3$、$\angle4$ 这四个角都不知道度数，如何求 $\angle2+\angle3$ 的度数呢？很多思维停留在小学阶段的同学，若没有整体思想，想破脑壳也不得其解。

整体的思想、方程的思想，不是挂在嘴上说说的，有了这些思想并会运用，你才基本上告别了小学的思维，进入到更高的层次。

同学们，此题中虽然不知道$\angle 2$和$\angle 3$各是多少度，但是可以求出$\angle 2$与$\angle 3$的和，这个和是90°。这个道理，你们理解了吗？

试卷上还有一道题，以前讲过，但由于做错的同学太多，我只好在两个班里又讲了一遍。

2 如图，在$\triangle ABC$中，$AB=AC$，在AB上选一点F，延长CA至点E，使$AE=AF$，求证：$EF\perp BC$。

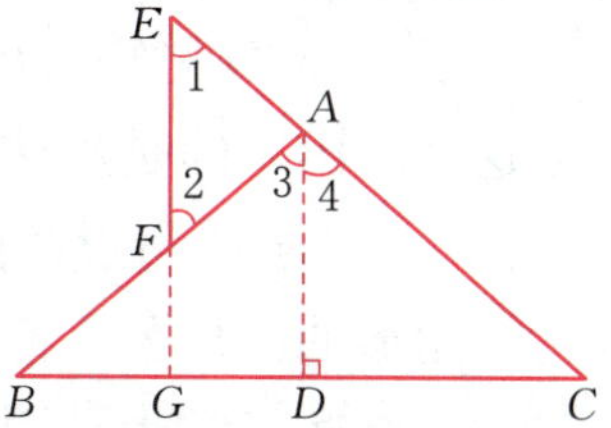

在这道证明题中，因为$AE=AF$，所以$\angle 1=\angle 2$。又因为$\angle 1+\angle 2=\angle BAC$，所以$\angle 1=\angle 2=\frac{1}{2}\angle BAC$，这里又涉及了"一半"这个词。

要证EF垂直于BC，当然要将EF延长交BC于点G，只要能证明$\angle EGC=90^\circ$就可以了。很自然地，要作等腰三角形ABC的底边BC上的高AD，根据三线合一的性质，可以得到$\angle 3=\angle 4=\frac{1}{2}\angle BAC$。既然$\angle 1=\angle 2=\frac{1}{2}\angle BAC$，$\angle 3=\angle 4=\frac{1}{2}\angle BAC$，那么就可以得到$\angle 2=\angle 3$，从而得到$EG\parallel AD$。最后可以得到$\angle EGC=\angle ADC=90^\circ$，所以$EF\perp BC$。

讲完试卷上的几道难题后，留了一点时间，让同学们好好改错。

有一题是求钝角三角形的面积，我已经讲过了，想看看几个做错的同学是否真正明白。下课后，我在13班找了几个做错的同学，问他们该如何求这个钝角三角形的面积。

3 如图，在$\triangle ABC$中，已知$AB=AC=2$，$\angle ABC=15^\circ$，过点C作$CD\perp BA$交BA的延长线于点D，求$\triangle ABC$的面积。

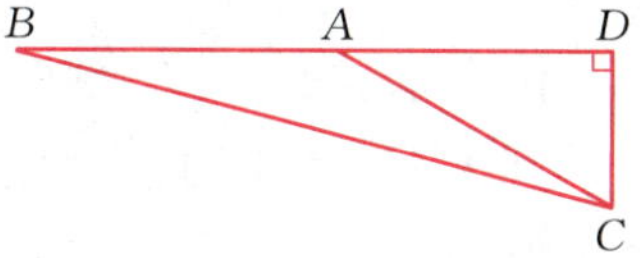

因为$AB=AC$，所以$\angle ABC=\angle ACB=15^\circ$，那么$\angle DAC=\angle ABC+\angle ACB=30^\circ$。在$Rt\triangle ACD$中，$30^\circ$的角所对的直角边$CD$等于斜边$AC$的一半，所以$CD=\frac{1}{2}AC=\frac{1}{2}\times 2=1$。

第9周

到了这里，△*ABC* 的面积就呼之欲出了。但这几个做错的同学仍然给出了几种错误的解法。

错误 1　把 *BC* 看作底，过点 *A* 作 *BC* 边上的高，想求出 *BC* 与 *BC* 边上的高，再算面积。

这种思路是行不通的，因为 *BC* 和 *BC* 边上的高都求不出来。

错误 2　*CD* 是底，*BD* 是高，面积等于 *CD* 与 *BD* 相乘除以 2。

这样求出来的是△*BCD* 的面积，而不是△*ABC* 的面积。

错误 3　求三角形的面积时，只用底×高，而不除以 2。

三角形的面积公式都记不住，我不知道该说什么好。

对于这些经常犯顽固性错误的同学，实在没办法的情况下，我只好一个一个地对他们单独辅导。时而在草稿本上画一个钝角三角形，让他们说各边上的高在哪里。时而把试卷倒转过来，让他们仔细理解△*ABC* 的边 *AB* 也可以是底，线段 *CD* 就是 *AB* 边上的高，用 $AB \times CD \div 2$ 就可得到△*ABC* 的面积。一通忙乎之后，看着他们都会做此题了，我才罢休。

11 月 1 日　星期五

数学期中模拟考试

今天每个班都有两节课，所以就找了一套和期中考试数学试卷的题型、难度差不多的试卷，来了一次模拟考试。

在考试之前，还是给了四分钟时间，让同学们背诵课本第二个章节全等三角形的有关知识点。前三个章节的主要内容，我都给了课堂上的时间让同学们去看、去背。同学们，如果实在还没有完全记住，那就一定要找课外时间去翻看课本，识记主要知识点。

接下来，用了 80 分钟的时间做这套试卷。

到了下午的时候，我已经全部批改完。满分 100 分的试卷，13 班的最高分是子凯同学的 92 分；14 班的最高分是 94 分，由瑞平、子仪、梓航三位同学获得。

搞定压轴题——它们并不可怕

试卷上错的最多的一道题是最后一题，俗称压轴题。对于这样的难题，一方面要按照正确的思路去思考，另一方面要多总结、归类正确的解法。

如图，在等腰直角三角形 ABC 中，$\angle ACB = 90^\circ$，D 为 BC 的中点，作 $DE \perp AB$，垂足为 E，过点 B 作 $BF \parallel AC$ 交 DE 的延长线于点 F，连接 CF 交 AD 于点 G。

（1）求证 $AD \perp CF$；

（2）连接 AF，试判断 $\triangle ACF$ 是否为等腰三角形，并说明理由。

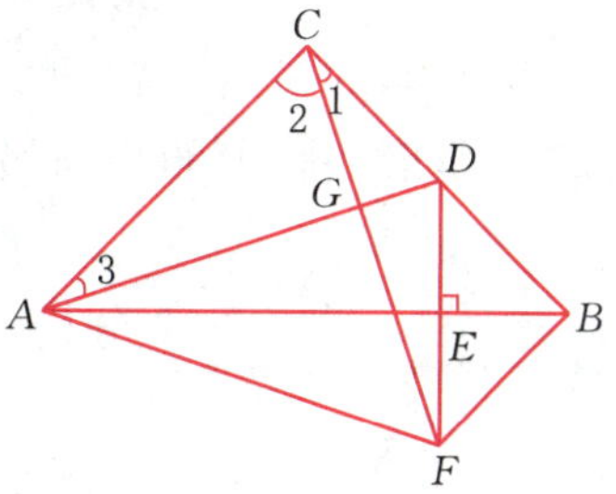

首先根据这道题所给的已知条件，把外围的准备工作做好。比如，由 $BF \parallel AC$，$\angle ACB = 90^\circ$，可以得到 $\angle DBF = 90^\circ$。再由等腰直角三角形 ABC 得到 $CA = CB$，$\angle CAB = \angle CBA = 45^\circ$。由此，可以得到 $\angle DBE = \angle EBF = 45^\circ$。又由 $DE \perp AB$，可以得到 $\angle BDE = \angle BFE = \angle DBE = \angle EBF = 45^\circ$，所以 $DE = BE = FE$，$BD = BF$。又由 D 为 BC 的中点，可以得到 $BF = BD = DC$。

准备工作做好后，就可以发起一次总攻了。总攻的目标，就是证明 $\triangle ACD$ 和 $\triangle CBF$ 全等。

是怎么发现这两个三角形全等的呢？因为这两个三角形是旋转后再平移得到的，而且只有证明了这两个三角形全等，才能得到 $AD \perp CF$。另外，之所以知道要证明这两个三角形全等，也是题目做多了之后的一种感觉。

在这两个三角形中，全等的三个条件很好找。由前面的准备工作可知：$CA = CB$，$\angle ACD = \angle CBF = 90^\circ$，$CD = BF$，根据边角边定理可证三角形全等。

得到 $\triangle ACD \cong \triangle CBF$ 后，就可以得到 $\angle 1 = \angle 3$。又因为 $\angle 1 + \angle 2 = 90^\circ$，所以 $\angle 3 + \angle 2 = 90^\circ$，也就可以得到 $\angle CGA = 90^\circ$，即 $AD \perp CF$。最后这个过程，有点像以前总结过的“双垂直，尖角等”，不过这里是反过来运用的。同学们是否心有所悟？

第（2）小题，连接 AF，问 $\triangle ACF$ 是否为等腰三角形。首先要肯定回答，$\triangle ACF$ 是一个等腰三角形。答出这句话，就可得 1 分。

因为 $DE = FE$，$DF \perp AB$，也就是说 AB 是线段 DF 的垂直平分线。根据线段垂直平分线上的点到线段两个端点的距离相等，可以得到 $AD = AF$。又因为 $\triangle ACD \cong \triangle CBF$，所以 $AD = CF$。前面费尽九牛二虎之力证得的结论，总要在第（2）小题里用一下的。

这样一来，根据等量代换，可以得到 $AF = CF$，这不就说明 $\triangle ACF$ 是一个等腰三角形吗？

注意"坑爹"题——重视最后一道填空题

填空题的最后一题，两个班只有苏忆同学做对了。这道题目是这样的：如果等腰三角形一腰上的高与另一腰的夹角为$45°$，那么它的顶角为________度。

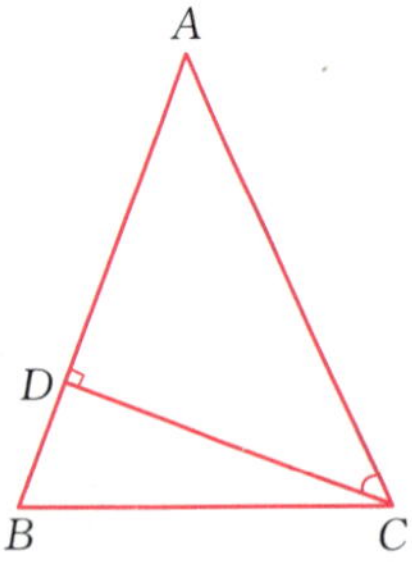

常规情况，锐角三角形

绝大部分同学在草稿纸上，画了一个这样的图去分析：

在$\triangle ABC$中，$AB=AC$，腰AB上的高CD与另一腰AC的夹角$\angle ACD=45°$。显然，可得顶角$\angle A$就是$45°$。可为什么填写答案为$45°$，却被判错了呢？

那是因为这些同学只考虑到了这种情况，还有一种情况没有考虑到。如图，在$\triangle ABC$中，$AB=AC$，腰AB上的高CD，与另一腰AC的夹角$\angle ACD=45°$。此时，$\angle CAD=45°$，这时的$\angle BAC$就是$135°$。

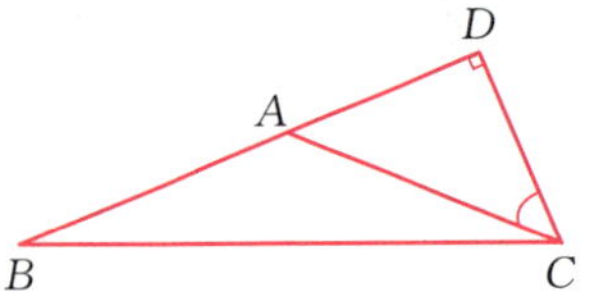

容易遗漏的情况，钝角三角形

同学们，这种情况，你们可看明白了？此时，腰AB上的高，在$\triangle ABC$的外面，此时$\triangle ABC$是一个钝角三角形。

所以，此题的正确答案是：$45°$或$135°$。

这道题是不是很"坑爹"？当你们做多了模拟试卷后，特别是到初三总复习的时候，你会发现，许多试卷的最后一道填空题都要考虑两种情况。现在的中考，一方面是检测同学们在初中的数学学习是否达标；另一方面，也像高考一样有一定的选拔功能。为了将同学们的学习情况予以适当的区分，试卷上总要有一些难度略大的题目。不过，只要考虑问题更全面一点，我们完全可以把这样的"坑爹"题做对。

当我们第一次做这种题出错的时候，不要紧，好好记住这种题目的解答模式，以后留意，不要让"悲剧"重演。

计算错误也要命

一些同学的计算错误让人难以理解。现摘录如下，希望同学们有则改之，无则加勉。

彦彤同学的错误："$0.5\times70=15$。"真晨同学的错误："$95-45=55$。"蔚贞同学的错误："$95-45=40$。"明轩同学的错误："$180-85-45=40$，$180-45-40=85$。"

这样的计算错误可真要人的命啊。特别是做解答题时，如果第一个步骤就出现了这样的计算错误，然后又将这样的错误代入后面的计算过程中，那么就一错到底，连得步骤分的机会都没有了。

同学们一定要注意，不能犯计算方面的低级错误，特别是在关键考试中，如果不幸出现了，那就一定要牢牢记住，不可再犯。

还有一位同学，有一道选择题应该选 A，但他写的“A”既不像英文，也不符美国标准。而且，我还敢断定，绝不是俄罗斯文字，也不是日本文字，和传说中的“火星文”也没有半点关系。还有一位同学写“5”时，不知是跟哪位擅长草书的书法家学的，让我分辨良久，也无法辨认出到底是几。

做数学题，字母、数字一定要写好。不要求你写得有多规范，至少要让大家能看清，不会误解。

11 月 2 日　星期六

三道思考题

今天是星期六，同学们都已经返回家中。为了让特别喜欢钻研难题的数学学霸见识一下本章难度较大的几何推理题，特在这里写三道思考题。同学们先看看，然后琢磨一下，最后再看我的解题思路，看有没有恍然大悟的感觉。

1 如图，在△ABC 中，$AB=AC$，$CD\perp AB$ 于点 D，E 是 BC 延长线上任意一点，$EF\perp AB$ 于点 F，$EG\perp AC$ 的延长线于点 G。

求证：$EF-EG=CD$。

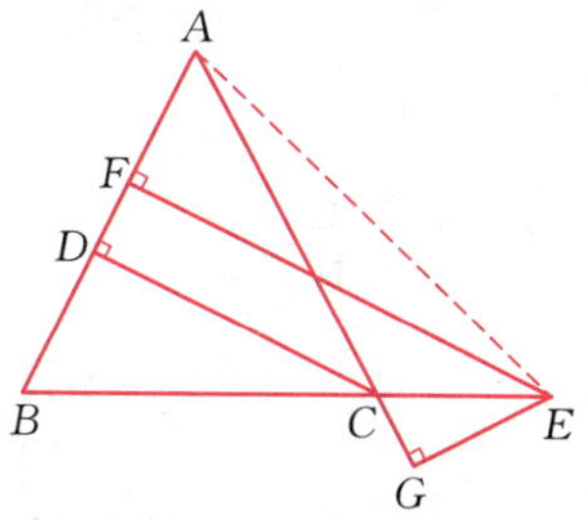

这道题有一种非常巧妙的解法，就是利用三角形的面积来做(前面讲过，不知大家是否还记得)。

证明　连接 AE，$\because S_{\triangle ABE}-S_{\triangle ACE}=S_{\triangle ABC}$，

$\therefore \frac{1}{2}AB\times EF-\frac{1}{2}AC\times EG=\frac{1}{2}AB\times CD$。

等式两边同时除以$\frac{1}{2}$，可得 $AB\times EF-AC\times EG=AB\times CD$。

又 $AB=AC$，所以上式转化为 $AB\times EF-AB\times EG=AB\times CD$。

可得 $EF-EG=CD$。

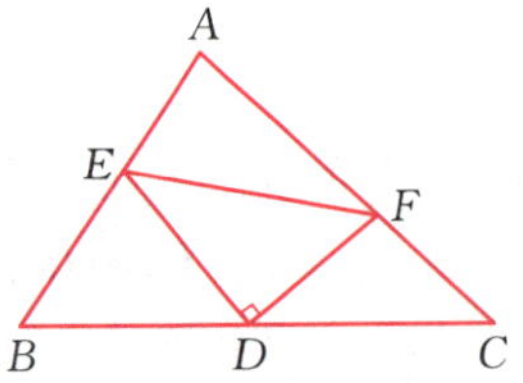

2 如图,在$\triangle ABC$中,D是BC边上的中点,E是AB边上一点,连接ED,过点D作ED的垂线交AC于点F。

求证:$BE+CF>EF$。

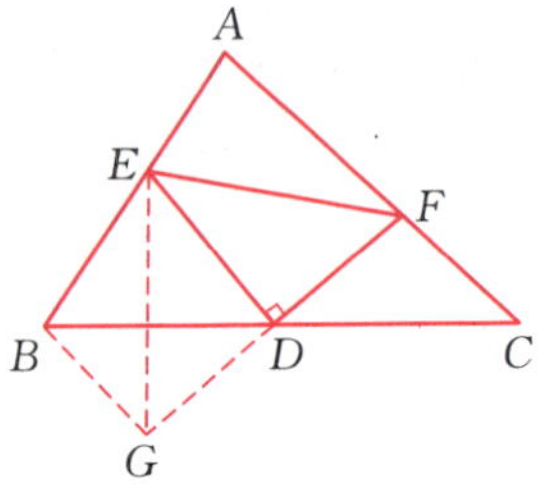

倍长中线法

这道题,乍一看好像无从下手。联想到点D是BC的中点,DF就是一条与中点有关的线段。延长FD到点G,使$DG=DF$,连接BG、EG,如图所示。

这样一来,就把已知条件和要求证的结论联系起来了。此时,很容易得到$\triangle BDG\cong\triangle CDF$($DB=DC$,对顶角$\angle BDG=\angle CDF$,$DG=DF$),可得$CF=BG$。同时,$ED$是线段$GF$的垂直平分线,所以$EG=EF$。这样,就相当于把$CF$转化为$BG$,$EF$转化为$EG$。要证$BE+CF>EF$,实际上就是要证$BE+BG>EG$。只需要在$\triangle BGE$中,运用三角形两边之和大于第三边的知识点,即可得到。

这道题目所作的辅助线以及所用的思路,与以前所讲的倍长中线法(加倍延长与中点有关的线段的方法)一脉相承。

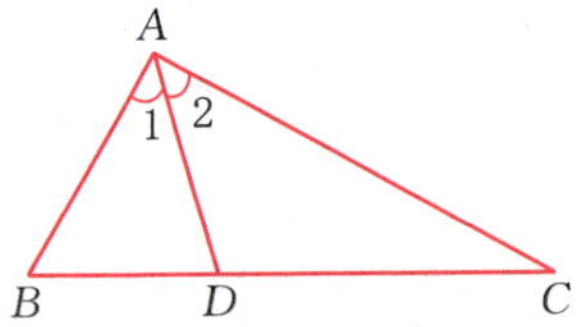

3 如图,AD是$\angle BAC$的平分线,$\angle B=2\angle C$。求证:$AC=AB+BD$。

这道题,有用的条件就一个:$\angle 1=\angle 2$。至于$\angle B=2\angle C$,好像怎么都用不起来。

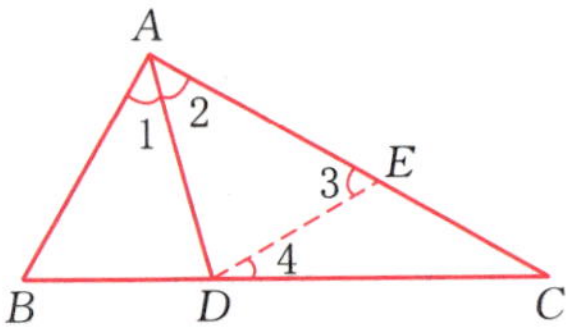

截取法

联想到要证的结论是$AC=AB+BD$,我们可以用截取法作辅助线。具体过程是这样的:如图,用圆规在AC上截取$AE=AB$,连接DE。这个过程用尺规作图是可以画出来的。

同学们,你们可以看出哪两个三角形全等吗?

对,就是$\triangle ABD\cong\triangle AED$($AB=AE$,$\angle 1=\angle 2$,$AD=AD$),那么就可以得到$BD=ED$,$\angle B=\angle 3$。又因为$\angle 3=\angle 4+\angle C$,而已知$\angle B=2\angle C$,所以$2\angle C=\angle 4+\angle C$,可以得到$\angle 4=\angle C$。根据

等角对等边，可得 $ED=EC$。又由于前面刚得到 $BD=ED$，所以 $BD=EC$。

综合起来，就可以得到 $AC=AE+EC=AB+BD$。

这道题是运用“截取法”作辅助线，强行造出两个三角形全等，从而把已知条件与要证结论联系起来。上一题用“倍长中线法”，将与中点相关的线段延长一倍，强行制造两个三角形全等，然后将已知条件与要证结论联系起来。两道题既有相同的思维方式，又有不同的地方，请同学们注意总结反思。

有中点或者中线的证明难题，如果要作辅助线，可优先选择“倍长中线法”去思考；有三角形角平分线的证明难题，如果要作辅助线，可优先选择“截取法”去思考。总之，作辅助线的目的就是为了制造三角形全等，然后把题目中的某些线段或者角，进行迁移、转化，从而找到思路。同学们若能认真思考，细心领悟，则数学功力必将大增。

第10周

11月3日　星期日

同学们的评论

细说评论

上一周的评论里，这些同学给我留下了较深的印象。

10月27日的评论中，晓桐同学说："快要期中考试了，真该多看看老师的日记。不管是现在的还是以前的，绝对不能敷衍了事。期中考试才是真正检测自己学习情况的时候。"

以前有同学说过，老师所写的日记相当于是把数学课堂定格储存了，可以随时回看播放。当遇到不理解的地方或者遗忘了知识点的时候，回看一下，特别有效果。如果一个同学能做到随时复习，那么他的数学考试成绩是不会差的。因为考来考去都是一些老师在课堂上反复讲的知识点和重点题型。

彦彤同学评论说："不会的题目不要憋在心里，否则就会带着许多疑惑进考场，最后是考不好的。所以我们不懂就要问，不要怕别人笑。"

彦彤同学每次在评论里面说得都挺好的，希望在不懂就问方面，做得也好。

10月28日，Z艺同学评论说："老师，我发现你有一个地方打错了。'$\triangle ACE$的面积是$\frac{1}{2}AB\times EG$'，应该是'$\triangle ACE$的面积是$\frac{1}{2}AC\times EG$'。"

我对她的回复是："你说得很对，我已经改正过来了。你是一个看日记很仔细的同学，特别表扬！"

Z艺同学在14班不显山露水，但她却是一个阳光、开朗、认真的优秀生。凭着她刻苦钻研的学习态度和一丝不苟的求实精神，我想，她在数学学习上一定会取得优异的成绩。

明珠同学说："我会把老师说的这些题打印出来复习，并且弄懂。我还要努力把书本上的知识点背好。"

我相信明珠同学一定可以做到，而且她的数学成绩目前正处于进步之中。

刻苦的学习＋正确的方法＋少说空话＝成功。

10 月 29 日，嘉琪同学评论说："老师经常总结还没有被同学们领悟的典型数学题。如果我们也像老师那样善于总结、归纳，相信成绩会突飞猛进的。老师讲过的题目，再做一次还不会的话，那只能说明课后没有好好消化。"

消化知识很重要，学习之后要让自己平静下来仔细咀嚼回味，知识才能真正成为自己的，数学能力才能真正提高！

在 10 月 30 日的评论里，嘉琪同学还说道："我真开心，我也像老师一样养成了这种做题习惯。遇到不会的，思考不出来的，我就再看一遍已知条件，在草稿纸上重新画图。这种方法的确很有用哦，大家都可以试试呢。"

嘉琪同学每次上课听讲都最为专心，回家后阅读我的日记最为认真，发表评论也最为积极。

在 10 月 30 日的评论里，宁鹭同学说："老师把我的名字打错了。还有，考试时有一道题没有思考出来，如果换一种思路，就会做对。希望自己期中考试时做题细心，考虑问题全面。"

宁鹭同学，我曾在以前的博文评论里多次表扬。而且，她还是一个很淡定的同学。我在以前的日记里，总是先入为主地把她的名字打成了"宁潞"，但她却从来没有生气。而且，就算是提醒我，也显得轻描淡写。对于她的这种大气、从容、淡定，我很佩服。

10 月 31 日的评论里，宁鹭同学还这样说："有一道涉及垂直的数学题，在学校没怎么听懂，看了一遍日记，感觉醍醐灌顶。谢谢老师！"

有这样的学生，我也很高兴，谢谢你们！

晓桐同学在评论里说："一些常见的易错题，老师在日记里给我们罗列了出来，我们一定要好好记住，不能辜负老师的良苦用心。"

在某次考试中，出现一些错误，问题不大。就怕出现的错误，在下次考试中再次出现，那可就要挨板子了。不要在同样的地方犯同样的错误，如果能做到这一点，那一定是一个智者。

11 月 1 日，彦彤同学在评论里说："老师给我指出了一些低级计算错误，我感到很后悔。这么简单的计算题都出错，太不应该了。以后在考试时要细心再细心，要不然真的会让自己肠子都悔青的。"

11 月 2 日，焯坚同学在评论里说："考试中要做对难度大的数学题，首先还是要基础好。"

难题就是这样"制造"出来的，了解它的来历，你自然就会庖丁解牛，成为解题高手。

焯坚同学的这句评论虽然短小，但切中要害。因为他道出了数学难题的实质——由基础题组合而成。要想把一道较难的综合题做对，数学里的每个基础知识点都要掌握。一个优秀的足球运动员，是由于控球、过人、射门等各项基本技术过关，再加以临场熟练运用才得以成功的。

基础必须过关

晚自习时间，给每个同学发了一张期中考试的模拟试卷，让同学们用 20 分钟的时间做正面的题目。有些同学做题的效率很高，不仅在规定的时间里把正面的内容做完了，而且还把反面的解答题也做了几道。

与此同时，针对上周五考试的试卷，有三道期中考试必考的填空题，我把两个班做错的同学一一叫到办公室，逐个询问，确保过关。

有一题是这样的，五边形的内角和是________度。就这样一道简单的填空题，13 班、14 班各有 5 人错。我把这 10 个人叫到办公室，问他们这道题应该用什么知识点做。这 10 个同学都回答出应该用 n 边形的内角和公式 $(n-2)\times 180^\circ$ 来算，即五边形的内角和是 $(5-2)\times 180^\circ=540^\circ$。还有一道题：

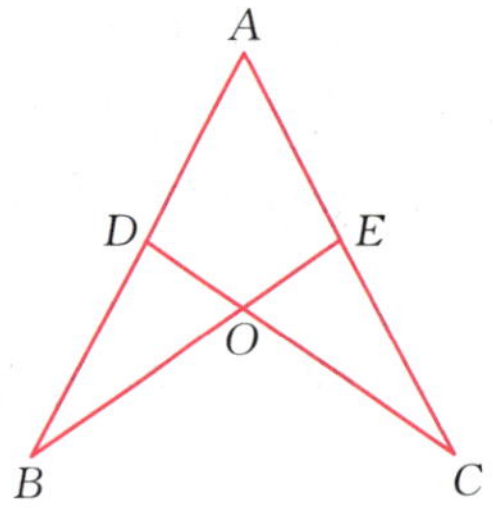

如图所示的图形中，$AE=AD$，要使 $\triangle ABE\cong\triangle ACD$，需添加的一个条件是__________。

此题，有 $AE=AD$ 这个已知条件，还有一个隐含条件——公共角 $\angle A$。可以添加的条件有好几种。如果填 $AB=AC$，就是用 SAS 来证明两个三角形全等。如果填 $\angle B=\angle C$，可以用 AAS 来证明两个三角形全等。如果填 $\angle AEB=\angle ADC$，可以用 ASA 来证明两个三角形全等。但是，有一个条件是不能填的，就是 $BE=CD$。因为在 $\triangle ABE$ 和 $\triangle ACD$ 中，由这三个条件 $AE=AD$、$\angle A=\angle A$、$BE=CD$，是不能证明三角形全等的，因为边边角对应相等的两个三角形不一定全等。

这道题，13 班有 9 个人错，14 班有 4 个人错。我对这些同学讲完后，有几个同学还是不太理解。我只好在他们的试卷上把 $\triangle ABE$ 和 $\triangle ACD$ 分开画，再在相等的边、角上标上记号，接着让这几个同学仔细观察。直到每个同学都搞清楚了边边角与边角边的区别后，我才让他们走。

还有一道每次考试都必然考到的填空题。

如图，在$\triangle ABC$中，DE是AB的垂直平分线，$BC=32$，$AC=18$，则$\triangle ACE$的周长是________。

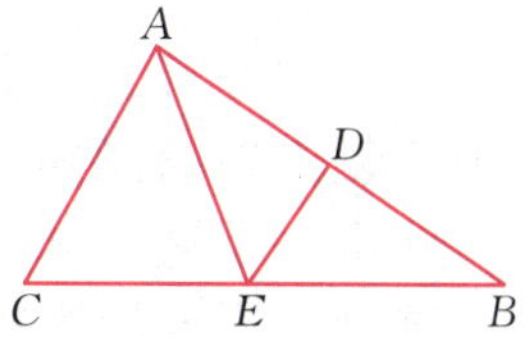

这道题，我要求每个同学都必须过关。在我的"大力剿杀"下，两个班的同学基本上都掌握了。但这次考试，13 班还是有 5 个同学做错，14 班有 1 个同学做错。我把这些同学叫到办公室，问他们："DE是AB的垂直平分线，说明了什么？"这几个同学想了一会儿才回答："$EA=EB$，因为线段垂直平分线上的点到线段两个端点的距离相等。"还有一个同学说，$DA=DB$。对于这道题目来说，虽然$DA=DB$用不上，但我没有否定他。

我又问道，$\triangle ACE$的周长是什么意思？经常被我叫来的这些同学，总是一次又一次地把我对他们的认识底线往下移，因为当真就有人不知道"三角形的周长"是什么意思。

没办法，只有对他们讲："$\triangle ACE$的周长，是$\triangle ACE$一周的长度之和，就是把$\triangle ACE$的三条边长加起来，$AC+CE+EA$。"

大家都理解后，我又接着往下讲。由于这里的EA是等于EB的，所以就把EA转化为EB。此处有两条相等的线段，如果不进行转化代换，那可就没有天理了。$\triangle ACE$的周长$=AC+CE+EA=AC+CE+EB$，这里的$CE+EB$恰好就是BC。所以$\triangle ACE$的周长$=AC+BC=18+32=50$。

直到这几个同学都弄懂了，我才让他们走。

感谢他们，我的耐心、宽容、淡定就是这样锻炼出来的。同学们，你们有没有把上面的几段话一一看完呢？如果有，你们也一定是耐心、细心、宽容的好学生。

11 月 4 日　星期一

期中考试前的最后一节数学课

时间过得真快，明天就是学校进行期中考试的时间了。初二所有的学科，都要来一次大检测。一方面，是对学生半学期以来的学习状态和学习情况进行一个摸底和小结；另一方面，也是对老师的教学进行一次评估。

临考之前，我觉得还有很多知识点、重要题型、解题方法、注意事项没有讲透。书到用时方恨少，临到考试方悔读书迟。相信很多同学都有这种感觉吧！

考前最后一节课，讲点什么呢？我想了一下，决定讲两个方面的题目。

必考题

总有些题目必然会出现，它们会在期中考试中“现身”，也会在各式各样的试卷中反复出现，有的时候只是字母的顺序和有关的数据略有变化。我决定先花点时间讲一下这种题目。

结合上周五的模拟试题，在昨天晚自习时间，我已经找了一些必考题做错的同学，一个一个地在我办公室过关了。其实我也知道，我在这里用“过关”这个词是不太准确的。这些同学表面上是点着头离开的，但谁也不知道他们是否真的掌握了。还有一些同学，可能上次考试没有出错，但下次考试由于思维短路而又丢分，这样的情况是屡见不鲜的。

上一届我所带的普通班，在初三最后的一系列中考模拟考试中，没有一道题能做到全部同学做对的。比如，试卷上经常考的最简单的一类题：“2 的相反数是________”，或者“2 的倒数是________”，或者“2 的绝对值是________”。就是这样的数学题，总是有那么几个同学，不是他错就是你错。好不容易把一个同学教会了，过一段时间，可能又是他因为理解错题意而做错丢分。看到这些同学老在这样的题目上丢分，我常常想，到底是他们不理解基础概念？还是读题不细致？

言归正传。我讲解的必考题有这样几道：

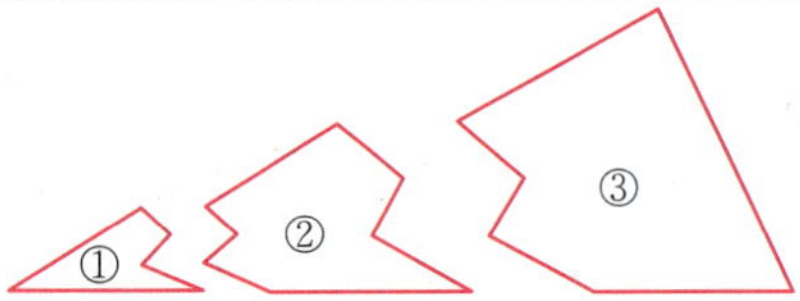

1 一块三角形的玻璃不小心碎成三部分，如果要到玻璃店去重新划一块，最简单的方法是带哪一块去？

答案是带那块角边角完好的部分，即带③去玻璃店重新划。以前做时，有一些同学选择带只有一个尖角的部分，即带①去，认为这一部分小，带着方便。这样做当然是错误的。考试时，要是在这样的题目上丢分，那简直是太可惜了。这样的题得 3 分很容易，而最后的压轴题要想得 3 分，实在太难。两相对比，你就知道，简单的题一定不能丢分。

数学考试考的是数学知识和原理，不是考你的生活常识。要转换角色，以小数学家的角色来处理问题，用数学的眼光和思维去判断和分析。

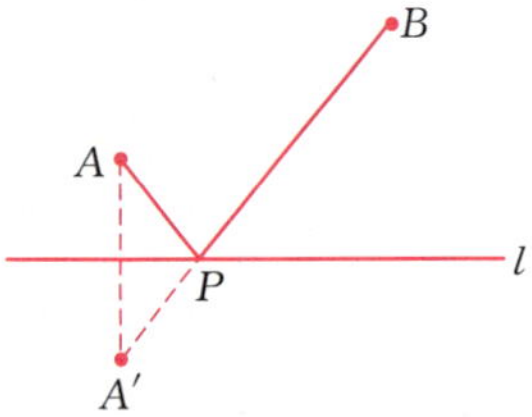

2 如图，一条公路 l 同一侧有两个村庄 A、B，要在公路 l 上找一个点 P，使点 P 到 A、B 的距离之和最短。

这种题目，以前上课时讲过，要让 $PA+PB$ 最短，可以采用平面镜成像的画法，先画点 A 关于公路 l 这条直线的对称点 A'，然后连接 $A'B$，与公路 l 的交点就是点 P 的位置。

此题如果要求的是让 $PA=PB$，虽然只有几个字不同，但思路就完全变了。要让 $PA=PB$，点 P 必须在线段 AB 的垂直平分线上。因为线段垂直平分线上的点到线段两端的距离才相等。用尺规作图法画出线段 AB 的垂直平分线之后，这条垂直平分线与公路 l 的交点就是点 P 的位置。

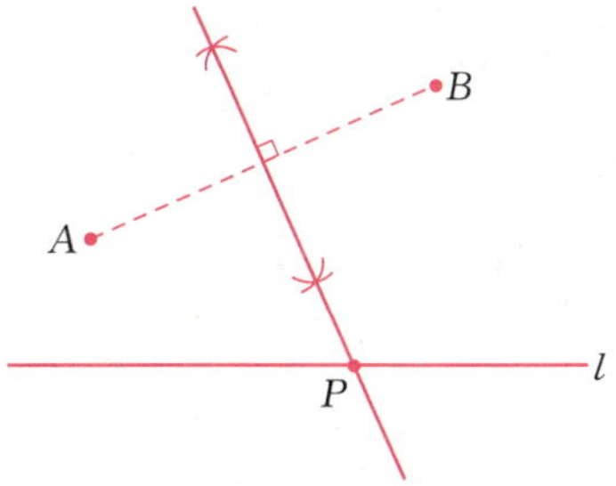

求 $PA=PB$ 的情况

在 14 班讲解时，我还额外补充了两个小题。在△ABC 中，找一点 P，使点 P 到点 A、B、C 的距离相等。因为要使点 P 到点 A、B 的距离相等，那么点 P 在线段 AB 的垂直平分线上。同理，点 P 在线段 BC 的垂直平分线上，点 P 在线段 CA 的垂直平分线上。所以，点 P 是△ABC 三边垂直平分线的交点。

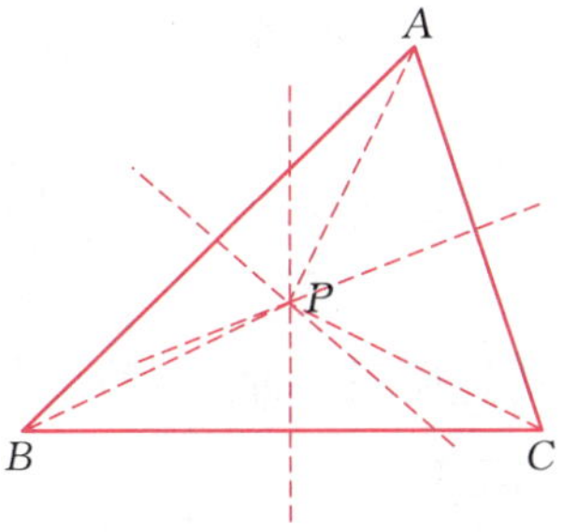

点 P 到三顶点距离相等

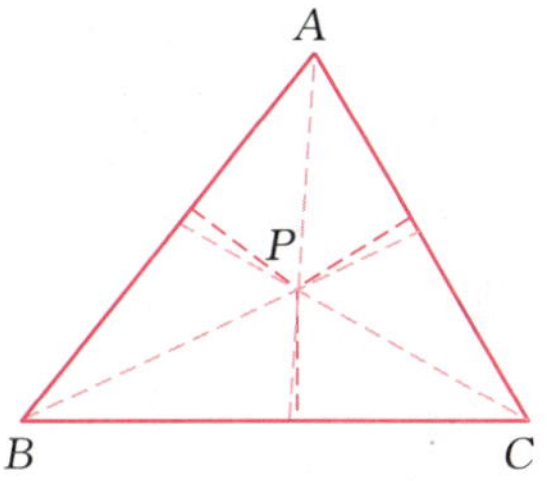

点 P 到三边距离相等

如果让点 P 到△ABC 三条边的距离相等，情况就发生了变化。点 P 到 AB 边和 AC 边的距离相等，那么点 P 就在∠BAC 的平分线上。因为只有∠BAC 的平分线上的点到角两边 AB 和 AC 的距离才相等。同理，点 P 在∠ACB 的平分线上，点 P 在∠ABC 的平分线上。点 P 就是△ABC 三个内角的平分线的交点。

这两个小题，要求不一样，具体的画图方法也不一样，都是数学课本上基础的数学知识点的具体运用。

还有一道经典作图题。

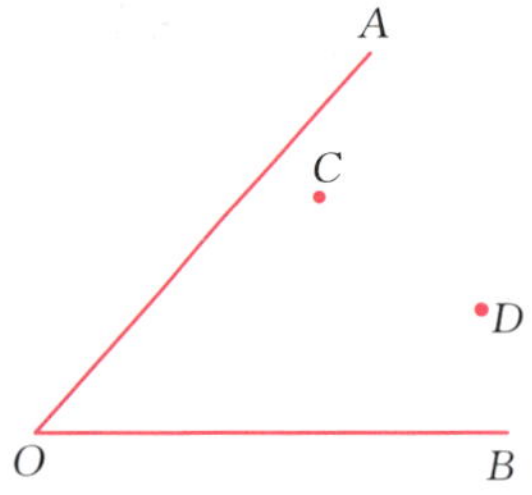

3 如图，有一个$\angle AOB$，还有两个点C、D，求作一个点P，使点P到OA、OB的距离相等，同时还使点P到点C、D的距离相等。

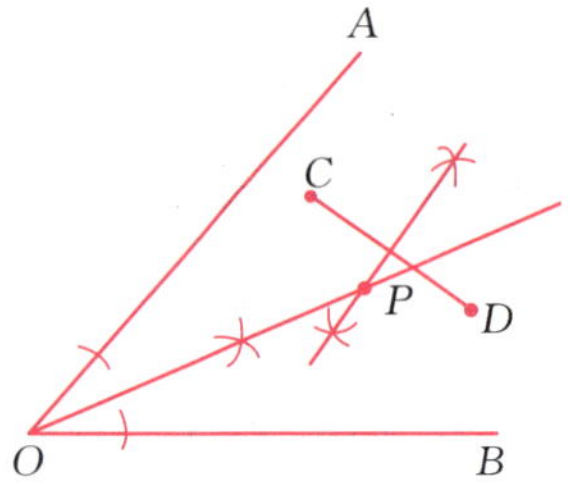

第3题解答

因为点P到OA、OB的距离相等，所以点P在$\angle AOB$的平分线上。因为点P到点C、D的距离相等，所以点P在线段CD的垂直平分线上。先画$\angle AOB$的平分线，再画线段CD的垂直平分线，交点就是点P的位置。

这种题目，有些同学不明白题意，很重要的原因就是他们不理解点到边的距离与点到点的距离有什么不同。

必考题还有很多，由于时间关系，只讲了这样几道一定会考且极容易丢分的题。

难题

每次考试，试卷中一定会出现几道难题。如果碰巧以前做过，或者听老师讲过思路，那么考试时你就会占点优势。当别人还在苦苦思索时，你已经可以"轻舟已过万重山"了。所以，每次考试前，老师们总是爱押几道难题。如能遇到，自然很好；如考不到，至少也锻炼了学生的思维。

我每次考试前，也喜欢"押宝"。但多年来的经验已经证明，我的运气从来就没有好过。不过，一些中等难度的必考题，却是屡屡押中。

结合上周考试的模拟试卷，我讲解了最后一题。这一题，在上一周的日记里虽然分析过了，但自己看与听老师讲，效果还是很不一样的。

这一题是这样的：

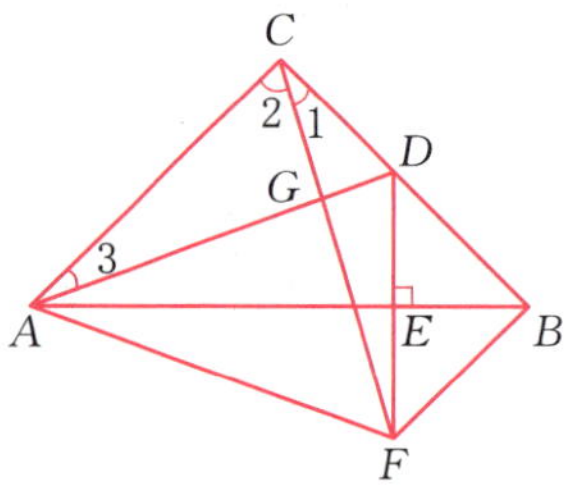

1 如图，在等腰直角三角形ABC中，$\angle ACB=90^{\circ}$，D为BC的中点，作$DE\perp AB$，垂足为E。过点B作$BF \parallel AC$，交DE的延长线于点F，连接CF交AD于点G。

(1) 求证$AD\perp CF$；

(2) 连接AF，试判断$\triangle ACF$是否为等腰三角形，并说明理由。

对于这样的难题，我还是采用边画图边讲解的方法。这样可以让同学们看清审题时所忽视了的一些重要条件。

先画等腰直角三角形 ABC，画到此处时，同学们已经看出 $\angle ACB=90°$，$CA=CB$，而且 $\angle CAB=\angle CBA=45°$。这里，$\angle CBA=45°$ 非常重要，而这个条件恰好就是同学们容易忽视的，因而导致找不到解题思路。

如图，再由 $BF\parallel AC$，可得到 $\angle FBD=\angle ACB=90°$。又由于 $\angle CBA=45°$，$DE\perp AB$，所以 $\angle EDB=\angle EBD=\angle EBF=\angle EFB=45°$，从而可得到 $DE=EB=EF$，$BD=BF$。再由于 D 为 BC 的中点，可得到 $BF=BD=CD$。这就是题目一直在暗示，但我们在复杂的原图中很难发现的一个重要结论。因为缺这个结论，所以一些同学苦苦思索而找不到突破口。

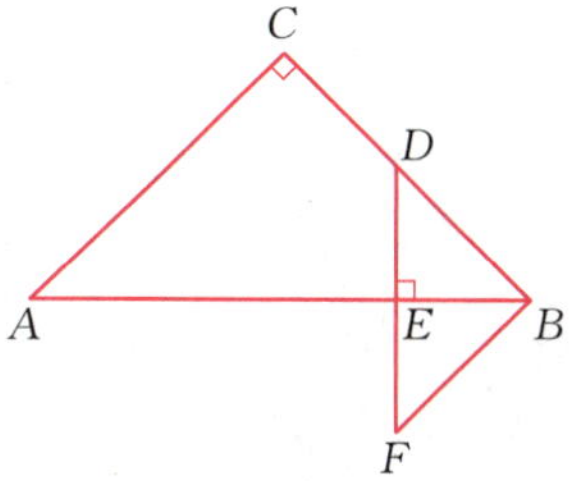

分步画图

做好这些准备工作后，再连上两条线段 CF 和 AD，做题经验丰富的同学已经看出来了，要证 $\triangle ACD\cong\triangle CBF$，因为这两个三角形是先旋转再平移得到的。

得到 $\triangle ACD\cong\triangle CBF$ 后，要证明 $AD\perp CF$，两个班有很多同学遇到了思维障碍。我又结合原图讲，$\triangle ACD\cong\triangle CBF$，可以得到 $\angle 1=\angle 3$。又因为 $\angle 1+\angle 2=90°$，所以 $\angle 3+\angle 2=90°$。那么 $\angle AGC=90°$，即 $AD\perp CF$。

直到此时，同学们才恍然大悟。

第(2)小题里面，连接 AF 后，因为 AE 是 DF 的垂直平分线，所以 $AF=AD$。又由 $\triangle ACD\cong\triangle CBF$，得到 $AD=CF$。所以可得 $AF=CF$，那么 $\triangle ACF$ 就是一个等腰三角形。只是这个过程让直线型思维的同学把头向左向右偏转了好几次。

接下来，给了将近十分钟的时间，让同学们改正这道题，并好好消化。期中考试时，肯定不会考这道原题。但是类似的题型，却是一定会遇到的。

11月5日　星期二

自由复习

今天开始期中考试。按照多年常规，数学考试都是在第二天的上午。

每班都有一节数学晚自习。到教室后，我把晚自习时间分成两部分。前二十分钟，让同学们将课本上的知识点和以前考试试卷上的错题看一看、想一想。

有不理解的地方，个别问我。后二十分钟，向同学们讲一讲以前曾讲过的几种重要题型。

前二十分钟，两个班里都各有一些同学，问我试卷上较难的几道题目，我一一向他们解答。

龙翔同学指着一本数学资料上的一道题问我应该如何思考。我看了一下图形，又看了要求证的结论，马上就告诉他思路。

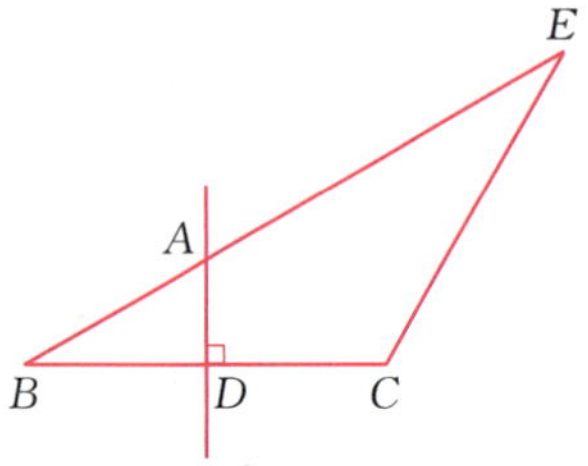

龙翔的题图

如图，求证 $AE=2AB$。在这个图形中，AD 肯定是 BC 的垂直平分线，连接 AC，可得 $AB=AC$。要证 $AE=2AB$，实际上是要证 $AE=2AC$。联想到"$30°$的角所对的直角边等于斜边的一半"，所以这里的$\angle E$ 肯定是等于 $30°$的，$\angle ACE$ 肯定是等于 $90°$的。如果我没猜错的话，这个题目的已知条件一定是：$\angle BCE=120°$，$CB=CE$，AD 是 BC 的垂直平分线。

龙翔听完后，说："老师真厉害，您未看题目，怎么就知道已知条件了？"

我回答道："一看到这种图形和要求证的结论，就知道这道题目必须这样设计，因为出题老师都已经安排好了。你多做多总结，也会达到我这样的水平。"

接下来的后二十分钟，讲解了以前曾讲过的几道重点题。如果以前上课认真听讲，或者回家后认真看过我的日记，那么在这二十分钟时间内根本就不需要听我讲解了。只可惜，能做到的同学少之又少。所以大部分同学还是在听我讲解。也可能他们担心明天考试的数学试卷上有这几道题，要是自己不听，那可就亏大了。临时抱佛脚总比完全不学要好得多。

本来，我在备课本上已经找了近十道数学题。左看看，右看看，觉得个个重要，题题经典。到底会考哪道题，只有老天爷知道。由于时间关系，我只好讲了自认为最重要的几题。到底同学们能掌握多少，那就看他们的悟性和造化了。

11 月 7 日　星期四

同底数幂的乘法

初二上学期前三章的内容都是几何知识，期中考试之后，终于不用再上了。接下来就是代数知识了。今天要学习的内容是整式的乘法中的第一节——同底数幂的乘法。

"几何难，代数繁。"要想把代数学好，也一定要有专心听讲、用心理解、细心做题的好习惯。

首先给了三分钟时间，让同学们把课本上的同底数幂的内容看一遍，将重要的知识点划出来。

三分钟后，我开始讲解。先从“幂”这个字说起。在初一时，就接触到这个字，但很多同学早忘了。我问同学们：“‘幂’这个字认识吗？是什么意思？”

有同学在下面回答“不知道”，还有学生说“杨幂的幂”。我读初中时，这个字难住我好一段时间。现在出现了一个影视明星杨幂，至少让同学们记住了这个字怎么读。

我这样对同学们说：“小学学过四则混合运算——加、减、乘、除。加法运算的结果叫和，减法运算的结果叫差，乘法运算的结果叫积，除法运算的结果叫商。到了初一，学习了第五种运算——乘方，也就是求多个相同因数的积的运算，乘方运算的结果就叫幂。”

看到同学们逐步回忆起这些知识点，我又给同学们举了一些常见的幂：

$10^2=100$，$10^3=1\,000$，$10^4=10\,000$，$10^5=100\,000$，$10^6=1\,000\,000$(1百万)，$10^7=10\,000\,000$(1千万)，$10^8=100\,000\,000$(1亿)……

说到这里，我又问同学们：“一个单独的数字10，可以看作幂的形式吗？”有个同学说：“可以看作是10^1。只不过，指数是1时，1通常省略不写。”

接下去，我又补充列举了另外一些常见的幂：

$2^2=4$，$2^3=8$，$2^4=16$，$2^5=32$，$2^6=64$，$2^7=128$，$2^8=256$，$2^9=512$，$2^{10}=1\,024$。这些以2为底数的幂，在做数学题时非常常用，在生活中也时常出现。同学们以后肯定用得着。

同底数幂的乘法法则非常简单，也很好理解。我举了一个具体的例子：$10^2\times10^3=100\times1\,000=100\,000=10^5=10^{2+3}$。接着，从特殊到一般，我按照课本上的示例进行讲解，最后得到：$a^m\cdot a^n=a^{m+n}$。用文字语言叙述就是“同底数幂相乘，底数不变，指数相加”。

这个法则很好理解，也很好背诵。同学们运用这个法则做课本上的例题是手到擒来。接下来，就做练习册上的习题。

要是每道数学题都像课本上的例题那样“简单”“单纯”，该有多好啊！要是每个敌人都纹丝不动地站在那里让我们瞄准，该有多棒啊！可是，理想很丰满，现实很骨感。练习册上有很多极易搞错的题目，还有一些难题。接下来，我针对同学们做的情况，分两类进行讲解。

易错题

1 $x^3\cdot x+x^2\cdot x^2$。

在这道题中，$x^3 \cdot x$ 等于 x^4，$x^2 \cdot x^2$ 也等于 x^4。这个过程用“同底数幂相乘，底数不变，指数相加”就可以解决。但是下面一步是 x^4+x^4，同学们错误百出，有等于 x^8 的，有等于 $2x^8$ 的。我只好对同学们说：“x^4+x^4 其实就是两个同类项进行合并。一个苹果加上一个苹果等于两个苹果，x^4+x^4 等于 $2x^4$。这就是最后答案。”一些同学学习了新知识后，就把以前学过的一些知识点忘记了。

2 $-a^2 \cdot a^5$。

在这道题中，最前面的“－”该如何理解？这个“－”与后面 a^2 中的指数 2 有关系吗？这个问题，很多同学在理解上模棱两可。他们在做题时，往往不愿问老师，随意做题，就导致错误。这种错误是最可惜的。

在 a^2 中，指数是 2，底数是 a，最前面的“－”与指数 2 没有关系，计算时照写就可以了，最后的答案是 $-a^7$。

> 基本概念一定要一次搞清楚，否则这些模棱两可的概念会一直阴魂不散，纠缠着你，让你不得安宁。

有些同学不理解，是因为他们没有把 $-a^2$ 与 $(-a)^2$ 分辨清楚：前者的指数 2，是管不到“－”的；后者的指数 2，却指的是 $(-a)$ 的平方，$(-a)^2=a^2$。

3 $10^3\times(-10^2)$。

在这道题中，很多同学把 (-10^2) 理解为 $(-10)^2$ 了。同学们，好好看看这两个式子的区别，(-10^2) 表示的意思是 10^2 的相反数，里面的“－”是没有 2 次方的，结果就是 -10^2，也就是 -100。而 $(-10)^2$ 中，2 次方的底数是 (-10)，表示两个 (-10) 相乘，结果是 100，也就是 10^2。

总结一下：$(-10^2)=-10^2$，而 $(-10)^2=10^2$。

回到原题中，$10^3\times(-10^2)=-10^3\times10^2$，也就是将括号里面的“－”拿到乘法运算的最前面去，最后的结果是 -10^5。

代数里面，就这一个“－”，不知让多少同学“魂断”数学。以后，我还要举上百个这样的例子反复说明。

难题

1 已知 $x^3=3$，$x^6=9$，求 x^9 的值。

这道题要把课本上所学的同底数幂的运算法则反过来用。x^9 可以理解为 $x^3 \cdot x^6$。讲到这里时，我问同学们，x^9 也可以理解为 $x^5 \cdot x^4$，可为什么我没有写

成 $x^9=x^5\cdot x^4$ 呢？同学们回答，因为题目中给出的已知条件是 x^3 和 x^6 的值，要向已知条件靠近。这种想法是完全正确的，初中数学中就是要这样思考。最后的答案是 $x^9=x^3\cdot x^6=3\times 9=27$。

2 若 $2^{n+2}\cdot 2^2=64$，求 n 的值。

这道题中，左边的式子运用同底数幂的运算法则可以变形为 2^{n+4}；右边是 64，恰好可以转化为 2^6。那么，原来的等式就变成了 $2^{n+4}=2^6$。在这个等式里，底数都是 2，指数自然就必须相等。也就是说 $n+4=6$，从而 $n=2$。

这种题目，左边是 2^{n+4}，右边必须是底数为 2 的幂所表示的数字，否则是很难做出来的。同学们，你们做多了这种题，就可以总结出这个规律。

晚自习，布置同学们做练习册上未做完的习题。我在教室里巡视的时候，发现有道题，同学们基本上都算错了。我只好在黑板上进行讲解。

3 化简：$(x-y)^3(y-x)^2$。

在这道题中，把括号里面的式子看作一个整体，当作一个底数。但是，$(x-y)^3$ 与 $(y-x)^2$ 的底数不一样，如何相乘呢？

底数不一样，当然不能用同底数幂的乘法法则去算。但是，此题中的 $x-y$ 与 $y-x$ 恰好有内在联系：这两个式子互为相反数。

举例说明，比如：$5-2$ 与 $2-5$，它们互为相反数。$y-x$ 可以看作是 $-(x-y)$。因为 $-(x-y)$ 去括号后，是 $-x+y$，用加法交换律调换一下两个字母的位置，不就是 $y-x$ 吗？

明白了 $x-y$ 与 $y-x$ 互为相反数之后，还要明白相反数的平方是相等的。比如：$(5-2)^2$ 与 $(2-5)^2$ 相等。$(y-x)^2$ 与 $(x-y)^2$ 相等，即 $(y-x)^2=(x-y)^2$。相反数的平方是相等的，其根源就在于“两个负数相乘，负负得正”。

其实，相反数的平方是相等的，相反数的偶数次方都是相等的。

但要注意的是，相反数的三次方仍然是相反数。$(x-y)^3$ 与 $(y-x)^3$ 是不相等的，它们互为相反数，即 $(y-x)^3=-(x-y)^3$。

相反数的三次方是相反数，相反数的奇数次方都是相反数。其根本原因是“奇数个负数相乘，还是负数”。

$(x-y)^3(y-x)^2$ 可以先变形为 $(x-y)^3(x-y)^2$，也就是把 $(y-x)^2$ 变为了 $(x-y)^2$。然后就可以用“同底数幂相乘，底数不变，指数相加”来做了。只不过要把这里的 $(x-y)$ 看作一个整体，最后的结果是 $(x-y)^5$。

再体会一下整体的思想。

$(x-y)^5$，这个式子就是最后结果。千万不要化为 x^5-y^5！

把以上的知识点和做题细节搞清楚，这方面的代数题就很好做。如果在这些细节上糊里糊涂，这方面的代数题也不好做啊！

11月8日　星期五

幂的乘方和积的乘方

昨天学的知识点很简单。同底数幂的乘法法则，用文字语言叙述就是"同底数幂相乘，底数不变，指数相加"；用字母表示就是"$a^m \cdot a^n = a^{m+n}$"。这个知识点难就难在逆用法则和符号问题上。这只有在以后做题的过程中，反复讲解了。

第一节课，先让同学们用三分钟的时间阅读课本上幂的乘方的内容。三分钟后，我开始讲解。

幂的乘方，是什么意思呢？就是把一个幂当作底数，括起来再乘方，也就是乘方的乘方。比如：$(3^2)^3$，式中 3^2 本来就是一个幂，可现在要把这个幂当作底数，加上括号后再乘方。这个式子应该等于多少呢？

$(3^2)^3$ 相当于 3 个(3^2)连续相乘，也就是$(3^2)\times(3^2)\times(3^2)$，可变形为 $3^2\times3^2\times3^2$。运用同底数幂的乘法法则，底数不变，指数相加，可得 3^{2+2+2}，也就是 $3^{2\times3}$，最后答案是 3^6。

接下来，由特殊数字到一般字母，我按照课本上的叙述方法讲解 $(a^m)^n=a^{mn}$。用文字语言表示就是"幂的乘方，底数不变，指数相乘"。

讲完幂的乘方法则后，我又让同学们仔细辨认 $a^2\cdot a^3$ 与$(a^2)^3$ 的区别。前一个式子是同底数幂相乘，底数不变，指数相加，最后结果是 a^5。后一个式子是幂的乘方，底数不变，指数相乘，最后结果是 a^6。

课本上的例题都很简单，我很快讲完后，就让同学们做练习册上的题目。

练习册上有 3 道题较难，我进行了讲解。

1 若 $m^x=5$，$m^y=3$，求 m^{3x+2y} 的值。

这道题要把同底数幂的乘法法则和幂的乘方法则倒过来用。

首先，把 m^{3x+2y} 转化为 $m^{3x}\cdot m^{2y}$。为什么可以这样转化呢？因为 $m^{3x}\cdot m^{2y}=m^{3x+2y}$，所以 $m^{3x+2y}=m^{3x}\cdot m^{2y}$。然后，再把 m^{3x} 变形为$(m^x)^3$，把 m^{2y} 变形为$(m^y)^2$。为什么可以这样变呢？因为根据幂的乘方法则，可得$(m^x)^3=$

m^{3x}，$(m^y)^2=m^{2y}$。把这两个式子反过来就得到 $m^{3x}=(m^x)^3$，$m^{2y}=(m^y)^2$，从而找到整道题的解题思路。

解 $m^{3x+2y}=m^{3x}\cdot m^{2y}=(m^x)^3\cdot(m^y)^2$
$=5^3\times3^2=125\times9$
$=1\,125$。

这种题目，难就难在要逆用我们所学习的法则。练习册上的难题，基本上都是要逆用法则进行变形的。谁最先理解运算法则，谁最先学会逆用运算法则，谁最先知道哪种情况下要逆用哪个运算法则，谁就会在这一章的学习中抢先一步。

逆用公式和定理是数学学习中的一项基本功，公式、定理正向使用，比较容易，但是反过来使用，就会有些困难。就像正向行走，你会大步流星，但倒过来走，你就会踉踉跄跄。数学学习需要多练习"倒向行走"，必可"强身健体"，功力大增。

2 已知 $2\cdot4^n\cdot8^n=2^{11}$，求正整数 n 的值。

此题中，左边的式子是三个幂相乘，但是底数都不相同。第一个幂可以看作是 2^1，底数是 2。后两个幂，底数分别是 4 和 8。底数不相同，当然不能运用同底数幂的乘法法则计算。但是，要特别留意的是，4 可以看作 2^2，8 可以看作 2^3。运用一下幂的乘方法则，就可以把它们的底数都变为 2。

解 $2\cdot4^n\cdot8^n=2\cdot(2^2)^n\cdot(2^3)^n=2\cdot2^{2n}\cdot2^{3n}=2^{1+2n+3n}=2^{1+5n}$，则 $2^{1+5n}=2^{11}$。
$\therefore 1+5n=11$，$\therefore n=2$。

在这个过程中，4^n 转化为 $(2^2)^n$ 时，要把 2^2 用括号括起来。一般地，负数、分数、幂、多项式在做底数时，都要用括号把它括起来。在 $2^{1+5n}=2^{11}$ 这个等式中，因为底数都是 2，所以指数必须相等。也就是 $1+5n=11$，从而解得 $n=2$。

3 已知 $5^m=8$，求 25^m 的值。

和上题一样，25 转化为 5^2，那么 25^m 就可变为 $(5^2)^m=5^{2m}$。然后，再把 5^{2m} 变形为 $(5^m)^2$，把 5^m 整体换成 8，就可得到 8^2。最后的结果为 64。

初中代数的计算题要从正反两个方面灵活运用所学的法则，在不改变原式的值的情况下，像孙悟空一样运用七十二般变化，最后得出正确答案。要想知道往哪个方向去变化，就要多做题、多总结，练就一双火眼金睛。

除了上述的三道难题外，还有一道易错题，我在 14 班也进行了讲解。

求 $(-3^2)^3$ 的值。式子里的"−"与 3 的指数 2 有没有关系呢？仔细辨认，在 (-3^2) 中，2 次方的底数是 3，不含"−"。这里的"−"只是被括号外面的 3 次方"管辖”着，结果为“－”。所以，此题的计算过程为$(-3^2)^3=-(3^2)^3=-3^6$。

今天是星期五，每个班都有两节课。第二节课，在两分钟的预备时间里，同学们大声诵读同底数幂的乘法和幂的乘方的运算法则。

我在点同学提问时，S佳同学主动举手，我问她，同底数幂的乘法法则是什么？她站起来回答：“同底数幂相乘，底数不变，指数相乘。”

这个答案当然是错的。S佳同学把昨天学的同底数幂的乘法法则和上节课刚学的幂的乘方法则搞混了。有一些同学，总是在学习了新知识后，就忘记了老知识。他们在回答问题时，也不听清老师问的是什么，就按照自己记忆最深的一个答案去回答。这样，错误率当然高了。又找了一位同学，才回答正确。

接下来，开始学习这节课的知识——积的乘方。还是先给了三分钟时间，让同学们认真看书，并把重要的知识点划出来。

关于这一节，我这样强调：积，就是几个因式相乘的积；积的乘方，就是把几个因式相乘的积一起作为底数，再乘方。比如：$(ab)^3$，就是把a与b的积括起来作为底数，然后再做3次方运算，表示有3个ab连续相乘。运用乘法的交换律和结合律，可以得到最后的结果为a^3b^3。

运用同样的分析方法，可以得到$(ab)^n=a^nb^n$。用文字语言叙述就是：积的乘方，等于积里的每一个因式分别乘方，再把所得的幂相乘。

这个法则理解起来不难，课本上的例题也很简单，就是有时候用积的乘方法则变形之后，又会遇到幂的乘方的运算，那就需要再用幂的乘方法则继续化简。比如：$(-2x^3)^4=(-2)^4\cdot(x^3)^4=16x^{12}$。

在做练习册上的题目时，有一道题要逆用积的乘方法则，有一定的难度，我在黑板上进行了讲解。此题的详细解答过程如下：

$$\left(\frac{2}{3}\right)^{2013}\times\left(\frac{3}{2}\right)^{2014}=\left(\frac{2}{3}\right)^{2013}\times\left(\frac{3}{2}\right)^{2013}\times\frac{3}{2}=\left(\frac{2}{3}\times\frac{3}{2}\right)^{2013}\times\frac{3}{2}$$

$$=1^{2013}\times\frac{3}{2}=\frac{3}{2}。$$

在这个过程中，$\left(\frac{3}{2}\right)^{2014}$变形为$\left(\frac{3}{2}\right)^{2013}\times\frac{3}{2}$，$\left(\frac{2}{3}\right)^{2013}\times\left(\frac{3}{2}\right)^{2013}$变形为$\left(\frac{2}{3}\times\frac{3}{2}\right)^{2013}$。这两个变形，同学们要好好领悟。

同底数幂的乘法法则、幂的乘方法则、积的乘方法则，这三个法则是单项式乘以单项式的基础。只有熟练地掌握了这三个法则，我们在后面学习单项式乘以单项式时，才能非常顺利。而单项式乘以单项式又是整式乘法的基础。同学们好好努力！

第11周

11月10日　星期日

让人纠结的难题

难题让人备受打击

11月3日，14班的霖琳同学和13班的健慧同学发表了相似的评论。霖林说："期中考试的最后几题有点难，以后老师应该多给我们讲一些难题，让我们在做同类型的题时，能够如鱼得水。"健慧说："以后老师给我们多做些难题吧，这样有助于提高我们的解题能力。"

期中考试的最后三道难题，给了所有同学一个沉重的打击。有的同学受到打击之后，及时反思，要求在以后的学习过程中，多布置一些难题，开阔眼界，比如上述两位同学。这样的同学知道自己需要什么，知道自己努力的目标和奋斗的方向。与其他同学相比，这两位同学的认识无疑已经走在前面了。

关于难题，哪怕我们在课堂上已经做过一些了，仍然远远不够。因为初中数学里面的难题简直是浩如烟海。我们以后肯定会多做一些开拓同学们思维的题目。一方面，是为初二上学期的期末考试做准备；另一方面，也是为学校每年都要组织的数学竞赛做准备。

当然，最关键的是要把课堂上已经讲过的难题真正搞懂。比如期中考卷上的倒数第二题，在课堂上是讲过原题的，但还是有很多同学不会做。另外，要自己主动去钻研难题，如去做资料上的一些综合性强的数学题。经过艰难的思考之后，如果还是找不到思路，可以来问老师。

11月5日的评论里，宁鹭同学说："不怪天，不怪地，就怪自己太粗心。有一道大题是练习册上的，我没有按照正确的思路来做，不知道给不给分呢？希望阅卷老师心情好，不要扣分。"

把希望寄托在阅卷老师的心情上，还不如寄托在自己的考前努力上。

11月8日的评论里，曦盈同学说："本周所学的新知识不是很难，但是要细心，加油！"

曦盈是一个外表文静、内心沉静的同学，略微还有一点内向。这种个性是非常适合学数学的。如果能做到认真听讲，踊跃发言，主动提问，那么她的数学成绩将会更加优秀。在评论里，能够大胆发表自己的意见和想法，她已经迈出了可喜的第一步。

积累经验，琢磨一些技巧——在技能包里添点货

晚自习期间，布置同学们做练习册上未做完的“幂的乘方和积的乘方”的习题。这部分习题中的大部分都非常简单，但也有一些题目需要一定的技巧。

在 14 班，很多同学问了这样一道题：

> **1** 已知 $a=2^{55}$，$b=3^{44}$，$c=4^{33}$，则 a、b、c 的大小关系是什么？

在这道题里，a、b、c 代表的是三个幂，而且这三个幂的底数与指数都不一样。也不可能通过计算器去算，因为用普通的计算器进行这样的乘方计算，就算是算爆也不会得到最终结果。

仔细观察这三个幂的指数，发现 55、44、33 都含有公因数 11。也就是说，$55=5\times11$，$44=4\times11$，$33=3\times11$。所以，2^{55} 可以变形为 $2^{5\times11}$。再逆用幂的乘方法则，变形为 $(2^5)^{11}$。而 $2^5=32$，所以 a 的值可以这样变形：

$a=2^{55}=2^{5\times11}=(2^5)^{11}=32^{11}$。

同样的方法，可以得到：

$b=3^{44}=3^{4\times11}=(3^4)^{11}=81^{11}$，$c=4^{33}=4^{3\times11}=(4^3)^{11}=64^{11}$。

这样一来，虽然 a、b、c 的具体值算不出来，但是它们变形的最后结果都是幂的形式。而且这三个幂的指数相同，都是 11。指数既然相同，那么，我们比较底数就可以得到 a、b、c 的大小关系了。因为 $32^{11}<64^{11}<81^{11}$，所以 $a<c<b$。

这种比较大小的题，属于数学竞赛的范畴。市教研室命题的期末考试卷中是绝对不会有的。但同学们既然想提升自己的思维能力，想知道解题思路，我还是很乐意告诉他们的。解这种题目的思路就是，想办法让这些幂的指数相同，少数题目是让底数相同。总之，底数与指数两者之间要有一个相同，再去比较另外一个，就可以知道这些幂的大小了。

受刚才这道题的思路启发，同学们能否思考出下面这道题的答案呢？

> **2** 已知 $a=2^{555}$，$b=3^{444}$，$c=4^{333}$，则 a、b、c 的大小关系是什么？

还有部分同学指着练习册上的几道题目，问我应该如何做，我一一进行了提示：

3 已知 $4^4 \times 8^3 = 2^x$，求 x 的值。

在 $4^4 \times 8^3 = 2^x$ 中，右边的幂的底数是 2，左边的幂的底数，一个是 4，一个是 8，不一样。但是，4 和 8 都可以化为底数是 2 的幂。

解　$4^4 \times 8^3 = 2^x$，即 $(2^2)^4 \times (2^3)^3 = 2^x$，

$\therefore 2^8 \times 2^9 = 2^x$，即 $2^{8+9} = 2^x$，

$\therefore 8 + 9 = x$，即 $x = 17$。

解这种题目，就是让等式两边的幂的底数相同，然后得到幂的指数相等，从而得到 x 的值。

4 已知 $x^n = 3$，$y^n = 5$，求 $(x^2y)^n$ 的值。

解这道题，要运用积的乘方法则，逆用幂的乘方法则。在 $(x^2y)^n$ 中，括号里面的 x^2y 是两个因式的积。这个积的 n 次方，就等于积里面的每一个因式分别乘方。所以，就把 $(x^2y)^n$ 化为 $x^{2n}y^n$。又可以逆用幂的乘方法则，将 x^{2n} 变形为 $(x^n)^2$。从而，原式变形为 $(x^n)^2y^n$。

接下来，只需要把 $x^n = 3$，$y^n = 5$ 代入进行计算即可。

不要怕问，问是解决问题的第一步

我在离开 14 班教室的时候，Z 会同学问我应该如何化简 $(-2x^2y^3z)^3$。

他既然问了我，就说明他还不会化简这种积的乘方。

我问他，括号里面的式子是一个积吗？这个积里有几个因式？分别是什么？

他答道："$-2x^2y^3z$ 是一个积，有四个因式，分别是 -2、x^2、y^3、z。"

我又说，按照积的乘方法则：积的乘方等于积里的每一个因式分别乘方，那么 $(-2x^2y^3z)^3$ 应该等于 -2、x^2、y^3、z 这四个因式分别 3 次方后的积，也就是 $(-2)^3(x^2)^3(y^3)^3z^3$。

在这里，-2、x^2、y^3 在 3 次方时，应该分别把它们加上括号。z 只是一个单字母，在 3 次方时，就不用加括号了，得 $(-2)^3(x^2)^3(y^3)^3z^3$。

再运用幂的乘方法则化简，得 $-8x^6y^9z^3$。

其他的同学，如果有和 Z 会一样不懂的问题，千万不要怕同学们笑话，更不要怕老师批评，一定要来问老师。只有真正搞明白了，才不会带着问题上考场，成为同学们真正的笑话。

11月11日 星期一

复习幂的三个运算法则

上一周，用三节课的时间把幂的三个运算法则讲完了。今天早上第一节课和第二节课，在办公室里检查同学们做的练习册，发现了很多错误。

今天的数学课就不想讲新课了，就把幂的三个运算法则好好复习一下。要不然，学了后面的新知识点，同学们更会错误百出。

在14班上课前的两分钟预备时间里，我让同学们大声读、背幂的三个运算法则。当同学们都在用心记忆的时候，我看到后面坐着的一位同学心不在焉，左顾右盼，偶尔还有下位的倾向。对于这样的同学，我总喜欢第一个就找他来背课本上的知识点。这位同学像这样被我叫起来背诵，已经不知道是第几次了，能够流利地背出知识点的次数屈指可数。这一次被叫起来后，他嗫嚅着嘴巴说出几句话后又文不对题了。让他坐下后，我这样对同学们说："想得到好成绩，又不付出努力，甚至连课本上的知识点都不愿意背，这样怎么能进步呢？空手套白狼永远是不可能的。"

也不管他是否听懂了，又找了三位同学来背诵，这三位同学都背得很好。

> 同底数幂的乘法法则：同底数幂相乘，底数不变，指数相加。
>
> 幂的乘方法则：幂的乘方，底数不变，指数相乘。
>
> 积的乘方法则：积的乘方，等于积里的每一个因式分别乘方，再把所得的幂相乘。
>
> 分别用字母表示为：$a^m \cdot a^n = a^{m+n}$，$(a^m)^n = a^{mn}$，$(ab)^n = a^nb^n$。

接下来，围绕这三个法则的运用，我讲了这样几点：

一 正向运用

1 $a^4 \cdot a^4 = a^{4+4} = a^8$。这里用的是：同底数幂相乘，底数不变，指数相加。

2 $(a^4)^4 = a^{4\times4} = a^{16}$。这里用的是：幂的乘方，底数不变，指数相乘。

3 $(ab)^4 = a^4b^4$。这里用的是：积的乘方，等于积里的每一个因式分别乘方，再把所得的幂相乘。

4 $a^4 + a^4 = 2a^4$。这里用的就不是上面的三个法则了，而是合并同类项的法则。因为 a^4 与 a^4 是同类项，合并后为 $2a^4$。

二 逆向运用

1 若 $a^m=2$，$a^n=3$，求 a^{2m+3n} 的值。

解 $a^{2m+3n}=a^{2m}\cdot a^{3n}=(a^m)^2\cdot(a^n)^3=2^2\times3^3=4\times27=108$。

逆用这三种法则，上周是讲过了的，但同学们在做练习册时又忘了。只有反复讲解、训练、记忆，才能让同学们最终掌握。

讲完这道题后，我特别强调了 3^3，等于 27，而不等于 9。这一点，是很多同学经常犯的低级错误。

2 计算：$(0.125)^{2012}\times8^{2013}\times(-1)^{2014}$。

解 原式 $=(0.125)^{2012}\times8^{2012}\times8\times(-1)^{2014}$

$=(0.125\times8)^{2012}\times8\times(-1)^{2014}$

$=1^{2012}\times8\times(-1)^{2014}=8$。

三 符号问题

符号问题在幂的计算里面是一个难点，很多同学理解不透彻或者观察不仔细，导致出现很多错误。还有部分同学，不能确定最后的答案到底带不带“－”，就随便选择一种情况。这样做的话，错误率就高了。我举了下面两个例子：

1 $-(a^2)^7=-a^{14}$。这个答案就是最后结果了。因为在 $-a^{14}$ 中，14 次方的底数只是 a，不包含前面的“－”，前面的“－”照写就可以了。

2 $(-x^6)^2=x^{12}$。在 $(-x^6)^2$ 里，括号里面的是 $-x^6$，6 次方是管不到前面的“－”的，但是括号外面还有一个 2 次方，这个 2 次方的底数是 $-x^6$，也就是两个 $-x^6$ 连续相乘。两个“－”相乘，结果为正。再把两个 x^6 相乘，结果为 x^{12}。

四 变形技巧

3 已知 $4^4\times8^3=2^x$，求 x 的值。

此题前面已经讲过了，若要看详解过程，可以翻看 11 月 10 日的日记。

五 书写规则

4 $(3\times10^2)^3=3^3\times(10^2)^3=27\times10^6=2.7\times10\times10^6=2.7\times10^7$。

在这道题的计算过程中，最后的结果要用科学记数法来表示。如果写成 27×10^6 就不对了。用科学记数法，可以把一些较大的数表示为 $a\times10^n$ 的形式。这里的a，是一个大于或者等于 1，而小于 10 的数。如果是 27，就要把 27 变为 2.7×10，最后的结果为 2.7×10^7。

让同学们改完练习册上的错误后，还有点时间，就给同学们讲了一下期中考试卷上的倒数第三题。这道题之所以难，是因为要作一条辅助线，如同天外飞仙，很不容易想到。但一旦想到，此题又非常简单。

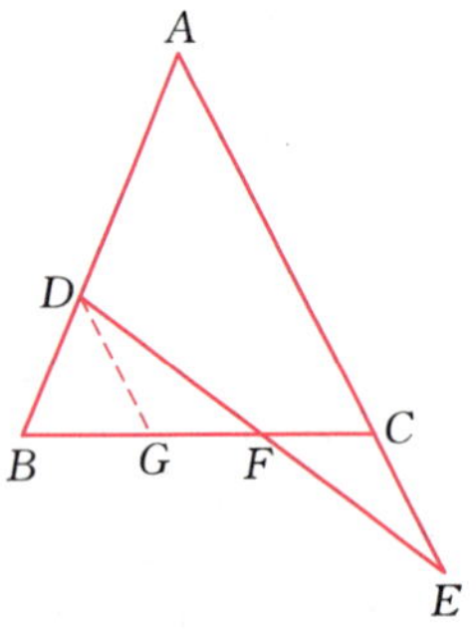

5 (试卷上的第 23 题)如图，在$\triangle ABC$ 的边 AB 上有一点 D，延长 AC 至 E，使 $BD=CE$，连接 DE 交 BC 于 F。若 $DF=EF$，求证：$\triangle ABC$ 是等腰三角形。

这道题要做出来，必须过点 D 作 $DG\parallel AC$，交 BC 于G。因为 $DG\parallel AC$，所以 $\angle DGF=\angle ECF$，$\angle DGB=\angle ACB$。第二个结论在后面的证明过程中，将要发挥作用。

> 辅助线就是桥梁，起着沟通联系的作用。许多时候，看不出已知和未知有什么联系，怎么办？让它们像牛郎和织女一样只能默默相望？不，我们可以用辅助线架起“鹊桥”。为了从未知走向已知，为了让已知条件与要证的结论建立联系，多想办法，试着用不同的方法架起桥梁。

再加上 $\angle DFG=\angle EFC$ 和 $FD=FE$，根据角角边定理，可以证明 $\triangle DFG\cong\triangle EFC$，从而可以得到 $DG=EC$。而已知条件里有 $EC=DB$，经过等量代换，可以得到 $DB=DG$，从而可得 $\angle B=\angle DGB$。前面刚好得到了 $\angle DGB=\angle ACB$，所以就有 $\angle B=\angle ACB$。那么，根据等角对等边，有 $AB=AC$。

此题的关键，就是过点 D 作 $DG\parallel AC$。而且，这个平行在证明过程中要用两遍，同学们细心体会一下。

像这类证明题，这一次不会做，不要紧，如果下次遇到，就一定要能想到这个思路。因为只有作辅助线，才能利用三角形全等，将线段转化，从而将一些已知条件和要证结论联系起来。

11 月 12 日　星期二

单项式乘以单项式

上课后，我在两个班里分别找了梓朗同学和世豪同学背诵幂的三个运算法则。他们都背得非常正确。有了这三个法则作为基础，就可以进一步去学习新的知识——单项式乘以单项式。

单项式乘以单项式，是整式乘法的基础，要求每个同学都能够熟练掌握。

我给三分钟时间让同学们看书，并把重点内容划出来。本节课的重点内容就一个——单项式乘以单项式的法则。课本上用加粗的黑体字标出来了："单项式与单项式相乘，把它们的系数、同底数幂分别相乘，对于只在一个单项式里含有的字母，则连同它的指数作为积的一个因式。"

为了让同学们真正理解这个法则，我这样进行了讲解。

首先，让同学们回忆什么叫单项式，什么叫单项式的系数。果然，很多同学回答不上来。我对同学们说："数字与字母的乘积叫单项式，单个的数字或者字母也是单项式。单项式中的数字因数，叫单项式的系数。比如：$-3a^2b^3c$ 这个单项式中，系数就是-3。"

接下来，我在黑板上写了这样一个式子：$(2x)^3$。然后问同学们："这个式子的系数是什么？"有些同学小声地说："是 2。"这样回答就错了，因为这个式子是一个没有化简的单项式。从形式上看，是积的乘方，要用积的乘方法则化简得到 $8x^3$，系数应该是 8。这种情况要特别注意：单项式乘以单项式时，一个单项式如果没有化简，一定要先化简，再计算。等会儿做习题时，肯定会有很多的同学在这一点上出错，也只有到时再详细讲解了。

我举了一个例子：光的速度是 3×10^5 km/s，太阳光照射到地球上需要 5×10^2 s，求地球到太阳的距离。

距离等于速度乘以时间，所以列式：$(3\times10^5)\times(5\times10^2)$。去掉括号后，可得 $3\times10^5\times5\times10^2$。运用乘法的交换律和结合律，得到 $3\times5\times10^5\times10^2=15\times10^7=1.5\times10^8$。

仿照这个过程，两个单项式相乘：$ac^5\cdot bc^2=a\cdot c^5\cdot b\cdot c^2=abc^7$。

这两个单项式的系数之积，作为积的系数；同底数幂相乘，作为积的一个因式；对于只在一个单项式中含有的字母，则连同它的指数一起作为积的一个因式。

在上面所举的这个例子里，两个单项式的系数都是 1，比较特殊。课本上两个例题给得恰到好处。

例 1 $(-5a^2b)(-3a)$。

在解这道例题时，我严格按照课本上的示范进行板书。

解 原式$=[(-5)\times(-3)](a^2\cdot a)\cdot b$。

我边写过程，边背诵单项式乘以单项式的法则：系数乘以系数，同底数幂相乘，单个的字母乘在后面。最后结果为 $15a^3b$。

例 2 $(2x)^3(-5xy^2)$。

在做这道例题之前，一定要看清楚，$(2x)^3$ 还没有化简。这是一个积的乘方的形式，先要把它化简为 $8x^3$。然后，再用 $8x^3$ 乘以 $-5xy^2$，得到 $-40x^4y^2$。

这种题目本来并不难。但是，做事马虎、观察不仔细的同学却经常出错。初中数学考查的，往往并不是一个同学的智商有多高，而是看他是否审题细致，是否理解题意，是否能识破题目中的陷阱。

至理名言，切记！

讲到这里，该讲的知识点和注意事项都讲完了。接下来，就是让同学们到实践中去摔打、锤炼。还有近二十分钟的时间，让同学们做练习册上的习题。

我在课堂上巡视的时候，发现有些同学做题效率高，很快就做完了。而有些同学却是慢慢吞吞、磨磨蹭蹭的，就像在地主家消极怠工的长工，只差没有破坏劳动工具了。

14 班，龙翔、泽滨、诺秋三位同学做得很快。而且，我还发现诺秋的练习册已经超前做得很远了。他能这样超前学习，当然应该大力表扬。但是，联系到他课堂上的表现和糟糕的成绩，我真想对他建议：要专注课堂，注重基础。在课堂上认真学习，如根底浇水；在课外花时间补习，似叶上施肥。叶上施肥，虽有效果，但不长久；根底浇水，良性循环，才是王道。

我找了三个做得快的同学到黑板上板演，快下课的时候，我进行了点评。

有一道题是这样的：$(-t)\cdot(-2t)^2\cdot(-3t)^3$。

这道题，很多同学出现错误。一是符号上出现错误。在这道题目中，是三个单项式相乘，虽然只出现了三个“－”，但是在$(-2t)^2$ 中，1 个“－”却相当于 2 个，在$(-3t)^3$ 中，1 个“－”号却相当于 3 个。实际上总共有 6 个“－”，最后结果为正。第二个错误是 3^3，表示 3 个 3 连续相乘，即 $3\times3\times3$，为 27，不是 9。9 是 3^2。此题的最后结果为 $108t^6$。

还有一道题，是一道混合运算题：$5a^3b\cdot(-3b)^2+(-6ab)^2\cdot(-ab)-ab^3\cdot$

$(-4a^2)$。

在解这道题目时，首先要把积的乘方进行化简：$(-3b)^2$ 化为 $9b^2$，$(-6ab)^2$ 化为 $36a^2b^2$。然后，再用单项式乘以单项式的法则，进行单项式乘法运算。

解 原式 $=5a^3b\cdot 9b^2+36a^2b^2\cdot(-ab)-ab^3\cdot(-4a^2)$

$=45a^3b^3-36a^3b^3+4a^3b^3=13a^3b^3$。

在计算过程时，要特别注意符号问题。$+36a^2b^2\cdot(-ab)$，计算后的结果为 $-36a^3b^3$。$-ab^3\cdot(-4a^2)$，计算后的结果为 $+4a^3b^3$。而后一步：$45a^3b^3-36a^3b^3+4a^3b^3$，属于合并同类项。最后答案是 $13a^3b^3$。

在 13 班上课时，倩妮、子凯、友成三位同学做得很快。我让他们到黑板上做题，他们三个都做得很好。特别是友成，以前感觉他学习不是很积极，但今天他让我刮目相看。

同学们，现在所学的知识点还比较基础、简单，用一点心去听讲都是可以搞懂的。做题时，积极高效一点，把练习册上的习题看作是自己的一份责任田，收多收少全归自己。我相信，每个人都可以像友成一样，快速完成，并且做对得分。

晚自习前，Q 朋同学跑来问我："为什么 $a-b$ 与 $b-a$ 互为相反数？"这个问题，还有很多同学并不是很明白。我以前给同学们讲过：$a-b$ 的相反数可以记作 $-(a-b)$，去括号后为 $-a+b$，运用加法的交换律，可以得到 $+b-a$，不就是 $b-a$ 吗？这就说明，$a-b$ 与 $b-a$ 互为相反数。

面对 Q 朋的这个问题，我想，如果还是这样讲解，过一段时间他肯定又会模糊不清。我想换一种方法来解释。

我问他："$a-b$ 与 $b-a$ 的和是多少？"

$(a-b)+(b-a)=a-b+b-a=0$。两个式子的和是 0，那不就说明这两个式子互为相反数吗？他听完之后，若有所悟。同学们，你们弄明白为什么 $a-b$ 与 $b-a$ 互为相反数了吗？再进一步，你们明白为什么 $(a-b)^2=(b-a)^2$，而 $(a-b)^3=-(b-a)^3$ 了吗？这两个式子的变形，在后面学习因式分解和化简时经常用到。

11 月 13 日　星期三

单项式乘以单项式的复习巩固

单项式乘以单项式，是整式乘法的基础。单项式乘以单项式，如果能够熟练掌握，后面学习单项式乘以多项式、多项式乘以多项式就会容易得多。所以，今天的课不讲新知识，好好复习巩固一下单项式乘以单项式知识，最好能够让同学们一看到单项式乘以单项式，就可以说出正确答案。

上课后，我在两个班里各找了两名同学，背诵单项式乘以单项式的法则。尽管在这之前给了两分钟时间让同学们去背，但所找的同学还是背诵得不太熟练。

这个法则如果能够背诵，效果无疑是最好的。但是，看到同学们背诵法则时的这种状态，我只好退而求其次了。如果同学们能够理解这个法则，会按照这个法则去做题，也算是过关了。

我找了几个成绩中等的同学到黑板上来做练习册上的"四基"训练题。有两道计算题，在13班上课时发现有几个同学算错了，我在黑板上特别订正了。

1 $(2x^2)^3\cdot(-4xy^2)$。

这道题本来不难，但是有几个同学没有看到$(2x^2)^3$括号外面的3次方，就直接把$2x^2$与$-4xy^2$相乘。乘完后，还洋洋得意地左顾右盼。我用手指点了点括号外面的3次方，那几个粗心的同学才意识到错误。还有一个同学说："啊！这里还有一个3次方啊。"

我不禁想起，也是这个同学，在以前上课时就因为没有看清题目而做错。当我指出他的错误后，他说的也是类似的话。这种顽固性错误，已经不是知识掌握上的了，而是心态、习惯、性格上的。在目前这种状况下，我没有什么好的办法扭转，只求在关键性的考试中，这样的同学尽可能少出现这种低级错误。

2 $12ab\cdot3a^2b-a^2b\cdot(-3ab)$。

这道题目，实际上是两组单项式分别相乘。$12ab\cdot3a^2b$，结果为$36a^3b^2$。$-a^2b\cdot(-3ab)$，结果为$+3a^3b^2$。然后再把$36a^3b^2$与$+3a^3b^2$合并同类项。

解　原式$=36a^3b^2+3a^3b^2=39a^3b^2$。

搞定，结束，得分。

练习册上的常规题讲完后，"拓展升华"里面有两道难题，我给同学们进行了讲解。难题能够搞懂、做对，对于同学们更好地理解幂的运算法则和单项式乘单项式的法则，有很大的好处。

3 已知$(-5x^{m+1}y^{2n+1})\cdot(2x^{m-1}y^n)=-10x^4y^4$，求$m-n$的值。

等式左边是两个单项式相乘，只不过，在这两个单项式里，指数比较复杂，是用字母表示的。

解 $-10x^{(m+1)+(m-1)}y^{(2n+1)+n}=-10x^4y^4$,

$-10x^{2m}y^{3n+1}=-10x^4y^4$。

接下来,有一种关键的数学思维方法。在等式左边和右边的两个式子中,系数完全一样,底数也都是 x 和 y,只是 x 和 y 的指数不一样。如果这两个单项式一定相等,那么只有一种可能,就是 x 的指数一定相等,y 的指数一定相等。所以,就得到 $2m=4$, $3n+1=4$。从而得到 $m=2$, $n=1$。于是,$m-n=2-1=1$。

4 已知 $a^m=3$,求 $(2a)^m\cdot(0.5a)^m$ 的值。

$(2a)^m$ 与 $(0.5a)^m$ 相乘,而这两个式子的指数都是 m,所以就要把积的乘方法则反过来用:$(2a)^m\cdot(0.5a)^m=(2a\cdot0.5a)^m=(a^2)^m=(a^m)^2=3^2=9$。

在上述过程中,$(a^2)^m=(a^m)^2$,因为两边都等于 a^{2m}。

高错误率的题是怎么出现的

还剩下十分钟才下课,没有什么任务了,我就叫同学们拿出期中考试的试卷,把其中错得比较多又比较重要的几道题目进行了讲解。

在选择题里,有一题错误率很高,达到了 50%,这道题是这样的:

1 一个角的两边分别垂直于另一个角的两边,那么这两个角之间的关系是(　　)。

A. 相等　　B. 互补　　C. 相等或互补　　D. 无法确定

对于这道题,我从两个方面进行了讲解:

(1) 从做选择题的技巧上来讲。A、B、C、D 四个选项,除了 D 选项属于"打酱油"的,没有什么实际价值之外,其他三个选项:A 是相等,B 是互补,C 综合了前两种情况——相等或互补。从答案的完整性和全面性上来说,C 选项领先一筹。如果没有其他的证据,那么 C 选项应该被我们优先考虑。我做了这么多年的初中数学选择题,基本上在绝大多数情况下,都是选择两种情况都涵盖的答案。除非有确凿的证据,证明两种情况中,有一种情况确实不符合题意。

(2) 从知识点上来讲。一个角的两边分别垂直于另一个角的两边,可以很容易的画出这样一个示意图,如图。

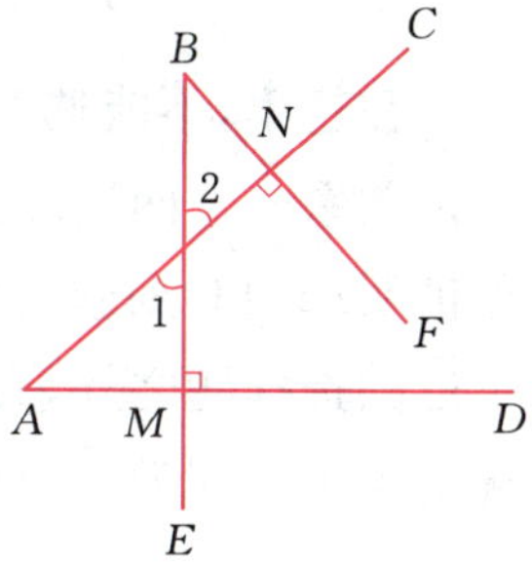

第一种情况

在这个图形中，$\angle A$ 的两条边 AC 和 AD，与 $\angle B$ 的两条边 BF 和 BE，分别垂直，垂足分别为点 N 和 M。由于 $\angle 1=\angle 2$，所以可得 $\angle A=\angle B$。

这个图说明：如果一个角的两边与另一个角的两边分别垂直，那么这两个角是相等的。且慢，有没有另外一种情况：一个角的两边与另一个角的两边分别垂直，而这两个角是互补的呢？

> 选择题的解答有其特殊的技巧和套路。解本题时，先根据经验对四个选项进行分析，然后再仔细运用所学知识进行正常解答。如果没有经验和技巧，对此类题想当然地得出结论，很可能会选 A，从而与正确结论失之交臂。

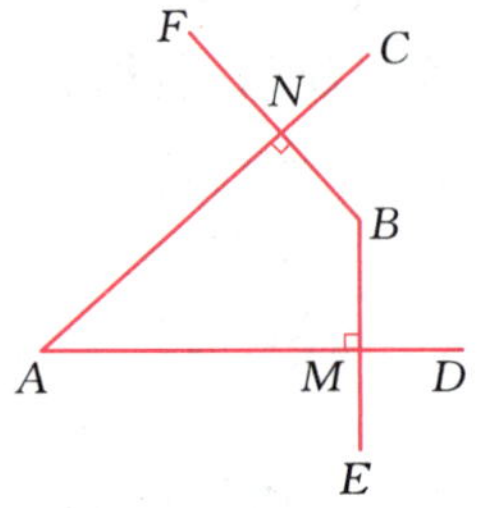

第二种情况

如图，$\angle A$ 的两条边 AC 和 AD，与 $\angle B$ 的两条边 BF 和 BE 分别垂直，垂足分别为点 N 和 M。由于四边形 $AMBN$ 的内角和为 $360°$，且 $\angle ANB=\angle AMB=90°$，所以 $\angle A+\angle B=360°-90°-90°=180°$。也就是说，$\angle A$ 和 $\angle B$ 互补。

所以，这道选择题应选择 C。

接下来，我出了一道选择题，请同学们思考一下。

2 一个角的两边分别平行于另一个角的两边，那么这两个角之间的关系是（　　）。

A. 相等　　B. 互补　　C. 相等或互补　　D. 无法确定

呵呵，能在一秒钟之内告诉我答案是什么吗？

当然也要注意，这种选择题并不都去选包含两种情况的选项。比如：

3 一个等腰三角形的周长是 10，一条边长是 2，底边长是（　　）。

A. 2　　B. 6　　C. 2 或 6　　D. 不能确定

在这里，不能选 C。因为当 2 为腰长时，底边长为 6，此时，不符合三角形的三边关系——两边之和大于第三边，构不成三角形。这道题目，因为有确凿的证据证明选项 C 所包含的一种情况是错误的，所以不能选 C，只能选 A。除了这种情形的选择题之外，其他情形中涉及两种情况的选择题，几乎都是选择有两种情况的选项。同学们以后可以反复验证。

单项式乘以多项式

上课后，在 13 班、14 班各找了两个同学，背单项式乘以单项式的法则。这一次，背得比昨天要熟练多了。我又在黑板上随便写了两个单项式乘以单项式的计算题，点了两个同学来解答，他们都能快速地说出答案。这种效果就是我想要的。如果对于单项式乘以单项式，能够不假思索地将正确答案脱口而出，那么学习单项式乘以多项式和以后的多项式乘以多项式，就容易多了。

今天这节课，没有给时间让同学们去看书，因为我对课本上例题中的单项式乘以多项式的书写步骤不是很满意。课本上的例题，是严格按照单项式乘以多项式的法则进行的，也就是用单项式乘以多项式中的每一项，再把所得的积相加。这样做本来没有什么问题，但是有些同学极容易在运算符号上出错。为了让书写过程简洁，并避免同学们在运算符号上出错，我想按照自己的方式讲授书写格式。当然，这需要同学们对单项式乘以单项式非常熟练。这也是我在前面花了好几节课的时间，反复训练单项式乘以单项式的原因。

首先，我从一道简便计算题入手开始讲解。

1 计算：$12\times\left(\frac{1}{2}-\frac{1}{3}+\frac{1}{4}\right)$。

同学们都知道，用乘法的分配律，把 12 与括号里的每一个数相乘，这样可以简便计算。小学里，这种题目经常做。

我按照同学们所说的方法开始计算：

解　原式 $=12\times\frac{1}{2}-12\times\frac{1}{3}+12\times\frac{1}{4}=6-4+3=5$。

单项式乘以多项式，与乘法的分配律差不多。我举了一个最简单的单项式乘以多项式的例子：$m(a+b+c)$，问同学们这道题该如何化简呢。

有了上面那道简便计算题做铺垫，同学们都能立即答出，结果应该等于 $ma+mb+mc$。就是用 m 这个单项式，分别与多项式里的三项相乘。m 与 a 相乘，得 ma；m 与 $+b$ 相乘，得 $+mb$；m 与 $+c$ 相乘，得 $+mc$。然后把 ma、$+mb$、$+mc$ 连接在一起就可以了。

过程为：$m(a+b+c)=ma+mb+mc$。讲到这里后，我又画了一个长方形，利用面积进行验证。

有一个长方形，长为 $a+b+c$，宽为 m。这个长方形的面积有两种计算方法：从整体上看，等于长 $a+b+c$ 乘以宽 m，即 $m(a+b+c)$；从局部来看，面积为三个小长方形面积的和，第一块长方形的面积为 ma，第二块长方形的面积为 mb，第三块长方形的面积为 mc，合起来就是 $ma+mb+mc$。这样就从几何意义上解释了为什么 $m(a+b+c)=ma+mb+mc$。

通过这个过程，可以总结出单项式乘以多项式的法则：单项式与多项式相乘，用单项式与多项式中的每一项分别相乘。

在黑板上写到这里的时候，我就打上了句号，并且让所有的同学把课本上法则的最后一句话删除。删除的这句话是“再把所得的积相加”。

课本上有了这句话，当然更准确。但是，一些理解能力不是很强的同学，在做题的时候，会受这句话干扰，反而稀里糊涂，无所适从。

我先在黑板上举了一个简单的例子：$3x(5x^2+2x-1)$，让同学们做。对照黑板上我总结的法则，先用单项式 $3x$ 分别与多项式中的每一项相乘。在 $5x^2+2x-1$ 这个多项式里，共有三项：$5x^2$、$+2x$、-1。先用 $3x$ 乘以 $5x^2$，由于前面对单项式乘以单项式训练了很长时间，同学们都能立即说出答案。

在黑板上写过程时，我没有像课本上的例题那样，写单项式 $3x$ 与多项式里的每一项相乘的详细过程，而是直接写出它们乘得的结果。

解　原式 $=15x^3+6x^2-3x$。

直接搞定，一点儿也不拖泥带水。

讲完这个简单的单项式乘以多项式的例子后，我对同学们说：“我们在练习册和试卷上遇到的题目，并不都是像刚才这些题目一样‘单纯’‘善良’，而是像凶残的敌人一样，很狡猾、隐蔽。要想战胜这样的敌人，我们要具备一双慧眼。”我又在黑板上举了两个例子。

2 $(3a^2b-2ab^2+5a)\cdot(-2ab)$。

这道题，也属于单项式乘以多项式，只不过，多项式在前面，单项式在后面。我问同学们这种题目该如何处理。同学们都说，用乘法的交换律将 $3a^2b-2ab^2+5a$ 与 $-2ab$ 调换一下位置，就可以按照前面所讲的方法去计算了。

解　原式 $=(-2ab)\cdot(3a^2b-2ab^2+5a)=-6a^3b^2+4a^2b^3-10a^2b$。

将 $-2ab$ 与 $3a^2b-2ab^2+5a$ 中的每一项分别相乘时，担心同学们一时不能直接写出答案，我还在题目的旁边专门写出了 $(-2ab)\cdot3a^2b$、$(-2ab)\cdot(-2ab^2)$、$(-2ab)\cdot5a$。如果单项式乘以单项式过关了，那么这些计算就没有什么问题。

> **3** $(-2x)^3\cdot(3x^2-2x+1)$。

这道题目倒没有什么难的，只不过有一个小陷阱。我问13班的同学，这个小陷阱设在哪里？同学们都能立即回答，要先把$(-2x)^3$按照积的乘方法则化简为$-8x^3$，再用$-8x^3$分别与多项式中的每一项相乘，千万不能用$-2x$与多项式中的每一项相乘。

接下来，让同学们做练习册上的习题。

练习册上的习题，与我在黑板上所讲的例题都差不多，没有什么难的，只是有一道题需要注意：

> **4** $(-2a)(3a^2-4a-1)-a(-6a^2+5a-4)$。

这道题，实际上是两组单项式乘以多项式。先算出$(-2a)(3a^2-4a-1)$，得$-6a^3+8a^2+2a$。再算出$-a(-6a^2+5a-4)$。这个地方在计算的时候，要特别注意，把单项式$-a$与多项式$-6a^2+5a-4$中的每一项分别相乘，乘出的结果依次写下来即可，即$+6a^3-5a^2+4a$。过程如下：

解　原式$=-6a^3+8a^2+2a+6a^3-5a^2+4a$。

接下来，合并同类项即可。

在这里，很多同学的小脑袋瓜里一定在想一个问题：$(-2a)(3a^2-4a-1)$与$a(-6a^2+5a-4)$不是相减的关系吗？可减号到哪里去了呢？

同学们，这里的减号被我们看作是负号，也就是$-a$中的“$-$”，然后用$-a$与$-6a^2+5a-4$中的每一项分别相乘，将所得结果依次写下来就可以了。

在14班讲完这道题后，还有多余的时间，我举了一个更容易出错的例子：

> **5** $(-2a)(3a^2-4a-1)-(-6a^2+5a-4)(-3a)$。

此题中，计算$(-2a)(3a^2-4a-1)$没有什么问题，但关键是$-(-6a^2+5a-4)(-3a)$，该如何理解、计算呢？

在$-(-6a^2+5a-4)(-3a)$这一部分里，我对同学们讲：“这里也是单项式乘以多项式。只不过单项式$-3a$跑到多项式$-6a^2+5a-4$的后面去了。而且，前面还有一个‘$-$’，怎么处理最好呢？”

我这样讲道：“可以将$-(-6a^2+5a-4)(-3a)$，利用乘法的交换律，变形为

$-(-3a)(-6a^2+5a-4)$，再把$-(-3a)$变为$+3a$。”那么，可以更方便地计算。

解 原式$=(-2a)(3a^2-4a-1)-(-3a)(-6a^2+5a-4)$

$=(-2a)(3a^2-4a-1)+3a(-6a^2+5a-4)$

$=-6a^3+8a^2+2a-18a^3+15a^2-12a$

$=-24a^3+23a^2-10a$。

在$+3a(-6a^2+5a-4)$里，实际上就是用$+3a$分别与多项式$-6a^2+5a-4$里面的每一项相乘，得到结果$-18a^3+15a^2-12a$，写在后面即可。最后合并同类项得到答案。

这道题，如果不这样做，很多同学会在符号上面“死翘翘”。以前我所教过的学生里面，每次考试几乎都有一半的学生中招。

同学们，你们可一定要注意按照这种思路来做，尽量减少出错的可能，找到更舒服、便捷的计算策略。

14班的同学，练习册上的题做得很快。但在“拓展升华”里有一道思考题，同学们怎么想都找不到思路。这道题是这样的：

> **6** 已知代数式$(-2x^2)(3x^2-ax-6)-3x^3+x^2$中不含$x$的三次项，求$a$的值。

代数式中不含x的三次项，是指化简后的结果里不含x的三次项，而不是题目所给的式子里不含x的三次项，那就把代数式化简吧。

解 原式$=-6x^4+2ax^3+12x^2-3x^3+x^2$。

我们来看一下，与x的三次项有关的只有两项：$+2ax^3$和$-3x^3$。这两项合并一下就是$(2a-3)x^3$。

原式$=-6x^4+2ax^3+12x^2-3x^3+x^2$

$=-6x^4+(2a-3)x^3+13x^2$。

因为题目说了，代数式中不含x的三次项，所以$(2a-3)x^3$必须“消失”。那怎样做才能让它“消失”呢？只有让$2a-3$等于0。

所以，由题意可得$2a-3=0$，解这个方程，得$a=\frac{3}{2}$。

在后面学习多项式乘以多项式的时候，还会遇到很多这样的思考题，都是运用这种方法得到思路的。

晚自习时间，做得快的同学把练习册做完后，就开始做导学案上“拓展升华”

的思考题。这些思考题与课本知识契合紧密，又有一定的技巧性，对于开阔思路非常有好处。

有几个同学遇到这样一道题目，问我应该如何思考。

7 若 $m^2+m-1=0$，求 $m^3+2m^2+2\,013$ 的值。

由 $m^2+m-1=0$ 移项可得 $m^2=1-m$。那么只需要把 $m^3+2m^2+2\,013$ 里面的 m^2 化为 $1-m$ 即可。在计算过程中，如果出现新的 m^2，继续化为 $1-m$。不停地化下去，降低次数，最后只剩下 m 的一次项。可以预见，这些 m 的一次项，一定可以合并抵消掉。

解 $\because m^2+m-1=0$，$\therefore m^2=1-m$。

$$\begin{aligned}\therefore m^3+2m^2+2\,013&=m^2\cdot m+2m^2+2\,013\\&=(1-m)\cdot m+2m^2+2\,013\\&=m-m^2+2m^2+2\,013\\&=m+m^2+2\,013\\&=m+(1-m)+2\,013\\&=1+2\,013=2\,014。\end{aligned}$$

11月15日　星期五

多项式乘以多项式

上课后，继续找同学背诵昨天所学的单项式乘以多项式的法则。在13班上课时，找的是竣升同学，他背得很好："单项式与多项式相乘，就是用单项式与多项式的每一项分别相乘。"在14班里找了家乐同学来背，他支支吾吾，很不熟练。直到找了少元同学来背，才非常流利地背出来。

接下来，我仍然没有给时间让同学们看书，直接开讲。我在黑板上写了一个简单的计算：$m(a+b)$。同学们马上脱口而出："$m(a+b)=ma+mb$。"

我把 m 换成一个多项式 $p+q$，就得到 $(p+q)(a+b)$。仿照前面单项式乘以多项式的法则，把 $p+q$ 看作一个整体，相当于 m，然后用 $p+q$ 分别与 $a+b$ 中的两项 a 和 b 相乘，得到 $(p+q)a+(p+q)b$。接下来，再用单项式乘以多项式的法则展开化简得到 $ap+aq+bp+bq$。

整个过程为：$(p+q)(a+b)=(p+q)a+(p+q)b=ap+aq+bp+bq$。

课本上是用一个几何图形引入的。一个长方形的长为 $a+b$，宽为 $p+q$，求这个长方形的面积。从整体上看，长方形的面积可以表示为 $(p+q)(a+b)$。从局部来看，这个长方形可以分为四个小长方形，这四个小长方形的面积分别为 ap、aq、bp、bq。也就是说，大长方形的面积有两种表示方法，它们是相等的，即 $(p+q)(a+b)=ap+aq+bp+bq$。

从代数的角度和从几何的角度，都可以得到 $(p+q)(a+b)=ap+aq+bp+bq$。

分析、归纳、总结一下，可以得到多项式乘以多项式的法则：多项式与多项式相乘，把第一个多项式中的每一项与第二个多项式中的每一项分别相乘。

课本上的法则最后还有一句话，“再把所得的积相加”被我删除了。删除了这句话，但法则里面的精华部分仍然保留着。做题时，只需把多项式中的每一项与另一个多项式中的每一项分别相乘，将所乘得的结果依次写下来即可。

我举了三个例子说明这个法则该如何运用。

例 1 $(m+n)(a+b)$。

这是最简单的一个例子。我在这个式子的上下两边分别画上箭头，让同学们看清楚，第一个多项式中的每一项是怎样与第二个多项式中的每一项分别相乘的。在式子的上面，我将箭头从 m 分别画到 a 和 b，在下面，我将箭头从 n 分别画到 a 和 b，分别相乘就得到答案 $am+bm+an+bn$。过程与课本上的过程差不多。后面在做其他多项式与多项式相乘时，我都是这样处理的。第一次做多项式乘以多项式的计算题，还是讲清楚计算过程更好一点。

例 2 $(x^2y-xy)(xy^2-x)$。

数学里总是有很多题目并不像例 1 那样简单。比如这一题，多项式里的每一项都较复杂，而且还涉及正负号的问题。

这种题按照多项式乘以多项式的法则进行计算。先用第一个多项式里的第一项 x^2y 乘以第二个多项式里的每一项：x^2y 乘以 xy^2，得 x^3y^3；x^2y 乘以 $-x$，得 $-x^3y$。再用第一个多项式里的第二项 $-xy$ 乘以第二个多项式里的每一项：$-xy$ 乘以 xy^2，得 $-x^2y^3$；$-xy$ 乘以 $-x$，得 $+x^2y$。最后将这四项合在一起即可。

解 原式 $=x^3y^3-x^3y-x^2y^3+x^2y$。

只要单项式乘以单项式过关了，像这样的多项式乘以多项式还是可以一步搞定的。

例3　$(x-y)(x^2+xy+y^2)$。

这道题与前两道题相比，不同的地方在于，用多项式乘以多项式的法则展开后，会出现同类项，需要把同类项合并，进一步化简。

解　原式$=x^3+x^2y+xy^2-x^2y-xy^2-y^3$

$=x^3-y^3$。

顺便说一句，$(x-y)(x^2+xy+y^2)=x^3-y^3$ 这个式子，在二十多年前的人教版数学课本上被称为立方差公式。

讲完这三个例题后，就让同学们做练习册上的习题。同学们做完我指定的题目后，我重点讲解了两道题。

1 计算：$5x(x^2+2x+1)-(2x+3)(x-5)$。

在这道题中，有两组乘法运算，而且中间是用"—"号连接的，这种情况需要特别注意。为了不出现常见的符号错误，在计算时，一定要把两组乘法计算的结果用括号括起来，下一步再去括号。我以前所教过的学生，大部分学生出现的错误，都是因为不按照规范操作而导致的。他们总是想图省事，把几个步骤合在一起写，结果却是"赔了夫人又折兵"：不仅没有节约时间，而且还让自己的考试成绩一下子少掉六七分。

同学们，做这种题目时，一定要注意把乘得的积用括号先括起来。退一万步来说，就算你最后的答案算错，也可以凭这一步得到步骤分。

解　原式$=(5x^3+10x^2+5x)-(2x^2-10x+3x-15)$

$=5x^3+10x^2+5x-2x^2+10x-3x+15$

$=5x^3+8x^2+12x+15$。

2 计算：$(x+3y)^2$。

这道题，本来可以利用后面将要学习的完全平方公式直接写出结果。但是，在没有学习完全平方公式之前，我们可以把$(x+3y)^2$转化为$(x+3y)(x+3y)$，然后再用多项式乘以多项式的法则来算。后面将要学习的完全平方公式，其实也是这样推导出来的。

这道题，我在两个班各找了一位同学到黑板上去做。不约而同地，这两位同学都算错了。他们错误的结果为 x^2+9y^2。

在黑板上板演的同学之所以犯错，是因为他们忽视了第一个多项式中的 x 与第二个多项式中的 $+3y$ 相乘，得 $+3xy$；第一个多项式中的 $+3y$ 与第二个多项式中的 x 相乘，也得 $+3xy$。两项合并后就为 $+6xy$。

解 $(x+3y)^2=(x+3y)(x+3y)$

$$=x^2+3xy+3xy+9y^2$$

$$=x^2+6xy+9y^2。$$

同学们做完练习册上的习题后，我补充了一道思考题让同学们做：

> **3** 已知 $(x+3)(x-a)$ 中不含 x 的一次项，求 a 的值。

昨天在课堂上，曾讲过一道类似的题目，也是像这样的一个代数式，化简后的结果不含 x 的某一项，求 a 的值。

这种题型，在期末考试中经常以选择题的形式呈现。再复杂一点的类似题，就喜欢出现在各种数学竞赛里面了。

由于这种题的解题思路已经讲过了，我想看看效果如何，就在两个班分别找了一位同学来做。在 13 班上课时，找的是志钊同学。在 14 班上课时，找的是云清同学。这两位同学做得都很好。

下面是该题详细的解答过程：

解 $(x+3)(x-a)=x^2-ax+3x-3a=x^2+(3-a)x-3a$，

∵ 原式不含 x 的一次项，

∴ $(3-a)x$ 项的系数必须为 0，

∴ $3-a=0$，即 $a=3$。

这时还剩 15 分钟下课，就让同学们做练习册上的“四基”训练题，当堂完成，下课后立即上交检查。

第12周

11月17日　星期日

家长会和晚自习小测验

老师要说的心里话——如何提高数学成绩

今天下午，学校召开期中考试家长会。在两个班的家长会上，我就数学学习方面的问题，与各位家长进行了交流。

一　如何看待初二数学学习

进入初二后，数学知识突然加深变难。很多几何题的解决，不仅需要形象思维能力，还需要一定的抽象思维能力，代数题也变得复杂繁琐。很多同学一下子没有适应过来，学习成绩有所下降，这是一种正常现象。一般来说，只要现阶段打好基础，力争不掉队就行了。初二时所学的知识到了初三，每位同学都是可以搞懂的。到了初三总复习时，每位同学都不会丧失中考冲刺的机会。

二　提高孩子数学成绩内外因分析

这一点，各位家长最为关心。就我多年来的观察、分析，数学成绩好的孩子一般有以下四个特点：

1 沉稳的性格。孩子如果具有一个沉稳的性格，无疑就具备了学好数学的先天优势。因为数学中的很多计算，如果能够做到沉着、冷静，细心计算，就可得分。一道数学计算题一般有十多处计算，如果孩子毛毛躁躁，做事匆忙，只要有一处出错，就不能做对得分。

2 灵活的思维。一个学生，如果大脑特别聪明、思维特别灵活，那么他的数学成绩一般不会差。就算他在某道计算题上出错，但他也能凭着自己的灵活思维，将后面较难的题目做对得分，最后总分不会低。

3 扎实的基础。现在的数学考试，大部分题目都是基础题，大概只有10%的数学题目有一定的难度，要考智力，或者考在以前的学习过程中是否练过。但这部分难题对所有的同学都一样，我难你也难。而且，一道题目恰好以前练过的可能性非常低。这样一来，数学成绩的高低，实际上就是比拼数学基础。谁的数学基础好，谁就能在数学考试中取得比他人更好的成绩。

前面三点如果都能具备的话，数学成绩一定会很好。如果恰好这三点都不具备，那该怎么办呢？现在班级里，就有一些这样的同学，特别是在13班这个普通班里。那就只能靠最后一点了。

4 不懈的努力。勤能补拙是良训，一分辛劳一分才。据科学研究表明，绝大部分孩子的智商都差不多。可为什么在学习成绩上却有着巨大的差距呢？就是因为他们付出的努力差距巨大。有的同学遇到不懂的问题，马上去问老师。而有的同学，一到下课，就想着如何去玩，甚至上课时思想都开小差，更别说主动去做题，主动去纠正自己的错误了。

以上四点内因，是学生提高学习成绩的决定性因素。另外从外因上来说，也有三个方面的影响因素。

1 家长的严格要求。家长如果重视学生的成绩，看重孩子的分数，那就要明确无误地告诉他刻苦学习，而不是拿着一些似是而非的“素质教育理论”为孩子开脱辩解。现今流行的教育观点是有争议的，比如“快乐比分数重要，成长比成绩重要”，像这样正确的废话，我不想去争论。我只想说一句，难道分数高的孩子就不快乐吗？难道成绩好的学生就没有成长吗？恰好相反，这样的孩子就是以取得高的分数作为自己最大的快乐；获得好的成绩，也是自己健康成长的标志。当然，一个孩子尽力了，但分数不高，应另当别论。但这种现象少之又少，就算有，也不能以偏概全。现实的情况是，大部分孩子成绩不好就是因为他们没有努力。

2 老师的严格要求。当各种新潮的教育理论充斥着教育领域的时候，还好每一位一线的教师都还能保持清醒的头脑。他们知道，对孩子要严格要求，要去培养孩子的学习能力，要去训练学生的得分能力。就算多年之后，他们完全忘记了那些学过的基础概念和基本运算，这种能力还是可以伴随他们终生。当遇到陌生的环境，面临一个全新的局面，他们可以凭着高超的学习能力，迅速站稳脚跟，迎头赶上。

3 一对一的家教辅导。这种方法可以在短时间内提高学生的成绩，但有可能治标不治本。尽管这种方法在“催肥”学生，但多年来的实践证明，这是一种行之有效的办法。找一个有教学经验的老师，对自己的孩子，在固定的时间里一对一地辅导必考知识点。让他对这些必考知识点，形成一种技能：一看到那道题，就知道如何去思考，怎样避开陷阱。从应试的角度上，采用时间加汗水的方式，去强化培训、巩固提高。采用一对一的家教辅导，来提高孩子的数学成绩，是一种没有办法的办法，不到最后关头，最好不用。

总之，老师和家长的心情是一样的，就是希望每个孩子都能进步，每个学生都能取得优异的成绩。让他们在我们的手上，在初中三年里有一个好的积累，有一个好的基础。让他们在中考中能取得满意的成绩，能升入理想的高中，保留一份进入理想大学的希望。

对有的人来说正确的思考是多么困难

今天晚自习，每个班有二十分钟的时间归数学学科。上一周我就计划好了，这段时间可以进行一次单项式乘以多项式和多项式乘以多项式的小测验。

小测本上的题目，在考试之前，我都看过，非常简单。题量也不大，我又补充了上一周曾经讲过的两道题目，看一看同学们是否都掌握了。

在13班考试时，我点了6个成绩较为落后的同学，直接把小测本交到我这里来，其他同学交到课代表处。

下课休息时，我当着这6个同学的面直接批改。情况很不乐观，尽管这些题非常简单，补充的题目上一周也曾经讲过，但这6个同学没有一个全对。

对于这些错误，当面一个一个地指出来，再让他们改错。其中，F伟同学有一个错误，非常典型。一个多项式乘以多项式，展开后，结果里面有这样两项：$-y^2$和$+9y^2$。这两项是同类项，需要合并，可F伟居然不知道这两项是同类项。他忘记了初一所学的同类项的知识。

我问F伟："$-y^2+9y^2$应该如何合并?"F伟看了片刻之后，说："等于$-9y^2$。"

我望着他好一会儿，又低下头想了很久，不明白他是如何得到这个答案的。我又问他："为什么等于$-9y^2$?"F伟说："$-y^2+9y^2$就是$-y^2$和$+9y^2$相乘，-1乘以$+9$不是-9吗？还有y^2写在后面啊！"

糟了，他完全搞混了。

我对他这样说："$-y^2+9y^2$是$-y^2$与$+9y^2$的和的意思。是这两项相加，不是这两项相乘。如果是这两项相乘，不是这样写的。$-y^2$与$+9y^2$相乘，应该写成'$(-y^2)\cdot(+9y^2)$'的形式。"

"$-y^2+9y^2$是$-y^2$与$+9y^2$这两个同类项的和，如何合并呢?"我问道。F伟摇摇头。

我接着问："$-y^2$和$+9y^2$的系数分别是多少?"他答道："前面一项的系数是-1，后面一项的系数是$+9$。""两个系数合并，就是$-1+9$，结果是多少呢?"我又问。他马上回答："-10。"我抬起头盯着他望了好几秒钟，他才改口说："8。"

我再一次地体会到了"任重道远"是什么意思。我语气平静地对他说："这一次，你答对了。$-y^2+9y^2$的最后结果是$+8y^2$。"

他完全是把很多的知识搞混了。就算我现在把他教明白了，过一段时间，他又会出现这样或者那样的错误。像这样的同学，简单的计算题能否做对得分，取决于他当时大脑一瞬间的思维方向。难怪这些同学再简单的试卷也会考很低的分数。

在上一周我的博文评论里，F 伟评论："学了这么多法则，说实话，都乱了。一道题都不知道哪个跟哪个了，看来以后要多下点功夫。"

F 伟能这样评论，说明他非常坦诚。现在要想提高成绩，真的是要多下点功夫了。要把自己搞混了的知识点和做错过的计算题，及时理清楚并记录在小本子上。每隔一段时间，就拿出小本子来翻看一下，不明白的更要立即去问老师。否则，这样的小问题是会在考试里酿成大灾难的。

希望和 F 伟一样的同学，都能养成好的学习习惯，并掌握好的学习方法。他人救你，只能救一时；唯有自救，才能救一世。

11 月 18 日　星期一

单项式除以单项式

同底数幂的除法、单项式除以单项式、多项式除以单项式，在练习册上有三节课的习题。但是，在课本上却只有一节课的内容。本节教学内容，类比前面所学的同底数幂的乘法、单项式乘以单项式、单项式乘以多项式的教学内容，比较容易掌握。我决定采用一个折中方案，用两节课的时间来教这部分内容。

课本上是用逆运算的方法讲解同底数幂的除法法则，我也打算用这种方法来讲。

在 14 班上课时，首先让同学们回忆了同底数幂的乘法法则：同底数幂相乘，底数不变，指数相加。用字母表示为 $a^m \cdot a^n = a^{m+n}$。

同学们边答，我边把这些内容写在黑板上，以便等会儿与我写的同底数幂的除法法则对比记忆。

我在黑板上写了两道简单的同底数幂的乘法题，同学们立刻说出了答案。

1 $10^2 \times 10^3 = 10^5$。　　**2** $a^{m-n} \cdot a^n = a^{m-n+n} = a^m$。

这两道题非常简单。关键是，由这两道题运用逆运算，总结出同底数幂的除法法则。

在第 1 题中，10^2 与 10^3 相乘，得到的积为 10^5。根据乘法与除法互为逆运算，可以得到 $10^5 \div 10^3 = 10^2$。最后的结果，底数为 10，指数为 2。这个指数 2 可以看作是被除数的指数 5 减去除数的指数 3 得到的，即 $10^5 \div 10^3 = 10^{5-3} = 10^2$。

在第 2 题中，$a^{m-n} \cdot a^n = a^{m-n+n} = a^m$。根据逆运算的知识，积 a^m 除以因式 a^n，结果就等于另一个因式 a^{m-n}，即 $a^m \div a^n = a^{m-n}$。

这样，就得到了同底数幂的除法法则：同底数幂相除，底数不变，指数相减。这个法则与同底数幂的乘法法则刚好相反。

接下来，在黑板上举了三个例子。

例 1 $x^8 \div x^4 = x^{8-4} = x^4$。

例 2 $(ab)^6 \div (ab)^4 = (ab)^{6-4} = (ab)^2 = a^2b^2$。

例 3 $10^4 \div 10^4 = 10^{4-4} = 10^0$。

在例 3 中，$10^4 \div 10^4$，按照同底数幂相除，底数不变，指数相减的法则，应该等于 10^0。可这里的指数为 0，是什么意思呢？

我接着讲，$10^4 \div 10^4$，就是 10 000 ÷ 10 000 的意思，最后结果为 1。这就说明，10^0 与 1 表示的是 $10^4 \div 10^4$ 的结果。换句话说 $10^0 = 1$。

推广到一般的情况，$a^4 \div a^4 = a^{4-4} = a^0$。又因为 $a^4 \div a^4 = 1$，可以得到 $a^0 = 1$。讲到这里，我问同学们：“这里的 a，有一个数不能取，这个数是哪个数？为什么？”

同学们思考了一会儿，有一个同学说：“a 不能等于 0。因为一旦 $a = 0$，在 $a^4 \div a^4$ 这个式子里，就变成了 0÷0 了。而除数为 0，是没有意义的。为了保证不出现这样的无意义的式子，必须在 $a^0 = 1$ 的后面，加一个限制条件：$a \neq 0$。”

这位同学解释得很好，已经不需要我做更多的说明了。我只是在黑板上写下“$a^0 = 1(a \neq 0)$”。

讲完这个法则后，给了五分钟时间让同学们做练习册上的习题。这些题目都很简单，同学们做得很快。有一道解答题，要逆用同底数幂的乘法法则和除法法则，同学们也做得很好。这道题是这样的：

3 已知 $3^m = 6$，$3^n = -3$，求 3^{m+n} 的 3^{m-n} 的值。

解 $3^{m+n} = 3^m \cdot 3^n = 6 \times (-3) = -18$，

$3^{m-n} = 3^m \div 3^n = 6 \div (-3) = -2$。

离下课还有十分钟时间，我按照课本上单项式除以单项式的过程，对同学们进行了讲解。

$4a^2x^3 \cdot 3ab^2 = 12a^3b^2x^3$。根据逆运算的知识，可以得到积 $12a^3b^2x^3$ 除以因式 $3ab^2$，结果等于另一个因式 $4a^2x^3$，即 $12a^3b^2x^3 \div (3ab^2) = 4a^2x^3$。观察这个单项式除以单项式的过程，最后的结果 $4a^2x^3$ 是如何计算出来的呢？

系数 4 可以看作是被除式的系数 12 除以除式的系数 3 得到的。a^2 可以看作是被除式中的 a^3 除以除式中的 a 得到的。被除式中的 b^2 除以除式中的 b^2 等于 b^0，也就是 1，省略不写。在被除式中还有一个因式 x^3，除式里没有含 x 的因式，就把只在被除式中含有的 x^3 作为商的一个因式。

总结一下，可以得到单项式除以单项式的法则：单项式相除，把系数相除作为商的系数，把同底数幂相除作为商的因式，对于只在被除式里含有的字母，则连同它的指数一起作为商的一个因式。

讲完单项式除以单项式的法则后，我又举了一个具体的单项式除以单项式的例子，就让同学们开始做练习册上的习题。对比前面所学的单项式乘以单项式的习题，这部分习题只是运算方法上出现了一点变化，没有什么特别的地方，同学们都做得很快。我在对答案时，只讲解了两个小题：

4 $(6 \times 10^8) \div (3 \times 10^5)$。

这道题是两个用科学记数法表示的数相除，与单项式除以单项式的计算是一样的。用 6 除以 3 的结果作为商的系数，10^8 除以 10^5 的结果作为商的因式。最后的答案为 2×10^3。

5 $(3a^2b)^3 \cdot (-8a^2b^3) \div (-2a^2b^2)^3$。

在讲解这道题之前，我问同学们，这道题有个地方特别容易出错，有谁知道是什么地方吗？在 13 班上课时，中元同学离黑板最近，他看了一会儿，立马就说，此题有两处陷阱：有两个式子是积的乘方的形式，没有化简。要先把这两个式子化简为普通的单项式，再去计算。

我点了点头，如果能把陷阱看清楚，这道题目应该就不会错了。

解 原式 $= 27a^6b^3 \cdot (-8a^2b^3) \div (-8a^6b^6) = -216a^8b^6 \div (-8a^6b^6) = 27a^2$。

昨天晚自习做的小测本，我批改了之后，发现很多同学都做错了不少题。14 班同学的错误和 13 班同学的又有一些不同。14 班同学，大部分是因为计算粗心，书写马虎。这只需要把小测本发给他们，让他们自己去订正就行了。而 13 班同学的错误，则是出在基本概念和以前的知识点没有搞清楚上面，问题比较大，需要一个一个地指点过关。我在叫这些做错的同学来改错的时候，Y 波同学特别积极，主动帮我叫这些做错的同学来我的办公室里，给我省了不少的力。我当即决定，“聘请”Y波担任我的助理，职责就是帮我叫那些小测本做错的同学来办公室改错。他非常高兴地答应了。我对他说：“以后，你就第一个来我这里改正错误，你改完后，按照顺序依次叫做错的同学来我办公室。以后可要辛苦你了。”

我相信，随着我对他的重视，他的数学成绩肯定会节节上升。

晚自习时，我在14班问有没有哪位同学愿意担任我的助理，职责就是帮我叫那些知识点没有搞懂的同学去我那里改错。子仪同学第一个举手，我立即“聘请”她当我的助理。相信有了这两名助理，再加上几位课代表的协助，两个班的数学成绩是一定会取得进步的。

增强参与感会增加学习的兴趣和动力。表面上叫别的同学去改错花费了不少时间，但会增加自己学习的参与感，提高学习兴趣。而学习兴趣的增加会提高自己的学习效率，进而提高成绩。这就叫助人又利己。

11月19日　星期二

多项式除以单项式

昨天一节课，学习了同底数幂的除法和单项式除以单项式。今天在14班上课时，我找Q朋同学背诵同底数幂的除法法则，他背得很好。

我又找了两位同学背诵单项式除以单项式的法则，可能是这个法则比较长，也可能是这两位同学理解法则不透彻，他们背得不太好。我只好亲自背诵一遍：“单项式相除，把系数相除作为商的系数，同底数幂相除作为商的因式，对于只在被除式里含有的字母，则连同它的指数一起作为商的因式。”

和单项式乘以单项式一样，单项式除以单项式也非常重要。能够熟练地进行单项式除以单项式运算，既巩固同底数幂的除法法则，又为后面学习多项式除以单项式打好基础。接下来，我用了二十分钟时间，让同学们做练习册上的单项式除以单项式的习题。

14班的雨馨同学到黑板上做一道题时，犯了一个典型错误，就是运算顺序的错误。这道题是这样的：$24m^5n^4 \div (-6m^4n^4) \cdot (-3mn)^2$。

先把积的乘方化简后，得到$24m^5n^4 \div (-6m^4n^4) \cdot 9m^2n^2$。接下来，这个式子该如何计算呢？雨馨先算后面的乘法，再算除法，结果就错了。在这个式子里，除法和乘法是同级运算，应该按照从左到右的顺序去计算，即先算前面的除法，再算后面的乘法。过程如下：

解　原式$=24m^5n^4 \div (-6m^4n^4) \cdot 9m^2n^2 = -4m \cdot 9m^2n^2 = -36m^3n^2$。

离下课还有二十分钟时，我给同学们讲解多项式除以单项式。前面所学的多项式乘以单项式，就是用多项式里的每一项分别乘以单项式。现在要学的多项式除以单项式，法则差不多，就是用多项式里的每一项分别除以单项式。只要单项式除以单项式过关了，多项式除以单项式也是很好掌握的。

在黑板上，我举了一个简单的例子：$(12a^3-6a^2+3a)\div(3a)$。

在这个式子里，括号中的多项式有三项。先用第一项 $12a^3$ 除以单项式 $3a$，得 $4a^2$。再用第二项 $-6a^2$ 除以单项式 $3a$，得 $-2a$。最后用第三项 $+3a$ 除以单项式 $3a$，得 $+1$。这里要特别强调的是：$+3a\div3a$，是等于 $+1$ 的，而不是等于 0。解题过程为：原式 $=4a^2-2a+1$。

接下来，就做练习册上的相应习题。有一题是这样的：

> 计算：$[y^2-y(2x+y)-8x]\div(2x)$。

在做这道题时，两个班里都有几个同学问我，中括号里的第一项 y^2 怎么除以 $2x$？我对他们说："中括号里的式子还有含小括号的部分，需要先去小括号，再合并同类项化简。这里的 y^2 一定是可以抵消掉的。否则，用现在所学的知识，就不能做了。"

这几位同学在草稿纸上计算了一下，发现中括号里面的式子在去掉小括号合并同类项化简之后是 $-2xy-8x$，果然不含 y^2 了。然后，再用 $-2xy-8x$ 这个多项式除以 $2x$，最后答案是 $-y-4$。

晚自习时，同学们继续做练习册上的习题。13 班的钦胜同学问了我一个问题："$a-a^2$ 等于什么？怎么合并化简？"

我对他说："a 与 $-a^2$ 不是同类项，不能合并。比如一头猪减去一只羊，能合并吗？"刚举完这个例子，我就发现用动物来打比方，很不合适。立马改口："一个苹果减去一个梨，能合并吗？不是同类项，是不能合并的。"

钦胜问："$a-a^2$ 不能合并，还是等于 $a-a^2$ 的，对吗？"我点了点头。

11 月 20 日　星期三

平方差公式

正式上课前，看到同学们都在认真诵读昨天所学的多项式除以单项式的法则。我在两个班各找了一个同学来背这个法则，这两位同学都背诵得很好："多项式除以单项式，等于多项式里的每一项分别除以单项式。"

为了给今天所学的内容做好铺垫，我提问了以前学过的多项式乘以多项式的法则是什么。

站起来回答问题的同学都能够熟练回答:“多项式与多项式相乘,就是用第一个多项式里的每一项分别乘以第二个多项式里的每一项。”

我在黑板上举了两个简单的例子,让同学们在草稿纸上快速写出答案。

例 1 $(a+b)(p+q)$。 **例 2** $(a+b)(m-n)$。

这两个式子,按照多项式乘以多项式的法则,很快就可以算出答案。第一个式子的答案是:$ap+aq+bp+bq$。第二个式子略微复杂一点,后面一个多项式中有一项有“$-$”,认真去算也可以得到正确答案:$am-an+bm-bn$。

接下来,我这样对同学们说,这两个式子是普通的多项式乘以多项式的例子。在我们的数学学习过程中,经常会遇到一些特殊形式的多项式乘以多项式的题目,比如$(a+b)(a-b)$。在这个多项式乘以多项式的题目中,第一个式子是 a、b 两数的和,第二个式子是 a、b 两数的差。

按照多项式乘以多项式的法则,$(a+b)(a-b)$ 展开化简是什么呢?

$(a+b)(a-b)=a^2-ab+ab-b^2=a^2-b^2$。

按顺序依次展开后,刚好可以得到 $-ab+ab$,而 $-ab+ab$ 恰好为零,最后的答案显得很简单:a^2-b^2。

也就是说,$(a+b)(a-b)=a^2-b^2$。用文字语言表示:两个数的和乘以这两个数的差,等于这两个数的平方差。这个公式叫作平方差公式。以后,如果再遇到这种形式的式子相乘,我们可以直接根据这个公式写出最后的结果。

给了一分钟时间,让同学们把这个公式记熟后,我从易到难设计了一个题组,让同学们用平方差公式来做。

1 $(m+n)(m-n)=m^2-n^2$。

2 $(x+1)(x-1)=x^2-1^2=x^2-1$。

3 $(x+2)(x-2)=x^2-2^2=x^2-4$。

4 $(x+3)(x-3)=x^2-3^2=x^2-9$。

5 $(x+4)(x-4)=x^2-4^2=x^2-16$。

这些题目都非常的“单纯”和“善良”,直接可以套用平方差公式。以后在做题或考试时所遇到的平方差公式的形式,不可能像这样可以直接写答案。很多时候,需要我们仔细分辨。

我写了一组复杂一点的题目,让同学们观察,能否用平方差公式来做?最后答案是什么？

6 $(a-b)(a+b)$。
7 $(3x+2y)(3x-2y)$。
8 $(-x-2y)(-x+2y)$。
9 $(-1-xy)(xy-1)$。
10 $(a^2-b^2)(b^2+a^2)$。

第 6 小题，只不过是把 $a-b$ 这个因式写在 $a+b$ 的前面，可以用平方差公式算得结果为 a^2-b^2。

第 7 小题，出现了系数不为 1 的情况。仔细观察，也不难。$3x$ 相当于平方差公式里的第一个数 a，$2y$ 相当于公式里的第二个数 b，最后结果等于 $(3x)^2-(2y)^2=9x^2-4y^2$。这道题要注意的是：$3x$、$2y$ 在平方的时候，要先括起来，然后再化简。

第 8 小题，要特别看清楚，两个数的和乘以这两个数的差。其中，第一个数 a 相当于 $-x$。第二个数 b 相当于 $2y$。根据平方差公式可得 $(-x-2y)(-x+2y)=(-x)^2-(2y)^2=x^2-4y^2$。

第 9 小题，就更加隐蔽了。仔细观察，在 $-1-xy$ 和 $xy-1$ 两个多项式里各有两项。其中，有一项 -1 是完全相同的，另一项分别是 $-xy$ 与 xy，系数正负相反。这种形式的多项式乘以多项式是可以用平方差公式去计算的。过程如下：

解 $(-1-xy)(xy-1)=(xy-1)(-1-xy)=(-1+xy)(-1-xy)$
$=(-1)^2-(xy)^2=1-x^2y^2$。

在这个式子里，两个多项式里的项都被打乱了。但不管怎么变化，只要仔细观察，分辨出在这两个多项式里含有一个相同的项，另外的项刚好符号相反，那么就可以变形为两数和乘以两数差的形式。

第 10 小题，出现了指数，稍加留意，也应该不会错。

解 $(a^2-b^2)(b^2+a^2)=(a^2+b^2)(a^2-b^2)=(a^2)^2-(b^2)^2=a^4-b^4$。

在讲这两大组题目时，14 班的同学就已经迫不及待了，个个摩拳擦掌、跃跃欲试。讲完后，我就立即让他们做练习册上的习题。

练习册上的习题，与我列举的例子都差不多。只要刚才认真听讲的同学，应该都不会做错。不过，有几个题型，刚才没有列举到，在同学们做完后，我分别进行了讲解。

11 观察图形的面积变化，总结一个公式。

练习册上和课本上都有平方差公式的几何图形表示。它们有一个共同点，都有一个图形是一个边长为 a 的正方形，去掉一个边长为 b 的正方形，剩下的面积为 a^2-b^2。再把这个剩下的面积重新组合、拼接，拼成一个长为 $a+b$、宽为 $a-b$ 的长方形。根据面积相等，就可以得到平方差公式：$(a+b)(a-b)=a^2-b^2$。

12 计算：98×102。

我正在担心同学们会不会做这道题时，没想到被我叫到黑板上做题的同学，却做得十分熟练。

解 $98\times102=(100-2)(100+2)=100^2-2^2=10\,000-4=9\,996$。

13 化简：$(x+2)(x-2)(x^2+4)$。

这道题本身并不难，把前面两个式子 $(x+2)(x-2)$ 相乘，可得 x^2-4。再把 x^2-4 与 x^2+4 相乘，再次运用平方差公式，得到 $(x^2)^2-4^2$，化简后就是 x^4-16。

这道题有一个特点，前面运用平方差公式算得的结果，与后面的一个式子相乘时，恰好又是一个平方差公式，相当于一个连锁反应。这种连锁反应，在做很多数学竞赛题时经常用到。比如：

14 计算：$(2+1)(2^2+1)(2^4+1)(2^8+1)\cdots(2^{32}+1)$。

这道题要想简便计算，只有乘以一个 $2-1$。因为最前面的式子是 $2+1$，这样才能构成平方差公式。可是，在乘以 $2-1$ 时，会不会改变原式的值呢？

答案是不会，因为 $2-1$ 恰好等于 1。在原式上乘以 $2-1$，相当于乘以 1，并没有改变原式的值。$2-1$ 与 $2+1$ 相乘，结果是 2^2-1；再用 2^2-1 与 2^2+1 相乘，结果是 2^4-1；再和后面的 2^4+1 相乘时，又是一个平方差公式……一系列的连锁反应，直到最后。

解 $(2+1)(2^2+1)(2^4+1)(2^8+1)\cdots(2^{32}+1)$

$=(2-1)(2+1)(2^2+1)(2^4+1)(2^8+1)\cdots(2^{32}+1)$

$=(2^2-1)(2^2+1)(2^4+1)(2^8+1)\cdots(2^{32}+1)$

$=(2^4-1)(2^4+1)(2^8+1)\cdots(2^{32}+1)$

……

$=(2^{32}-1)(2^{32}+1)$

$=2^{64}-1$。

在 13 班上课时，部分同学在做下面这道题时，犯了一个错误：

15 $(y+2)(y-2)-(y-1)(y+5)$。

$(y+2)(y-2)$ 可以运用平方差公式，直接写出结果：y^2-4。后面的 $(y-1)(y+5)$，13 班里有一些同学，居然认为等于 y^2-5。我想，这些同学肯定是学习了平方差公式后以为 $(y-1)(y+5)$ 等于 y^2-5。在 $(y-1)(y+5)$ 中，不是两数的和乘以这两数的差的形式。在这两个多项式里，相同项都是 y，但是 -1 与 $+5$ 不是完全相反的项。同学们一定要注意，能用平方差公式计算的式子，一定是有一项完全相同，另外一项完全相反！否则，是不能用平方差公式算的。

那么这里的 $(y-1)(y+5)$ 该如何计算呢？只能用多项式乘以多项式的法则去展开了。能用平方差公式计算的式子，不过是一种特殊的多项式乘以多项式而已。

另外，要特别强调的是，这里的 $(y-1)(y+5)$ 展开后的结果，要用括号括起来。因为前面有一个"－"，在去括号时涉及变号的问题。

"－"相当于初中数学里面的"狼"。"狼"来了，同学们一定要小心啊！

11 月 21 日　星期四

完全平方公式

上课后，我在两个班里各找了一名学生，背诵昨天刚学的平方差公式：两个数的和乘以这两个数的差，等于这两个数的平方差。两个数中，第一个数为 a，第二个数为 b，用字母表示就是 $(a+b)(a-b)=a^2-b^2$。

平方差公式是一种特殊的多项式乘以多项式。今天又加入了两个新的公式——完全平方公式。

两个数的和乘以这两个数的差，我们昨天已经学过了。两个数的和乘以这两个数的和，等于什么呢？比如 $(a+b)(a+b)$。

这个式子可以读作"a 加 b 的完全平方"。为什么叫完全平方呢？是因为把 $a+b$ 这个和，用括号完全括起来了，再平方，所以就叫完全平方。

我在黑板上开始演算：$(a+b)^2=(a+b)(a+b)$，用多项式乘以多项式的法则进行计算，可得 $a^2+ab+ab+b^2$，合并化简后为 $a^2+2ab+b^2$。这样一来，就得到 $(a+b)^2=a^2+2ab+b^2$。我们以后在做数学题时，会遇到大量的两数之和的完全平方，可以利用这个结果快速地写出答案。这个公式用文字语言表示就是，两数和的完全平方，等于这两个数的平方和，再加上这两个数的积的 2 倍。书写最后结果的时候，把这两个数的平方和 a^2+b^2 写在一头一尾的位置，把加上这两个数积的 2 倍写在中间的位置。

讲完两数和的完全平方公式之后，我又问，两个数的差乘以这两个数的差等于什么呢？比如 $(a-b)(a-b)$，是两个 $a-b$ 相乘，可以写作$(a-b)^2$。

在我以前所教过的学生里，很多学生以为$(a-b)^2=a^2-b^2$，其实这是不对的。等于a^2-b^2 的是$(a+b)(a-b)$，而不是$(a-b)^2$，那么$(a-b)^2$ 等于什么呢？

我在黑板上进行演算：$(a-b)^2=(a-b)(a-b)=a^2-ab-ab+b^2$，合并化简后为 $a^2-2ab+b^2$。这里要特别注意：第二项是$-ab-ab$ 合并以后得到的$-2ab$；第三项是第一个多项式中的$-b$，乘以第二个多项式中的$-b$，得到$+b^2$。公式$(a-b)^2=a^2-2ab+b^2$，是两数差的完全平方公式。用文字语言叙述为：两数差的完全平方，等于这两个数的平方和，再减去这两个数的积的 2 倍。书写最后结果的时候，也把这两个数的平方和 a^2+b^2 写在一头一尾的位置，把$-2ab$ 写在中间的位置。

两数差的完全平方公式与两数和的完全平方公式的文字语言叙述的前半部分差不多，最后一句话不同：一个是减去积的 2 倍，一个是加上积的 2 倍。

给了两分钟时间，让同学们背诵这两个完全平方公式的文字语言叙述和字母表示。两分钟后，我统计了一下，发现两个班里各有一半左右的人会背诵了。

接下来，就是这两个完全平方公式的运用，看谁最先达到熟练的程度。

首先，我在黑板上写了一组简单的运用两数和的完全平方公式来做的习题，同学们口答得很正确。

这些题都非常简单，但在数学学习里，并不都是这样“单纯”的数学题。我又在黑板上举了一些复杂的例子。

例 1 $(2x+3y)^2$。

例 2 $\left(\frac{1}{3}x+\frac{1}{2}y\right)^2=\frac{1}{9}x^2+\frac{1}{3}xy+\frac{1}{4}y^2$。

例 3 $(a^2+2b^2)^2=(a^2)^2+2\cdot a^2\cdot 2b^2+(2b^2)^2=a^4+4a^2b^2+4b^4$。

在例 1 中，$2x$ 相当于公式里的 a，$3y$ 相当于公式里的 b。$2x$ 与 $3y$ 的和的完全平方，等于 $2x$ 与 $3y$ 的平方和，再加上它们积的 2 倍，即 $(2x+3y)^2=(2x)^2+2\cdot 2x\cdot 3y+(3y)^2=4x^2+12xy+9y^2$。在这里，要特别注意的是，$2x$ 与 $3y$ 在平方时，要把 $2x$ 与 $3y$ 分别加上括号，再用积的乘方法则化简。

举完这些两数和的完全平方的计算题后，我又举了两数差的完全平方的计算题。其实，我就是把上面这些例题中括号里面的“＋”改成了“－”。

让同学们回答的时候，他们比我还要“懒惰”，只是把后面结果里的第二项前面的加号，改成了减号。我特意问同学们：“结果的第三项的符号要不要改变？”同学们都异口同声地回答：“不要改变。”一起齐答，都能够答对，等会做练习册上的习题时，不知道是否都能做对。

放眼望去，同学们似乎都学会了、搞懂了，一个个又按捺不住了。我对同学们说：“完全平方公式的计算题里面，除了这些常规的习题之外，还有一些题目，像凶残、狡猾的敌人，遇到它们如果稍不留神，就会出错。”在我说到这里的时候，14 班的同学立即安静下来，叫我快出几道题，让他们见识一下。

我在黑板上写了这样两道题：

1 $(-2a+1)^2$。　　**2** $(-2a-b)^2$。

这两道题与前面做过的题目相比，就是括号里的两项中的第一项带一个负号。由于有了这个负号，很多同学就像面对第一次世界大战时绰号为“战场绞肉机”的马克沁重机枪的疯狂扫射，成批倒下。

我问同学们，第 1 题应该如何计算？有三位同学依次举手，说出了自己的方法。

Z 会同学说：“把$(-2a+1)^2$转化为$(1-2a)^2$，实际上就是把括号里的$-2a$和$+1$，利用加法的交换律调换了一下位置。变成$(1-2a)^2$之后，就成了 1 与 $2a$ 的差的完全平方。套用两数差的完全平方公式就可以得到最后结果，即$(-2a+1)^2=(1-2a)^2=1-4a+4a^2$。”

龙翔同学说：“把$(-2a+1)^2$看作是$-2a$与 1 的和的完全平方，套用两数和的完全平方公式计算出结果。在这种方法中，第一个数是$-2a$，在计算过程中，把$-2a$当作一个整体。计算过程为：$(-2a+1)^2=(-2a)^2+2\cdot(-2a)\cdot1+1^2=4a^2-4a+1$。”

梓航同学回答：“把$(-2a+1)^2$转化为$(2a-1)^2$，然后计算$(2a-1)^2$就可以了。过程为：$(-2a+1)^2=(2a-1)^2=4a^2-4a+1$。”

梓航的解题思路是我最为心仪的。看到很多同学露出迷惑的表情，我让梓航解释一下，为什么$(-2a+1)^2$是等于$(2a-1)^2$的。

梓航说：“因为$-2a$的相反数是 $2a$，$+1$ 的相反数是-1，所以$-2a+1$与$2a-1$互为相反数，而相反数的平方是相等的，所以$(-2a+1)^2=(2a-1)^2$。接下来，只需要按照两数差的完全平方公式来计算 $2a$ 与 1 的差的完全平方就可以了。”

梓航的这种方法是最优的方法。对于这种首项含“－”的完全平方，可以转化为相反数的平方，再按照相应的完全平方公式，写出最后结果。需要特别注意的是，在把括号里的式子变为相反数的时候，一定要把括号里的两项，都变成相反数。

在13班上课时，子凯同学发现了前两种方法，但第三种方法没有人发现，我只好亲自上阵讲解了。

第2题$(-2a-b)^2$，运用梓航的这种方法，可以把$(-2a-b)^2$转化为$(2a+b)^2$，再去计算：$(-2a-b)^2=(2a+b)^2=4a^2+4ab+b^2$。

学会了这种方法，对于首项含有负号的完全平方，你就不会再出现符号错误了，从而避开了符号错误引发的“惨案”。同学们，去试一试吧！

11月22日　星期五

完全平方公式的巩固

通过本周的学习，三个乘法公式已经全部学完了：一个平方差公式和两个完全平方公式。

上课后，我找了三个同学分别背诵这三个公式。

接下来，就是通过大量的练习形成技能的过程。如果能做到一看到符合公式形式的式子，就能脱口说出最后结果，那就最好了。

在同学们做练习册上的习题的过程中，我发现了一些经常出现的经典错误。

错误1：$(3m+n)^2=9m^2+n^2$。这个错误是没有加上$3m$与n的积的2倍，正确答案应该是$(3m+n)^2=9m^2+6mn+n^2$。14班的Z会同学，在黑板上做这道题时，就犯了这样的错误。当他发现自己错了的时候，马上跑上讲台想去更正。我立即把他“轰”了下去，并对他说：“你犯的这个错误，对于同学们来说很有价值。”下面立马有同学随声附和：“对啊，给我们提供了反面教材。”

错误2：多项式相乘减去多项式相乘时，减号后多项式相乘的结果不加括号。这种错误是一种经典错误了，而且这种错误在初中阶段最容易犯。小学阶段，两个数相乘减去另两个数相乘时，不需要加任何括号。比如$7\times8-3\times4=56-12=44$。因为数字相乘的结果是一个具体的数字，减去这个数字，不会出现计算错误。但是，到了初中阶段，出现了多项式，这些多项式是由一些松散的单项式组合起来的。在减去这样的多项式时，一定要把多项式括起来，否则就会出现计算错误。比如：在$(x+2y)(x-2y)-(x-y)^2$中，$(x-y)^2$计算后是x^2-

$2xy+y^2$。前面是减号，在减去多项式 $x^2-2xy+y^2$ 时，一定要把 $x^2-2xy+y^2$ 括起来。详细解题过程为：

解　$(x+2y)(x-2y)-(x-y)^2=(x^2-4y^2)-(x^2-2xy+y^2)$

$$=x^2-4y^2-x^2+2xy-y^2$$

$$=-5y^2+2xy。$$

如果在这个计算过程中，不把 $x^2-2xy+y^2$ 括起来，会怎么样呢？

有人会写成 $(x+2y)(x-2y)-(x-y)^2=x^2-4y^2-x^2-2xy+y^2$，这样计算的结果是不可能等于 $-5y^2+2xy$ 的。把 $x^2-2xy+y^2$ 括起来后再减，就不容易出问题了。在去括号的时候，$x^2-2xy+y^2$ 中的每一项都要改变符号。

有些同学之所以认为减去一个多项式不用加括号，是因为有时候在计算加上一个多项式时，不加括号也没有出错。那么为什么一定要加括号呢？

比如：$+(x^2-2xy+y^2)$ 与 $+x^2-2xy+y^2$，是一样的。因为括号前面是“+”，去括号后，括号里的各项都不变号。但是，$-(x^2-2xy+y^2)$ 与 $-x^2-2xy+y^2$ 不一样。前者化简，括号前是“−”，去括号后，括号里的各项都要变号，化简后是 $-x^2+2xy-y^2$，与 $-x^2-2xy+y^2$ 完全不一样。

初学时尽量根据基本的运算规则按部就班，按照正常程序来做，避免错误。

本来很简单的问题，可能我越说，同学们越糊涂了。最后只强调一句话：总之，有一个地方非常重要——减去一个多项式时，一定要先把这个多项式括起来。

以上这些，都只是乘法公式章节里面的常规题。另外，还有几个技巧题，我选了两道进行了讲解。

例1　已知 $(a+b)^2=47$，$(a-b)^2=15$，求 a^2+b^2 与 ab 的值。

例2　已知 $a+b=7$，$ab=12$，求 a^2+b^2 与 $(a-b)^2$ 的值。

要会做这样两道题，必须对两个完全平方公式非常熟悉，并且还要对两个完全平方公式的一些变形技巧了如指掌。

接下来，专门讲解一下四个式子—— $a+b$、$a-b$、ab、a^2+b^2 之间的“前世今生”。

$a+b$、$a-b$、ab、a^2+b^2 这四个式子之间，由于两个完全平方公式之间的联系，存在着错综复杂的关系。

因为 $(a+b)^2=a^2+2ab+b^2$，把这个等式反过来得到 $a^2+2ab+b^2=(a+b)^2$。再把 $+2ab$ 移项到等式的右边，就有 $a^2+b^2=(a+b)^2-2ab$。

因为$(a-b)^2=a^2-2ab+b^2$，把这个等式反过来得到$a^2-2ab+b^2=(a-b)^2$。再把$-2ab$移项到等式的右边，就有$a^2+b^2=(a-b)^2+2ab$。

因为$a^2+b^2=(a+b)^2-2ab$，同时$a^2+b^2=(a-b)^2+2ab$，所以$(a-b)^2+2ab=(a+b)^2-2ab$。再把$+2ab$移项到等式的右边，得到$(a-b)^2=(a+b)^2-2ab-2ab$。合并一下，就有$(a-b)^2=(a+b)^2-4ab$。

综上，可得三个与完全平方公式有关的变形公式：

1 $a^2+b^2=(a+b)^2-2ab$；

2 $a^2+b^2=(a-b)^2+2ab$；

3 $(a-b)^2=(a+b)^2-4ab$。

本来还可以变出一些别的公式，但是这三个公式是其中最重要的。有了这三个，基本上就可以解决一些较难的数学题了。

在前面的例 1 中，知道$(a+b)^2=47$，$(a-b)^2=15$，可以先用变形公式$(a-b)^2=(a+b)^2-4ab$，把$(a+b)^2$代换为 47，把$(a-b)^2$代换为 15，就可以求出ab的值。然后，再用公式$a^2+b^2=(a+b)^2-2ab$，求出a^2+b^2的值。

解 $\because (a-b)^2=(a+b)^2-4ab$，$\therefore 15=47-4ab$，

$\therefore 4ab=47-15$，即$4ab=32$，$\therefore ab=8$。

$a^2+b^2=(a+b)^2-2ab=47-2\times 8=47-16=31$。

在例 2 中，已知$a+b$和ab的值，显然可以先用变形公式$a^2+b^2=(a+b)^2-2ab$，算出a^2+b^2的值。再去用变形公式$(a-b)^2=(a+b)^2-4ab$，算出$(a-b)^2$的值。

解 $a^2+b^2=(a+b)^2-2ab=7^2-2\times 12=49-24=25$。

$(a-b)^2=(a+b)^2-4ab=7^2-4\times 12=1$。

根据两个完全平方公式之间的内在联系，理解了$a+b$、$a-b$、ab、a^2+b^2之间的“前世今生”，再牢记三个变形公式，就不会再害怕本章节的任何计算难题了。

在完全平方公式这一节里，还有要考虑两种情况的题目来不及讲解，只好留到下周了。

第13周

11月25日 星期一

三项式乘以三项式

别忘了整体的思想——计算时，别只知道“算”而忘了“想”

在运用乘法公式的计算题里，综合性最强、最容易出错的是三项式与另一个三项式相乘的计算题。比如 $(x+y-3)(x+y+3)$、$(a+b+c)^2$ 等。第二个式子是三个数 a、b、c 的和的完全平方，相当于两个三项式相乘，即$(a+b+c)(a+b+c)$。

像这样的三项式乘以三项式，有一种最笨的方法，就是用第一个多项式里的每一项乘以另一个多项式里的每一项。这样乘开以后，就会出现 9 项，最后再把同类项合并化简即可。班级里有个别同学超前做题，就是采用的这种方法。我也试着用这种最落后的方法来做一道题：

解 $(x+y-3)(x+y+3)=x^2+xy+3x+xy+y^2+3y-3x-3y-9$

$=x^2+2xy+y^2-9$。

确实是够麻烦的。我们这节课将学习一种先进的计算方法。不过，这种先进的方法，如果掌握不好，错误率将会很高。

在讲解先进的方法之前，我带同学们复习了三个乘法公式：(1) $(a+b)(a-b)=a^2-b^2$；(2) $(a+b)^2=a^2+2ab+b^2$；(3) $(a-b)^2=a^2-2ab+b^2$。

接着，又讲解了一个预备知识——添括号法则。

解铃还需系铃人。要学会添括号法则，就必须先复习去括号法则：去括号时，括号前面是“+”号的，去掉“+”和括号，括号里的各项都不改变符号。括号前面是“−”号的，去掉“−”和括号，括号里的各项都要改变符号。

比如：$a+(b-c)=a+b-c$，$a-(b-c)=a-b+c$。

去括号过程还有一种理解方法，就是把括号前的“+”看作是+1，然后用+1与括号里的每一项相乘，乘得的结果依次写下来即可。如果括号前是“−”，那么把“−”看作是−1，然后用−1与括号里的每一项相乘，乘得的结果自然就会变号，接着把这些乘得的结果依次写下来即可。

上面的两个式子反过来即得：$a+b-c=a+(b-c)$，$a-b+c=a-(b-c)$。

这就是添括号的过程，它与去括号的过程是相反的。看添括号是否正确，可以用去括号法则来验算：把这两个等式的右边，在草稿纸上去掉括号，看能否得到左边的式子。如果不能得到，就说明添括号后的式子是错误的。

仔细分析这两个式子，对比去括号法则，可以总结出添括号法则：添括号时，如果括号前面是'＋'号，括到括号里的各项都不改变符号。如果括号前面是'－'号，括到括号里的各项都改变符号。

我当然知道，两个班里面，特别是13班这个普通班肯定有个别同学不能理解像绕口令一样的添括号法则，只能让同学们在实际做题过程中去领悟了。

可能还有同学想问，计算就是一种化简，可添括号后，不是变复杂了吗？

这个问题问得好。可以这样理解：因为很多时候，为了把复杂题目化归为以前所学的简单知识，需要把某几项用括号括起来。括起来的目的是为了便于观察、理解。以退为进，就是这个道理。

比如：在$(x+y-3)(x+y+3)$中，$x+y$是完全相同的，另外一项-3与$+3$为相反数。这种情况符合平方差公式的特征。可是，平方差公式是两个数的和乘以这两个数的差啊，而这里是x、y、3三个数之间的关系，怎么把它们之间的关系变身为两个数之间的关系呢？

$x+y-3$可以看作是$(x+y)-3$，这不就是两个数的差吗？第一个数是$x+y$。对，就是把$x+y$看作一个整体，当作一个数。后面$x+y+3$可以看作$(x+y)+3$。这样一来，原式$(x+y-3)(x+y+3)$就用添括号法则变身为$[(x+y)-3][(x+y)+3]$。此时就可以用平方差公式来简便计算了。

解 $$\begin{aligned}(x+y-3)(x+y+3)&=[(x+y)-3][(x+y)+3]\\&=(x+y)^2-3^2\\&=x^2+2xy+y^2-9。\end{aligned}$$

这种方法，比前面用的前三项"硬"乘后三项，要简单得多。

刚才这道是最简单的三项式乘以三项式的计算题，来看一道"狡猾"一点的。

$(x+2y-3)(x-2y+3)$。

在这道题的两个三项式里，完全相同的项只有一项x，另外两项$+2y$与$-2y$、-3与$+3$互为相反数。这种情况，需要把两个互为相反数的项分别装在不同的括号里。在第一个三项式中，$x+2y-3$可以变为$x+(2y-3)$，也就是

把 $+2y-3$ 装入了前面是"+"的括号里，这两项括进去的时候，不用变号。在第二个三项式中，$x-2y+3$ 可以变为 $x-(2y-3)$，也就是把 $-2y+3$ 装入了前面是"−"的括号里，这两项括进去的时候，要改变符号。

在两个三项式里，$+2y-3$ 与 $-2y+3$ 是互为相反数的。一个装入前面带"+"号的括号里，另一个装入前面带"−"号的括号里。刚好一个不改变符号，另一个改变符号，装入括号里的部分完全一样。同学们，好好想想，理解了吗？

解 $(x+2y-3)(x-2y+3)=[x+(2y-3)][x-(2y-3)]$

$=x^2-(2y-3)^2$

$=x^2-(4y^2-12y+9)$

$=x^2-4y^2+12y-9$。

还有些题目更为"狡猾"，它把两个三项式中的某几项调整了一下位置，颠倒了一下顺序，比如 $(2y+x-3)(x+3-2y)$。仔细观察，在这两个三项式中，完全相同的项只有 x，其余两项完全相反。调整顺序后，实际上就是前面刚讲的那道题目。

这样的题目，大家多做一些，多总结，就会熟能生巧。我以前的学生，做这样的题目到了一定的程度后，就总结出了必杀技——用相同项的平方减去相反项的平方。呵呵，不知道你们做多少遍这种题目之后，才可以总结出这样的诀窍。

可能有同学想问，假如两个三项式相乘，有的项是相同的，但其余的项却不是相反的，怎么办？同学们，这种情况是不能用平方差公式来做的，只能用多项式乘多项式的法则去"硬"乘了。

摸清规律——数学也许是最简单的学问，因为它肯定是按照某种规律变化的

三项式乘以三项式的数学题里，还有一种就是 $(a+b+c)^2$。如果看作是两个 $a+b+c$ 相乘，用多项式乘以多项式的法则来展开，也可以得到最后结果：

$(a+b+c)^2=(a+b+c)(a+b+c)$

$=a^2+ab+ac+ab+b^2+bc+ac+bc+c^2$

$=a^2+b^2+c^2+2ab+2ac+2bc$。

对于这个过程，我想说，其实比课本上例题的计算过程要简单得多。不过，这里还是按照课本上例题的格式讲解一遍吧。

解 $(a+b+c)^2=[(a+b)+c]^2$

$=(a+b)^2+2(a+b)c+c^2$

$=a^2+2ab+b^2+2ac+2bc+c^2$

$=a^2+b^2+c^2+2ab+2ac+2bc$。

得出这个结果后，我给同学们总结了一个法则：三个数的和的完全平方，等于这三个数的平方和，再加上任意两个数的积的2倍。

晚自习做练习册时，有一道类似的习题：$(2x-y-3)^2$。在13班，我找的是申辰同学到黑板上来做。在14班，我找的是浩天同学。这两位同学直接在$(2x-y-3)^2$后面写上答案：$4x^2+y^2+9-4xy-12x+6y$。我问他们是如何思考的，他们告诉我，是用我在课堂上所总结的法则"三个数的和的完全平方，等于这三个数的平方和，再加上任意两个数的积的2倍"，直接写出答案的。

这个地方可以和概率知识结合起来理解。如果学过树状图，那么很容易知道$a+b+c$中的三个字母要和另一个多项式中的a、b、c分别相乘，类似两个房间的三人相互握手。显然，a与a握手生成a^2，类似有b^2、c^2；由于a与c握手，而c又与a握手，所以有$2ac$，类似有$2ab$、$2bc$。这样就很容易理解为什么$(a+b+c)^2=a^2+b^2+c^2+2ab+2bc+2ac$，不用记忆便深入内心！

$(2x-y-3)^2$是三个数的和的完全平方，第一个数是$2x$，第二个数是$-y$，第三个数是-3，然后把这三个数的平方加起来，再加上任意两个数的积的2倍。加的时候，特别注意符号和系数不要出错就可以了。

我问了一下其他的同学，几乎有一半多的同学都是用这种方法。这些同学都在课堂上把我总结的那句法则写在了课本上。看着这些能够主动学习的同学，我欣慰地点了点头。当然，我也知道，肯定有人没有把法则记在课本上，对于这样的题目，他也肯定做不出来。对于这样的同学，我会最大限度地给他提醒。

同学们，知道了三个数的和的完全平方公式如何展开后，你们能算出$(a+b+c+d)^2$吗？计算出来后，你们能用文字语言，把它的最后结果也作为一个法则叙述出来吗？聪明的同学可以去试一试。

闻道有先后——后进生要加倍努力哦

接下来，同学们在做练习册时，我又给大家纠正了一些常见的错误。

练习册上有一道经典的题目，我给全班同学进行了统一讲解。

> 已知$a+\frac{1}{a}=2$，求$a^2+\frac{1}{a^2}$的值。

在这道题目中，要特别注意一个公式变形：$a^2+\frac{1}{a^2}=\left(a+\frac{1}{a}\right)^2-2\cdot a\cdot\frac{1}{a}$。这是为什么呢？

因为 $\left(a+\frac{1}{a}\right)^2=a^2+2\cdot a\cdot\frac{1}{a}+\frac{1}{a^2}$，把这个等式反过来可得 $a^2+2\cdot a\cdot\frac{1}{a}+\frac{1}{a^2}=\left(a+\frac{1}{a}\right)^2$，移项后就是 $a^2+\frac{1}{a^2}=\left(a+\frac{1}{a}\right)^2-2\cdot a\cdot\frac{1}{a}$。而这里的 $2\cdot a\cdot\frac{1}{a}$ 恰好是一个常数 2。所以，可得到一个变形公式 $a^2+\frac{1}{a^2}=\left(a+\frac{1}{a}\right)^2-2$。

这个变形技巧，之前在两个班里都没有讲过，但 13 班的嘉琪同学，14 班的瑞平同学，在黑板上做这道题时，都用这种方法做对了。两个班级里，都有学习暂时不尽如人意的后进生，也有不时能给人惊喜的优秀生。详细解题过程如下：

这是必须要会的变形技巧。不熟悉的话，数学就玩不转了！

解 $a^2+\frac{1}{a^2}=\left(a+\frac{1}{a}\right)^2-2\cdot a\cdot\frac{1}{a}$

$=\left(a+\frac{1}{a}\right)^2-2$

$=2^2-2=2$。

讲完这道题后，我让同学们把这个变形公式，记在课本上。

11 月 26 日　星期二

讲解练习册上的几道难题

练习册上关于乘法公式的习题中，有几道题的技巧性很强。这样的题目，如果跟学生讲过，学生一般都会做。但是，如果没有跟学生讲解的话，在考试的时候，十有八九会做错。现阶段的数学教学，为什么题海战术屡禁不止，其根源也就在此。具体的题目有这样一些：

1 如果 $x^2-y^2=4$，求 $(x-y)^2(x+y)^2$。

此题，如果把 $(x-y)^2$ 和 $(x+y)^2$ 运用完全平方公式展开后再相乘，将会很难做，而且与唯一的已知条件 $x^2-y^2=4$ 建立不了联系。此题的已知条件已经告诉我们了，x^2-y^2 是等于 4 的。而 $(x-y)^2$ 与 $(x+y)^2$ 的两个底数 $x-y$ 与 $x+y$ 相乘，结果恰好就是 x^2-y^2。特别是 $(x-y)^2$ 与 $(x+y)^2$ 的两个指数相同，都是 2。所以，此题可以逆用积的乘方法则变形。解题过程如下：

解 $(x-y)^2(x+y)^2=[(x-y)(x+y)]^2=(x^2-y^2)^2=4^2=16$。

2 若 x^2+mx+4 是一个完全平方式，则 $m=$______。

在式子 x^2+mx+4 中，第一项是 x^2，第三项是 4，即 2^2。如果这个式子是一个完全平方式的话，只可能是 $(x+2)^2$ 或者 $(x-2)^2$。因为不管是 $(x+2)^2$ 还是 $(x-2)^2$，都含有一个公共的部分，就是 x^2+4。不同的只是中间的部分。这里要留一个心眼，因为这两种情况都有可能：如果是 $(x+2)^2$，化简后的结果是 x^2+4x+4，对比 x^2+mx+4，m 的值为 4；如果是 $(x-2)^2$，化简后的结果是 x^2-4x+4，对比 x^2+mx+4，m 的值为 -4。综上，m 的值是 ±4。此题中的 m 有两个值，如果只写其中一个，就是错的。

步步惊心，小心埋伏。许多同学往往找到一个正确答案就喜不自禁、得意忘形，而另一个正确答案则趁机"溜走"，结果发下来的卷子上就多了一个大红的叉号。

第13周

3 若 $25a^2+ma+9$ 是一个完全平方式，则 $m=$______。

这道题与前面的一道题的解题思路差不多，只是系数略微复杂一点。$25a^2+ma+9$ 可以化为 $(5a)^2+ma+3^2$。如果这个式子是一个完全平方式，只可能是 $5a+3$ 的完全平方或者 $5a-3$ 的完全平方。考虑到 $(5a+3)^2=25a^2+30a+9$，$(5a-3)^2=25a^2-30a+9$，对比原式 $25a^2+ma+9$，m 的值可以是 30，也可以是 -30。所以，此题最后的答案为 $m=\pm30$。

4 加上______后，能使 $4x^2+1$ 成为一个完全平方式。

我们来观察一下：$4x^2$ 可以看作是 $(2x)^2$，1 就是 1^2，$4x^2+$______$+1=(2x)^2+$______$+1^2$。横线上只有再添加上一个什么样的式子，才可以构成 $a^2+2ab+b^2$ 或者 $a^2-2ab+b^2$ 的形式呢？

在 $(2x)^2+$______$+1^2$ 里，$2x$ 相当于 a，1 相当于 b，横线上要么填 $+2\cdot2x\cdot1$，要么填 $-2\cdot2x\cdot1$，也就是填 $+4x$ 或者 $-4x$。如果填 $+4x$ 的话，就构成了 $(2x+1)^2$；如果填 $-4x$ 的话，就构成了 $(2x-1)^2$。

此题讲解到这里，本来是可以结束的，但 14 班有一位同学，又说出了一种答案：横线上还可以填 $4x^4$。

这个答案也是可以的，因为这样一来，原式就变成了 $4x^4+4x^2+1$。这个式子实际上就是 $2x^2+1$ 的完全平方。因为 $(2x^2+1)^2$ 化简展开后，就等于 $4x^4+4x^2+1$。能想出这种答案的同学，思维是非常开阔的。

讲到这里，看到 14 班的同学们慢慢理解了，我意犹未尽，决定"节外生枝"。

我对同学们说，其实还有第四种答案。看到同学们的神情一下子专注起来，我给了一分钟时间让大家思考。

可能是第四种答案确实难以发现，同学们都找不到思路。我对同学们说："要构成 $a^2+2ab+b^2$ 这种完全平方式的形式，$4x^2+1$ 中的 $4x^2$ 可以看作是 $(2x)^2$，接下来的 $+1$ 最为关键，可以看作是 $+2\cdot 2x\cdot\frac{1}{4x}$，这里的 $2x$ 相当于 $+2ab$ 中的 a，$\frac{1}{4x}$ 相当于 $+2ab$ 中的 b。要想凑成 $a^2+2ab+b^2$ 的形式，后面还要加上一个 b^2，也就是 $\left(\frac{1}{4x}\right)^2$，即再添上一项 $\frac{1}{16x^2}$。这样一来，$4x^2+1$ 再加上 $\frac{1}{16x^2}$，就成了 $4x^2+1+\frac{1}{16x^2}$，即 $\left(2x+\frac{1}{4x}\right)^2$，这也是一个完全平方式。"

综上所述，此题的答案有四个，分别是 $+4x$、$-4x$、$4x^4$、$\frac{1}{16x^2}$。在这四个答案里，只要求理解并掌握前两个就可以了。

5 要使 x^2-6x+a 成为形如 $(x-b)^2$ 的完全平方式，求 a 与 b 的值。

根据题意得 $x^2-6x+a=(x-b)^2$，这个等式的左边已经不可能变形了，右边展开一下可得 $x^2-6x+a=x^2-2bx+b^2$。等号两边对比一下，发现两边的 x 的二次项已经相等了，都是 x^2，只有让 x 的一次项也相等，剩下的不含 x 的常数项也相等即可。所以 $-6=-2b$，$a=b^2$。计算一下，可得 $b=3$，$a=9$。

6 $(x-y)^2=(x+y)^2+$__________。

我在课堂上，曾经专门讲过与完全平方公式有关的变形公式。其中，有一个变形公式是 $(a-b)^2=(a+b)^2-4ab$。这道题目里面，只不过是把 a 换作了 x，把 b 换作了 y。所以横线上直接填上 $-4xy$ 即可。

如果上述变形公式一下子想不起来，不要紧，我们还可以现场进行计算，对比观察，找到答案。

$(x-y)^2=(x+y)^2+$__________，

$x^2-2xy+y^2=x^2+2xy+y^2+$__________。

要"配平"两边的式子，必须在横线处填 $-4xy$。

当你实在想不起来一些变形公式时，不妨用这种方法来细心计算。只要基本公式记得准确，计算耐心、细心一点，最后也是可以得出正确答案的，只是花费的时间要比别人多一点。

7 计算：

(1) $(x-1)(x+1)=$________________；

(2) $(x-1)(x^2+x+1)=$________________；

(3) $(x-1)(x^3+x^2+x+1)=$________________；

…………

(n) $(x-1)(x^n+x^{n-1}+\cdots\cdots+x^2+x+1)=$________________。

这是一个根据计算答案找规律的题目。这种题目的答案一定有一种内在的规律，要通过前面几道题的具体而又准确的计算发现规律，并能根据这个规律，直接写出最后一个式子的答案。

第1个式子，是一个平方差公式，化简后的答案是 x^2-1。

第2个式子，是两项式乘以三项式。用多项式乘以多项式的法则慢慢去乘，乘完以后再合并同类项化简。计算过程如下：

$(x-1)(x^2+x+1)=x^3+x^2+x-x^2-x-1=x^3-1$。

在我读初中时，人教版的老版本教材里面，$(x-1)(x^2+x+1)=x^3-1$ 也是一个公式，叫作立方差公式。另外还有一个立方和公式：$(x+1)(x^2-x+1)=x^3+1$。现在的新课标教材，为了降低难度，减少计算量，把这两个公式删除了。所以，同学们，你们现在真是赶上了好时候啊，原来有五个乘法公式，现在只剩下三个了。就这三个简单的公式还一错再错，可真有点说不过去啊。

第3个式子，是两项式乘以四项式。同学们可以自己在草稿本上依次相乘展开，再合并同类项化简，看最后答案是什么。

> 在计算中也有一些技巧，如：$(x-1)(x^2+x+1)=(x-1)x^2+(x-1)(x+1)=x^3-x^2+x^2-1=x^3-1$，利用上一式子的结果，减少了计算量。同样，$(x-1)(x^3+x^2+x+1)=(x-1)x^3+(x-1)(x^2+x+1)=x^4-x^3+x^3-1=x^4-1$。

把前三个式子的最后答案写在一起，同学们观察一下，有什么规律吗？

(1) $(x-1)(x+1)=x^2-1$；

(2) $(x-1)(x^2+x+1)=x^3-1$；

(3) $(x-1)(x^3+x^2+x+1)=x^4-1$。

根据这个规律，你可以猜想到第 n 个式子 $(x-1)(x^n+x^{n-1}+\cdots\cdots+x^2+x+1)$ 等于什么吗？

根据所算的结果所呈现的规律，第 n 个式子等于 $x^{n+1}-1$。

明天开始，学校初中部要举行一年一度的运动会。课堂教学、作业批改、日记连载全部暂停，我们大家就一起来享受这段“纯净”而又幸福的学校生活吧。

第14周

12月2日　星期一

因式分解之提公因式法

数学是讲究规则的学问——做题就需要遵守规程

今天凌晨两点，"嫦娥三号"在西昌卫星发射中心顺利升空。在两个班上课时，我对同学们说："'嫦娥三号'发射成功后，记者采访了有关领导、工程师、工作人员。其中，有一个工作人员叫陈复忠，他是一名火箭燃料加注手，近二十年来，他凭借自己丰富的经验、高超的技术，在给火箭加注液氧、液氢燃料时，从未出过差错。他对记者说：'只要严格按照工作规程操作，就可做到万无一失。'"

> 重要的事情要讲N遍。许多同学之所以成绩上不去，学起来很费劲，往往是因为他心里没有规则意识，没有按规范程序去做题的习惯！做题时严格按照规范的步骤（老师反复强调并演示）一步一步地去书写，解题时按正常的思维去思考（老师也在分析题目时不停地提醒你该怎么想）非常重要。高手比武，双方总是见招拆招，一招一式都是那么从容不迫、有章有法。我们学习的目的，尤其是学习数学的目的，就是学会有条理、有逻辑地思考。如果学了半天碰到题目还是毫无章法，像泼妇打架似地上去揪头发、咬鼻子，那不是好现象，也不会有好结果！

接着，我又对同学们说："在数学学习上也是一样的。在做数学题时，只要严格按照课堂上老师所讲的做题程序来操作，也可以做到万无一失。而有的同学做计算题，一错再错，其中一个重要原因就是，不按照规定的格式书写，或者省略步骤把几个步骤合在一起写。这样的同学由于没有按照规范程序操作，最后的结果自然错漏百出。"

这段时间里，我找了两个班的很多同学，在课间休息时间去我办公室改错。他们做错的很大一个原因是：没有将整式相乘所得的多项式用括号括起来。这种错误就是一种低级错误，错误的原因就是没有按规范程序操作。

提公因式法的原理

今天的课堂教学内容是因式分解的第一

种方法——提公因式法。上课后，我给了两分钟时间，让同学们背诵以前所学的多项式除以单项式的法则。两分钟之后，我在两个班里各找了一位同学背诵，这两位同学都背诵得很熟练。这个法则与我们今天所要学的用提公因式法分解因式直接相关。

接下来，又给了三分钟时间，让同学们认真看课本上关于因式分解的概念，以及用提公因式法分解因式的步骤。

待同学们都看完后，我这样讲解：

小学里曾学过简便运算的方法，比如：$2\,013\times199-2\,013\times99$。

此题可以用提公因数的方法简便运算，就是把 2 013 作为一个公因数提出来，剩下的两项用括号括起来。过程如下：

$2\,013\times199-2\,013\times99=2\,013\times(199-99)=2\,013\times100=201\,300$。

因式分解的第一种方法——提公因式法，与这里提公因数的方法差不多，只不过从数升级为式。

接着，又复习了几个简单的整式相乘的例子：

1 $x(x-1)=x^2-x$。

2 $m(a+b+c)=ma+mb+mc$。

3 $(x+1)(x-1)=x^2-1$。

这几个例子，都是把整式与整式相乘，化简成了多项式。这种把整式的积化为多项式的过程，就是我们以前所学习的整式乘法。将上述三个式子反过来，可得：

4 $x^2-x=x(x-1)$。

5 $ma+mb+mc=m(a+b+c)$。

6 $x^2-1=(x+1)(x-1)$。

这种将多项式化为整式的积的过程，就是因式分解。可以看出，因式分解与整式乘法是互为逆运算的。

在刚才所举的例子里，第 1、第 2 两个例子，与今天所要学的提公因式法直接相关。我让同学们观察，在 $x^2-x=x(x-1)$ 和 $ma+mb+mc=m(a+b+c)$ 两个式子里，是如何分解因式的。

由于所举的这两个例子非常直观，同学们一下子就看出来了。就是把多项式里各项都含有的共同因式提取出来，将剩下的部分用括号括起来。这个括起来的部分，也可以理解为是多项式除以公因式后得到的。比如：在多项式 $ma+mb+mc$ 中，把公因式 m 提取出来后，剩下的部分为 $a+b+c$，可以看作是 $ma+mb+mc$ 除以 m 后得到的。

"变化"了该怎么办

上面所举的几个例子都太简单了，有很多习题并不是如此的"善良"。比如：将下面各式分解因式：

1 $8a^3b^2+12ab^3c$。

在这个多项式里，有两项，分别是 $8a^3b^2$ 和 $+12ab^3c$。这两项该如何提取公因式呢？

因为 $8a^3b^2$ 和 $+12ab^3c$ 含有一个公共的因式 $4ab^2$，所以可将这个公共的因式 $4ab^2$ 提取出来。$8a^3b^2$ 可以看作是 $4ab^2\cdot 2a^2$，$12ab^3c$ 可以看作是 $4ab^2\cdot 3bc$。提取公因式后，剩下的部分就是 $2a^2+3bc$。书写过程如下：

解　$8a^3b^2+12ab^3c=4ab^2(2a^2+3bc)$。

用提公因式法分解因式的关键是找准公因式。一般地，公因式的系数是各项系数的最大公约数，公因式的字母是各项共有的字母，公因式中字母的指数是各项中字母的指数中最小的。只要找准了公因式，括在括号里的部分只需要用多项式除以公因式即可得到。这也是我在刚上课时，给两分钟时间让同学们背诵多项式除以单项式的法则的原因。

2 $2a(b-c)-3(c-b)$。

这个式子是由 $2a(b-c)$ 和 $-3(c-b)$ 两部分组成的。乍看上去，好像没有什么公因式，但是，要特别注意的是，$b-c$ 与 $c-b$ 互为相反数。$c-b$ 可以化为 $-(b-c)$，那么 $-3(c-b)$ 可以变形为 $+3(b-c)$。然后，把 $b-c$ 当作一个整体，作为公因式提取出来即可。过程如下：

解　$2a(b-c)-3(c-b)=2a(b-c)+3(b-c)=(b-c)(2a+3)$。

与此题类似，还有这样一题：$b(2a-b)^2-2a(b-2a)^2$。

此题中，$b-2a$ 与 $2a-b$ 互为相反数，$(b-2a)^2$ 与 $(2a-b)^2$ 是相等的。

$b(2a-b)^2-2a(b-2a)^2=b(2a-b)^2-2a(2a-b)^2=(2a-b)^2(b-2a)$。

同学们需要特别注意的是，此处有一个大陷阱。做到这一步，并没有完，因为 $b-2a$ 还可以变形为 $-(2a-b)$，上式可以进一步化简：

$(2a-b)^2(b-2a)=(2a-b)^2[-(2a-b)]=-(2a-b)^3$。

做完这道题目后，14 班有一位同学向我展示了另外一种方法：

$$b(2a-b)^2-2a(b-2a)^2=b(b-2a)^2-2a(b-2a)^2=(b-2a)^2(b-2a)=(b-2a)^3。$$

这种做法也可以。因为$(b-2a)^3$实际上就等于$-(2a-b)^3$。

总结一下：$a-b$与$b-a$是互为相反数的，即$b-a=-(a-b)$；$(a-b)^2$与$(b-a)^2$是相等的，即$(b-a)^2=(a-b)^2$；$(a-b)^3$与$(b-a)^3$是互为相反数的，即$(b-a)^3=-(a-b)^3$。

总之，$a-b$与$b-a$的奇数次方是互为相反数的，$a-b$与$b-a$的偶数次方是相等的。之所以有这样一个结论，其根源就在于，奇数个“－”相乘得“－”，偶数个“－”相乘得“＋”。很多同学，总是在符号问题上屡屡中招，就是因为这一点，理解得不透彻。

3 $-4m^3+16m^2-26m$。

这一题本来并不难，问题就在于公因式到底应该确定为$-2m$还是$2m$呢。

假如公因式确定为$2m$，则因式分解的过程为：$-4m^3+16m^2-26m=2m(-2m^2+8m-13)$。假如公因式确定为$-2m$，则因式分解的过程为：$-4m^3+16m^2-26m=-2m(2m^2-8m+13)$。

两相比较，第二种方法要更好一点。因为将公因式确定为$-2m$后，括号里所括的多项式的三项是按m的指数降幂排列的，而且首项是正的。这样写，整个式子显得高端、大气、上档次。

讲完这些常见的因式分解例题后，就开始做练习册上的习题。“拓展升华”里面有一道题，我在两个班里都做了讲解。

4 已知$2x-y=3$，$xy=2$，求$2x^4y^3-x^3y^4$的值。

这种题目都是人为设计好的。将$2x^4y^3-x^3y^4$分解因式后，思路基本上就出来了。

解 $2x^4y^3-x^3y^4=x^3y^3(2x-y)=(xy)^3(2x-y)=2^3\times3=24$。

晚自习课间休息的时候，13班的嘉琪同学问了一道数学题：

5 分解因式：$2a(x-y)^2-4b(y-x)$。

这道题目非常典型，整个式子由$2a(x-y)^2$和$-4b(y-x)$两部分组成，这两部分的公因式是$2(x-y)$。现统一在这里讲解，同学们可以仔细看一看。

解 $$\begin{aligned}2a(x-y)^2-4b(y-x)&=2a(x-y)^2+4b(x-y)\\&=2(x-y)[a(x-y)+2b]\\&=2(x-y)(ax-ay+2b)。\end{aligned}$$

12月3日　星期二

因式分解之平方差公式法

再思考：什么叫因式分解

课前两分钟的预备时间，让同学们背诵昨天所学的因式分解的概念和提公因式法的定义。上课后，在两个班里各找了两名同学，背诵得较好：把一个多项式化成几个整式的积的形式，这种变形叫作因式分解；如果一个多项式的各项有公因式，可以把这个公因式提取出来，将多项式写成乘积的形式，这种分解因式的方法叫提公因式法。

我举了一个在选择题里面经常出现的考题：$2x^2-8x+1=2x(x-4)+1$，这个过程是否叫因式分解呢？

大部分同学都能立即回答："不是。"对，这个过程并不是因式分解。因为这里，只是把多项式的前两项提取了公因式 $2x$，但最后一项 $+1$ 并没有参与提取公因式。最后结果 $2x(x-4)+1$ 还是一个和的形式，而不是一个积的形式。

烧脑的事情：干嘛费劲去因式分解呢

讲到此处，14 班的 Z 会同学问我，为什么要学习因式分解啊？

因式分解与整式乘法是互为逆运算的。我们在做数学计算题时，一般是要求用整式乘法将一个式子化简成为一个多项式。可为什么要将一个已经化简了的多项式反过来变形为整式相乘的形式呢？这不是走回头路吗？我相信两个班里，肯定有不少同学有这样的疑问。

我对 Z 会说："我们现在学习因式分解，是为下一章学习分式的化简做准备的。因式分解学会了，可以用来化简更为复杂的代数式。"

公式法的介入让分解更彻底

接下来，我在黑板上，又写了一个式子：x^5-x^3，请大家因式分解。

在 x^5-x^3 中，两项里面都含有一个公因式 x^3，提取出来后，可以得到 $x^3(x^2-1)$。在 x^2-1 中，已经不含有公因式了，那是不是说 x^2-1，就不能继续分解了呢？x^2-1 还可以继续分解，就是用平方差公式来分解。

平方差公式，本来是整式乘法中的一个乘法公式。两个数的和乘以两个数的差，等于这两个数的平方差。用字母表示为 $(a+b)(a-b)=a^2-b^2$。将这个乘法公式反过来，就可得到 $a^2-b^2=(a+b)(a-b)$。这就是说，两个数 a、b 的平方差可以分解为这两个数的和再乘以这两个数的差。这个公式也叫作平方差公式，准确地说，叫作因式分解的平方差公式。

x^2-1 可以看作是 x^2-1^2，因而可以继续分解为 $(x+1)(x-1)$。

整个过程为：$x^5-x^3=x^3(x^2-1)=x^3(x+1)(x-1)$。

有公因式的，先提取公因式。提取公因式后，括号里面的式子，如果能按照平方差公式分解的，就继续分解。

接下来，就是大量的人为设计好的可以运用平方差公式分解的一系列的数学题。我先讲了几个典型的因式分解的数学题。

例 1 因式分解：$4x^2-9y^2$。

$4x^2$ 可以看作是 $(2x)^2$，$9y^2$ 可以看作是 $(3y)^2$。这里，就是一个平方差公式的形式，可以用平方差公式来因式分解。

解 $4x^2-9y^2=(2x)^2-(3y)^2=(2x+3y)(2x-3y)$。

例 2 因式分解：x^4-y^4。

x^4 可以看作是 $(x^2)^2$，y^4 可以看作是 $(y^2)^2$。所以，此题可以用平方差公式分解因式。

解
$$x^4-y^4=(x^2)^2-(y^2)^2=(x^2+y^2)(x^2-y^2)$$
$$=(x^2+y^2)(x+y)(x-y)。$$

例 3 因式分解：$(x-y)^2-(x+y)^2$。

这道题，以前在整式乘法里做过，用完全平方公式展开，再相减，过程为：

$(x-y)^2-(x+y)^2=(x^2-2xy+y^2)-(x^2+2xy+y^2)=x^2-2xy+y^2-x^2-2xy-y^2=-4xy$。

现在，我们可以用平方差公式分解因式来解。

解
$$(x-y)^2-(x+y)^2=[(x-y)+(x+y)][(x-y)-(x+y)]$$
$$=(x-y+x+y)(x-y-x-y)$$
$$=2x(-2y)=-4xy。$$

用这种因式分解的方法做，可能书写过程要长一点，但计算时显得更简便。

讲完这几个题后，就让同学们开始做练习册上“形态各异”的因式分解题。有两道习题，在同学们做完后，我进行了讲解。

1 因式分解：$-5a^3b+20ab^3$。

先提公因式，在这个多项式里，公因式是定为$-5ab$还是$5ab$呢？

如果公因式定为$-5ab$，则分解过程是这样的：

$-5a^3b+20ab^3=-5ab(a^2-4b^2)=-5ab(a+2b)(a-2b)$。

如果公因式定为$5ab$，则分解过程如下：

$-5a^3b+20ab^3=5ab(-a^2+4b^2)=5ab(4b^2-a^2)=5ab(2b+a)(2b-a)$。

两种方法都可以，各有优缺点。第一种方法，公因式带有一个“－”，但括号里式子中的字母，是按照英文字母表的正常顺序排列的，即a在前，b在后。第二种方法，括号里式子中的字母虽然不是按照正常顺序排列的，但最前面的因式不含“－”。两种方法“环肥燕瘦”，各有各的“美丽”。

2 因式分解：$4x^2(2x-5)+25(5-2x)$。

数学功力深厚的同学，一看到这道题，就知道$2x-5$与$5-2x$是互为相反数的。$5-2x$可以变形为$-(2x-5)$，这里的“－”与前面的$+25$相乘得到-25，这又为后面用平方差公式分解因式做好了准备。

解 $4x^2(2x-5)+25(5-2x)=4x^2(2x-5)-25(2x-5)$

$=(2x-5)(4x^2-25)$

$=(2x-5)(2x+5)(2x-5)$

$=(2x-5)^2(2x+5)$。

最后一步，把上一步中的两个$(2x-5)$相乘写成$(2x-5)^2$，显得更为简洁。

攻克两个难点——提高数学功力的时候到了

晚自习做作业的时候，我发现很多同学对于下面这种题目不会分解。

分解因式：$(2x+a)^2-(2x+b)^2$。

初中的代数计算题与小学的数字计算题相比，有两个难点：

一是符号问题。到了初中之后，很多式子在计算时容易出现“－”，偶数个“－”相乘，结果又是“＋”的。就是因为出现这样容易混淆的符号问题，很多同学做题的错误率很高。

第二个难点是，到了初中出现了多项式。小学里的数字相加、相减都可以算出具体的数值，这个具体的数值在加减乘除计算中，不需要加括号。但是到了初中之后，出现了多项式，多项式的各项都不是同类项，不能合并成一项。比如，$2x+a$是一个多项式，$2x+b$也是一个多项式。这两个多项式相乘时，要用括号括起来。而且，多项式在相减、相除时也要加上括号。多项式与多项式相加时，本来也是要加上括号的，但是很多同学没有加括号，却并没有出错，这个原因与去括号法则有关。就是因为多项式相加时，不给多项式加上括号也可以，所以，很多悟性不高的同学，就以为多项式减去多项式时，也可以不用给多项式加括号，那就大错特错了。

以上两个初中数学常见的难点如能攻克，可以让每一个学生的数学成绩提高一大截。昨天，我曾讲过火箭燃料加注的例子。其实，在做数学题时，只要按照规程要求认真书写，也是可以完全不出错的。这种规程就是，多项式在加减乘除运算过程中，要先加括号，下一步再去括号。

同学们不要觉得这样操作速度太慢，其实慢也是一种快。如果不按格式要求书写，跳步、省略步骤，表面上看，是做得快，但老出错，欲速则不达。

此题中，把两个多项式 $2x+a$ 和 $2x+b$ 分别看作一个整体，然后用平方差公式分解因式。在相加、相减时，记得一定要加上括号。

解 $(2x+a)^2-(2x+b)^2=[(2x+a)+(2x+b)][(2x+a)-(2x+b)]$
$=(2x+a+2x+b)(2x+a-2x-b)$
$=(4x+a+b)(a-b)$。

12月4日　星期三

因式分解之完全平方公式法

上课后，先给同学们总结了已经学习过的因式分解的两种方法。

1 提公因式法：一个多项式的各项如果有公因式，因式分解时，一定要把公因式先提出来。

2 平方差公式法：含有两项的多项式，如果这两项恰好可以看作是两个数（或式子）的平方差，因式分解时，可以写成这两个数（或式子）的和乘以这两个数（或式子）的差。

总结完后，举了两个例子，让同学们思考如何分解。

1 因式分解：$-a^4+16$。

解 $-a^4+16=16-a^4=4^2-(a^2)^2$
$=(4+a^2)(4-a^2)$
$=(4+a^2)(2+a)(2-a)$。

在这里，$4+a^2$ 不能再分解了。$4-a^2$ 还可以用平方差公式分解为 $(2+a)(2-a)$。一定要分解彻底！

2 因式分解：$-7ma^2+28mb^2$。

在这个多项式里，含有公因式。考虑到首项带“－”，所以公因式定为 $-7m$。有公因式的，一定要先提公因式。

解 $-7ma^2+28mb^2=-7m(a^2-4b^2)=-7m(a+2b)(a-2b)$。

公因式 $-7m$ 提出来后，剩下 a^2-4b^2，可以用平方差公式分解为 $(a+2b)(a-2b)$。班级里有个别同学，在分解 a^2-4b^2 时，容易犯一个错误：用平方差公式分解成 $(a+4b)(a-4b)$。这就大错特错了，$(a+4b)(a-4b)$ 是 a^2-16b^2 分解而来的。犯这种错误的同学，一定要好好记住了。

讲完这两个小题后，我在黑板上又写了一道题：

3 因式分解：$-7abx^2+14abxy-7aby^2$。

这个多项式有三项，提取公因式 $-7ab$ 后，剩下的部分为 $x^2-2xy+y^2$。在这里，$x^2-2xy+y^2$ 还可以继续分解吗？

$x^2-2xy+y^2$ 用提公因式或者平方差公式是不能继续分解了，但是可以用完全平方公式来分解。因为 $(x-y)^2=x^2-2xy+y^2$，反过来，$x^2-2xy+y^2=(x-y)^2$。类似的，还有 $x^2+2xy+y^2=(x+y)^2$。

像 $a^2+2ab+b^2$ 和 $a^2-2ab+b^2$ 这样的式子，叫作完全平方式。在本章的因式分解题目中，大部分是由三项组成的多项式，都是人为设计好的，恰好符合完全平方式的形式。

解 $-7abx^2+14abxy-7aby^2=-7ab(x^2-2xy+y^2)=-7ab(x-y)^2$。

由易到难，我又举了一些要运用完全平方公式分解因式的例子。

4 因式分解：$16x^2+24x+9$。

这个多项式没有公因式，它是由三项组成的。数学悟性高的同学，一看就知道，应该分解为 $(4x+3)^2$。由于担心部分同学不明白这个道理，我把详细过程写了出来：

解 $16x^2+24x+9=(4x)^2+2\times 4x\times 3+3^2=(4x+3)^2$。

在这里，$4x$ 相当于完全平方式 $a^2+2ab+b^2$ 中的 a，3 相当于 b。

5 因式分解：$-x^2+4xy-4y^2$。

这道题，粗看上去，没有公因式，首项和尾项与两种完全平方式的符号也不相同。但是仔细分辨，可以发现，这个多项式的三项的符号与完全平方式 $a^2-2ab+b^2$ 的三项的符号恰好都相反。只要把多项式 $-x^2+4xy-4y^2$ 提取一个"－"，剩下的部分就是一个完全平方式了。过程如下：

解　$-x^2+4xy-4y^2=-(x^2-4xy+4y^2)=-(x-2y)^2$。

$-x^2+4xy-4y^2$ 提取"－"，变为 $-(x^2-4xy+4y^2)$ 的过程，也可以理解为，把 $-x^2+4xy-4y^2$ 的每一项都装在前面是"－"的括号里，括号里的各项都改变符号。其实，上一周所学的添括号法则，可以理解为把一个多项式提取公因式，只不过这个公因式是"＋1"或者"－1"。如果提取的公因式是"＋1"，剩下的被括起来的部分，不用改变符号。反之，就要改变。添括号法则是提公因式的一种特殊情况。

6 因式分解：$(a+b)^2-12(a+b)+36$。

这道题，如果写成 $m^2-12m+36$，我相信所有的同学，都能分解为 $(m-6)^2$。但这道题不是 m，而是 $a+b$，聪明的同学知道把 $a+b$ 看作一个整体，相当于 m。但还有很多理解能力差的同学，始终不明白整体是什么意思。

到了初中，出现了多项式，这个概念是小学里所没有的。而恰好就是这个概念，让许多只有小学数学思维水平的同学屡屡中招。

解　$(a+b)^2-12(a+b)+36=(a+b)^2-2\cdot(a+b)\cdot 6+6^2$
$=[(a+b)-6]^2=(a+b-6)^2$。

7 因式分解：$(a+2)(a-8)+25$。

这道题，前面虽然是 $(a+2)(a-8)$，但是后面还跟了一个 $+25$。所以，这是一个和的形式，不是因式分解的结果。要把这道题因式分解，需要把它展开、合并、化简，再去因式分解。

解　$(a+2)(a-8)+25=a^2-8a+2a-16+25$
$=a^2-6a+9=(a-3)^2$。

合并、化简之后所得到的结果一定是可以因式分解的。因为题目就是这样被命题老师设计出来的。我们每做一道题，其实都是在与命题老师进行一番思维的较量。本来，学生的思维与老师的思维还是有一定差距的，但是由于老师只能在初中数学的知识范围内出题，所以，只要你数学功底扎实，只要你能摸透命题老师的出题规律，你也是可以完全“战胜”命题老师的。

接下来，就是大量的练习、巩固，通过“题海战术”形成解题技能了。

在做练习册上的题目时，有一道题有一定的难度，现统一做一个讲解。

8 因式分解：$x(x+y)(x-y)-x(x+y)^2$。

这个式子是由两部分的和组成的，一部分是 $x(x+y)(x-y)$，另一部分是 $-x(x+y)^2$。第二部分也可以理解为 $-x(x+y)(x+y)$。这两部分含有一个公共的因式 $x(x+y)$，要先把这个公因式提取出来，剩下的部分分别是 $x-y$ 与 $-(x+y)$，再用中括号括起来。过程如下：

解
$$\begin{aligned} x(x+y)(x-y)-x(x+y)^2 &= x(x+y)[(x-y)-(x+y)] \\ &= x(x+y)(x-y-x-y) \\ &= x(x+y)(-2y) \\ &= -2xy(x+y)。\end{aligned}$$

还有一道常考题型，我也做了讲解。

9 若 $x^2+kx+64$ 是一个完全平方式，则 k 的值是________。

$x^2+kx+64$ 可以变形为 x^2+kx+8^2，如果它是一个完全平方式，要么是 $(x+8)^2$，要么是 $(x-8)^2$。因为 $(x+8)^2$ 与 $(x-8)^2$ 的展开式里，都含有一个共同的部分 x^2+64。不同的只是中间的部分，可以是 $+16x$，也可以是 $-16x$。所以，$+kx$ 要么是 $+16x$，要么是 $-16x$。k 的值有两种答案：±16。

许多同学往往忘记把两个答案都写全，如果总是忘记，不妨记住老师讲的这句话。

初中数学里面，像这样要考虑两种情况的例子太多了。所谓物有阴阳，人分男女，电有正负，整个世界就是这样对立统一的。

12 月 5 日　星期四

因式分解之十字相乘法

复习总结三种因式分解方法——关键要知道什么情况下选用哪种方法

上课后，和同学们一起复习了因式分解的三种方法。

1 提公因式法。一个多项式，如果有公因式，一定要先把公因式提出来，而且一定要提“干净”。

2 平方差公式法。运用平方差公式分解因式，对于形如 a^2-b^2 的式子，可以分解成 $(a+b)(a-b)$ 的形式。

说到这里，我又一次强调了少数同学经常做错的一道简单题：x^2-4y^2。这个式子可分解为 $(x+2y)(x-2y)$，切不可分解为 $(x+4y)(x-4y)$。

还有一道题，在昨天做的小测本上，很多人出错，我也进行了讲解。

> 分解因式：$9(x+y)^2-4(x-y)^2$。

因为 9 是 3 的平方，4 是 2 的平方，所以此题可以变形为平方差公式的形式。过程如下：

解
$$
\begin{aligned}
9(x+y)^2-4(x-y)^2&=3^2(x+y)^2-2^2(x-y)^2\\
&=[3(x+y)]^2-[2(x-y)]^2\\
&=[3(x+y)+2(x-y)][3(x+y)-2(x-y)]\\
&=(3x+3y+2x-2y)(3x+3y-2x+2y)\\
&=(5x+y)(x+5y)。
\end{aligned}
$$

3 完全平方公式法。形如 $a^2+2ab+b^2$ 和 $a^2-2ab+b^2$ 这样的式子，叫完全平方式，可以分解为 $(a+b)^2$ 和 $(a-b)^2$。

我以前教过的一些学生，做多了因式分解的题目后，总结出了一套规律：一个多项式，提取公因式后，若还有两项，则考虑用平方差公式分解。若还有三项，则考虑用完全平方公式分解。用完全平方公式分解时，关键是看一头一尾，从而确定是哪两个数和的平方还是差的平方。到底是和的平方还是差的平方，就看三项式的中间一项，若是正号，则是和的平方，反之就是差的平方。

这种规律，对于绝大多数数学题都是适用的。因为，我们在练习册上遇到的数学题和在试卷上考到的数学题，绝大多数都是命题老师这样设计出来的。同学们如果能按照上述方法做对得分，我也不会多说什么。毕竟，这也算是一种应试技巧。

十字相乘法——虽然没要求，但是很需要

按照新修订的课程标准，本来因式分解学到这里，就算结束了。但是，因式分解还有一种方法非常重要，也很常用。这种方法就是用十字相乘法分解二次三项式。特别是到了初三学习一元二次方程的时候，大量的一元二次方程需要用十字相乘法分解因式，再去求解。

我曾经专门统计过，大约有 85％的一元二次方程可以先用十字相乘法分解

因式，然后求解。如果不用十字相乘法，而是采用其他的方法，比如求根公式法，虽然也可以算出来，但是要耗费太多的时间，而且还容易出错。在高中数学学习中，很多情况下，也要用到十字相乘法。

在十多年前，初中数学的老教材上，专门讲解过这种因式分解的方法。但后来，不知是什么原因被删除了，最新版本的教材在一个阅读知识里面简单地提及它。

我给了两分钟时间，让同学们认真看这个小阅读。两分钟后，我问同学们："看懂了没有？会用十字相乘法分解因式了吗？"

同学们异口同声地回答："看不懂，不会用。"

看不懂就对了。记得二十多年前，我读初中的时候，是用三节课时间来学习十字相乘法的。现在只有短短的几段话，就想让同学们理解十字相乘法，难不成教材的编者还真以为初二的学生个个都是天才？

学生不是天才不要紧，还好有我们老师。老师可以把自己的经验，毫不保留地传授给学生。先记住十字相乘法的具体步骤，一下子不能理解它的原理也不要紧，做多了，自然会明白的。

我从易到难，依次举了一些例子。

例 1 因式分解：x^2+3x+2。

这个式子没有公因式可以提取，也不能用公式法分解，怎么办呢？

因为$(x+1)(x+2)=x^2+2x+x+2=x^2+3x+2$，所以 x^2+3x+2 可以分解为$(x+1)(x+2)$。这个思维过程，可以形象地用一个程序来说明：

在 x^2+3x+2 的三项里，二次项 x^2 的系数是 1，可以看作是 1×1，把这里的两个 1 写在上下对齐的两个位置上。常数项是$+2$，可以看作是$(+1)\times(+2)$，把这里的$+1$、$+2$ 写在两个 1 的后面。交叉相乘，再加起来，和为$+3$，恰好就是一次项$+3x$ 的系数。这就说明，数字配对成功（如图）。

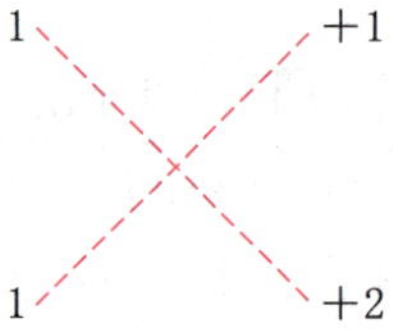

例 1

配对成功后，就可以写答案了。左上角的 1，代表未知数 x 的系数为 1，第一行向后看，$+1$，说明第一个因式为$x+1$。下一行，说明第二个因式为 $x+2$，所以 $x^2+3x+2=(x+1)(x+2)$。

十字相乘法分解因式是否正确，可以通过验算的方法，把$(x+1)(x+2)$ 展开化简，看最后结果是否为 x^2+3x+2。按照我多年教学的经验，绝大多数同学都没有耐心去验算，但作为老师，我不得不说，检验非常重要，尤其是在起步阶段。

在上面这道题目中，交叉相乘的过程，很像汉字"十"，不过是倾斜了的"十"，所以这种方法叫作十字相乘法。另外，需要提醒同学们注意的是，有些数字系数比较复杂，一次配对可能不会成功，还要多配对几次，直到成功为止。经常做题，对数字敏感的话，一般情况下，配对实验不会超过三次。在初三解一元二次方程时，如果尝试了三次，还没有配对成功，可能就要考虑用其他方法去解了。

讲完这道题目后，我又举了一些例子。

将下列各式进行因式分解：

例 2 $x^2+7x+10$。 **例 3** x^2-2x-8。

例 4 $y^2-7y+12$。 **例 5** $x^2+7x-18$。

在这几题中，我就例 3 来讲一下怎么把数字迅速配对成功。

在 x^2-2x-8 中，二次项系数分解为 1 和 1，常数项 -8 有好几种分解方法，可以分解为 $+4$ 和 -2，这样一来，就成为了右面这种形式(如图)。交叉相乘后，再把两个积相加，和为 $+2$，不是中间的一次项的系数 -2，这样配对没有成功。不过，这一次虽然没有成功，但在向成功接近。因为交叉相乘的积加起来是 $+2$，与一次项的系数 -2 是相反数，所以只需要把常数项 -8 的两个因数，调整为 -4 和 $+2$ 就可以了(如图)。交叉相乘的两个积 $+2$ 与 -4 的和为 -2，恰好为一次项的系数 -2，配对成功。

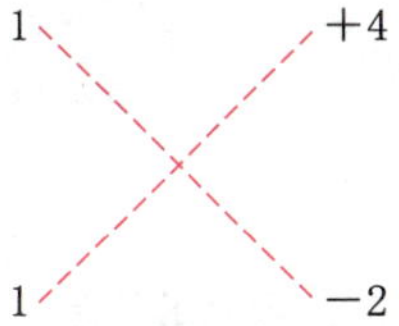

例 3(1)

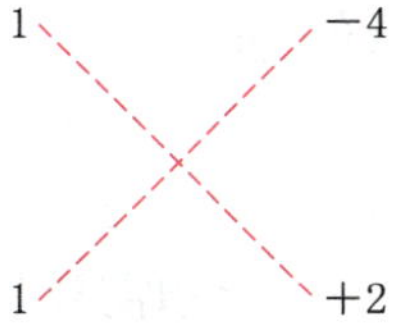

例 3(2)

需要特别强调的是，左上角的 1 代表的是 x，x 的后面应该写右上角的 -4，也就是说，第一个因式是 $x-4$。可能部分同学觉得不以为然，认为斜着看，把第一个因式定为 $x+2$ 也没有错啊。

斜着看，把第一个因式定为 $x+2$，第二个因式定为 $x-4$，确实也没有错，但这是因为二次项系数是 1，这个 1 是分解为 1 乘以 1 的。如果我们以后遇到的二次三项式的二次项系数不是 1，而是一个其他的数字，那么就绝对不能斜着去写后面跟的数字了。以后，遇到这种题目时，咱们再慢慢"唠"吧。

讲完这几道纯数字系数的二次三项式的因式分解后，我又讲解了一道含两个字母的三项式。在练习册上有好几道这样的题目，现在不讲，在晚自习做作业时，同学们也会问。

例 6 因式分解：$x^2-5xy-6y^2$。

在这个三项式中，含有两个字母：x 和 y。为了便于用十字相乘法分解因式，我们可以把 x 看作是未知数。至于 y，则和其他的数字一起，看作是已知数。

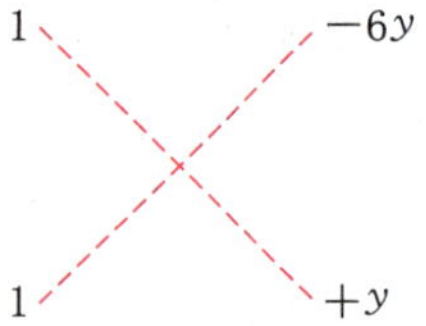

例 6

在 $x^2-5xy-6y^2$ 中，二次项的系数是 1，一次项的系数是 $-5y$，常数项是 $-6y^2$。十字相乘分解的过程如图，最终写为：

解 $x^2-5xy-6y^2=(x-6y)(x+y)$。

晚自习时，13 班好几个同学把练习册做完后，又开始做导学案上的用十字相乘法分解因式的题目。有一道题目给出的多项式是这样的：$2x^2-x-6$，这几位同学不会做，就问我。

这道题与课堂上讲过的题，区别就在于二次项系数不是 1，而是 2，如何分解呢？

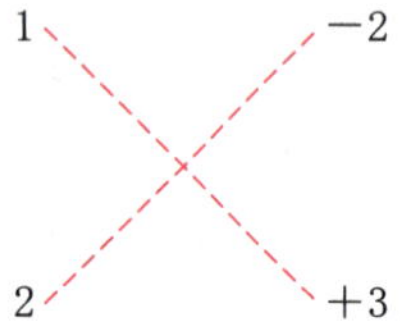

二次项系数不是 1

我们也可以用十字相乘法分解。二次项系数为 2，可以分解为 1 和 2。常数项为 -6，可以分解为 -2 和 $+3$。十字相乘分解的过程如图所示，交叉相乘再相加，和恰好为一次项的系数 -1，配对成功。

同学们，你们才开始做这样的题目时，一次配对不成功很正常，多试几次，总会成功。老师能够一次成功，那可是二十多年的积累练出来的。多练、多总结、多体会数字之间的关系，你也会达到我这样的水平。

左上角的 1 代表 x，向后看，是 -2。左下角的 2 代表 $2x$，向后看，是 $+3$。所以，$2x^2-x-6=(x-2)(2x+3)$。

此题需要特别注意的是，分解的结果不能写成 $(x+3)(2x-2)$，也就是不能斜着去写每一个因式的第二项。

12 月 6 日　星期五

整式乘除与因式分解的单元测试

临阵磨枪

本学期的教学时间有点紧，离期末考试还有五周的时间，而后面还有分式这一章没有学。为了加快进度，整式乘除与因式分解就不打算复习了。今天每个班都有两节数学课，我决定直接进行单元测试，以考代练。

在考试之前，我给了三分钟时间，让同学们翻看一下课本上的公式、法则等。临阵磨枪，不快也光。然后，我问同学们，关于完全平方公式的一个变形公式 a^2+b^2 可以变形成什么？

很多同学都答道：“$a^2+b^2=(a+b)^2-2ab$。”还有几个同学继续答道：“$a^2+b^2=(a-b)^2+2ab$。”这两种答案都是正确的，特别是第一种变形公式，在本章的很多数学题里面都要用到。等会单元测试卷里，就有一道题要用到这个变形公式。

接着，我又用了几分钟时间，讲解了两道特别重要的易考题。

1 计算：$(x-2y+3)(x+2y-3)$。

这种题目以前讲过很多遍了，但每次做题时，总有一些人出错。我再一次跟同学们讲道：在这个式子里，两个三项式中，有的项完全相同，其余的项完全相反，这种形式可以用平方差公式去化简。

有一种最笨的方法，用$(\text{相同项})^2-(\text{相反项})^2$即可。在这两个三项式里，相同项是$x$，相反项是$+2y-3$与$-2y+3$。把相反项放入括号里平方时，写哪个都可以，因为$(2y-3)^2$与$(-2y+3)^2$是相等的。解题过程如下：

解 $(x-2y+3)(x+2y-3)=x^2-(2y-3)^2=x^2-(4y^2-12y+9)$

$=x^2-4y^2+12y-9$。

2 计算：$(x-2y+3)^2$。

这道题与第一题不一样，这道题是三个数的和的完全平方，这三个数分别是x、$-2y$、$+3$。分辨这三个数时，一定要注意把前面的符号带上。

课本上曾有一个例题，有结论：$(a+b+c)^2=a^2+b^2+c^2+2ab+2ac+2bc$。我还专门给同学们总结了一句法则，让同学们记在课本上："三个数的和的完全平方，等于每一个数的平方和，再加上任意两个数的积的两倍。"这个法则与两数和的完全平方公式有点类似，实在记不住的话，可以花时间类比一下，加深理解和记忆。

此题是三个数x、$-2y$、$+3$的和的完全平方，等于这三个数的平方和，再加上任意两个数的积的两倍。如果计算足够准确、熟练的话，可以直接写出最后的结果：$(x-2y+3)^2=x^2+4y^2+9-4xy+6x-12y$。

令人伤心的错误

讲完这两道题后，就开始考试。我额外在黑板上补充了四道题，让同学们在试卷的空白处一并解答，每一道题都属于讲过、练过的题型。

七十分钟做一张试卷，对于掌握了基础知识、计算谨慎细心的同学来说时间绰绰有余。对于法则、公式、解题技巧、注意事项记不太清的同学，即使给再多的时间，他也做不对。数学考试就有这种特点。

收卷后，两个班一大群同学围在办公桌旁，等着我优先批阅他们的试卷。这样的同学，急切地想看到自己的劳动成果，对于自己做错了的题目，迫切地想知道错误的原因。这种主动求知、积极学习的同学，让每一位老师看了都感到高兴。相反，班级里还有一些同学，就算他知道我正在批阅他的试卷，他也不想亲自来看一看。这样被动学习的同学，以及这些同学糟糕的成绩，就成了每一位数学老师“胸口永远的痛”。

试卷原来的总分是 120 分，加了四个补充题后，总分就相当于 140 分了。两个班的同学里面，最高分是 136 分，最低分是 24 分。就算是在 14 班这个重点班，最低分也到了 39 分。

考前讲解的两道题目代表了两种题型，我在试卷上换了一下数字和符号，统计了一下，两个班里能够做正确的：第一种题型，13 班有 21 人，14 班有 31 人；第二种题型，13 班有 26 人，14 班有 26 人。

刚讲过的题型，马上考试，居然还有将近一半的同学做错。这些同学错误的原因五花八门：有指数写错的，有系数写错的，有符号写错的，有公式记错的，有计算后未加括号的，有未去掉括号化简的……

通过刚才的统计，我还发现一个现象：做对了的那些同学，在我考试讲解之前，他们就已经掌握了；做错了的那些同学，也是以前做类似题目时经常出错的。对于做错了的这些同学来说，这些错题，已经是他们身上的“顽疾”了。如果他们自己不高度重视，不想办法去扭转，只靠老师去反复提醒、讲解，几乎没有效果。“有多少爱可以重来”，有多少题可以不再错。

有一道因式分解的题目，也是一讲再讲，但这次考试仍然有人出错。x^2-4y^2 因式分解后，应该是 $(x+2y)(x-2y)$，可仍然有一些人写成等于 $(x+4y)(x-4y)$。出现这种错误的同学，13 班有懿琳、佳怡等，14 班有海英、少元等。把这些做错的同学的名字列在这里，不是要批评他们，而是想再一次提醒他们：$x^2-4y^2=(x+2y)(x-2y)$。老师已经把这个错误写在日记里，同学们更要把这种错误永远铭记在心里。

还有一个错误，$(ab+1)(ab-1)$ 运用平方差公式化简为 $(ab)^2-1^2=a^2b^2-1$，可有些同学写成 ab^2-1，这样就错了。ab 在平方时，是要加上括号的，如果不加括号，写成 ab^2，就只是 b 有平方，而 a 没有平方。出现这种错误的同学，13 班有 Y 波、奥杰等，14 班有怡萱、蔚桢等。

13 班的明轩、S 佳同学，在计算 $(2a+b)^2$ 时，结果等于 $4a^2+b^2$，尽管前面已经强调过很多次了，在这里，我还是要对同学们再一次强调：$(2a+b)^2$ 展开以后是三项，为 $4a^2+4ab+b^2$。

另外，还有很多同学不会运用公式法因式分解，这里就不一一列举名字了。下周到校后，我会一个个找来，重点监督过关。

一道题目做错了，一次考试失败了，并不完全无意义。只要你好好记住那个错误，以后不再犯；只要你树立目标，反败为胜，扭转乾坤，那就会成为最大的收获。如果一错再错，不反思不改变，那才是最伤心的事。

第15周

12月9日 星期一

试卷评讲与分式概念

解题的窍门——反复变形、代换

昨天晚自习时，我把上周五考的试卷发下去了。对于少数同学出现的一些低级错误，我一个一个地把他们找到办公室，详加询问，并监督更正。

今天课堂上，我准备用20分钟讲解试卷上的四道解答题。

> **1** 一个梯形的上底是 a，下底是 $a+2b$，高是 $a-b$，求这个梯形的面积。

梯形的面积公式：$S_{梯形}=$(上底＋下底)×高÷2，在小学里就应该背诵过关。但我在批改试卷时，发现班级里有很多同学居然不知道这个公式。还是这些同学，在上一次考试时，也出现了不知道三角形面积公式的情况。联想到这些，我也就慢慢理解并谅解他们了。我在黑板上这样边写边讲：

解 $S_{梯形}=(a+a+2b)(a-b)\div 2=\dfrac{(2a+2b)(a-b)}{2}$

$$=\frac{2(a+b)(a-b)}{2}=(a+b)(a-b)=a^2-b^2。$$

此题中，还有一问，是求当 $a=2.1$，$b=0.9$ 时的面积。接下来应该这样写：

当 $a=2.1$，$b=0.9$ 时，

原式 $=2.1^2-0.9^2=(2.1+0.9)(2.1-0.9)=3\times 1.2=3.6$。

在计算 $2.1^2-0.9^2$ 时，班里的很多同学先计算 $2.1^2=2.1\times 2.1=4.41$，再算 $0.9^2=0.9\times 0.9=0.81$，然后相减得出答案。这样算当然也可以，但是没有理

喜欢看侦探故事的学生，数学成绩大多数很好，那是因为他们善于推理，善于分析和联想，还总是处于仔细观察捕捉蛛丝马迹的状态。做题也是如此，如果只知埋头去做，而不仔细想想老师为什么出这道题，这道题到底考查你什么，会有哪些陷阱，那么你不仅做不快，而且差错率还高。

解命题老师的意图。命题老师之所以要设计这样两个数据，是为了让同学们用平方差公式去简便计算。做数学题其实就是一个猜谜语的过程，就看你能否识破命题老师所设置的谜面。那些做题快又准的同学，就是这样的猜谜高手。同学们，如果多做题、多总结，你们也可以成为高手。

2 已知 $a^2+b^2=10$，$a+b=4$，求 a^2b+ab^2 的值。

在这个题目中，要求的式子 a^2b+ab^2 分解因式后是 $ab(a+b)$。$a+b$ 已经知道了，但是 ab 是多少呢？由 $a^2+b^2=10$，$a+b=4$ 能否求出 ab 的值呢？

这里就要用到完全平方公式的一个变形：$a^2+b^2=(a+b)^2-2ab$。在这个变式里，a^2+b^2、$a+b$、ab 三者中，只要知道任意两个式子的值，就可以求出第三个式子的值。通过此题，我又一次想强调已经强调过多遍的事情：要深刻理解并记忆课堂上所讲的那些知识点，在需要使用的时候，能够随时无障碍地调用。

解 $\because a^2+b^2=(a+b)^2-2ab$，

$\therefore 10=4^2-2ab$，$\therefore 2ab=16-10$，即 $ab=3$。

$\therefore a^2b+ab^2=ab(a+b)=3\times 4=12$。

3 若 $x-2y=2$，求 x^2-4y^2-8y 的值。

此题，很多同学一下子找不到思路，他们看了很久，也没有发现 x^2-4y^2-8y 与 $x-2y$ 的关系。有一部分同学看出了前两项 x^2-4y^2 可以分解为 $(x+2y)(x-2y)$，$x-2y$ 可以换成 2，但是前面的 $x+2y$ 又该怎么处理呢？这些同学找不到思路后，就任由这道题空着。我在批阅试卷的时候，也只好扣分了。

这道题做对的同学也非常多，这些做对的同学，比刚才的那些同学，多迈了一步——尝试。我们也可以来尝试一下：

$x^2-4y^2-8y=(x+2y)(x-2y)-8y=(x+2y)\times 2-8y$。

计算到这里，好像不知该如何去做了。但是，在 $(x+2y)\times 2-8y$ 里可以去括号后合并同类项：

$(x+2y)\times 2-8y=2x+4y-8y=2x-4y$。

$2x-4y$ 与已知条件 $x-2y$ 有什么关系呢？对，是 2 倍的关系。只需要把 $2x-4y$ 提出一个公因数 2，剩下的部分就是 $x-2y$ 了。是不是有一种柳暗花明的感觉？

解 $x^2-4y^2-8y=(x+2y)(x-2y)-8y=(x+2y)\times 2-8y$

$$=2x+4y-8y=2x-4y$$

$$=2(x-2y)=2\times 2=4。$$

解这样的数学题，需要尝试着去变形，去代换，反复多试几次，一定是可以得出最后答案的。这样的数学题，就是命题老师事先都设计好了的。

在我批阅试卷的时候，发现有一位同学的解题过程，虽然很繁琐，但也是正确的。因为这位同学已经悟出了这类数学题的解题窍门——反复变形、代换。车到山前必有路，一定可以做出正确答案。他的解题过程如下：

解 $\because x-2y=2$，$\therefore x=2y+2$。

$$\therefore x^2-4y^2-8y=(2y+2)^2-4y^2-8y$$

$$=4y^2+8y+4-4y^2-8y$$

$$=4。$$

这位同学把 x 换成 $2y+2$，经过一系列的化简，得出最后答案。

4 已知 $a-b=3$，$b-c=2$，求 $a^2+b^2+c^2-ab-bc-ca$。

此题有很强的技巧性，如果老师没有讲的话，是很难做出来的。这道题的原题，我没有讲过，但是，与此题相似的一道题，我是讲过了的。

已知 $a^2+b^2+c^2-ab-bc-ca=0$，求证：$a=b=c$。

在这道题中，需要在等式 $a^2+b^2+c^2-ab-bc-ca=0$ 的两边同时乘以 2，那么左边就可以得到 $2a^2+2b^2+2c^2-2ab-2bc-2ca$，而这个式子可以变形为 $(a-b)^2+(b-c)^2+(c-a)^2$。

第 4 题是一个代数式，该如何变形才能既不改变原式的值，又能变形为几个完全平方式的和的形式呢？

我们可以把 $a^2+b^2+c^2-ab-bc-ca$ 乘以 2，为了不改变原式的值，必须再除以 2。这样一来，$2(a^2+b^2+c^2-ab-bc-ca)$ 就可以变形为 $(a-b)^2+(b-c)^2+(a-c)^2$ 了，从而可顺利求解。不过，需要特别注意的是，已知条件里只有 $a-b=3$，$b-c=2$，并没有 $a-c$ 的值，怎么办呢？这就需要先把 $a-c$ 的值求出来。过程如下：

解 $\because a-b=3,\ b-c=2$，

$\therefore a-b+b-c=3+2$（将前面两个等式的两边分别相加），即 $a-c=5$。

$$\therefore a^2+b^2+c^2-ab-bc-ca=\frac{2(a^2+b^2+c^2-ab-bc-ac)}{2}$$

$$=\frac{2a^2+2b^2+2c^2-2ab-2bc-2ac}{2}$$

$$=\frac{a^2-2ab+b^2+b^2-2bc+c^2+a^2-2ac+c^2}{2}$$

$$=\frac{(a-b)^2+(b-c)^2+(a-c)^2}{2}$$

$$=\frac{3^2+2^2+5^2}{2}=19。$$

注意此处分子的变形过程。

当然，直接代入计算也可以：$a-b=3$，则 $a=b+3$；$b-c=2$，则 $c=b-2$。将 $a=b+3$，$c=b-2$ 直接代入原式，亦可算得结果。

对于这种技巧性强的数学题，我们要在理解的基础上强行记住，确保在考试中遇到这样的题目能想起这种思路。

从分数到分式——数学在进化

讲到这里，剩下的时间不足 20 分钟了。由于本学期的教学时间特别紧，我只有让同学们停止更正试卷上的错误，开始学习新的章节——分式。

尽管时间不多，但我还是给了 4 分钟时间让同学们看书，将书上的重点内容划出来。

在同学们看书的时候，我就把课本上所列举的几个例子写在了黑板上，以备引入分式时使用。

例 1 长方形的面积为 10 cm^2，长为 7 cm，则宽为________cm；长方形的面积为 S，长为 a，则宽为________。

例 2 把体积为 200 cm^3 的水，倒入底面积为 33 cm^2 的圆柱形容器中，则水面高度为________cm；把体积为 V 的水，倒入底面积为 S 的圆柱形容器中，则水面高度为________。

例 3 一艘轮船在静水中航行的速度是 30 km/h，它在江水中顺流而下，已知江水的流速是 v km/h，则这艘轮船在江水中顺流而下航行 90 km 所用的时间是________。

这几道题的答案，与本节课的课题——从分数到分式，契合十分紧密。在小学阶段，同学们学习的都是数与数之间的关系。到了初中，出现了字母、代数式，

上升到了一个新的层次。但小学所学的算理并没有改变，只是我们所遇到的式子的形式发生了变化。我们在书写和计算时，也要跟着改变。

在上面的例 1 中，长方形的面积＝长×宽。现在知道面积和长要求宽，这里的宽$=\frac{面积}{长}$，所以答案分别是$\frac{10}{7}$、$\frac{S}{a}$。

例 2 中，圆柱体的体积＝圆柱体的底面积×高。现在知道圆柱体的体积和底面积要求高，高$=\frac{体积}{底面积}$，所以答案分别是$\frac{200}{33}$、$\frac{V}{S}$。

例 3 是一个关于轮船顺水航行、逆水航行的问题。

这里，粗线条地了解一下相关知识。船在平静的水面上行驶的速度，简称船在静水中的速度。另外，船有时要开到江水里，而江水是从上游不停向下游流动的，这里有一个水流速度的问题。比如：扔一块木板在江水中，这块木板就会顺着江水向下游漂，木板漂的速度就是水流的速度。一艘船在江水中顺流而下时，一方面，有一个自己的速度，也就是船在静水中的速度；另一方面，船又顺着江水向下游漂，即水托着船向下游流去。所以船在江水中顺流航行的速度＝船在静水中的速度＋水流速度。反之，如果船在江水中逆流而上，那么船的航行就会变慢。因为船要从它的速度中，拿出一部分来抵消江水的流速。也就是说，船在江水中逆流航行的速度＝船在静水中的速度－水流速度。

同学们，听明白了吗？如果实在想不明白，那就记住两个结论：

船顺流航行的速度＝船在静水中的速度＋水流速度；

船逆流航行的速度＝船在静水中的速度－水流速度。

如果有人对这两个结论还是不理解，不妨在周末的时候，去大型超市乘坐一下扶梯，并试着在扶梯上，上下走动试试，体会一下类似情形下速度的变化。

在上面的例 3 里，轮船顺流航行的路程是 90 km，顺流航行的速度是$(30+v)$km/h，要求时间。因为路程＝速度×时间，所以时间$=\frac{路程}{速度}$。因此，轮船顺流航行的时间为 $\frac{90}{30+v}$h 。

在上面所举的三个小题中，出现了小学时曾经见过的分数，也出现了与分数相似的，但是分母含有字母的式子。像这样，分母中含有字母的式子叫作分式。课本上，分式的概念是这样规定的：“如果 A、B 表示两个整式，并且 B 中含有字母，那么式子$\frac{A}{B}$叫作分式。”

第15周

接着，我举了几个例子，问同学们是否是分式。

(1) $\frac{x+y}{3}$。这个式子不是分式，因为分母中不含字母。

(2) $\frac{x-2}{\pi}$。这个式子也不是分式。因为分母中是 π，而 π 代表的是一个常数，也就是圆周率，它是一个无限不循环小数。因此，π 不能叫字母。因为分母中不含字母，所以这个式子不是分式。

讲到这里后，我对同学们说："其实，分式的概念最好定义为分母中含有未知数的式子。"

讲到这里就到了下课时间。我计划还要讲解的两个问题：(1)为什么会出现分式这种式子？(2)分式在什么情况下有意义？只有等到明天上课时再讲解了。

12 月 10 日　星期二

分式的基本性质

进一步认识分式

上课后，首先找了一个同学背诵分式的定义："分母中含有字母的式子叫分式。"两个班所找的同学背诵的都是我在课堂上所总结的定义。

我还举了一个例子，$\frac{x-2}{\pi}$ 是分式吗？因为昨天专门讲过这个例子，同学们都知道，这个式子不是分式。分式的概念准确地说应该为："分母中含有未知数的式子叫作分式。"

接下来，接着昨天讲解的地方，开始讲解另外两个问题。

一　为什么会出现分式这种式子

在小学学习时，同学们就已经知道了，由于实际生活的需要，出现了分数。比如：3 个人分 1 个苹果，每个人可分得 $\frac{1}{3}$；汽车的速度是 60 km/h，行驶 130 km 所需要的时间为 $\frac{130}{60}$ h。

在生活中，常见的一组量(路程、速度、时间)有这样的关系：路程＝速度×时间。把这个等式变形一下，可以得到速度＝$\frac{路程}{时间}$，时间＝$\frac{路程}{速度}$。在以前所遇到的数学应用题中，路程、速度、时间这三个量里，常常告诉我们速度，设时间为未知数，再根据路程关系列方程，这样所列出来的方程是一个整式方程。在这一章里，情况发生了变化，一道应用题往往告诉我们路程，然后设速度为未知数，由时间关系来列方程。因为时间$=\frac{\text{路程}}{\text{速度}}$，所以列出来的方程的未知数就落在了分母的位置上，这样就出现了分式。比如下面这道题。

> 一艘轮船在静水中航行的速度是 30 km/h，它在江水中顺流航行 90 km 所用的时间与其在江水中逆流航行 60 km 所用的时间相等，求江水的流速。

设江水的流速是 x km/h，则这艘轮船在江水中顺流航行的速度为$(30+x)$km/h，在江水中逆流航行的速度为$(30-x)$km/h。由轮船顺流航行的路程是 90 km，可以得到顺流航行的时间为 $\frac{90}{30+x}$h。同理，逆流航行 60 km 所用的时间是 $\frac{60}{30-x}$h。这两个时间相等，所以得到方程 $\frac{90}{30+x}=\frac{60}{30-x}$。

方程中出现了分式，其根源就在于应用题中直接告诉了我们路程，在速度和时间两个量里，不管你设哪个量为 x，在表示另一个量时，都会出现分式。

与路程、速度、时间一组量类似的，还有总价、单价、数量，或者工作总量、工作效率、工作时间等。这样的一组量之间的关系都是 $a=bc$ 的形式，而在 a、b、c 这三个量中，题目一定告诉我们 a 这个量，在 b 和 c 这两个量中，不管你设哪一个量为未知数，另外一个量在表示的时候，都会出现分式。这也就是为什么在这一章的应用题里一定会出现分式的原因。

二　分式有无意义

由于分式的分母中含有未知数，那么这个分母就有可能为 0，但是 0 不能作分母。因为在小学阶段，老师就讲过了，0 不能当除数，否则就没有意义。因此，一个分式如果要有意义，分母就必须不等于 0；一个分式要想无意义，只需要分母等于 0 就可以了。这些考点分类如下：

考点 1　若分式$\frac{A}{B}$有意义，则 $B\neq 0$。

考点 2　若分式$\frac{A}{B}$无意义，则 $B=0$。

另外，还有一个问题：什么情况下，分式$\frac{A}{B}$的值等于 0？

在分式$\frac{A}{B}$中，要想让它的值等于0，只有让分子A等于0，同时还要保证分母B不等于0。

考点3 若分式$\frac{A}{B}$的值等于0，则$A=0$，且$B\neq 0$。

关于这三个考点，我分别举了一个例子予以说明。

> **例1** 当x为何值时，$\frac{|x|-2}{x+2}$有意义？

要让这个分式有意义，只需要考虑分母$x+2\neq 0$就可以了，移项化简可得$x\neq -2$。

在这里，要注意的是，用不等号"$\neq$"连接的式子，在移项时也要变号。

> **例2** 当x为何值时，$\frac{|x|-2}{x+2}$无意义？

要让分式无意义，只需要分母等于0，即$x+2=0$，解得$x=-2$。

> **例3** 当x为何值时，$\frac{|x|-2}{x+2}$的值为0？

要让分式的值为0，只能让分子等于0，同时分母不能等于0。

解 由题意得$|x|-2=0$，$\therefore x=\pm 2$。

又$x+2\neq 0$，$\therefore x\neq -2$。

综上，$x=2$。

在此题中，由分子等于0，得到x有两个值：2和-2。但是，当$x=-2$时，分母等于0了，分式无意义。所以要把$x=-2$舍去，只留下$x=2$这一根"独苗"。

类比的方法认识分式的基本性质

把昨天课堂上未讲完的内容补充讲完后，又马不停蹄地开始今天要学习的内容——分式的基本性质。

让同学们把课本上的内容看了4分钟之后，我就开始了讲解。

在小学阶段，学过分数的基本性质：分数的分子与分母分别乘以或者除以一个不等于0的数，分数的值不变。到了初中，由数发展到式，但这个性质仍然差不多。

分式的基本性质：分式的分子与分母分别乘以或者除以一个不等于0的整式，分式的值不变。

用字母表示：$\frac{A}{B}=\frac{A\times C}{B\times C}$，$\frac{A}{B}=\frac{A\div C}{B\div C}(C\neq 0)$。

课本上的例题需要用分式的基本性质来做。

例1 填空：$\frac{x^3}{xy}=\frac{(\quad)}{y}$。

在这道题中，等号左边分式的分母是 xy，右边分式的分母只有 y，说明从左边到右边进行了一个变化，即分母除以 x。为了不改变分式的值，分子 x^3 也要除以 x，得到 x^2。把 x^2 填入括号里，就可以了。

例2 填空：$\frac{3x^2+3xy}{6x^2}=\frac{x+y}{(\quad)}$。

仔细观察，等号左边分式的分子 $3x^2+3xy$，变成了等号右边分式的分子 $x+y$，这个过程是把 $3x^2+3xy$ 除以 $3x$。因此等号左边分式的分母 $6x^2$ 也要除以 $3x$，得到 $2x$。

例3 填空：$\frac{2a-b}{a^2}=\frac{(\quad)}{a^2b}(b\neq 0)$。

分母乘以了 b，所以分子也要乘以 b。$(2a-b)\times b=2ab-b^2$。将 $2ab-b^2$ 填入括号内即可。

讲完此题后，我问同学们："这一题的后面为何要加上一个限制条件 $b\neq 0$？"有同学立即回答："在分式的分子和分母上同时乘以 b 的时候，要保证所乘的 b 不能等于0，否则就没有意义。"

我点了点头，紧接着又问道："在第1小题 $\frac{x^3}{xy}=\frac{(\quad)}{y}$ 中，分子、分母同时除以 x，但为什么不在后面加上一个限制条件 $x\neq 0$ 呢？"这一次，就没有人能够回答了。我估计，几乎所有的同学在看书时都没有意识到这一点。

我对同学们说："在例1中，分式 $\frac{x^3}{xy}$ 既然要变形，那肯定是有意义的。既然分

式 $\frac{x^3}{xy}$ 有意义，那么分母一定不能等于0。也就是说 $xy \neq 0$，从而 $x \neq 0$ 且 $y \neq 0$。”

在这里，$x \neq 0$ 且 $y \neq 0$，是题目中的一个隐含条件。既然题目本身有一个隐含条件 $x \neq 0$，所以就没有必要在后面画蛇添足，加上一个限制条件 $x \neq 0$ 了。

晚自习做作业时，同学们遇到一道题是这样的：$\frac{1}{x-1}=\frac{x+1}{(\quad)}$。

我在教室里巡视时，发现很多同学做错了。询问他们，他们这样解释：“等号左边分式的分子1变成了右边分式的分子 $x+1$，也就是加了一个 x。为了不改变分式的值，分母也要加一个 x，得到 $2x-1$。”

基本概念一定要清楚，不能似是而非，想当然。

这样理解，当然是错的。因为分式的基本性质是“分式的分子和分母分别乘以或者除以一个不等于0的整式，所得结果不变”，而不是“分式的分子和分母分别加上或者减去一个整式，所得结果不变”。

此题正确的解题思路是：等号左边分式的分子1变成了右边分式的分子 $x+1$，也就是说，把1乘以 $x+1$，那么分母也要乘以 $x+1$，即 $(x-1)(x+1)=x^2-1$。所以括号内应该填 x^2-1。

利用分式的基本性质做完这几道题后，我对同学们说：“学习分式的基本性质，关键是为了给分式约分和通分。今天这节课主要学习约分。”

分式的约分与分数的约分差不多。比如：$\frac{40}{144}$，分子和分母可以同时除以公因数2，得到 $\frac{20}{72}$，这就相当于分子、分母同时约去了一个2。在 $\frac{20}{72}$ 中，还可以继续约分，最后的结果是 $\frac{5}{18}$，这个结果是最简分数。分数约分就是要把一个分数化为最简分数。

分式约分与分数约分差不多，比如：

例4 化简：$\frac{-25a^2bc^3}{15ab^2c}$。

这个分式的分子和分母都是单项式，而单项式就是数字与字母相乘的积的形式。因此，系数可以同时除以5，字母可以同时除以 abc，最后的结果为 $-\frac{5ac^2}{3b}$。在这个结果里，分子、分母不含任何公因式了，这样的式子叫作最简分式。另外，需要说明一点的是，分子里面的“－”可以拿到分数线的前面，这样既简洁又美观，而且最后的值也不变。

还有一种分式，分子与分母不是单项式，而是多项式。这就需要把多项式分解因式，然后再约去公因式。我们在上一章学习的因式分解，到了这里就有了用武之地。

例 5 化简：$\dfrac{x^2-9}{x^2+6x+9}$。

解 $\dfrac{x^2-9}{x^2+6x+9}=\dfrac{(x+3)(x-3)}{(x+3)^2}=\dfrac{x-3}{x+3}$。

这个分式的分子与分母因式分解后，分子与分母都含有一个公因式 $x+3$，可以同时约去，得到$\dfrac{x-3}{x+3}$。要特别注意的是，式子$\dfrac{x-3}{x+3}$已经是最简分式了，千万不可再把$\dfrac{x-3}{x+3}$的分子与分母中的 x 约掉。因为分子 $x-3$ 和分母 $x+3$ 不是积的形式，是不能约分的。

晚自习做练习册时，有一道题很多同学问，我在黑板上做了讲解。

化简：$\dfrac{m^2-3m}{9-m^2}$。

在这个分式中，分子里有一个因式是 $m-3$，分母里有一个因式是 $3-m$。这里的 $m-3$ 与 $3-m$ 看似不一样，但其实有内在联系，因为它们互为相反数，约分之后为-1，过程如下：

解 $\dfrac{m^2-3m}{9-m^2}=\dfrac{m(m-3)}{(3+m)(3-m)}=\dfrac{-m(3-m)}{(3+m)(3-m)}$

$=-\dfrac{m}{3+m}=-\dfrac{m}{m+3}$。

“惊悚”的错误

今天在课间休息时，我找两个班里的部分同学到办公室改错。其中，13 班有一个同学所犯的错误非常“惊悚”，如下：

$(y-5)^2=y^2-5y+10$，$(2x+1)^2=2x^2+2x+2$。

在第一个式子里，中间一项应该是$-10y$；在第二个式子里，第一项应该是

$4x^2$，第二项应该是$+4x$。这样的错误属于常见错误，可以理解。关键的问题在于，这位同学在算5^2时得出结果等于10，在算1^2时得出结果等于2。我百思不得其解，就问他是怎么算的，这位同学告诉我："5^2就是5×2，等于10；1^2就是1×2，等于2。"

这么多年的数学教学，我发现一个现象：班级里始终有几个孩子，他们不适合班级授课制的形式，老师要是在班级里对全体同学讲某个重要问题，尽管次数达N遍之多，但对于这样的同学来说，效果就是没有效果。

在班级授课制里，这样的同学总是被其他的"与学习没有半毛钱关系"的事情影响着。譬如：前排同学衣服上的某个图案，就够他幻想数十分钟；手指甲里的一根倒刺，也够他琢磨好一段时间；窗外飞过的某只蝴蝶、教室外发出的某种异响，直接影响他听讲。总之，他的注意力，要想在课堂上集中，简直比让国足打败巴西足球队还要难。

这样的同学，我只剩下最后一招，就是一对一的单个辅导。

在办公桌前，我对这位同学说："5^2就是两个5连续相乘，即5×5，等于25；1^2就是两个1连续相乘，即$1\times1=1$。"

这样的同学，还有一个特点，就是特别健忘。今天刚给他讲清楚了的问题，过一段时间，他又会犯同样的错误。我相信，刚才这位同学所犯的这个错误，他以前的数学老师绝对对他单独讲过，但过了一段时间后，他又忘了。

12月11日　星期三

分式的乘除

上课后，找了一位同学提问昨天刚学的分式的基本性质。分式的基本性质主要用在分式的约分和通分上。这一点，与分数基本性质的用途差不多。类比小学里学过的分数的基本性质，同学们都应该可以理解并运用分式的基本性质。

约分，主要是在分式的乘法和除法运算时用来化简；通分，主要是在分式的加法和减法运算时用来化简。约分，昨天用一节课已经讲完了。本来今天这节课应该讲解通分，通分讲解完后，再依次学习分式的乘除和分式的加减。但考虑到约分与分式的乘除之间的联系最为紧密，而通分与分式的加减之间的联系最为明显，所以我上课前临时决定带学生立即学习分式的乘除。至于通分，等到后面学习分式的加减时，再来学习。学后即用，不说效果如何显著，至少课堂教学效率会提高不少。

在讲解分式的乘除之前，我举了两个分数乘除的例子，询问同学们该如何做。

（1）计算：$\frac{9}{14}\times\frac{7}{12}$。

分数与分数相乘，把分子相乘的积作为分子，分母相乘的积作为分母，然后再约分化简。

解 $\frac{9}{14}\times\frac{7}{12}=\frac{9\times7}{14\times12}=\frac{3}{8}$。

（2）计算：$\frac{27}{28}\div\frac{9}{21}$。

除以一个分数，等于乘以这个分数的倒数。把除法转化为乘法后，就可以约分化简了。

解 $\frac{27}{28}\div\frac{9}{21}=\frac{27}{28}\times\frac{21}{9}=\frac{9}{4}$。

类比分数的乘除法法则，得到分式的乘除法法则：分式乘分式，用分子相乘的积作为分子，用分母相乘的积作为分母。除以一个分式，等于乘以这个分式的倒数。

快速讲完分式的乘除法法则后，接着讲解了几个例题。

例 1 化简：$\frac{4x}{3y}\cdot\frac{y}{2x^2}$。

解 $\frac{4x}{3y}\cdot\frac{y}{2x^2}=\frac{4x\cdot y}{3y\cdot 2x^2}=\frac{2}{3x}$。

例 2 化简：$\frac{ab^3}{2c^2}\div\frac{-5a^2b^2}{4cd}$。

除以一个分式，等于乘以这个分式的倒数。把除法变为乘法后，就可以约分了。此题还需要特别注意的是，第二个分式的分子里有一个“－”，这样的“－”，如果不以为意，随意舍弃，将直接导致丢分。对于这样喜欢搅局的“－”，我一向的处理方法是，把这个“－”一下子移到整个式子的最前面。

解 $\frac{ab^3}{2c^2}\div\frac{-5a^2b^2}{4cd}=-\frac{ab^3}{2c^2}\cdot\frac{4cd}{5a^2b^2}=-\frac{2bd}{5ac}$。

例 3 化简：$\frac{a^2-4a+4}{a^2-2a+1}\cdot\frac{a-1}{a^2-4}$。

在此题中，分式的分子和分母不再是单项式，而是多项式。这样的多项式一定要先因式分解，然后再约分。上一周学习因式分解，如果都过关了的话，处理这样的分式相乘问题就会非常简单。

解 $\dfrac{a^2-4a+4}{a^2-2a+1}\cdot\dfrac{a-1}{a^2-4}=\dfrac{(a-2)^2}{(a-1)^2}\cdot\dfrac{a-1}{(a+2)(a-2)}=\dfrac{a-2}{(a-1)(a+2)}$。

做完此题后，我对同学们说："分子、分母为多项式时，一定要先因式分解。首先看有没有公因式可以提取，然后再看能否用公式法分解。一般情况下，如果多项式有三项，就用完全平方公式分解；如果多项式有两项，就用平方差公式分解。分解完后，再去约分化简。这样的分式乘除法计算题都是命题老师事先设计好了的，一定是可以约分的，最后能够化简为一个最简分式。"

有一个同学问我，最后答案 $\dfrac{a-2}{(a-1)(a+2)}$ 中的分母 $(a-1)(a+2)$ 要不要展开成多项式 a^2+a-2，从而把最后答案写成 $\dfrac{a-2}{a^2+a-2}$。

我对同学们说，可以展开，也可以不展开。课本上的例题，有时最后答案是展开的，比如课本第 141 页的例 7。也可以不展开，比如课本第 141 页的例 8 等。而且，课本第 140 页的例 6 里还专门强调了，最后结果既可以展开，也可以不展开。

我又对同学们说："展开和不展开都可以。但是，如果你展开时，不小心算错了，那是不能得分的。展开还是不展开，悉听尊便。"

例 4 化简：$\dfrac{1}{49-m^2}\div\dfrac{1}{m^2-7m}$。

解
$$\begin{aligned}\frac{1}{49-m^2}\div\frac{1}{m^2-7m}&=\frac{1}{(7+m)(7-m)}\cdot\frac{m(m-7)}{1}\\&=-\frac{1}{(7+m)(7-m)}\cdot\frac{m(7-m)}{1}\\&=-\frac{m}{m+7}。\end{aligned}$$

计算过程中，要特别注意的是，分母中有一个因式是 $7-m$，分子中有一个因式是 $m-7$，这两个因式互为相反数，约分后等于 -1，"$-$" 写在分式乘积的最前面就可以了。一般地，$a-b$ 与 $b-a$ 是互为相反数的。要特别提醒同学们注意的是，$a-b$ 与 $a+b$ 不是相反数。

在 13 班讲完这道题后，我找了 F 伟同学，问了这样一个问题："在 $-\dfrac{m}{m+7}$ 中，可不可以把分子里的 m 与分母中的 m 约掉，最后结果等于 $-\dfrac{1}{7}$。"F 伟同学想了一会儿之后，回答："可以的。"

这样回答就错了。在 $-\dfrac{m}{m+7}$ 中，分子中的 m 与分母中的 m 是不能约的，因为分母中是 $m+7$，不是积的形式。

像 F 伟这样的同学，经常会犯一些你意想不到的错误。但愿经过这样一番问答后，在以后的做题中，他不会犯这样的错误了。

同学们做完练习册上的题目后，我在黑板上写了这样两题。

1 化简：$\dfrac{2x}{5x-3} \div \dfrac{3}{25x^2-9} \cdot \dfrac{x}{5x+3}$。

我问同学们，这道题与前面所做的题有什么区别？同学们马上观察出来了：这一题，有乘法，有除法，是一个分式的乘除混合运算题。在计算时，要先把除法改写为乘法，再分解因式，最后约分。

解

$$\frac{2x}{5x-3} \div \frac{3}{25x^2-9} \cdot \frac{x}{5x+3} = \frac{2x}{5x-3} \cdot \frac{(5x+3)(5x-3)}{3} \cdot \frac{x}{5x+3}$$

$$= \frac{2x^2}{3}。$$

我在黑板上讲完这道题后，14 班有一位同学小声说："真巧，$25x^2-9$ 变到分子上后，再因式分解，恰好可以与另外两个因式约分。"

我接着说："对，这道题上天都安排好了，分母中的两个因式 $5x-3$ 与 $5x+3$ 一直在这里，等着你来给它们约分，它们在这里等了你十几年了。"那位同学小声地说："嗯，等了我十三年。"

2 化简：$\left(\dfrac{a^2b}{-cd^3}\right)^3 \div \dfrac{2a}{d^3} \cdot \left(\dfrac{c}{2a}\right)^2$。

我又问同学们此题与前一题有何区别，同学们观察了一会儿，说："除了有乘法、除法之外，还有分式的乘方。"

按照运算顺序，要先算乘方，再算乘除。分式的乘方与分数的乘方差不多。我举了一个例子：$\left(\dfrac{3}{4}\right)^3 = \dfrac{3^3}{4^3} = \dfrac{27}{64}$。循序渐进，我又举了两个例子：$\left(\dfrac{a}{b}\right)^3 = \dfrac{a^3}{b^3}$，

$\left(\frac{a}{b}\right)^n=\frac{a^n}{b^n}$。这就是说，分式的乘方就是把分子、分母分别乘方。

解 $\left(\frac{a^2b}{-cd^3}\right)^3\div\frac{2a}{d^3}\cdot\left(\frac{c}{2a}\right)^2=-\frac{a^6b^3}{c^3d^9}\div\frac{2a}{d^3}\cdot\frac{c^2}{4a^2}$

$$=-\frac{a^6b^3}{c^3d^9}\cdot\frac{d^3}{2a}\cdot\frac{c^2}{4a^2}$$

$$=-\frac{a^3b^3}{8cd^6}。$$

分式的乘方和乘除都讲完后，就是大量的练习、巩固、纠错、反思、总结。昨天，在网络上看到一篇文章里有这样一句话："不管什么事情，只要你坚持不懈地练习一万小时，你就可以成为那方面的专家。"做数学题也是一样，反复练习，熟能生巧，你也可以成为一个解数学题的专家。

12 月 12 日　星期四

练习巩固

今天在课堂上没有讲什么新知识。在练习册上做了几道题之后，就让同学们每人拿出一张纸，用 15 分钟的时间，限时完成 5 道计算化简题。这两天我一直在让同学们练习这些类型的题目。个别同学出现的顽固性错误，我也一直找他们去办公室改错。

1 $(2x+y-3z)(2x-y+3z)$。

2 $(2x-y-3z)^2$。

3 $\left(-\frac{b}{a}\right)^2\cdot\left(\frac{a}{b^2}\right)^3\div\left(-\frac{b}{a}\right)^3$。

4 $\frac{x^2-6x+9}{x^2+5x}\div\frac{x^2-9}{2x^2-50}\cdot\frac{x+3}{2x-10}$。

5 $(xy-y^2)\div\frac{x^2-2xy+y^2}{y}\cdot\frac{y^2-x^2}{y^2}$。

我在黑板上刚写完第 1 题时，就有同学在下面叫道："这个题不是做过了吗？"

我立即答道："对，确实做过这种类型的，而且还讲过好几遍呢，现在看你们是否能再次做对，而且能够做得又快又准。"

现在的数学考试，考来考去都是那几道经典的计算题，谁要是在这样的计算题上丢了分，那他的数学成绩是好不了的。简单题，大家都会做；难题，大家都不会做。计算题就决定了你的数学成绩在学校里占一个什么样的位置。得计算者得天下，唯细心者得高分。

至理名言啊，希望家长和学生都明白这个道理。如果家长经常督促孩子学习的话，可以重点关注孩子基础的东西学得是不是扎实。现在的孩子都聪明，唯一的区别就在于踏实还是不踏实。好高骛远，天天拿难题操练，那是舍本逐末，对成绩的提高用处不大。

时间一到，我立马收卷。回到办公室，我立即批改。尽管这些题目这几天一直在反复练习，但是同学们的正确率还是很低。14 班，全对的不足 10 人；13 班，全对的不足 5 人。而且，有些同学所犯的错误，就是我反复给他强调要注意避免的。总结一下，同学们所犯的错误有这样一些。

第 1 题，还是有人不知道这种题型的题目中的式子是一个平方差公式的形式。尽管我以前用几种不同的方法讲解过这种三项式乘以三项式的题目，甚至还告诉了同学们一个终极必杀技，就是$(相同项)^2-(相反项)^2$，但还是有数十人不会做。

有的人，虽然在我的强行灌输下，掌握了这种方法，但还是在系数、符号、指数方面屡屡出错。有好几个同学，前面所有的过程都对，问题出现在有一个字母少写了平方。还有同学，在计算$(y-3z)^2$时，仍然出错，有等于y^2+9z^2的，有等于y^2-9z^2的，有等于$y^2-6yz-9z^2$的，还有等于$y^2-6yz+3z^2$的。

托尔斯泰的名著《安娜·卡列尼娜》里有一句名言："幸福的家庭都是相似的，不幸的家庭却各有各的不幸。"我也想套用一下："正确的答案都是一样的，错误的答案却各有各的错误。"

$(y-3z)^2$展开后的正确答案是$y^2-6yz+9z^2$。用括号把这三项括起来，再去减。多写一个步骤，花不了多少时间，且不会出错。关于这一点，就有一些同学经常省略步骤，两步并作一步写，结果却由于符号出错而丢分。有一次，我找了一个特别喜欢省略步骤而又粗心的同学，让他多写一个步骤，再去括号，结果只多花十秒钟的时间，就避免了好多错误。

在考试时，十秒钟的时间，根本微不足道，却保证让你拿到全部分数。在中考或者高考中，一道计算题的分数可能就直接决定着你的成绩能否上线。孰优孰劣，孰轻孰重，请大家好好掂量。

第 2 题，可以把这个式子中的$2x-y$当作一个整体。这个整体减去$3z$的差的完全平方，利用完全平方公式展开化简。我最开始讲这种题型时，就是运用这种方法讲解的。但是发现这种方法的效果并不好，因为很多同学会在符号上出错。

后来我直接给同学们总结了一个法则：三个数的和的完全平方，等于这三个数的平方和，再加上任意两个数的积的2倍。这个法则在运用时，要把括号里的 $2x-y-3z$ 看作三个数的和。第一个数是 $2x$，第二个数是 $-y$，第三个数是 $-3z$。在计算这三个数里任意两个数的积的2倍时，一定要记得，把任意两个数相乘后，还要乘以2，否则又会出错。此题正确的结果是 $4x^2+y^2+9z^2-4xy-12xz+6yz$。

14班的蔚桢同学做这道题时，犯了一个错误，她的答案是 $4x^2-y^2-9z^2-4xy-12xz+6yz$。我问她为何是这个结果时，她解释道："第二项是减 y，平方后写成减 y^2；第三项是减 $3z$，平方后是减 $9z^2$。"

这样理解就错了。三个数的平方和，应该是把三个数 $2x$、$-y$、$-3z$ 分别平方后，再加起来，应该是 $4x^2+y^2+9z^2$。后面再加上任意两个数积的2倍。

第3题是分式的乘除和乘方，难度本来不大。但很多同学在指数上出错，计算最后答案时，看漏了某个字母的指数。还有同学在符号上出错，第三个分式有一个"－"，在3次方后还是"－"。这些同学在前面几步，还把这个"－"按照我讲的要求，写在了乘积的最前面，可是到了最后一步，不知是得意忘形，还是中了魔咒，"－"就没了。我当面指出来后，他们才发现。"差之毫厘，谬以千里"的话，我真的不想再说一遍了。

第4题和第5题属于分式的乘除法化简。在化简之前，除了要把除法改写为乘法之外，还要把分子、分母里的多项式分解因式。

有些因式可以互相约分，但分别处在不同的分子和分母上，"遥遥相望""顾盼传情"。它们等了你十几年，专门等你来给它们约分，可你竟然无视地走开。同学们啊，你们没有发现它们已经"愁肠百结""泪湿沾襟"了吗？

还是用这些粗心的同学能够听得懂的语言吧：你们不把多项式因式分解，不进行约分，就不能做对得分！

光说这些同学粗心，其实并不太准确。有很多的同学，不知道一个多项式应该如何因式分解。上一周学过的因式分解，到了这一周，早已被他们丢到爪哇国去了。

在这两道数学题里，x^2-6x+9 用完全平方公式分解为 $(x-3)^2$。x^2+5x 提取公因式 x，分解因式为 $x(x+5)$。类似的，还有 $2x-10$，分解为 $2(x-5)$。x^2-9 用平方差公式分解为 $(x+3)(x-3)$。$2x^2-50$ 先要提取一个公因式2，剩下的两项，再用平方差公式分解：$2x^2-50=2(x^2-25)=2(x+5)(x-5)$。

13 班的 F 伟同学，到我这里改错时，我问他："还有哪里不懂?"他想了一会儿问我："怎么知道 x^2-6x+9 可以分解为 $(x-3)^2$ 的呢?"

听到他这样提问后，我突然发现，我太高估这些初二的学生。我以为他们都应该对完全平方公式非常熟悉。我以为他们知道 $(x-3)^2$ 展开后为 x^2-6x+9，那么就必然知道 x^2-6x+9 可以因式分解为 $(x-3)^2$。

这一次，我尽量压住了怒火，和颜悦色甚至还带着点喜悦的表情对他说："在 x^2-6x+9 中，第一项是 x^2，第三项是 9，也就是 3^2，中间是减去 $6x$，所以我们估计应该是 x 减去 3 的完全平方。写出 $(x-3)^2$ 后，我们可以在草稿纸上展开验证一下，看是否等于 x^2-6x+9。"

F 伟歪着头想了一会儿，才恍然大悟。我又不失时机地写了两个式子，让他因式分解：$x^2-8x+16$ 和 x^2-4x+4。这一次，他很快就得出，前一个式子可以分解为 $(x-4)^2$，后一个式子可以分解为 $(x-2)^2$。看着他终于做对了这种"难"题，我高兴极了，就像是自己做对了一道一直困扰我的数学难题一样。

第 5 小题的第一个式子是 $xy-y^2$，分解因式的时候，有些同学想起我曾经给大家总结过的结论：如果是三项，就考虑用完全平方公式分解；如果是两项，就考虑用平方差公式分解。可这个式子用平方差公式，无论怎么分解都不像。直到我告诉他们，首先要看有没有公因式，如果有公因式，那么一定要先提取公因式，他们才突然明白。式子 $xy-y^2$ 提取公因式 y 后，可以分解为 $y(x-y)$。

$y(x-y)$ 在原式里没有分母，很多同学在约分时不知如何处理。对于这样的没有分母的式子，我们可以把它看作是 $\frac{y(x-y)}{1}$。然后，再用它与其他分式相乘约分。后面在学习分式的加减乘除混合运算时，会遇到大量这种没有分母的式子，都可以这样处理。

12 月 13 日　星期五

分式的加减法

分式的基本性质，可以用来约分，也可以用来通分。在计算分式的加减法时，如果遇到异分母分式的加减法，那么必须先通分，待异分母分式变为同分母分式后，再进行加减运算。所以，通分是分式加减的基础。

我举了这样一个例子：$\frac{5}{6}+\frac{3}{8}$。先确定两个分母 6 和 8 的最小公倍数为

24。第一个分数$\frac{5}{6}$，要想把分母 6 变为 24，则分子与分母要同时乘以 4，有 $\frac{5}{6}=\frac{5\times 4}{6\times 4}=\frac{20}{24}$。第二个分数$\frac{3}{8}$，要想把分母 8 变为 24，则分子与分母要同时乘以 3，有 $\frac{3}{8}=\frac{3\times 3}{8\times 3}=\frac{9}{24}$。此时就可以把$\frac{5}{6}$与$\frac{3}{8}$这两个分数进行加减运算了。

分式的通分与分数的通分原理差不多，但是计算过程要复杂一些。比如下面两题：

例 1 通分：$\frac{3}{2a^2b}$ 与$\frac{a-b}{ab^2c}$。

在这两个分式里，两个分母 $2a^2b$ 与 ab^2c 的最简公分母是 $2a^2b^2c$。在分数通分时，取各分母的最小公倍数。在分式通分时，取各分母的最简公分母，方法差不多。最简公分母一般取各分母系数的最小公倍数与字母因式的最高次幂的积。

第一个分式的分母 $2a^2b$，要想变为最简公分母 $2a^2b^2c$，则必须乘以 bc。为了不改变分式的值，分子也要乘以 bc。第二个分式的分子与分母要同时乘以 $2a$，才能保证将分母变为最简公分母 $2a^2b^2c$。规范的解答过程为：

解 最简公分母为 $2a^2b^2c$，

$$\frac{3}{2a^2b}=\frac{3\cdot bc}{2a^2b\cdot bc}=\frac{3bc}{2a^2b^2c},$$

$$\frac{a-b}{ab^2c}=\frac{(a-b)\cdot 2a}{ab^2c\cdot 2a}=\frac{2a^2-2ab}{2a^2b^2c}。$$

例 2 通分：$\frac{2x}{x-5}$ 与$\frac{3x}{x+5}$。

这两个分式的分母分别为 $x-5$ 和 $x+5$，都是多项式，而且两个多项式都不能分解因式，所以这两个分母的最简公分母为$(x-5)(x+5)$。

解 最简公分母为$(x-5)(x+5)$，

$$\frac{2x}{x-5}=\frac{2x(x+5)}{(x-5)(x+5)}=\frac{2x^2+10x}{x^2-25},$$

$$\frac{3x}{x+5}=\frac{3x(x-5)}{(x+5)(x-5)}=\frac{3x^2-15x}{x^2-25}。$$

讲完这道题后，同学们受到了误导，在做练习册上另一道题时，把两个分式的最简公分母搞错了，这道题是这样的。

通分：$\dfrac{x-1}{x^2-x}$ 与 $\dfrac{x-1}{x^2+x}$。

有些同学把最简公分母直接确定为两个分母的乘积 $(x^2-x)(x^2+x)$。这个乘积，虽然是两个分母的公分母，但不是最简的。用这样的式子当公分母时，将会导致计算量过大。那么应该如何确定最简公分母呢？

我们可以把两个分母分别分解因式。x^2-x 可以分解为 $x(x-1)$，x^2+x 可以分解为 $x(x+1)$。$x(x-1)$ 与 $x(x+1)$ 两个式子里，含有三个最基本的因式：x、$x-1$、$x+1$。因此，两个分母的最简公分母为 $x(x-1)(x+1)$。分母 $x(x-1)$ 要变成最简公分母 $x(x-1)(x+1)$，只需要乘以 $x+1$；分母 $x(x+1)$ 要变成最简公分母 $x(x-1)(x+1)$，只需要乘以 $x-1$。

解　最简公分母为 $x(x-1)(x+1)$，

$$\frac{x-1}{x^2-x}=\frac{x-1}{x(x-1)}=\frac{(x-1)(x+1)}{x(x-1)(x+1)}=\frac{x^2-1}{x(x-1)(x+1)},$$

$$\frac{x-1}{x^2+x}=\frac{x-1}{x(x+1)}=\frac{(x-1)(x-1)}{x(x+1)(x-1)}=\frac{x^2-2x+1}{x(x+1)(x-1)}。$$

练习册上还有一题，同学们在找最简公分母时也容易出错。

通分：$\dfrac{1}{x^2-4}$ 与 $\dfrac{1}{4-2x}$。

分母 x^2-4 可以分解为 $(x+2)(x-2)$，分母 $4-2x$ 分解为 $2(2-x)$。在确定 $(x+2)(x-2)$ 与 $2(2-x)$ 的最简公分母时，$x-2$ 与 $2-x$ 这两个因式只需要算一个就可以了。因为 $2-x$ 与 $x-2$ 是互为相反数的，$2-x=-(x-2)$。所以这里的最简公分母为 $2(x+2)(x-2)$。

通分的知识讲完后，就可以进行分式的加减运算了。分式的加减法分为两种情况：一是同分母分式相加减，分母不变，分子相加减；二是异分母分式相加减，先通分，变为同分母分式后再加减。这个法则与小学里所学的分数加减法的法则差不多。

接下来，我举了两个例子：

例 3 化简：$\dfrac{5x+3y}{x^2-y^2}-\dfrac{4x+2y}{x^2-y^2}$。

这个式子属于同分母分式相减，分母不变，分子相减。但是，由于这里的两个分子都是多项式，它们在相减时，一定要用括号把多项式括起来再去减，然后去括号。多写一个步骤，花费不了多少时间，但可以确保不出错。

解

$$\frac{5x+3y}{x^2-y^2}-\frac{4x+2y}{x^2-y^2}=\frac{(5x+3y)-(4x+2y)}{x^2-y^2}$$

$$=\frac{5x+3y-4x-2y}{x^2-y^2}=\frac{x+y}{(x+y)(x-y)}$$

$$=\frac{1}{x-y}。$$

例 4 通分并化简：$\dfrac{1}{2p+3q}+\dfrac{1}{2p-3q}$。

这个式子属于异分母分式相加，需要先通分，变为同分母分式后再相加。两个分母 $2p+3q$ 与 $2p-3q$ 的最简公分母是 $(2p+3q)(2p-3q)$。

解

$$\frac{1}{2p+3q}+\frac{1}{2p-3q}=\frac{2p-3q}{(2p+3q)(2p-3q)}+\frac{2p+3q}{(2p-3q)(2p+3q)}$$

$$=\frac{2p-3q+2p+3q}{(2p+3q)(2p-3q)}=\frac{4p}{(2p+3q)(2p-3q)}。$$

讲完这两道例题后，就让同学们开始做练习册上的习题。

练习册上有两道题，需要一定的技巧，我进行了讲解。

1 通分并化简：$\dfrac{4}{a-2}+a+2$。

这道题粗看上去，后面的 $+a+2$ 没有分母，不知应该如何与前面的分式相加。在这里，可以把 $+a+2$ 放在一个前面带有“+”的括号里，即 $+(a+2)$，然后再给 $a+2$ 强行安排一个分母，即 $a+2$ 可以看作是 $\dfrac{a+2}{1}$。这样就可以运用异分母分式加减法的法则去做了。

解 $\frac{4}{a-2}+a+2=\frac{4}{a-2}+(a+2)=\frac{4}{a-2}+\frac{a+2}{1}$

$=\frac{4}{a-2}+\frac{(a+2)(a-2)}{1\times(a-2)}=\frac{4}{a-2}+\frac{a^2-4}{a-2}$

$=\frac{4+a^2-4}{a-2}=\frac{a^2}{a-2}$。

2 通分并化简：$\frac{3b-a}{a^2-b^2}-\frac{a+2b}{a^2-b^2}-\frac{3a-2b}{b^2-a^2}$。

注意观察，这道题中的分母不完全一样。其中，第三个分式的分母为 b^2-a^2，前两个分式的分母为 a^2-b^2，两者是相反数的关系。以后，我们在分式的加减乘除运算里，会遇到大量这样的恰好互为相反数的式子。对于命题老师设计好的恰好具有相反数关系的式子，我们要想做对，一定要认真观察，仔细分辨，看清楚哪些式子互为相反数。

这里又要老生常谈一句，像 $A-B$ 与 $B-A$ 这样的两个式子互为相反数。比如：b^2-a^2 与 a^2-b^2 互为相反数，b^2-a^2 可以改写为 $-(a^2-b^2)$。

解 $\frac{3b-a}{a^2-b^2}-\frac{a+2b}{a^2-b^2}-\frac{3a-2b}{b^2-a^2}=\frac{3b-a}{a^2-b^2}-\frac{a+2b}{a^2-b^2}-\frac{3a-2b}{-(a^2-b^2)}$

$=\frac{3b-a}{a^2-b^2}-\frac{a+2b}{a^2-b^2}+\frac{3a-2b}{a^2-b^2}$

$=\frac{3b-a-(a+2b)+3a-2b}{a^2-b^2}$

$=\frac{3b-a-a-2b+3a-2b}{a^2-b^2}$

$=\frac{a-b}{a^2-b^2}$

$=\frac{a-b}{(a+b)(a-b)}$

$=\frac{1}{a+b}$。

至此，本周的教学工作顺利结束。

第16周

12月16日　星期一

分式的混合运算

上一周，分别讲解了分式的乘除法、加减法和乘方运算，今天准备讲解分式的混合运算。其实分式的混合运算，真没有什么值得讲的地方。所有该讲到的计算方法、化简技巧、注意事项等，在以前的课堂上都已经讲过很多遍了。现在，就是看谁能够细心、准确、熟练地进行计算。

虽然不打算多讲什么，但我还是用了一分钟时间，让同学们一起回答分式的混合运算具体包含了哪些运算。同学们回答："有加减法，有乘除法，有乘方运算。"我肯定之后，又加了一条："还有'含有括号'这种情况。"

在混合运算中，要特别注意运算顺序的问题。我和同学们一起总结了混合运算的运算顺序：括号里的运算最优先，然后先乘方，再乘除，最后加减。

结合课本上的例题以及书后的习题，我挑选了这样一些题目，让同学们做在练习本上。

1 $\left(\frac{2a}{b}\right)^2\cdot\frac{1}{a-b}-\frac{a}{b}\div\frac{b}{4}$。

2 $\left(m+2+\frac{5}{2-m}\right)\cdot\frac{2m-4}{3-m}$。

3 $\left(\frac{x+2}{x^2-2x}-\frac{x-1}{x^2-4x+4}\right)\div\frac{x-4}{x}$。

4 $\frac{a^2}{a-1}-a-1$。

将这4道计算题写在黑板上后，就让同学们开始在练习本上做。15分钟后，我选了4位做得较快的同学到黑板上来写过程。接下来，就开始点评这4位同学的答案。

第1题，没什么特别要说明的地方，按照运算顺序进行计算就可以了。只要计算细心，一定可以算出最后答案，为$\frac{4a}{ab-b^2}$，这个答案也可以写成$\frac{4a}{b(a-b)}$。我曾认真研究过课本上例题的最后答案，有像前者一样展开的，也有像后者一样没有展开的。

我个人认为，如果一个分式计算题的最后结果是采用因式相乘形式写出来的，会显得更加“高端大气上档次”，而且减少一个化简的步骤，避免一个丢分的可能，何乐而不为呢？

小技巧，多注意，勤积累，做有心人才能成为高手。

第 2 题要先计算括号里面的。但括号里面的部分是 $m+2+\frac{5}{2-m}$，$m+2$ 没有分母，如何与 $\frac{5}{2-m}$ 相加呢？

$m+2$ 没有分母，我们可以强行地给它“安装”一个分母，即把 $m+2$ 变形为 $\frac{m+2}{1}$，然后在计算 $\frac{m+2}{1}+\frac{5}{2-m}$ 时就可以通分相加了。

后面还要乘以分式 $\frac{2m-4}{3-m}$。在这个分式里，分子可以因式分解为 $2(m-2)$。按照我这么多年做分式计算题的经验，前面括号里的分式相加化简后，一定会有一个因式 $m-2$ 与这里的 $m-2$ 约分。否则，安排乘以分式 $\frac{2m-4}{3-m}$ 就没有什么意义了。同学们可以仔细计算一下，看是否如此。

第 3 题和第 2 题一样，也要先计算括号里的分式相减。括号里的两个分式的分母都是多项式，若能够进行因式分解，一定要先进行因式分解，然后再来确定两个分母的最简公分母。此题的详细解答过程如下：

解 $$\left(\frac{x+2}{x^2-2x}-\frac{x-1}{x^2-4x+4}\right)\div\frac{x-4}{x}=\left[\frac{x+2}{x(x-2)}-\frac{x-1}{(x-2)^2}\right]\div\frac{x-4}{x}$$

$$=\left[\frac{(x+2)(x-2)}{x(x-2)^2}-\frac{x(x-1)}{x(x-2)^2}\right]\div\frac{x-4}{x}$$

$$=\frac{(x+2)(x-2)-x(x-1)}{x(x-2)^2}\cdot\frac{x}{x-4}$$

$$=\frac{x^2-4-x^2+x}{x(x-2)^2}\cdot\frac{x}{x-4}$$

$$=\frac{x-4}{x(x-2)^2}\cdot\frac{x}{x-4}$$

$$=\frac{1}{(x-2)^2}。$$

在这道题中，括号里的两个分式的分母分解因式后，出现了小括号，那么原来的小括号就要升级变为中括号。中括号里的两个分母分别为 $x(x-2)$ 和 $(x-2)^2$，这两个分母的最简公分母为 $x(x-2)^2$。计算中括号里面的减法后，再与后

面的分式 $\frac{x}{x-4}$ 相乘，此时恰好又可以约分化简。一般地，分式混合运算题，最后化简的结果都是一个比较简单的式子。

很多同学在做第 4 题的时候，将后面的 $-a-1$ 直接写成 $-(a-1)$，出现了符号错误。这里的 $-a-1$ 应该变为 $-(a+1)$，然后强行"安装"上一个分母得到 $-\frac{a+1}{1}$，最后再与前面的分式 $\frac{a^2}{a-1}$ 相加。过程如下：

解 $\frac{a^2}{a-1}-a-1=\frac{a^2}{a-1}-(a+1)$

$$=\frac{a^2}{a-1}-\frac{a+1}{1}$$

$$=\frac{a^2}{a-1}-\frac{(a+1)(a-1)}{1\times(a-1)}$$

$$=\frac{a^2-(a^2-1)}{a-1}$$

$$=\frac{a^2-a^2+1}{a-1}=\frac{1}{a-1}。$$

这道题目，如果有人做错的话，你们知道他的错误，可能会出在哪几个地方吗？

错误 1：符号错误。

错误 2：减去一个多项式时，多项式不加括号。

这样的错误都是以前常给大家讲过的经典错误。

做数学题要想达到最熟练的程度，不仅要知道如何算出正确答案，而且还要知道怎么做会错。现在的中考和高考，有一个重要功能始终存在，就是选拔功能。通过一次关键性的考试，将所有同学分成好几个层次，然后由不同级别的学校挑选出不同成绩的学生。你要想脱颖而出，就必须细致小心，不出差错。

在做计算题时，每经过一个易错点，不妨

中考不仅检测你平时知识理解没有，重要方法掌握没有，还会检测你理解得深不深，掌握得牢不牢。所以，**避免错误、识别陷阱**是必须常练的功夫。要想在中考中取得好成绩，必须在这两项上勤下功夫。许多学生很聪明，一些定理、公式一讲就懂，一看就会，平时考试也挺不错，但是到了关键性的大考，往往就马失前蹄，大失水准。有人说是状态不好、发挥不佳，但实际情况往往是基础不牢、耐心不够、思维不细、警惕性不高。你要知道，中考命题老师也不容易，他要通过一份卷子，把千千万万的学生分成不同的层次。而这么多学生三年来日日夜夜都在埋头苦练，对付中考题。你让命题老师怎么办？命题老师也只能出一些让你意想不到的题，让你一不小心就踏入陷阱的题。这个时候只能看你的思维品质了：思维是否严谨，警惕性是否足够。如果你怀着一颗"单纯"、"善良"的心，试图在试卷上"肆意"展示你的才华，那我相信你已处于最危险的境地，就像在布满地雷的雷场上跳舞，结局必然先是惊天动地，而后"尸骨无存"。总而言之，平时学习就不能浅尝辄止，要有定力，练出一对火眼金睛，识别所有陷阱，练就一身过硬本领，在大大小小的考场，杀它个"七进七出"。

想象一下，这个地方会有百分之几的人中招，直到你能把每一道题正确的答案和错误的地方都了然于胸。

晚自习时间，布置同学们做练习册上对应的习题。13 班有好几个学习成绩较差的同学，不时到我这里询问一些分式化简题该如何做。看到他们能够这样主动问问题，我很高兴。内因是决定一个学生成绩好坏的关键因素。

Y 波同学问我这样一道题：

化简：$\left(1+\frac{1}{x+1}\right)\div\left(1-\frac{1}{x+1}\right)$。

括号里的 1 没有分母，如何处理呢？括号里的 1 可以看作 $\frac{1}{1}$，通分为 $\frac{x+1}{x+1}$。这样就可以与其他的分式进行加减运算了。

解

$$\begin{aligned}\left(1+\frac{1}{x+1}\right)\div\left(1-\frac{1}{x+1}\right)&=\left(\frac{x+1}{x+1}+\frac{1}{x+1}\right)\div\left(\frac{x+1}{x+1}-\frac{1}{x+1}\right)\\&=\frac{x+2}{x+1}\div\frac{x}{x+1}=\frac{x+2}{x+1}\cdot\frac{x+1}{x}\\&=\frac{x+2}{x}。\end{aligned}$$

给 Y 波讲完后，我又看了看另外几个后进生做此题的过程，其中有一个同学出的错误简直匪夷所思。他的错误过程是这样的：

$$\left(1+\frac{1}{x+1}\right)\div\left(1-\frac{1}{x+1}\right)=\left(1+\frac{1}{x+1}\right)\cdot\left(1-\frac{x+1}{1}\right)。$$

问他为何要这样写，这位同学说："除以一个数，不是乘以这个数的倒数吗？"

我很晕。稳定住自己的心神后，跟他详细讲解此题的解题过程。

这位同学听完后，自言自语道："哦，原来要先算括号里面的啊。"

12 月 17 日　星期二

分式的混合运算练习

必考题型，必须人人过关

今天这节课，我让同学们做练习册上的 5 道分式计算化简题。期末考试时，类似的分式化简计算题属于必考题型，一定要做到人人过关。

同学们做了十多分钟后，我在两个班里，分别找了几位计算能力较差的同学，到黑板上板演。这 5 道题是这样的：

1 先化简再求值：$\left(1-\frac{1}{a-1}\right)\div\frac{a^2-4a+4}{a^2-a}$，其中 $a=-1$。

2 先化简再求值：$\frac{a-2}{a+3}\div\frac{a^2-4}{2a+6}-\frac{5}{a+2}$，选一个自己喜欢的数代入 a 求值。

3 化简：$\left(\frac{x}{2y}\right)^2\cdot\frac{y}{2x}-\frac{x}{y^2}\div\frac{2y^2}{x}$。

4 化简：$\frac{a-3}{2a-4}\div\left(\frac{5}{a-2}-a-2\right)$。

5 化简：$\frac{x^2-2x}{x^2-1}\div\left(x-1-\frac{2x-1}{x+1}\right)$。

在 13 班上课时，我的同学都是计算能力稍微欠缺的同学。一开始，就有好几个同学无从下手。这些题目是分式计算的必考题，对于班级里的后进生来说，哪怕他一节课能做对一道题，那也是巨大的收获。

可能是我分身乏术，也可能是班级里的后进生层出不穷，最后的效果就是我累得半死，而这些学生却进步缓慢。

上一周，我把全班的同学分为优生和后进生两大组，每一个后进生挑选一个优生当“师父”来教他。有些计算题，后进生不会做，可能就是某一个变形他没有掌握好，只需要当面提醒一下就够了。

现在看到黑板上板演的同学抓耳挠腮做不出来，为了不让他们在讲台上“一站到底”，我就让这些同学的“师父”到讲台上手把手地教他们。

很快，在“师父”的指导下，这些后进生能够写出一些步骤了。下面做题的一些同学，在得到我的同意后，也跑到“师父”那里去问。一对“师徒”，如果确实是在讨论数学问题而不是在说闲话，我是乐观其成的。

黑板上 5 位同学在“师父”的指导下做完后，我点评了几个关键性的地方。

第 1 题括号里面是 $1-\frac{1}{a-1}$，被减数 1 没有分母，可以看作是 $\frac{1}{1}$，然后变形为 $\frac{a-1}{a-1}$。这样括号里面就变成了 $\frac{a-1}{a-1}-\frac{1}{a-1}$，然后再计算。

第 2 题化简后的结果是 $-\frac{3}{a+2}$，题目要求自己挑选一个喜欢的数代入 a 求值。这种题目可以挑选很多的数，但并不是任何数都可以挑选。有些数是陷阱，不能选，因为有的数会使分式中的某一个分母为 0，这样一来，分式就没有意义了。比如：对于此题来说，$a=2$，$a=-2$，$a=-3$ 都是陷阱，不能选。

我对同学们说："像这种类型的题目，最可能成为陷阱的数有 0、1、2、3、-1、-2、-3 等。如果没有十足的把握，我建议大家，在挑选时避开这些常见的'陷阱数'，可以挑选 100 这个数。老师做这种数学题二十多年了，从来就没有遇到哪一道题目中，100 是'陷阱数'。因为一个分式的分母不可能恰好为 $a-100$。"当然，也不是绝对的。

为了加深同学们的印象，我又说："之所以挑选 100 来作为自己喜欢的数，一方面是因为 100 不太可能成为'陷阱数'；另一方面，我们做一道题时，力求全对，力求得 100 分。所以，100 应该成为我们最喜欢的数。"

以前我所带过的学生，经过几次训练后，在考试时，几乎所有的人遇到这种数学题，都会选 100。不知道两个中途接手的班级，有多少同学会"亲其师，信其道"。

对同学们讲解这样的应试技巧是不合适的，但如果同学们能因此时刻意识到分式中未知数并不是每一个数都能取，那也是一大成功了。

第 3 题，先乘方，再乘除，最后通分算减法，没有什么需要特别强调的地方，细心计算即可。

第 4 题括号里面是 $\frac{5}{a-2}-a-2$，$-a-2$ 不含分母，黑板上做这道题的同学在"师父"的指导下，把 a 看作 $\frac{a}{1}$，把 2 看作是 $\frac{2}{1}$，然后再去通分相减。这样做，虽然也可以做对，但是过程比较复杂，很容易出错。

我对全班同学这样讲解："$-a-2$ 可以看作是 $-(a+2)$，把 $a+2$ 看作是 $\frac{a+2}{1}$，然后再去通分计算。"

解 $$\frac{a-3}{2a-4}\div\left(\frac{5}{a-2}-a-2\right)=\frac{a-3}{2a-4}\div\left[\frac{5}{a-2}-(a+2)\right]$$
$$=\frac{a-3}{2a-4}\div\left(\frac{5}{a-2}-\frac{a+2}{1}\right)=\frac{a-3}{2a-4}\div\left[\frac{5}{a-2}-\frac{(a+2)(a-2)}{a-2}\right]$$
$$=\frac{a-3}{2a-4}\div\frac{5-(a^2-4)}{a-2}=\frac{a-3}{2a-4}\div\frac{5-a^2+4}{a-2}$$
$$=\frac{a-3}{2a-4}\cdot\frac{a-2}{9-a^2}=\frac{a-3}{2(a-2)}\cdot\frac{a-2}{(3+a)(3-a)}=-\frac{1}{2(a+3)}。$$

第 5 题与前面那些题类似，没有什么需要特别讲解的，就是括号里的不含分母的部分 $x-1$ 可以看作是 $\frac{x-1}{1}$，然后通分相减即可。

真正勤奋和细心的同学是没有学不好数学的

讲完后，教室里面有同学说，这种题型以前讲过很多遍了。

对，像这样的计算题，确实讲过很多遍，而且还做过很多遍。考试时，它也是一种必考题型，不管是哪个地方的期末考试卷，不管是由哪位教研员来命题，都会有那几道题目，翻来覆去、改来变去，万变不离其宗。

前天，我在网络上看到一位博士生回忆自己初中的学习感悟，里面有一段话："数学学得不好的同学，一般都有两个明显的缺点：粗心、懒惰。"现在的期末考试，各个地方的教研员在命题时，特别注重与课本上的基础知识联系起来。所考的题目也是老师在课堂上屡次讲解、反复训练的题型。可有些同学的考试成绩还是令人不太满意，其原因只能是自己懒惰和粗心。懒惰，就是没有真正搞懂、搞透课本上的基础知识点。粗心，就是在考试时，没有养成一个好的做题习惯，观察不仔细，计算不准确，检查不充分。真正勤奋和细心的同学是没有学不好数学的。

评讲完前面几道题后，还有一点时间，我就讲了练习册里的两道题。现在要是不讲，到了晚自习做作业时，肯定会有大量的同学来问。

1 已知 $ab=-1$，$a+b=2$，求 $\dfrac{b}{a}+\dfrac{a}{b}$ 的值。

解 $\dfrac{b}{a}+\dfrac{a}{b}=\dfrac{b^2}{ab}+\dfrac{a^2}{ab}=\dfrac{a^2+b^2}{ab}=\dfrac{(a+b)^2-2ab}{ab}=\dfrac{2^2-2\times(-1)}{-1}=-6$。

在解题过程中，$a^2+b^2=(a+b)^2-2ab$ 这个变形，以前在课堂上是讲过的，但现在很多同学已经忘记了。

初中阶段要想学好数学，一方面要熟悉基础知识，另一方面要计算细心，多做题、多总结。此外，还要掌握几种数学思想方法：

1 转化思想。把未学过的式子，转化成学过的式子；把未知的式子，转化成已知的式子。

2 分类讨论思想。在初中阶段，有些复杂一点的题目要分两种或两种以上情况去讨论，最后会有两种或两种以上的结论。

3 方程思想。做应用题时，要善于把要求的量用未知数表示，然后再根据题目所给的等量条件列方程。用方程去做数学题，可以降低思维难度，省时省力。

4 数形结合思想。这种思想，主要是在学习函数时用到。

以后遇到具体数学题，或者在最后的数学总复习时，再来详细讲解这几种数学思想。但这些数学思想，同学们一定要注意，在平时就要有意识地去用。只学解题方法，不学数学思想，就相当于只练武功招式，不练内功心法，是不可能成为数学高手的。

2 若 $\frac{1}{u}+\frac{1}{v}=\frac{1}{f}$，用 u、v 的式子表示 f。

解 $\because \frac{1}{u}+\frac{1}{v}=\frac{1}{f}$，$\therefore \frac{v}{uv}+\frac{u}{uv}=\frac{1}{f}$，

$\therefore \frac{u+v}{uv}=\frac{1}{f}$，即 $\frac{1}{f}=\frac{u+v}{uv}$，

$\therefore f=\frac{uv}{u+v}$。

最后一步是把上一步等式的两边同时取倒数，从而把 f 用含 u、v 的代数式表示出来。

此题的背景是透镜成像的高斯公式，此题变形的目的，实际上是为了得出焦距 f 的表达式。有空可以"玩一玩"这个公式，对你熟悉透镜成像规律也非常有用。数学中的许多变形并不是无中生有，无病呻吟，而是有着实际用途的。

12 月 18 日　星期三

整数指数幂和科学记数法

上课后，给了 4 分钟时间，让同学们阅读课本第 142～144 页整数指数幂的内容。待同学们都看完后，我问道："大家都看懂了吗？"有几个胆大的同学说："没有看懂。"

我接着说："没有看懂就对了。这一节的内容，本来比较简单，但是课本在叙述时兜了很多弯。本节课本概括起来就是三大内容：复习法则、两个规定、例题讲解。刚才没有看明白的同学，可要认真听讲了。"

一　复习幂的运算法则

最近，我们学习了五个幂的运算法则，分别如下：

1 同底数幂的乘法法则：$a^m \cdot a^n = a^{m+n}$。同底数幂相乘，底数不变，指数相加。

2 幂的乘方法则：$(a^m)^n = a^{mn}$。幂的乘方，底数不变，指数相乘。

3 积的乘方法则：$(ab)^n = a^n b^n$。积的乘方，等于积里面的每一个因式分别乘方。

4 同底数幂的除法法则：$a^m \div a^n = a^{m-n}$。同底数幂相除，底数不变，指数

相减。

5 分式的乘方法则：$\left(\frac{a}{b}\right)^n=\frac{a^n}{b^n}$。分式的乘方，等于分式的分子和分母分别乘方。

二 两个规定

用同底数幂的除法法则计算 $a^3\div a^3$ 时，按照法则，同底数幂相除，底数不变，指数相减，那么 $a^3\div a^3=a^{3-3}=a^0$。

如何理解 a^0 的含义呢？我们可以从另外一个角度来看 $a^3\div a^3$。

$a^3\div a^3=\frac{a^3}{a^3}=1$。

也就是说，$a^3\div a^3$ 既可以等于 a^0，也可以等于 1。所以，为了让同底数幂的除法法则在指数相等时也能运用，特别规定：$a^0=1(a\neq0)$。

再看一个例子：$a^3\div a^5$，按照同底数幂的除法法则（底数不变，指数相减）可得 $a^3\div a^5=a^{3-5}=a^{-2}$。在这里，$a^{-2}$ 是什么意思呢？

我们换一个角度来理解 $a^3\div a^5$。

$a^3\div a^5=\frac{a^3}{a^5}=\frac{1}{a^2}$。

同样一个式子 $a^3\div a^5$，用不同的方法算出了两个答案 a^{-2} 和$\frac{1}{a^2}$，这就说明 $a^{-2}=\frac{1}{a^2}$。从特殊到一般，我们可以得到 $a^{-n}=\frac{1}{a^n}(a\neq0)$，这就是第二个规定。

有了上述两个规定，我们不仅可以计算同底数幂相除时，被除数指数小于除数指数的情况，而且，对于指数为负数的情况，我们也可以按照幂的五个运算法则去计算。只要你看准了幂的运算是什么形式，就可以按照对应的法则去计算，根本不用担心指数是正还是负，一路畅通，百无禁忌。只不过，到了最后一步，要把负指数幂和零指数幂，按照这两个规定，还原成看得懂的形式。

这两个规定，其实就是为五个幂的运算法则保驾护航的。让我们把这两个规定，再来审视一遍：

1 $a^0=1(a\neq0)$，任何一个不等于 0 的数的 0 次幂等于 1；

2 $a^{-n}=\frac{1}{a^n}(a\neq0)$，任何一个不等于 0 的数的 $-n$ 次方，等于这个数的 n 次方的倒数。

额外说一句，a^{-n} 也等于 a 的倒数的 n 次方，即 $a^{-n}=\left(\frac{1}{a}\right)^n(a\neq0)$。特别是当 a 的值为分数时，这样算更方便。

在这里，之所以要强调 $a \neq 0$，是因为除数不能是 0。

讲完这两个规定后，我举了两个例子：

(1) 2^{-2}，2 的 -2 次方等于 2 的 2 次方的倒数，即 $2^{-2}=\frac{1}{2^2}=\frac{1}{4}$。千万要注意的是，$2^{-2}$ 是不等于 -4 的。

(2) $\left(-\frac{1}{2}\right)^{-2}$，$-\frac{1}{2}$ 的 -2 次方等于 $-\frac{1}{2}$ 的 2 次方的倒数，即 $\left(-\frac{1}{2}\right)^{-2}=\frac{1}{\left(-\frac{1}{2}\right)^2}=\frac{1}{\frac{1}{4}}=1\div\frac{1}{4}=4$。还可以这样算：$\left(-\frac{1}{2}\right)^{-2}=\left(-\frac{2}{1}\right)^2=(-2)^2=4$。

三 例题讲解

有了这两个规定，以后做题时，不管指数是正还是负，我们都可以根据幂的运算法则去计算了。

例 1 $a^{-2}\div a^5$。

先不考虑指数是正还是负的问题。从外形上看，这道题是同底数幂相除的计算题，运用同底数幂的除法法则，底数不变，指数相减，可得答案为 $a^{-2-5}=a^{-7}$。得到这个答案后，我们再来考虑指数为 -7 是什么意思。按照负指数幂的规定，$a^{-7}=\frac{1}{a^7}$，也就是说，最后结果是一个分式。整个解题过程如下：

解 $a^{-2}\div a^5=a^{-2-5}=a^{-7}=\frac{1}{a^7}$。

例 2 $\left(\frac{b^3}{a^2}\right)^{-2}$。

分式的乘方等于分式的分子、分母分别乘方，然后再按照幂的乘方法则去计算。在计算时，不要管指数是正还是负，反正到最后，有两个规定为我们“保驾护航”。

解 $\left(\frac{b^3}{a^2}\right)^{-2}=\frac{(b^3)^{-2}}{(a^2)^{-2}}=\frac{b^{-6}}{a^{-4}}=\frac{\frac{1}{b^6}}{\frac{1}{a^4}}=\frac{1}{b^6}\div\frac{1}{a^4}=\frac{1}{b^6}\cdot\frac{a^4}{1}=\frac{a^4}{b^6}$。

这道题目还有一种解法，就是把括号里的 $\frac{b^3}{a^2}$ 当作一个整体。$\frac{b^3}{a^2}$ 的 -2 次方等于 $\frac{b^3}{a^2}$ 的二次方的倒数。过程如下：

另解 $\left(\dfrac{b^3}{a^2}\right)^{-2}=\dfrac{1}{\left(\dfrac{b^3}{a^2}\right)^2}=\dfrac{1}{\dfrac{b^6}{a^4}}=1\div\dfrac{b^6}{a^4}=\dfrac{a^4}{b^6}$。

例 3 $(a^{-1}b^2)^3$。

这是一个积的乘方形式，等于积里面的每一个因式分别乘方。

解 $(a^{-1}b^2)^3=(a^{-1})^3(b^2)^3=a^{-3}b^6=\dfrac{1}{a^3}\cdot b^6=\dfrac{b^6}{a^3}$。

例 4 $a^{-2}b^2\cdot(-2a^2b^{-2})^{-3}$。

这道题带有一点综合性。这种题目，指数里面出现了很多的负数，乍一看，好像火星文，完全看不懂是什么意思。不过，不要紧，如果对幂的运算法则足够熟练的话，按照运算法则去计算，“人挡杀人，佛挡杀佛”。只不过，到了最后一步，按照两个规定，把负指数幂和零指数幂，还原成为我们熟悉的式子就可以了，也就是回归到“地球文”。

解
$$\begin{aligned}a^{-2}b^2\cdot(-2a^2b^{-2})^{-3}&=a^{-2}b^2\cdot(-2)^{-3}(a^2)^{-3}(b^{-2})^{-3}\\&=a^{-2}b^2\cdot(-2)^{-3}a^{-6}b^6\\&=(-2)^{-3}a^{-2-6}b^{2+6}=(-2)^{-3}a^{-8}b^8\\&=\frac{1}{(-2)^3}\cdot\frac{1}{a^8}\cdot b^8=-\frac{b^8}{8a^8}。\end{aligned}$$

这三大内容讲完后，课本上的知识点基本上就算是掌握了，接下来就是练习巩固了。课堂上还有几分钟时间，就让同学们做练习册上的对应习题。

今天，每个班都有两节课。第二节，我打算把科学记数法一并讲完算了。

学习了负指数幂的知识后，我让大家计算下列式子：

10^0，10^{-1}，10^{-2}，10^{-3}，……

$10^0=1$，

$10^{-1}=\dfrac{1}{10^1}=\dfrac{1}{10}=0.1$，

$10^{-2}=\dfrac{1}{10^2}=\dfrac{1}{100}=0.01$，

$10^{-3}=\dfrac{1}{10^3}=\dfrac{1}{1\,000}=0.001$，

……

在初一，我们学过，对于一些很大的数，比如 380 000，可以写成 $a\times10^n(1\leqslant a<10)$ 的形式，即 $380\,000=3.8\times10^5$。用 $a\times10^n$ 来表示很大的数，a 很好确定，10 的指数 n 在确定时有一个规律：对于很大的数，10 的指数 n，比原数的位数少 1。

再比如 $507\,800\,000=5.078\times10^8$。

在微观世界里，存在着很小的数。比如某种细菌的直径是 0.000 035 m。这里的 0.000 035 是否也可以写成 $a\times10^n(1\leqslant a<10)$ 的形式呢？

学习了负指数幂后，我们可以做到：

$$0.000\,035=3.5\times0.000\,01=3.5\times\frac{1}{100\,000}=3.5\times\frac{1}{10^5}=3.5\times10^{-5}。$$

在用 $a\times10^n(1\leqslant a<10)$ 表示很小的数时，也有一个规律：对于很小的数，第一个非 0 数字前有几个 0（包括小数点前面的那个 0），就记作 10 的负几次方。

这样一来，不管是很大的数，还是很小的数，都可以记作 $a\times10^n(1\leqslant a<10)$ 的形式，这种记数方法叫作科学记数法。

总结了科学记数法的规律后，就让同学们开始做练习册上的习题。

练习册上有一道题目，同学们不易理解，我统一进行了讲解。

$(3\times10^{-15})\div(5\times10^{-4})$。

这道题类似单项式除以单项式。如果是 $3a^{-15}\div5a^{-4}$，相信同学们都会做。现在是用两个科学记数法表示的数相除，计算方法还是一样的。用 3 除以 5，再用 10^{-15} 除以 10^{-4}，除得的商再乘起来。过程如下：

解 $(3\times10^{-15})\div(5\times10^{-4})=(3\div5)\times(10^{-15}\div10^{-4})$

$=0.6\times10^{-11}=6\times0.1\times10^{-11}$

$=6\times10^{-1}\times10^{-11}=6\times10^{-12}$。

0.6×10^{-11} 不是科学记数法的形式，还要把 0.6 变化成 6×10^{-1}，最后把 0.6×10^{-11} 变成 6×10^{-12}。这样，才符合科学记数法的要求。

12 月 19 日　星期四

分式方程(1)

同学们好久没有自觉地去背上一节课所学的知识点了。今天上课后，在我的提醒下，大家才开始大声背诵。

我找了一位同学，回忆关于整数指数幂的两个规定。

1 $a^0=1(a\neq0)$，任何一个不等于 0 的数的 0 次幂等于 1。

2 $a^{-n}=\frac{1}{a^n}(a\neq0)$，任何一个不等于 0 的数的 $-n$ 次方，等于这个数的 n 次方的倒数。

把一个数写成 $a\times10^n(1\leqslant a<10)$ 的形式，叫作科学记数法。a 是一个大于或者等于 1，而小于 10 的数，比较好确定。关键是 n 的值如何确定呢？

确定 n 的值有一个规律，我找了一位同学来背昨天课堂上我总结的规律："对于较大的数，10 的指数 n 比整数的位数少 1；对于较小的数，第一个非 0 数字前有几个 0（包括小数点前的 0），就是 10 的负几次方。"

复习完昨天所学的知识后，就准备讲解今天的学习任务——分式方程。

我给了 5 分钟时间，让大家仔细看课本第 149～151 页的内容。待同学们都看完后，我问大家，能看懂吗？有少数同学说能看懂。更多的同学说有几个地方不知道讲的是什么意思。

我对大家说："看不懂不要紧，接下来就要好好听我讲课本里的重点知识，特别是大家看不明白或者忽视了的地方。"

本节课概括起来，有三大内容。

一 分式方程的定义

课本上说得很明白了："分母中含有未知数的方程叫作分式方程。"这个定义也可以说成是"含有分式的方程叫分式方程"。

我们开始学习分式的时候，遇到过一艘轮船顺水航行和逆水航行的应用题，根据时间相等列出了一个方程：$\frac{90}{30+x}=\frac{60}{30-x}$。这个方程的分母里含有未知数，它就是一个分式方程。

二 分式方程的解法

这是本节课的重点。要解分式方程，关键是去掉分式方程的分母。如何去分母呢？

我举了一个初一时所学的含有分母的一元一次方程的例子：$\frac{x+5}{8}=\frac{3x-2}{6}$。

这个方程要想去掉分母，方程两边需要同时乘以两个分母 8 和 6 的最小公倍数 24。

对于分式方程 $\frac{90}{30+x}=\frac{60}{30-x}$ 来说，该如何去分母呢？

这个分式方程去分母的思路与过程，与前一个方程差不多，也需要在方程两边同时乘以两个分母 $30+x$ 与 $30-x$ 的最简公分母。$30+x$ 与 $30-x$ 都不能分解因式，所以这两个分母的最简公分母就是 $(30+x)(30-x)$。方程两边同时乘以这个最简公分母，就可以将分式方程的分母去掉。

解　方程两边同时乘以 $(30+x)(30-x)$，去分母得

$(30+x)(30-x)\cdot\frac{90}{30+x}=\frac{60}{30-x}\cdot(30+x)(30-x)$，

约分得 $90(30-x)=60(30+x)$，

去括号得 $2\,700-90x=1\,800+60x$，

整理得 $-150x=-900$，

解得 $x=6$。

第一次解分式方程，我们来检验一下，当 $x=6$ 时，原方程左边 $=\frac{5}{2}$，右边 $=\frac{5}{2}$，所以 $x=6$ 是原方程的解。也就是说，水流速度是 6 km/h。

接下来，我又举了一个解分式方程的例子。

例 1　解方程：$\frac{1}{x-5}=\frac{10}{x^2-25}$。

这个方程的两个分母 $x-5$ 与 x^2-25 的最简公分母是什么呢？有同学在下面说，把两个分母乘起来。$(x-5)(x^2-25)$ 虽然是两个分母的公分母，但不是最简的。因为 x^2-25 是可以分解因式的，$x^2-25=(x+5)(x-5)$，所以最简公分母为 $(x+5)(x-5)$。

在 14 班上课时，有一个同学大声说：“把方程交叉相乘，就可以去掉分母。”对于较简形式的分式方程，交叉相乘去掉分母，确实是一个办法。但是，对于这个分式方程来说，交叉相乘就相当于在方程两边，同时乘以了 $(x-5)(x^2-25)$，而 $(x-5)(x^2-25)$ 并不是最简公分母，所以交叉相乘不能直接用于这个方程。只有那些最简公分母恰好为两个分母相乘的方程，才适合用交叉相乘的方法。比如方程 $\frac{90}{30+x}=\frac{60}{30-x}$。

还是回到方程 $\frac{1}{x-5}=\frac{10}{x^2-25}$ 中来。解题过程如下：

解 方程两边同时乘以$(x+5)(x-5)$，得$(x+5)(x-5)\cdot\frac{1}{x-5}=\frac{10}{x^2-25}\cdot(x+5)(x-5)$，即$x+5=10$，解得$x=5$。

解完后，细心的同学可能发现了一个问题，当$x=5$时，原方程中的两个分母$x-5$和x^2-25都是0。而分母为0是没有意义的，原分式方程是不成立的。既然原分式方程不成立，可为什么又解出方程的解为$x=5$呢?

这个问题，就是本节课最大的一个难点，现在我们就来好好聊聊这个话题。

$x=5$确实不是原分式方程的解。我们分析一下，发现$x=5$只能是$x+5=10$这个整式方程的解。原来的分式方程，本来是没有解的。也就是说，无论x在实数范围内取何值，原分式方程都不可能成立，可为什么把原分式方程去掉分母变成整式方程$x+5=10$就有解了呢？问题出在什么地方呢?

仔细分析，发现问题只能出在去分母这个环节，也就是在原分式方程的两边同时乘以$(x+5)(x-5)$这一步。细心观察，还会发现，当$x=5$时，所乘的这个最简公分母$(x+5)(x-5)$恰好就是一个0。可我们在乘的时候，居然没有发现，直到后来解出x的值，才发现原来最简公分母$(x+5)(x-5)$是等于0的呀。

天网恢恢，疏而不漏。这就像很多贪官污吏，混入我们的官员队伍，但是迟早有一天，他们会罪行败露，被绳之以法。

有同学可能在想，就算$(x+5)(x-5)$是等于0的，在等式两边同时乘以0，也没有什么不合适的啊?

现在我们就来好好“唠”一下这个话题。等式的基本性质2是这样说的:“在等式两边同时乘以一个数或者同时除以一个不为0的数，所得结果仍然是等式。”只要不同时除以0，就应该百无禁忌，可这里是同时乘以0的，为什么就不行呢?

在等式的两边同时乘以0，所得的结果还是相等的，但问题的关键是，在这个分式方程$\frac{1}{x-5}=\frac{10}{x^2-25}$里，$x$无论取何值，方程都是不可能成立的。换句话说，这个方程的左边和右边根本就不可能相等。而你在一个不等式的两边同时乘以0，也会得到两边是相等的。比如：$6\neq9$，但两边同时乘以0，$0\times6=9\times0$，原来不可能相等的式子，被你乘了一个0，变得相等了，这两个式子的性质发生了根本性的变化。同理，$\frac{1}{x-5}=\frac{10}{x^2-25}$根本就是两边不相等的，但是你却在两边同时乘以了一个0，那当然就得到两边相等了，所以就有等式 $x+5=10$。因此，最后解出来的 $x=5$ 只是整式方程 $x+5=10$ 的解，但并不是分式方程 $\frac{1}{x-5}=\frac{10}{x^2-25}$ 的解。这样的解有一个专门名词，叫增根。增根是必须舍去的。

肯定有部分同学又有一个疑问，分式方程 $\frac{1}{x-5}=\frac{10}{x^2-25}$，既然不可能成立，那为什么又要用等号"="连接起来呢？

还是打一个比方来说明吧。就像有些贪官污吏，在还没有东窗事发时，个个道貌岸然、一本正经，只有当反腐的铁拳打到他们时，他们才原形毕露，从而被清理出清廉的官员队伍。

总之，分式方程 $\frac{1}{x-5}=\frac{10}{x^2-25}$ 在变为整式方程 $x+5=10$ 时，性质已经发生了变化，这两个方程已经不再是同解方程了。天空还是昨日的天空，云彩已不是昨日的云彩。

现在的问题是，接下来怎么办，怎样处理"善后"问题。

接下来，我们只有来一个"滴血认亲"，也就是检验了。方程的性质发生了改变，其根源在于原分式方程两边同时所乘的最简公分母恰好是0，所以导致出现增根。因此，我们需要把解出来的 x 的值，代入最简公分母里去，看这个最简公分母是否为0。如果最简公分母不为0，那么所有的变形过程没有任何问题，x 的值就是原分式方程的解；如果最简公分母恰好为0，那么去分母的步骤是不成立的，这个步骤受到了"污染"，我们当然只能痛下决心、"大义灭亲"，将辛辛苦苦解出来的 x 的值"就地正法"，果断舍去。所以，把 x 的值解出来还没有结束，还要检验。

检验：当 $x=5$ 时，$(x+5)(x-5)=0$，因此 $x=5$ 不是原分式方程的解。所以原分式方程无解。

写到此处，才算把一个分式方程解完。

三 解分式方程要特别注意的事项

在解分式方程时，哪怕只出现了一起增根的例子，我们也要对所有的分式方程的解进行检验。检验这个步骤，在解分式方程时，是一个必需的步骤。如果你不写的话，要扣除这道题的三分之一的分数。就算你百分百确定分式方程解出来的未知数的值不是增根，也还是要写检验这一步。

再强调一遍：解完分式方程后得到的 x 的值有可能是增根，所以，只要是分式方程，在解出 x 的值之后，一定要写检验这一步。就算 x 的值是原分式方程的解，我们也要写出检验这一步，否则是会被扣分的。同学们切记，不仅这学期解分式方程要写检验，到了初三解分式方程，也要有检验这个步骤！

晚自习时，让同学们做课本上两道简单的分式方程。大部分同学仿照课本上例题的格式，写出了检验这个步骤，但仍然有少数同学不信邪，偏不写检验这个步骤，我也只有硬起心肠打个“×”，让他们来我这里改错。

今天这节课，才开始学习解分式方程，所遇到的方程两边都只有一个分式。明天就要学一些较为复杂的分式方程了，同学们做好准备哦。

12 月 20 日　星期五

分式方程(2)

上课后，在黑板上写了 4 道数学题，让同学们在练习本上做。

1 化简：$(2a^3b^{-1})^{-2}(a^{-2}b^2)^3$。

2 化简：$\dfrac{1}{a+3}-\dfrac{6}{9-a^2}$。

3 解方程：$\dfrac{2}{x-3}=\dfrac{3}{x}$。

4 解方程：$\dfrac{2}{2x-1}=\dfrac{4}{4x^2-1}$。

在 13 班上课时，我找了四位同学到黑板上来做这 4 道题。其中，奥杰同学在做第 2 题时犯了一个典型错误。第 2 题是一个分式减法的化简题，应该先把分式通分，再相减，最后约分化简。但是，奥杰可能是昨天刚学了分式方程的去分母步骤，以为这个分式化简题也可以去分母：

$$\frac{1}{a+3}-\frac{6}{9-a^2}=\frac{1}{a+3}+\frac{6}{a^2-9}=\frac{1}{a+3}+\frac{6}{(a+3)(a-3)}$$

$$=\frac{1}{a+3}\cdot(a+3)(a-3)+\frac{6}{(a+3)(a-3)}\cdot(a+3)(a-3)$$

$$=(a-3)+6=a+3。$$

这道题不是方程，不能在方程两边同时乘以最简公分母 $(a+3)(a-3)$。如果把两个分式都乘以了 $(a+3)(a-3)$，就相当于改变了整个代数式的值，这是万万使不得的。正确过程如下：

解 $$\frac{1}{a+3}-\frac{6}{9-a^2}=\frac{1}{a+3}+\frac{6}{a^2-9}=\frac{1}{a+3}+\frac{6}{(a+3)(a-3)}$$
$$=\frac{a-3}{(a+3)(a-3)}+\frac{6}{(a+3)(a-3)}$$
$$=\frac{a-3+6}{(a+3)(a-3)}=\frac{a+3}{(a+3)(a-3)}$$
$$=\frac{1}{a-3}。$$

第 3 题和第 4 题都是最简单的分式方程。等号两边都只有一个分式，这种分式方程，只要方程两边同时乘以两个分母的最简公分母，去掉分母，就可以做对。不过，最后一定要检验。

这几道题评讲结束后，我列举了一个复杂一点的分式方程。

例 1 解方程：$\frac{x}{x-1}-1=\frac{3}{(x-1)(x+2)}$。

我问同学们："这个分式方程，与我们昨天所讲解的分式方程相比，有什么不同点？"同学们立即回答："多了一项-1。"

我接着说："如果没有这个-1，那么这个分式方程的解法就与我们昨天所讲过的分式方程的解法差不多。多了这个不含分母的项之后，就特别容易出错。不过，如果我们的基本功扎实，按照规范去操作，还是完全可以做对的。"

这个分式方程的两个分母的最简公分母为$(x-1)(x+2)$。两边同时乘以这个最简公分母，就可以去掉分母，把分式方程变为整式方程。要特别注意的是，-1这一项不含分母，在乘以最简公分母时，它也要乘，否则就会出错，这也是解此种题型时最大的易错点。

解 方程两边同时乘以$(x-1)(x+2)$，得（注意：方程左边由两部分组成，加上括号后再乘以$(x-1)(x+2)$）

$$(x-1)(x+2)\cdot\left(\frac{x}{x-1}-1\right)=\frac{3}{(x-1)(x+2)}\cdot(x-1)(x+2),$$

约分得 $x(x+2)-(x-1)(x+2)=3$。

讲到此处时，我问同学们："接下来的化简有一个易错点，大家知道在什么地方吗？"

有同学说："$(x-1)(x+2)$展开后的多项式，要加上括号，因为前面是减号。”

我肯定了这种说法，接着往下写：

展开得 $x^2+2x-(x^2+2x-x-2)=3$，

去括号得 $x^2+2x-x^2-2x+x+2=3$，

解得 $x=1$。

不管何时何地，分式方程解完以后一定要检验。把 x 的值代入到最简公分母里去验证，看最简公分母是否为 0。如果恰好为 0，那么原方程是无解的。

检验：当 $x=1$ 时，$(x-1)(x+2)=0$，因此 $x=1$ 不是原分式方程的解。

所以原分式方程无解。

这种形式的分式方程也是在两边同时乘以各分母的最简公分母，只不过需要特别注意：不含分母的项也要乘以最简公分母，否则就会出错。

接下来就是大量的当堂训练，力求熟练并最终形成解分式方程的技能。

我在练习册上找了 5 道类似的解分式方程的题让同学们做。

5 $\dfrac{x}{x-3}=2+\dfrac{3}{x-3}$。

6 $\dfrac{1}{x-2}=\dfrac{1-x}{2-x}-3$。

7 $\dfrac{3x}{x+2}+1=\dfrac{8}{2x+4}$。

8 $\dfrac{x}{x-2}+\dfrac{6}{x+2}=1$。

9 $\dfrac{1}{2x-6}=\dfrac{1}{2}-\dfrac{3}{3-x}$。

这几道分式方程都属于常规题型，要求人人都能掌握过关。我在课堂上巡视的时候，发现有这样一些错误。

1 在这几题里，不含分母的项一般都是单个的数字，有些马虎的同学或者对解题过程不是很理解的同学，看到单个的数字不含分母，就以为在去分母的过程中可以不管它。这种想法是错误的！分式方程中，这些单个的数字，在去分母时也要乘以最简公分母，否则就会出错。同学们千万不要“厚此薄彼”！

2 第 6 题在确定最简公分母时，部分同学看到两个分母分别为 $x-2$ 和 $2-x$，就把最简公分母定为这两个分母的积 $(x-2)(2-x)$。

这样处理很不好，会让后面的计算过程变得复杂。在这里，要注意的是，$x-2$ 和 $2-x$ 互为相反数，$2-x$ 可以变为 $-(x-2)$。

看起来原分式方程有两个不同的分母，但实际上这两个分母含有一个公因式 $x-2$，所以这个分式方程的最简公分母应该定为 $x-2$。另外，在方程两边同时乘以最简公分母 $x-2$ 时，要把 $x-2$ 括起来。等式某边若是多项式，也要把这个多项式整体括起来。去掉分母后，分子是多项式时，也一定要把多项式整体括起来。14 班诺秋同学做这道题时，就犯了这种错误。

以第 6 题为例，规范准确的解题过程如下：

解 方程两边同时乘以 $x-2$，得 $(x-2)\cdot\frac{1}{x-2}=\left(-\frac{1-x}{x-2}-3\right)\cdot(x-2)$，

整理得 $1=-(1-x)-3(x-2)$，

去括号得 $1=-1+x-3x+6$，

整理得 $2x=4$，

解得 $x=2$。

检验：当 $x=2$ 时，$x-2=0$，所以原方程无解。

3 第 7 题有两个分母 $x+2$ 和 $2x+4$，其中 $2x+4$ 可以分解为 $2(x+2)$，所以，最简公分母为 $2(x+2)$，千万不要定为两个分母相乘的积 $(x+2)(2x+4)$。第 9 题也属于这种类型，同学们自行分辨并体会。

在确定最简公分母时，要把能够分解的分母先因式分解，再来确定最简公分母；互为相反数的分母，在确定最简公分母时，只要选择其中的一个因式就可以了。像这些解题技巧，解分式方程和化简分式时都要注意。这些解题要点，谁能熟练掌握，谁就能熟练答题，因为分式这一章的计算题，变来变去，都是由这样的一些变形组合而成的。

第 17 周

12 月 23 日　星期一

用分式方程解关于路程、速度、时间的行程类应用题

用分式方程解应用题，课本上有两道例题。

第一道例题是关于工作总量与工作效率的应用题。这种应用题属于学生必须掌握的一种利用分式方程解决的实际问题。不过，我准备把这种类型的应用题放在明天来讲。

还有一道例题是关于路程、速度、时间的应用题。这种类型的应用题，学生也必须要掌握过关。

课本第 153 页的一道例题，除了要设一个未知数 x 之外，题目本身还涉及了两个字母代表已知数。这种类型的数学题，在高中会大量出现，但是在初中数学里面却不常见，理解上有一定难度。对于这道例题，我打算先放一放，还是先讲一讲常规的用分式方程解关于路程、速度、时间的行程类应用题。

先跟同学们复习了一下路程、速度、时间这三者之间的关系：路程＝速度×时间，速度＝$\dfrac{路程}{时间}$，时间＝$\dfrac{路程}{速度}$。接下来，我从宏观上点明了我们现在所遇到的应用题与初一时所遇到的应用题的区别。

在初一时，所遇到的行程类应用题都是告诉我们速度，然后设时间为未知数，利用两种情况下路程之间的关系来列方程。由于路程＝速度×时间，所以列出来的方程不可能出现未知数在分母上的情况。因此初一时所列的方程都是整式方程。

但是现在，情况发生了变化。在我们今天所遇到的大量的应用题里，都是告诉我们路程，要设速度为未知数，利用时间之间的等量关系来列方程。而时间＝$\dfrac{路程}{速度}$，这样一来，就出现了未知数在分母上的情况，也就是出现了分式。在这一章里，我们所遇到的行程类应用题基本上都是告诉路程是多少，在设了速度为未

知数之后，列出来的方程都是分式方程。

跟大家讲解了为什么在本章里一定要用分式方程解应用题之后，就让同学们拿出练习册，做练习册上大量的要利用分式方程解决的应用题。

在这些应用题里，有两种类型，我分别进行了讲解。

例1 某列车的平均速度提速 40 km/h，用相同的时间，列车提速前行驶 125 km，提速后比提速前多行驶 50 km，求提速前列车的平均速度。

这种应用题是分式方程里面最简单的一种题型。提速前与提速后两种情况对比，路程分别为 125 km 和 (125 + 50) km，速度分别为 x km/h 和 $(x + 40)$ km/h。利用时间 $=\dfrac{路程}{速度}$，把时间表示出来即可。

我在黑板上画了一个简易的表格，分别把提速前与提速后的这三个数量进行对比分析。提速前的时间等于提速前行驶的路程除以提速前的速度，也就是用 $\dfrac{125}{x}$ h 来表示。同样的道理，提速后的时间用 $\dfrac{125+50}{x+40}$ h 来表示。由于题目中有“用相同的时间”这样一句话，说明了这两个时间相等，所以就可以列出分式方程来求解了。分析表格如下：

	提速前	提速后
路程	125 km	(125 + 50) km
速度	x km/h	$(x+40)$ km/h
时间	$\dfrac{125}{x}$ h	$\dfrac{125+50}{x+40}$ h

解 设提速前列车的平均速度为 x km/h，根据题意得 $\dfrac{125}{x}=\dfrac{125+50}{x+40}$。

方程两边同乘以 $x(x+40)$，去分母得 $125(x+40)=175x$，

解得 $x=100$。

经检验，$x=100$ 是原方程的解。

答：提速前列车的平均速度为 100 km/h。

讲完整道应用题后，我强调了两点：

1 对这种应用题不是很理解的同学，可以画表格来对比分析两种情况下的路程、速度、时间。本章节所有行程类应用题，基本上都是用这种模式来解，只不过在分析的时候，一定要避免张冠李戴，不要用甲的路程除以乙的速度。

2 应用题里的分式方程解完后，一定要检验，否则是会被扣分的。虽然本章应用题里的分式方程基本上不会出现增根，但也要有检验这个步骤，至少要有这样一句话："经检验，$x=$________ 是原方程的解。"因为在阅卷时，有大量的阅卷老师，在评分规则的要求下，等待着给不愿循规蹈矩的同学扣分。

例 2 八年级学生去距学校 10 km 的博物馆参观，一部分同学骑自行车先走，过了 20 min 后，其余同学乘汽车出发，结果他们同时到达。已知乘汽车的速度是骑自行车速度的 2 倍，求骑自行车的速度。

这道应用题也是把两种情况放在一起对比：骑自行车和乘汽车。和第一个例题一样，我也画了一个简易表格，把这两种情况下的路程、速度、时间放在一起对比分析。骑自行车和乘汽车的路程是同样的，都是 10 km。速度是 2 倍的关系，乘汽车的速度是骑自行车速度的 2 倍。如果设骑自行车的速度是 x km/h，那么乘汽车的速度就是 $2x$ km/h。这样一来，就可以把两种情况下的时间表示出来了。根据时间$=\dfrac{路程}{速度}$，可得骑自行车的时间为$\dfrac{10}{x}$h，乘汽车的时间为$\dfrac{10}{2x}$h。分析表格如下：

	骑自行车	乘汽车
路程	10 km	10 km
速度	x km/h	$2x$ km/h
时间	$\dfrac{10}{x}$h	$\dfrac{10}{2x}$h

与第一道例题不一样的是，这两个时间是不相等的。因为题目里面有这样一句话："一部分同学骑自行车先走，过了 20 min 后，其余同学乘汽车出发，结果他们同时到达。"这句话说明，乘汽车的时间要比骑自行车的时间少 20 min。换句话说，骑自行车的时间比乘汽车的时间多 20 min，也就是多$\dfrac{20}{60}$h。这样，就可以根据时间关系列出一个方程：$\dfrac{10}{x}-\dfrac{10}{2x}=\dfrac{20}{60}$。

对于这种题型，强调三点：

1 单位要一致。因为我们设的速度单位是 km/h，所以时间单位也要换算成 h。在这一题中，20 min$=\dfrac{20}{60}$h，这一点要特别注意，我以前教过的学生有很多在这一点上出错。

2 这种题型与上一种题型不同的地方是，时间不相等。我们在列方程时，用多的时间减去少的时间等于差的时间。要特别注意辨别，哪一种情况下的时间是多的，哪一种情况下的时间是少的。这一点，如果不理解清楚，就会犯错误。

3 分式方程解完后，必须检验。

讲完这两个例题后，就让同学们做练习册上大量的同类型的应用题。

对于今天课堂上所讲的知识点，理解快的同学很快就做完了，因为做来做去，行程类应用题就是这两种。但还是有很多同学，在一些思考细节上受困。

比如应用题中有这样几个理解难点：

1 有同学又忘记了轮船顺水航行的速度和逆水航行的速度该如何表示。我只有当面一对一的指点："顺水航行速度＝船在静水中的速度＋水流速度，逆水航行速度＝船在静水中的速度－水流速度。"

2 有一道应用题说："甲、乙两人的速度比是 3∶4……"很多同学不知如何用未知数来表示甲、乙两人的速度关系。我对同学们统一讲道："甲、乙两人的速度比是 3∶4，因此，我们可以设甲的速度为 $3x$ km/h，乙的速度为 $4x$ km/h。这样就能很好地把 3∶4 这个已知条件表达清楚了。以后，我们会经常遇到这种已知条件，都可以这样处理。"对于这种处理方式，有部分同学不理解的一个地方在于，他们不知道 x 具体代表什么含义。这里，我们来好好讲一下这个问题。题目说了，甲、乙两人的速度比是 3∶4，也就是说甲的速度占 3 份，乙的速度占 4 份。因此，如果我们设甲、乙两人的速度分别为 $3x$ km/h 和 $4x$ km/h，这里的 x 实际代表的就是一份的速度。

练习册上有一道习题，与课本上第二道例题完全一样。本来是不想讲解这种应用题的，没想到在练习册上还是"狭路相逢"。既然避无可避，那就"决一死战"。此题如下：

> 某列车的平均速度提速 v km/h，用相同的时间，列车提速前行驶 s km，提速后比提速前多行驶 50 km，求提速前列车的平均速度。

这道习题与我前面所讲的第一道例题完全一样。只不过，第一道例题里的"40 km/h"变成了"v km/h"，"列车提速前行驶 125 km"变成了"列车提速前行驶 s km"。具体的数字变成了一般的字母，但整道题的解题思路和方法还是一样的。

在第一道例题中，设列车提速前的平均速度为 x km/h，所列方程为 $\frac{125}{x}=$

$\frac{125+50}{x+40}$。在这道习题里，仍然设列车提速前的平均速度为 x km/h，所列方程为 $\frac{s}{x}=\frac{s+50}{x+v}$。

在解 $\frac{s}{x}=\frac{s+50}{x+v}$ 这个方程的时候，把 s 和 v 看作是已知数，把 x 当作未知数，求出 x 就可以了。解完后，还要注意检验。

解 设列车提速前的平均速度为 x km/h，根据题意得 $\frac{s}{x}=\frac{s+50}{x+v}$。

方程两边同时乘以 $x(x+v)$，去分母得 $s(x+v)=x(s+50)$。

去括号得 $sx+sv=sx+50x$，

整理得 $50x=sv$，

解得 $x=\frac{sv}{50}$。

检验：由题意可知 s、v 都是正数，所以当 $x=\frac{sv}{50}$ 时，$x(x+v)\neq 0$，

故 $x=\frac{sv}{50}$ 是原分式方程的解。

答：列车提速前的平均速度为$\frac{sv}{50}$ km/h。

讲完这道题后，我回到办公室还在想，为什么编者要在这里安排一个含有字母的应用题，而且这种含有字母的应用题在初二数学考试里几乎从来没有出现过。

可能是编者觉得，应该在初二对同学们渗透用字母来代表数字的思想；也有可能是编者觉得，应该让同学们把最后的结果$\frac{sv}{50}$作为一个提速前列车速度的计算公式去记；或是编者有更深层次的考虑，在下一盘更大的棋？

12月24日 星期二

讲解几道数学题

今天我用了半节课的时间，讲了周末作业里和练习册上同学们问得较多的几道难题。

转化的思想

> **1** 若实数 a 满足 $a^2-2a+1=0$，求 $2a^2-4a+5$ 的值。

由题目中的已知条件可以得到 $a^2-2a=-1$。然后，把要求的 $2a^2-4a+5$ 的前两项转化为用 a^2-2a 表示的形式，只需要把 $2a^2-4a$ 提取公因数 2 就可以了。即 $2a^2-4a+5=2(a^2-2a)+5=2\times(-1)+5=3$。

讲到这里，我问同学们，如果要求的式子是 $-3a^2+6a+5$，又该如何做？

有几个聪明的同学马上回答，把前两项提取公因数 -3，括号里剩下的就是 a^2-2a，整体替换成 -1 就可以了。

这种数学题的解题思想就是转化的思想。因为题目都是设计好了的，提取一个公因数之后，剩下的因式恰好是已知的。如果要提取的公因数是一个负数，难度就要大一点，比如 $-3a^2+6a+5$。

小小的技巧

> **1** 已知 $|x+2y+1|+(2x-y-2)^2=0$，求 x 与 y 的值。

解这种题目有一点小技巧，一旦理解，将会非常容易。等式的左边是一个绝对值和一个完全平方式相加的形式，右边是 0。任何数的绝对值或者完全平方都是非负数，而非负数的最小值是 0。两个非负数的和为 0，只有一种可能，就是 $0+0=0$。也就是说，这两个非负数都必须是 0。

因此可以得到 $x+2y+1=0$ 和 $2x-y-2=0$。把这两个等式联立起来，组成一个二元一次方程组，就可以求出 x 和 y 的值。二元一次方程组的解法，在初一时就已经学过了，可以用代入消元法或者加减消元法。

非负数的形式，除了绝对值、完全平方之外，初中数学里还有一种，就是二次根式，比如 $\sqrt{x-2y+3}$。以后我们还会遇到几个非负数的和等于 0 的形式，具体的题目千变万化，但解题思路只有一个，就是每一个非负数都等于 0，从而把未知数的值求出来。

> **2** 若关于 x 的方程 $\dfrac{3}{x-1}=1-\dfrac{k}{1-x}$ 有增根，求 k 的值。

增根这个概念，以前的人教版教材上是有的，但是新人教版教材把这个概念去掉了。我在上课时，曾经跟同学们简单提到过。在分式方程的两边同时乘以最简公分母去分母，变成整式方程后，求出的求知数的值，如果让最简公分母等于 0 了，那么这个求出来的未知数的值只是整式方程的根，而不是原分式方程的根，这样的根叫作增根。

在这道题目中，要去分母的话，在方程两边同时乘以的最简公分母只能是 $x-1$。而方程有增根，所以这里的最简公分母 $x-1$ 必须等于 0，得到 $x=1$。

得到 x 的值后，接下来有一个思维难点，把 $x=1$ 代入到哪里去？

这里要特别注意的是，不能把 $x=1$ 代入到原分式方程里面去。因为第一，$x=1$ 并不是原分式方程的根，它只是一个增根；第二，如果你代进去了，会发现分母等于 0 了，原方程也就没有意义了。那么把 $x=1$ 代入到哪里去呢？

$x=1$ 是增根，它不是原分式方程的根，但它是把分式方程去分母后所得到的整式方程的根。把 $x=1$ 代入到那个整式方程里面去就可以了。

解 ∵ 原分式方程有增根，∴ 最简公分母 $x-1=0$，即 $x=1$。

原分式方程两边同时乘以 $x-1$，去分母得 $3=x-1+k$。

把 $x=1$ 代入，得 $3=1-1+k$。

解得 $k=3$。

学霸与普通生的差别

1 若关于 x 的方程 $\frac{x}{x-3}-2=\frac{m}{x-3}$ 有正数解，求 m 的取值范围。

原方程有正数解，说明 $x>0$。因为原方程里面含有一个参数 m，所以 x 的具体值是求不出来的，而且 x 的具体值也不需要求出来。因为这种题目，如果你把 x 的具体值求出来了，那么怎么去求 m 的取值范围呢？

所以，我们只需要把 x 用含 m 的代数式表示出来，就算把 x 求出来了。

解 方程两边同时乘以 $x-3$，得 $x-2(x-3)=m$。

去括号得 $x-2x+6=m$，解得 $x=6-m$。

做到这里，就相当于把 x 的值求出来了。以后，我们会遇到大量的数学题，都是这样处理的。接着往下写：

∵ $x>0$，∴ $6-m>0$，解得 $m<6$。

做到这里就结束了吗？还没有，因为题目里还有一个小陷阱。数学学霸与普通学生有一个最大的区别，就是学霸更冷静、谨慎。普通学生做到这里后，他会沾沾自喜，如果可以跳起来，他甚至会举起双手，做出“yeah”的姿势。学霸做到这里后，他会想，还有什么没有考虑到呢？认真审视原题，发现有一个地方忽略了，就是分母为 $x-3$。而这里的分母必须不等于 0，也就是说 $x-3\neq0$，从而得到 $x\neq3$。革命尚未成功，同志仍需努力，接下来的过程如下：

又 $x-3\neq0$，$\therefore x\neq3$。

即 $6-m\neq3$，$\therefore m\neq3$。

综上，$m<6$ 且 $m\neq3$。

下半节课，让同学们做练习册上的行程类应用题。

有一道应用题，关于 A、B 两人行走的时间，是这样叙述的："A、B 两人同时出发，B 中途休息了 0.5 h，结果还比 A 早到 2 h。"这句话，到底是说哪一个人所用的时间多呢？多多少小时呢？

这种题目往往是中考这种选拔性考试中拉开分差的关键题。很多学生考下来沾沾自喜，觉得考得不错，但分数下来却远低于预期，为什么？往往就是因为这种题目的存在。学霸成绩为什么一直稳定在高点？是因为他从来不认为世界上有非常容易或者非常难的题目，难题他不怕，容易题他更谨慎，他能识别容易题背后的陷阱，所以他一直保持沉着、冷静。呆若木鸡往往是高手的标志。

B 中途休息了 0.5 h，A 没有休息，B 比 A 早到 2 h，A 仍然在走，说明 A 用的时间比 B 多，多了 2.5 h。所以用 A 的时间减去 B 的时间等于 2.5 h，就可以得到正确的方程。

我以前教的学生中有很多在考试时，理解不清楚这句话，就随便列方程。还有学生恰好把这句话理解反了。当他们列出方程解出来的答案是负数，完全不符合实际生活时，有的学生居然没有觉察出来，反而还在心里庆幸自己做完了这道题。其实，这样的学生哪里知道自己花了时间，做的却是无用功。得到的答案不符合常识，简直就是上帝对他们进行的最后一次提醒，他们却视而不见。

有一道应用题，列出的方程为 $\frac{50}{x}-\frac{50}{2.5x}=2.5$。

同学们在解的时候，都按照常规方法，两边同时乘以 $2.5x$ 去分母，然后再解出 x 的值。这样做当然也可以，不过，我还是跟同学们讲解了一种常用的较为简便的计算方法。

分式 $\frac{50}{2.5x}$ 可以约分，分子与分母同时除以 2.5，恰好化简变成 $\frac{20}{x}$，然后再算 $\frac{50}{x}-\frac{20}{x}$，可得 $\frac{30}{x}$，这样计算最为简便。过程如下：

解 $\frac{50}{x}-\frac{50}{2.5x}=2.5$，约分得 $\frac{50}{x}-\frac{20}{x}=2.5$，即 $\frac{30}{x}=2.5$，

解得 $x=12$。

应用题中的数据是专门设计好的，都是比较简单并且可以约分的数字。同

学们以后在做别的应用题时，看一看能否先化简，像老师这样去简便计算。

“惊悚”的错误

今天课间休息时，同学们到我这里改小测本的错误，有几个同学出现的错误非常“惊悚”。

13班的雨婷同学，在解方程到了最后一步——系数化为1时，出现错误。比如：$2x=-3$，解出来的答案应该是 $x=-\frac{3}{2}$，可雨婷的答案却是 $x=-\frac{2}{3}$。我对她讲，在方程 $2x=-3$ 的两边同时除以2，2是除数，应该写在分母的位置上，即 $\frac{2x}{2}=\frac{-3}{2}$，两边约分化简为 $x=-\frac{3}{2}$。这时她才恍然大悟。

14班的怡萱同学，在做分式的除法时，出现了一种错误。比如：$(a+3)\div\left(\frac{15}{a-2}+3\right)$，怡萱将其变形为 $(a+3)\left(\frac{a-2}{15}+\frac{1}{3}\right)$。我问她：“为什么要这样变形？”她解释说：“除以一个数，等于乘以这个数的倒数，把括号里的 $\frac{15}{a-2}$ 与3，分别取倒数。”

这种理解就大错特错了。“除以一个数，等于乘以这个数的倒数”没有错，但是括号里是两个数的和，不能把括号里的这两个数分别取倒数。应该把这两个数通分以后，再加起来，变成一个分式后，再取倒数。

这种错误产生的原因是将除法与乘法的分配律弄混了。一个数乘以几个数的和，等于这个数分别与每个数相乘，再把积相加。但是，一个数除以几个数的和，却不能这样进行计算，因为除法没有分配律。我们只能把括号里的和先算出来，再来算除法。

13班的钦胜同学，在做分式化简题时，理解错了不含分母的项。比如，他把 a 理解成 $\frac{1}{a}$，把 $a+2$ 理解成 $\frac{1}{a+2}$。我对他这样讲，对于不含分母的部分，可以看作分母是1。比如：5看作是 $\frac{5}{1}$，a 看作是 $\frac{a}{1}$，$a+2$ 看作是 $\frac{a+2}{1}$。说到这里，钦胜发出“哦——”的声音。

一瞬间，我觉得，学生发出的这种恍然大悟的声音简直是世界上最美妙的音乐。

12月25日　星期三

用分式方程解工程类应用题

上课后，给了5分钟时间，让同学们做练习册上的一道习题。这道习题与昨天曾经讲过的一道属于同类型。一天之后，看有多少同学能完全做对。题目是这样的：

> 若关于 x 的方程 $\frac{a}{x+1}=1$ 的解是负数，求 a 的取值范围。

这道题先去分母，把 x 求出来，$x=a-1$。因为方程的解是负数，所以 $x<0$，从而 $a-1<0$，得到 $a<1$。我在 13 班统计了一下，大部分同学做到这里就结束了，只有十几个同学多考虑了一步：又因为分母 $x+1\neq 0$，所以 $x\neq -1$，所以 $a-1\neq -1$，得到 $a\neq 0$。综合一下，a 的取值范围为 $a<1$ 且 $a\neq 0$。

一道典型数学题，只靠讲解一遍，就想让大部分人掌握，简直是不可能的。对于这样的典型题，只有老师讲解数遍，同学们练习数遍，才能真正掌握。我想，这也就是数学老师一直不敢放弃题海战术的真正原因吧。

用分式方程解应用题，除了前两节课所讲的关于路程、速度、时间的行程类应用题之外，还有一种类型，就是工程类应用题。

在小学时，大家也做过工程类应用题，那时主要是用列算式的方法来解的。到了初中，随着应用题难度的增加，如果仍然用列算式的方法来解，在思考很多数学应用题的时候就会感到力不从心，甚至无法去做。这时，就要考虑用方程来解。

解工程类应用题，首先要搞清楚一些基本知识：

1 一件工作，由甲单独做，要 5 天完成，那么甲做一天完成全部工作的 $\frac{1}{5}$。一件工作，由乙单独做，要 x 天完成，那么乙做一天完成全部工作的 $\frac{1}{x}$。这里的 $\frac{1}{5}$ 和 $\frac{1}{x}$ 分别就是甲、乙两人的工作效率。

2 工作效率、工作时间、工作量之间的关系是：工作效率×工作时间＝工作量。甲、乙分别完成的工作量相加，等于总工作量。总工作量是指把一件工作做完，因此，在一道应用题里，总工作量可以看作单位 1。

把这些关于工作效率的基本知识点搞清楚后，就可以开始做工程类应用题。我找了练习册上一道习题，这道习题也是课本上的一道例题。

> **例 1** 两个工程队共同参与一项工程建设，甲队单独施工需要 3 个月完成。当甲队单独施工 1 个月后，乙队加入共同施工，又工作了半个月，总工程全部完成，求乙队单独施工需要多少个月才能完成全部工程。

在这道应用题里，如果我们直接设乙队单独施工要 x 个月才能完成全部工程，那么就可以得到乙队的工作效率是一个月完成全部工程的$\frac{1}{x}$。甲队单独施工需要 3 个月完成，那么甲队的工作效率是一个月完成全部工程的$\frac{1}{3}$。

把两个队的工作效率搞清楚后，再来看在整个施工过程中，甲、乙两队的工作时间分别是多少。甲队先单独施工 1 个月，后来又和乙队一起施工半个月，也就是说，甲队总共施工了 1.5 个月，乙队只施工了半个月。

因为工作量等于工作效率乘以工作时间，所以甲队的施工量就是 $\frac{1}{3}\times1.5$，乙队的施工量就是 $\frac{1}{x}\times0.5$，这两个队的施工量加起来就是工程总量 1。

解题思路找到后，就可以写出详细的解题步骤了。

解　设乙单独施工需要 x 个月才能完成全部工程，根据题意得

$\frac{1}{3}\times1.5+\frac{1}{x}\times0.5=1$。

即$\frac{1.5}{3}+\frac{0.5}{x}=1$，约分得$\frac{1}{2}+\frac{0.5}{x}=1$，即$\frac{0.5}{x}=\frac{1}{2}$，

解得 $x=1$。

经检验，$x=1$ 是原方程的解。

答：乙单独施工需要 1 个月才能完成全部工程。

解完此题后，我强调了两点：

1 应用题里的分式方程，解完以后一定要检验，哪怕这个分式方程看起来简单无比，但只要它是分式方程，就需要检验，否则会被扣分。

2 对于此题来说，根据方程的特点直接把$\frac{1.5}{3}$化为$\frac{1}{2}$，然后移项合并得到$\frac{0.5}{x}=\frac{1}{2}$，再解出 x 的值，比把这个分式方程去分母化成整式方程求解来得简单一些。我们以后在解分式方程时，要根据分式方程的具体特点，采取灵活的解法。

讲完后，14 班有一个同学问，可不可以把方程列成 $\frac{1}{3}+0.5\left(\frac{1}{3}+\frac{1}{x}\right)=1$？甲队单独施工一个月完成的工程量为$\frac{1}{3}$，后来甲、乙两队合做一个月完成的工程量为 $\frac{1}{3}+\frac{1}{x}$，可这两队只合做了半个月，所以工程量为 $0.5\left(\frac{1}{3}+\frac{1}{x}\right)$。这两个

工程量加起来等于总工程量 1。

他所列的方程是正确的。怕同学们听不太懂，我又在黑板上写下这个方程，将其去括号化简，得到和前面所列的一样的方程。

$\frac{1}{3}+0.5\left(\frac{1}{3}+\frac{1}{x}\right)=1$，去括号得$\frac{1}{3}+\frac{0.5}{3}+\frac{0.5}{x}=1$，即$\frac{1.5}{3}+\frac{0.5}{x}=1$。

条条大路通罗马。如果你的数学基本功扎实，从不同的思维角度去理解同一道题，完全可以得到同样的答案。

讲解完这道例题后，就让同学们做练习册上同类型的应用题。

练习册上的两道应用题里，有这样两句话，部分同学不太理解，我进行了提示。

(1)“甲单独做需要的天数是乙的一半”说明，乙单独做需要的天数是甲的 2 倍。设未知数的时候，一般设小的那个为 x。所以，此题可以设甲队单独做需要 x 天，乙队单独做需要 $2x$ 天。

(2)“某人用 4 h 清点完一批图书的一半”。分析这句话，可以得到，这个人要想清点完整批图书需要 8 h，他的工作效率就是每小时完成全部工作的$\frac{1}{8}$。

在初中数学里，不管是代数应用题，还是几何证明题，会经常遇到“一半”这个词，同学们在理解这个词的时候，千万不要出现错误。

今天，每个班都有两节课。第二节课，我给同学们讲解了用分式方程解应用题的第三种类型。它有点像行程类应用题，却不是路程这个量；有点像工程类应用题，但工作总量却不是用 1 来表示的。因此，很难把它归入到前面两种类型。例如：

例 2 甲的工作效率是乙的 2.5 倍，他们同时加工 1 500 个零件，甲比乙提前 18 h 完工，求他们每人每小时加工的零件数。

这道例题就是混合类型的，我们可以列表格对比分析题目中的数量关系。

	甲	乙
工作总量	1 500 个	1 500 个
工作效率	$2.5x$ 个/h	x 个/h
工作时间	$\frac{1\,500}{2.5x}$h	$\frac{1\,500}{x}$h

题目中的工作效率实际上就相当于工作速度，工作总量相当于路程。在表

示工作时间时，列出来的是分式。因为甲比乙提前 18 h 完工，所以用乙的工作时间减去甲的工作时间等于 18 h，即 $\frac{1\,500}{x}-\frac{1\,500}{2.5x}=18$。这样，就可以解出这道应用题了。

混合类型的应用题，除了工作总量、工作速度、工作时间这种关系之外，还有一种类型的应用题是关于总金额、单价、商品数量之间关系的。此类应用题和行程类应用题的分析方法、解题思路差不多。

12 月 26 日　星期四

分式复习(1)

到今天为止，课本上的知识点，基本上算是讲完了。接下来就是巩固复习，唤醒记忆，查漏补缺，熟练掌握，形成技能。

分式才讲完，立即复习分式，然后再检测这一章，效果应该是最好的，至少复习的效率会高一些。

练习册上有一套分式这一章的专项复习题，对课本上的知识点把握得不错，而且题型也与期末考试的数学试题相仿。我打算让同学们做这套试题，来复习这一章的内容。

上课后，跟大家讲明了复习的重要性。特别是对于一些以前上课时基础知识和基本计算没有掌握好的同学，这次复习相当于是他们最后一次学习本章的机会。过了这个村，就没这个店了。同学们要好好把握，好自为之。

同学们在做题的时候，我来回巡视。大部分同学都在认真做题，有遇到不会的题，就主动问我。13 班还有部分同学主动到他们的“小老师”那里去问。优生对后进生进行一对一的帮助辅导，不仅可以帮助后进生掌握知识点，而且，还可以促使优生对知识点和计算技巧理解得更清楚，教学相长正是此意。

建立学习互助联盟也很有意义。

我本来以为一节课 40 分钟的时间，同学们可以做很多数学题，但是，亲自操作之后才发现，大部分同学能做完练习册上一页的内容就已经相当不错了。在 13 班，两极分化的现象更为严重，优秀的学生已经开始做第二页的题目了，后进生连半页都没做完。

上课 5 分钟后，我在 13 班教室里巡视时，发现还有一位女同学居然没有做数学题，而是在课本上写着什么。凑近一看，原来她是在数学书上画画。她画得那叫一个专注哦，直到我拿出手机给她拍了照片，她才发现。

后进生与优生的差距，可真不是一点点，这种差距是课堂听讲上的，是做题习惯上的，是书写格式上的，是目标取向上的。

半节课后，我找了几位做得快的同学到黑板上写出这些数学题的答案。这些做得快的同学，一方面是自我要求高，另一方面是数学基本功好，他们在黑板上写得既整齐又正确。我在答案上用红色粉笔重重地打了"√"。

有一道选择题，我统一进行了讲解。

1 将 $\frac{3a}{a-b}$ 中的 a、b 都变为原来的 3 倍，则分式的值（　　）。

A. 不变　　　　B. 扩大到原来的 3 倍

C. 扩大到原来的 9 倍　　　　D. 缩小到原来的 $\frac{1}{3}$

这道选择题的答案应该选 A。因为如果将 a 与 b 都变为原来的 3 倍，分别变成了 $3a$ 和 $3b$，那么原来的式子就变成了 $\frac{3 \cdot 3a}{3a-3b}$。化简一下：$\frac{3 \cdot 3a}{3a-3b}=\frac{9a}{3(a-b)}=\frac{3a}{a-b}$，等于原来的式子，所以选择 A。

这种题型，以前没有做过，也没有讲过，今天既然遇到了，我就想把它彻底讲透。像这种类型的选择题，并不是每次都会选择"不变"的。比如下面这道题：

2 将 $\frac{ab}{a-b}$ 中的 a、b 都变为原来的 3 倍，则分式的值（　　）。

A. 不变　　　　B. 扩大到原来的 3 倍

C. 扩大到原来的 9 倍　　　　D. 缩小到原来的 $\frac{1}{3}$

将 a 与 b 分别变成了 $3a$ 和 $3b$，那么原来的式子就变成了 $\frac{3a \cdot 3b}{3a-3b}$。化简一下：$\frac{3a \cdot 3b}{3a-3b}=\frac{9ab}{3(a-b)}=\frac{3ab}{a-b}$，等于原来式子的 3 倍，所以此题应该选择 B。

再看一题：

3 将 $\frac{3}{a-b}$ 中的 a、b 都变为原来的 3 倍，则分式的值（　　）。

A. 不变　　　　B. 扩大到原来的 3 倍

C. 扩大到原来的 9 倍　　　　D. 缩小到原来的 $\frac{1}{3}$

将 a 与 b 分别变成了 $3a$ 和 $3b$，那么原来的式子就变成了 $\frac{3}{3a-3b}$，化简一下：$\frac{3}{3a-3b}=\frac{3}{3(a-b)}=\frac{1}{a-b}$，等于原来式子的三分之一，所以此题应该选择 D。

像这样的选择题，遇到之后，要亲自算一下，才能得到正确答案。当然，这种题目也是有规律的。这个规律，到了高中，大家会理解得更加透彻，我这里只是简单给大家点拨一下。

在第一个式子 $\frac{3a}{a-b}$ 中，分子是一次单项式，分母是一次多项式，它们都是一次式，所以，当 a、b 都扩大到同样倍数时，最后的值是不变的。在第二个式子 $\frac{ab}{a-b}$ 里，分子是二次单项式，分母是一次多项式，分子次数比分母高一次，所以，当 a、b 都扩大到同样倍数时，最后的值也扩大到同样倍数。在第三个式子 $\frac{3}{a-b}$ 中，分子是常数项，也就是 0 次单项式，分母是一次多项式，分子的次数比分母小一次，所以，当 a、b 都变为原来的 3 倍时，最后的值就缩小到原来的 $\frac{1}{3}$。

以后在考试时，千万不要想当然，更不要随意蒙一个答案。最好是按照题目的要求给式子变形，再计算化简，看到底是扩大还是缩小，或者不变。

另外，对于这样的数学题，还有一种最笨的方法，特别适合理解能力差一点的同学。第 1 题，$\frac{3a}{a-b}$ 里面的 a 和 b，我们可以分别给它们设定一个特殊值，比如：设 $a=2$，$b=1$，$\frac{3a}{a-b}=\frac{3\times2}{2-1}=6$；若 a 与 b 都变为原来的 3 倍，即 $a=6$，$b=3$，此时 $\frac{3a}{a-b}=\frac{3\times6}{6-3}=6$，最后的结果不变。所以，第 1 题应该选择 A。这种方法叫作特殊值法。不过，这种特殊值法只适合于做选择题。因为选择题只需要看你的最后答案，而不需要看你的计算过程，选对就是王道。

12 月 27 日　星期五

分式复习(2)

练习册上的分式复习题，昨天一节课的时间只是做完了第一页，今天这节课来做第二页。

在做练习册上的题目之前，我讲了两件事。

一、本周由于元旦休息，共放假三天。周末作业要做一张试卷，同学们可以提前来拿。我那里有一张小试卷和一张大试卷，两张试卷选择一张，回家后完成。两个班里有很多同学都主动去我那里拿试卷，大部分同学都是拿那张小试卷的，因为小试卷上的题目少一点。就在我很担心两个班里，没有一个同学愿意主动多做点数学题时，有一部分同学让我非常欣喜，他们主动要求拿张大试卷完成。而且，两个班里还有同学问我，可不可以把两张试卷都拿回去做？主动要求拿两张试卷去做的同学：13 班有靖莹、嘉琪等 6 人，14 班有梓航、云龙等 15 人。

二、本学期期末考试后，按照师徒结对的情况，计算每对师徒的平均分，予以排名。前三名师徒将被授予“最佳师徒”称号，寒假作业免做。最后三名师徒，不仅要完成学校统一布置的假期作业，还要完成我另外专门布置的数学任务。一方面是惩罚，另一方面是为来年的数学学习打下一个坚实的基础。

在 13 班开始做练习册时，有几个同学遇到不明白的数学题，问我可不可以到“师父”那里去请教，我立即同意。一瞬间，很多同学都到他们的“师父”那里去问问题。有些“师父”做完了指定的任务后，由于担心“徒弟”不会做，拖他们的后腿，主动下位去检查“徒弟”的做题情况。我站在讲台上左右张望，看有没有借这个混乱机会说闲话的人。

离下课还有二十分钟的时候，我找了几位做得快的同学，到黑板上书写解题的过程。做得对的，我打上“√”；有点小缺陷的，我用红色粉笔更正。有的同学思路是错误的，我当面给他指出后，再让他改正。他们在黑板上所写的解题过程都完整无误后，我再让其他同学把自己做的答案与黑板上的标准答案对比改错。做错了，有不明白的地方，再到“师父”那里或者我这里来问。

很快，一节课 40 分钟时间就这样结束了。表面上看，课堂秩序有点乱，但大部分同学都是在讨论数学题。我想，对于全班同学来说，学习效果应该比他们坐在下面听我讲要好一点吧。前面几周时间，我已经做过数次试验了，刚讲过的一道数学题，第二天重新再做，13 班能做全对的同学，不过十来个人，现在让大家互帮互助互学，看学习效果能否好一点。

有一道数学题，嘉琪同学来问我该如何做，我给她单独进行了讲解。

已知 $\frac{1}{a}+\frac{1}{b}=\sqrt{5}(a\neq b)$，求$\frac{a}{b(a-b)}-\frac{b}{a(a-b)}$的值。

把已知式子 $\frac{1}{a}+\frac{1}{b}=\sqrt{5}$ 的左边通分，可得$\frac{b}{ab}+\frac{a}{ab}=\sqrt{5}$，即$\frac{a+b}{ab}=\sqrt{5}$。到这一步后，先放在这里，然后化简后面那个式子。如果不出意外的话，后面那个式子化简之后的结果与 $\frac{a+b}{ab}=\sqrt{5}$ 有直接的联系。

$$\begin{aligned}\frac{a}{b(a-b)}-\frac{b}{a(a-b)}&=\frac{a^2}{ab(a-b)}-\frac{b^2}{ab(a-b)}\\&=\frac{a^2-b^2}{ab(a-b)}=\frac{(a+b)(a-b)}{ab(a-b)}\\&=\frac{a+b}{ab}。\end{aligned}$$

像这种形式的分式化简题，基本上都是这样处理的。

晚自习时间，每个班利用 50 分钟时间，分别进行了考试。明天批改完后，就可以知道同学们在分式这一章到底还有哪些地方掌握得不好了。

12 月 28 日　星期六

分式试卷批阅的情况

今天，按照学校的统一安排，初二学生进行体育考试，老师们担任裁判。体育考试之余，我就在办公室里，批阅昨天晚自习做的试卷。

试卷改完，情况不容乐观。满分 120 分的试卷，14 班平均分为 100 分，13 班平均分为 88 分。13 班更大的问题在于两极分化，这种现象在 13 班已经不能用“很严重”来形容了，而是相当的严重。优生可以得到 120 分，后进生只有二十来分，最差的一位同学只得到 18 分。这些得十几、二十几分的同学，基本上是做一题错一题。有些计算题的错误，只能用匪夷所思来形容了。

下面，把这些错误做一忠实摘录，以证明我所言非虚。

错误 1：$\frac{a+2}{a+1}=a+1$。

错误 2：$\frac{x}{x-2}=-2$。

错误 3：$\sqrt[3]{27}=9$。

错误 4：$3x(x+1)-x(x+1)=2x$。

错误 5：$(x-1)(x+1)=(x-1)^2$。

错误 6：有一道填空题，正确答案应该是$-x^5$，可一位后进生的答案是-5^x。

错误 7：$\frac{x^2-4x+4}{x-2}=\frac{x-2x+2}{x-2}=\frac{x+2}{x-2}$。

错误 8：$\frac{2x+1}{x}\cdot x(x+1)=3x+2$。

错误 9：$x^2-4x+4=(x-2)(x+2)$。

错误 10：由$-4x=-1$，得$x=4$。

错误 11：$\frac{3x}{x-1}-\frac{x}{x+1}=\frac{2x}{(x+1)^2}$。

错误 12：$\frac{(a-1)^2}{(a+1)(a-1)}=a+1$。

如果可以，我还能举出更多的类似错误，直到各位看官腻烦为止。

为了调节一下情绪，我看了两个班里得满分同学的试卷。这些同学分别是：13 班的萧淼、可晴，14 班的龙翔、诺秋、凯俊、云清、昊旻。两种试卷放在一起对比，反差更是强烈。面对此情此景，我要反思课堂教学过程和落实过关情况。而这些特别差的后进生，你们更要反思自己上课学习情况和知识点理解掌握情况。

同学们，做错一道题不可怕，可怕的是对错误不管不问，让它一直错下去，甚至还会迁移到其他知识点上。那时，这些错误可就成了顽固性错误了。同学们，认真改一改，用心记一记，才有可能在今后不犯或者少犯这样的低级错误。

此次考试成绩特别差的同学不妨试一试，老师对你们还是有信心的。

12 月 29 日　星期日

评讲分式试卷

关于这一次考试的试卷，我在课堂上评讲了这样几道题。

用分式方程解应用题

选择题的第 6 题是一道应用题，只需要列出方程即可。两个班里总共有二十来人做错。这道题虽然只是一道选择题，但下次考试时，很有可能把这道选择题，改头换面变为一道解答题。初二上学期的期末考试肯定会考两道应用题，一道在前面的选择题或者填空题里面，还有一道在后面的解答题里。不管怎么考，都是这几种题型。

1 某学校学生进行行军训练，预计行 60 km 在下午 5 时到达，后来由于把速度加快了 20%，结果在下午 4 时到达，求原计划行军的速度。

如果设原计划行军的速度为 x km/h，那么实际行军的速度为 $120\%x$ km/h。然后对比分析原计划和实际两种情况下的路程、速度、时间。列表分析如下：

	原计划	实际上
路程	60 km	60 km
速度	x km/h	$120\%x$ km/h
时间	$\frac{60}{x}$h	$\frac{60}{120\%x}$h

计划在下午 5 时到达，结果在下午 4 时就到达了。这说明实际上比原计划提前了 1 h。也就是说，原计划的时间减去实际用的时间等于 1 h，这个等量关系比较隐蔽。方程为 $\frac{60}{x}-\frac{60}{120\%x}=1$。

第 19 题也是一道应用题，需要写出详细的解答过程。此题如下：

2 某校采购人员给八年级学生买文具包。文具店规定：一次购买 400 个以上，可享受 8 折优惠。若给八年级学生每人购买一个，不能享受 8 折优惠，需要付款 1 936 元；若多买 88 个，就可享受 8 折优惠，同样需付款 1 936 元。请问：该学校八年级学生有多少人？

此题的题意有点错综复杂。仔细分辨，可以发现，也是两种情况放在一起对比分析——不打折情况和打折情况。如果设该校八年级学生有 x 人，列表格如下：

	不打折	打折
总金额	1 936 元	1 936 元
数量	x 个	$(x+88)$ 个
单价	$\frac{1\,936}{x}$元/个	$\frac{1\,936}{x+88}$元/个

多买 88 个之后，单价相当于是原来的单价上面打了 8 折，也就是说，$\frac{1\,936}{x+88}$

是$\frac{1\,936}{x}$的0.8倍，可列方程$\frac{1\,936}{x}\times 0.8=\frac{1\,936}{x+88}$。

这个方程乍看上去，好像很难解，其实有简便算法，可以很快得到答案。

在方程两边同时除以1 936，得$\frac{0.8}{x}=\frac{1}{x+88}$。

去分母得$0.8(x+88)=x$。

去括号得$0.8x+0.8\times 88=x$，

移项得$0.2x=0.8\times 88$，

两边同时除以0.2，得$x=4\times 88$，即$x=352$。

接下来检验，作答就可以了。

此题，部分同学有另外一种解法。他们间接设每个文具包为x元。列表格对比分析如下：

	不打折	打折
总金额	1 936元	1 936元
单价	x元/个	$0.8x$元/个
数量	$\frac{1\,936}{x}$个	$\frac{1\,936}{0.8x}$个

打折后购买的数量，比打折前购买的数量多88个，所以可以列出的方程为$\frac{1\,936}{0.8x}-\frac{1\,936}{x}=88$。

这样可以解出$x=5.5$，然后再求出八年级学生的人数为$\frac{1\,936}{5.5}=352$。

这两种解法都是可以的。不管是直接设八年级学生有x人，还是间接设单价为x元/个，最后所列的方程都是分式方程，其根源就在于付款的总金额1 936元是一个已知条件，而在另外两个量——人数和单价之间，不管你是设人数，还是设单价，在表示另一个量时，都要用分式来表示。

在行程类应用题里，已知路程是多少，在速度和时间两个量里，不管你是设速度为x，还是设时间为x，在表示另一个量时，都只能用分式来表示。因为路程=速度×时间，而时间=$\frac{路程}{速度}$，速度=$\frac{路程}{时间}$。与此类似，总金额、单价、数量之间的关系也是一样的。

通过这一题，同学们是否对某些应用题为什么必须用分式方程来解，有了一个更清楚的认识?

裂项的技巧

第 20 题是无限个分数裂项后相加减的问题。我在评讲试卷上这道题之前,先举了课本第 148 页的一个阅读思考题:

1 $\frac{1}{1\times2}+\frac{1}{2\times3}+\frac{1}{3\times4}+\frac{1}{4\times5}+\cdots+\frac{1}{n(n+1)}$。

这道题看上去是 n 个数相加,最后的和会很大,甚至求不出来。但是,最后的结果并不是这种情况。在这里,首先要搞清楚的是,$\frac{1}{1\times2}=1-\frac{1}{2}$,$\frac{1}{2\times3}=\frac{1}{2}-\frac{1}{3}$,$\frac{1}{3\times4}=\frac{1}{3}-\frac{1}{4}$,以此类推可得$\frac{1}{n(n+1)}=\frac{1}{n}-\frac{1}{n+1}$。

我们以 $\frac{1}{2\times3}=\frac{1}{2}-\frac{1}{3}$ 为例,进行说明。

因为 $\frac{1}{2}-\frac{1}{3}=\frac{1\times3}{2\times3}-\frac{1\times2}{2\times3}=\frac{3-2}{2\times3}=\frac{1}{2\times3}$,即 $\frac{1}{2\times3}=\frac{1}{2}-\frac{1}{3}$。

同理,$\frac{1}{3\times4}=\frac{1}{3}-\frac{1}{4}$,…,$\frac{1}{n(n+1)}=\frac{1}{n}-\frac{1}{n+1}$。

解 $\frac{1}{1\times2}+\frac{1}{2\times3}+\frac{1}{3\times4}+\frac{1}{4\times5}+\cdots+\frac{1}{n(n+1)}$

$=\left(1-\frac{1}{2}\right)+\left(\frac{1}{2}-\frac{1}{3}\right)+\left(\frac{1}{3}-\frac{1}{4}\right)+\cdots+\left(\frac{1}{n}-\frac{1}{n+1}\right)$

$=1-\frac{1}{2}+\frac{1}{2}-\frac{1}{3}+\frac{1}{3}-\frac{1}{4}+\cdots+\frac{1}{n}-\frac{1}{n+1}$

$=1-\frac{1}{n+1}=\frac{n+1}{n+1}-\frac{1}{n+1}=\frac{n}{n+1}$。

最后的结果为 $\frac{n}{n+1}$。

把这道题搞懂后,就可以看试卷上的考题了。

2 计算:$\frac{1}{2\times4}+\frac{1}{4\times6}+\frac{1}{6\times8}+\frac{1}{8\times10}+\cdots+\frac{1}{4\,028\times4\,030}$。

要特别注意的是,$\frac{1}{2\times4}=\frac{1}{2}\left(\frac{1}{2}-\frac{1}{4}\right)$。千万不要像上一题那样,变成$\frac{1}{2\times4}=$

$\frac{1}{2}-\frac{1}{4}$。$\frac{1}{2\times3}=\frac{1}{2}-\frac{1}{3}$，为什么$\frac{1}{2\times4}=\frac{1}{2}\left(\frac{1}{2}-\frac{1}{4}\right)$？仔细分析一下，可以发现，在$\frac{1}{2\times3}$中，2与3间隔1，在$\frac{1}{2\times4}$中，2与4间隔2。同学们可以自己再去验算一下。

做好准备工作后，我们就可以对这道题进行计算了。

解 $\frac{1}{2\times4}+\frac{1}{4\times6}+\frac{1}{6\times8}+\frac{1}{8\times10}+\cdots+\frac{1}{4\,028\times4\,030}$

$$=\frac{1}{2}\left(\frac{1}{2}-\frac{1}{4}\right)+\frac{1}{2}\left(\frac{1}{4}-\frac{1}{6}\right)+\frac{1}{2}\left(\frac{1}{6}-\frac{1}{8}\right)+\cdots+\frac{1}{2}\left(\frac{1}{4\,028}-\frac{1}{4\,030}\right)$$

$$=\frac{1}{2}\left(\frac{1}{2}-\frac{1}{4}+\frac{1}{4}-\frac{1}{6}+\frac{1}{6}-\frac{1}{8}+\cdots+\frac{1}{4\,028}-\frac{1}{4\,030}\right)$$

$$=\frac{1}{2}\left(\frac{1}{2}-\frac{1}{4\,030}\right)=\frac{1\,007}{4\,030}。$$

这种形式的分数加减的计算题，都要采用裂项相加减的方法去计算。这种题型，我们以后还要在很多考试中遇到。到了高中学习数学时，也要进一步学习这种方法。

同学们，如果遇到$\frac{1}{2\times5}$，你们知道如何裂项吗？大家可以试一试。

分式化简

试卷上一道经典的分式化简题，两个班里都有很多同学做错丢分。而这种题型，是必须要掌握的，每一次的期末考试都是考查重点。

1 化简：$\left(\frac{3x}{x-1}-\frac{x}{x+1}\right)\cdot\frac{x^2-1}{2x}$。

此题可以把括号里面的分式先通分相减，再算乘法。

解 $\left(\frac{3x}{x-1}-\frac{x}{x+1}\right)\cdot\frac{x^2-1}{2x}$

$$=\left[\frac{3x(x+1)}{(x-1)(x+1)}-\frac{x(x-1)}{(x-1)(x+1)}\right]\cdot\frac{x^2-1}{2x}$$

$$=\frac{3x(x+1)-x(x-1)}{(x-1)(x+1)}\cdot\frac{(x+1)(x-1)}{2x}$$

$$=\frac{3x^2+3x-x^2+x}{(x-1)(x+1)}\cdot\frac{(x+1)(x-1)}{2x}$$

$$=\frac{2x^2+4x}{(x-1)(x+1)}\cdot\frac{(x+1)(x-1)}{2x}$$

$$=\frac{2x(x+2)}{(x-1)(x+1)}\cdot\frac{(x+1)(x-1)}{2x}=x+2。$$

这一题，有几个具有前瞻眼光的同学，用另一种方法做的，非常好，我也抄录在这里。

另解 $\left(\frac{3x}{x-1}-\frac{x}{x+1}\right)\cdot\frac{x^2-1}{2x}=\left(\frac{3x}{x-1}-\frac{x}{x+1}\right)\cdot\frac{(x+1)(x-1)}{2x}$

$=\frac{3x}{x-1}\cdot\frac{(x+1)(x-1)}{2x}-\frac{x}{x+1}\cdot\frac{(x+1)(x-1)}{2x}$

$=\frac{3(x+1)}{2}-\frac{x-1}{2}=\frac{3x+3-(x-1)}{2}$

$=\frac{3x+3-x+1}{2}=\frac{2x+4}{2}=\frac{2(x+2)}{2}=x+2$。

这种方法先用乘法的分配律，用括号里的每一项分别与 $\frac{x^2-1}{2x}$ 相乘，约分化简，得到最后答案。

将变形进行到底

有一道填空题，比较重要，经常考到。两个班里，做错的人有二十多个，我进行了统一讲解。

> **1** 已知 $a+b=3$, $ab=1$，则 $\frac{a}{b}+\frac{b}{a}=$________。

解 $\frac{a}{b}+\frac{b}{a}=\frac{a^2}{ab}+\frac{b^2}{ab}=\frac{a^2+b^2}{ab}=\frac{(a+b)^2-2ab}{ab}=\frac{3^2-2\times1}{1}=7$。

此题用到变形公式 $a^2+b^2=(a+b)^2-2ab$，部分同学忘记了。有同学错误地以为 $a^2+b^2=(a+b)^2$，最后得到错误结果 9。

> 数学游戏的一部分就是转化变形，转来转去，变来变去。喜欢玩游戏的同学，如果能拿出十分之一的玩游戏劲头，就能成为数学游戏中的高手。

与变形公式 $a^2+b^2=(a+b)^2-2ab$ 类似的，还有一个变形公式 $a^2+b^2=(a-b)^2+2ab$。如果已知条件里是 $a-b=3$, $ab=1$，那么这个变形公式可就派上用场了。学习数学，不仅要知道课本上公式的变形，还要知道与某些变形公式相互关联的其他一些公式。这样，不管命题者如何改换题目形式，都逃不出你的手心。相反，如果你连最基本的数学公式都记不住，那么再好拿的分数，也会从你的手指缝里溜走。

第18周

1月2日 星期四

三角形单元复习

昨天晚自习时，先让同学们看了课本上三角形这一章里面的主要知识点，然后让大家做练习册上这一章的期末复习题。

练习册上的期末复习题，按知识点排列，题型全面、基础，对于学生复习本章知识非常有帮助。今天上课时，先跟同学们对了这些题目的答案，后面几道解答题，我找了几位同学到黑板上板演。其中，有一组求三角形角平分线所组成的夹角度数的题，以前在学习这一章时，就讲过好几遍了。但现在重做这些题，很多同学又不知道从何下手。我只好给同学们再讲一遍了。

1 如图，在$\triangle ABC$中，DB平分$\angle ABC$，DC平分$\angle ACB$，请问：$\angle BDC$与$\angle A$有什么关系？并请说明理由。

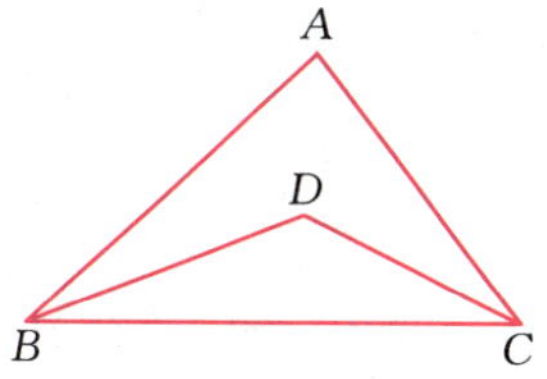

解 $\angle BDC=90^\circ+\frac{1}{2}\angle A$。理由如下：

$\because$ DB平分$\angle ABC$，DC平分$\angle ACB$，

$\therefore$ $\angle DBC=\frac{1}{2}\angle ABC$，$\angle DCB=\frac{1}{2}\angle ACB$。

$\therefore$ $\angle BDC=180^\circ-\angle DBC-\angle DCB=180^\circ-\frac{1}{2}\angle ABC-\frac{1}{2}\angle ACB$

$=180^\circ-\frac{1}{2}(\angle ABC+\angle ACB)=180^\circ-\frac{1}{2}(180^\circ-\angle A)$

$=180^\circ-90^\circ+\frac{1}{2}\angle A=90^\circ+\frac{1}{2}\angle A$。

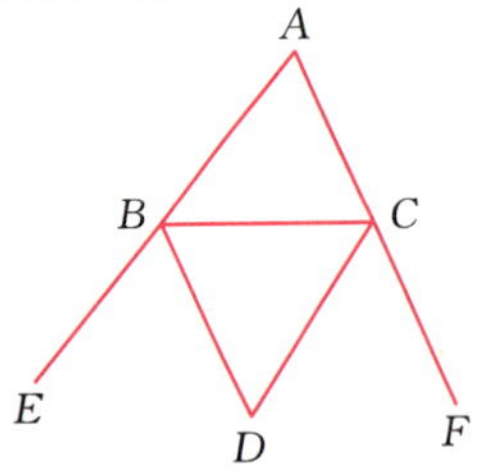

2 如图，$\angle EBC$、$\angle FCB$ 是 $\triangle ABC$ 的外角，DB 平分 $\angle EBC$，DC 平分 $\angle FCB$，请问：$\angle BDC$ 与 $\angle A$ 有什么关系？并请说明理由。

解 $\angle BDC=90^\circ-\frac{1}{2}\angle A$。理由如下：

$\because$ DB 平分 $\angle EBC$，DC 平分 $\angle FCB$，

$\therefore$ $\angle DBC=\frac{1}{2}\angle EBC$，$\angle DCB=\frac{1}{2}\angle FCB$。

$$\begin{aligned}\therefore \angle BDC&=180^\circ-\angle DBC-\angle DCB=180^\circ-\frac{1}{2}\angle EBC-\frac{1}{2}\angle FCB\\&=180^\circ-\frac{1}{2}(\angle EBC+\angle FCB)\\&=180^\circ-\frac{1}{2}(\angle A+\angle ABC+\angle ACB+\angle A)\\&=180^\circ-\frac{1}{2}(180^\circ+\angle A)=90^\circ-\frac{1}{2}\angle A。\end{aligned}$$

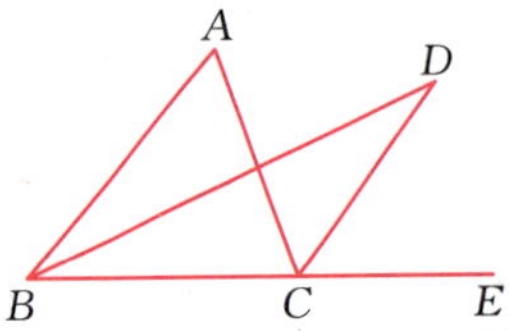

3 如图，DB 平分 $\triangle ABC$ 的内角 $\angle ABC$，DC 平分 $\triangle ABC$ 的外角 $\angle ACE$，请问：$\angle BDC$ 与 $\angle A$ 有什么关系？并请说明理由。

解 $\angle BDC=\frac{1}{2}\angle A$。理由如下：

$\because$ DB 平分 $\angle ABC$，DC 平分 $\angle ACE$，

$\therefore$ $\angle DBC=\frac{1}{2}\angle ABC$，$\angle DCE=\frac{1}{2}\angle ACE$。

$\because$ $\angle DCE=\angle BDC+\angle DBC$，

$$\begin{aligned}\therefore \angle BDC&=\angle DCE-\angle DBC=\frac{1}{2}\angle ACE-\frac{1}{2}\angle ABC\\&=\frac{1}{2}(\angle ACE-\angle ABC)=\frac{1}{2}(\angle A+\angle ABC-\angle ABC)\\&=\frac{1}{2}\angle A。\end{aligned}$$

这三道解答题，所用的解题思路差不多，都要运用三个主要的基本知识点：(1)三角形的内角和为 180°；(2)三角形的外角等于和它不相邻的两个内角的和；(3)角平分线的作用。具体在写每一道题的解题过程时，一定要先把准备工作做好，再发起最后的总攻。

练习册上本章的期末复习题，都考查一些常见的知识点，对了答案后，就结束了。

今天晚自习时，每个班只有 20 分钟的数学学习时间。我准备了一张三角形的单元复习卷，让同学们只做正面，20 分钟应该是足够的。

在上晚自习之前，我找了一部分同学来办公室改上一周做的小测本上的错误，很多同学改正后就回教室了。离上课还有 5 分钟时，我找了 13 班的 F 伟同学来改错。F 伟以前在做数学题时，经常会犯一些匪夷所思的错误。本次小测本上，F 伟所犯的错误也非常多。我看了一下，发现一道数学应用题，他完全不会做。

我略作思考，以我辅导学生的经验，5 分钟时间教会 F 伟做这道数学应用题应该绰绰有余，可是实际情况并不如人所愿。尽管我对他单独辅导了将近 5 分钟，但他还是没有搞明白这道题要干什么。

我瘫倒在椅子上。上晚自习的铃声响起来了，我对他说："好你个小子，这一次我认输，你先回到班里准备考试。明天，咱们再继续'战斗'。"

他低着头慢慢往外走，我用试卷拍拍他的头，对他说："F 伟啊，你这是要把老师给折腾死的节奏啊。明天再来辅导，可得用心点。"

1月3日　星期五

评讲三角形单元试卷

昨天晚自习时，同学们把三角形单元复习卷的正面做完了。上课前，我批改完了这些题目。在课堂上，我首先用 20 分钟时间，讲解选择题和填空题。

我在讲解之前，重点强调了一点："一道题，不管做对做错，都要听我讲。做对了，要听我讲解最正确、便捷的思路，特别是一些好的运算技巧和解题方法。要注意学习模仿，在力争正确的前提下提高做题速度。做错了，更要听我讲，看自己在做这道题目时，为什么会出现思考错误或者计算错误。"

计算有技巧

> **1** 一个多边形的内角和是 1 080°，求这个多边形的边数。

设多边形的边数为 n，利用 n 边形内角和公式列方程 $(n-2)\times180^\circ=1\,080^\circ$。这个方程有两种解法。

解法一：先去括号得 $180^\circ n-360^\circ=1\,080^\circ$，再移项合并得 $180^\circ n=1\,440^\circ$，方程两边同时除以 180°，得 $n=8$。很多做题速度慢的同学，基本上用的都是这种计算方法。下面，我们来看一下，那些解题速度超快的数学学霸们所采用的计算方法。

《生死时速》是一部电影，它强调速度关乎主人公的生死。希望大家也认识到数学中解题速度关乎每个人的成绩和命运。速度取决于解题技巧，而技巧来自于你的头脑，即你是选择什么样的解题策略和计算路径。总之，不要以为会了、懂了就行了，就志得意满。要会选择更好的计算方法，做到又快又好才是真正的"懂"和"会"。

解法二：在方程 $(n-2)\times180^\circ=1\,080^\circ$ 的两边同时除以 180°，得 $n-2=6$，移项合并得 $n=8$。这种解法是不是快多了？我告诉大家："昨天让同学们用 20 分钟时间做试卷的正面，到最后交卷时，还有很多同学没有完成。我事先也做了试卷的正面，只用了 5 分钟。如果大家从现在开始，多学习各种好的计算技巧，你们到初三总复习时，也能达到老师这种解题速度。千万不要满足于能做对一道题，要在做对一道数学题的基础上去提高速度。"

2 一个多边形的各个内角都等于 120°，则这个多边形是________边形。

有一些同学设这个多边形是 n 边形，列方程 $\dfrac{(n-2)\times180^\circ}{n}=120^\circ$，然后再解这个方程，得 $n=6$。这种方法解出来的答案，虽然也正确，但耗时耗力。请看下面这种解法：

多边形的每一个内角都是 120°，说明每一个内角旁边的外角都等于 60°。而任何一个多边形的外角和都是 360°，所以这个多边形外角的个数为 $360^\circ\div60^\circ=6$。既然多边形有 6 个外角，那么说明这是一个六边形。

数学切忌"自由"发挥！严谨才是应有的态度。自以为找到了一条不错的解题思路，也很顺利地得出答案。但是若得意忘形，随意发挥，想当然地填上"正六边形"，就会功亏一篑！

这个填空题，班级里面有一部分同学填"正六边形"，这样就画蛇添足了。因为正六边形是每个内角都相等，每条边都相等的六边形。在这道题目里，只是强调了每个内角都相等，但并没有强调每条边都相等。所以它不一定是正六边形。

3 在$\triangle ABC$中，$\angle A=70^\circ-\angle B$，求$\angle C$的度数。

此题的最佳计算方法为：由$\angle A=70^\circ-\angle B$，得$\angle A+\angle B=70^\circ$，那么$\angle C=180^\circ-(\angle A+\angle B)=180^\circ-70^\circ=110^\circ$。

思维需严谨

1 若等腰三角形ABC的底边$BC=8$ cm，且$|AC-BC|=2$ cm，求腰AC的长。

这道题，如果题目中的已知条件是$AC-BC=2$ cm，那么可得$AC=BC+2$ cm$=10$ cm。但是，已知条件是$|AC-BC|=2$ cm。为什么要在$AC-BC$的外面加上一个绝对值符号呢？这到底是故弄玄虚？还是另有玄机呢？

事出反常必有“妖”。在做这样的数学题时，一定要注意观察题目中的一些细小变化，特别是一些看上去不太合常理的地方，看这些地方是否暗藏陷阱。比如此题，由$|AC-BC|=2$ cm，可以得到两种情况：(1)$AC-BC=2$ cm；(2)$AC-BC=-2$ cm。

第一种情况下，可得$AC=BC+2$ cm$=10$ cm。

第二种情况下，可得$AC=BC-2$ cm$=6$ cm。

所以这道题目有两个答案：10 cm或者6 cm。

2 若等腰三角形的周长为62，一边长为14，求另两边的长。

等腰三角形的一边长为14，但是不知道它是腰还是底，所以此题要分两种情况来解答。

解 (1) 当长度为14的边是腰时，另一腰长也是14，此时底边长为$62-14-14=34$。但此时$14+14<34$，三角形不成立。

(2) 当长度为14的边是底边时，腰长为$(62-14)\div 2=24$。

综上，另两边长为24、24。

3 从长为13、10、5、7的四条线段中，选三条线段为边，可以画出的三角形的个数是________。

从长为13、10、5、7的四条线段中，选三条线段为边，很多同学会不知所措，要么重复，要么遗漏。我们可以这样思考，从四条线段里选三条线段，也就是说从四条线段里删除一条线段，那么有四种可能：

(1) 删除 13，留下 10、5、7，可以组成三角形；

(2) 删除 10，留下 13、5、7，因为 $5+7<13$，不能组成三角形；

(3) 删除 5，留下 13、10、7，可以组成三角形；

(4) 删除 7，留下 13、10、5，可以组成三角形。

所以，此题的正确答案是 3。

思维水平是在不断提升的

评讲完这些题目后，就让同学们做试卷反面的解答题。我挑选了 4 道较为重要的图形角度的计算题，找了 4 个做得快的同学，到黑板上写出详细解题过程。我用红色粉笔一一点评后，让同学们对照修改。

在三角形中，已经知道了两个角的度数，在求第三个角的度数时，很多同学的书写格式不太好，我给同学们专门进行了规范讲解。

比如，有一些同学在写过程时，常常这样写：$180°-80°-30°=70°$。正确的书写格式应为：在$\triangle ABC$中，$\angle ABC=180°-\angle A-\angle C=180°-80°-30°=70°$。

在解答题里，写出这种不规范的答题过程，说明这些同学的数学思维水平还停留在小学阶段，他们只会运用数字去列式计算，还没有掌握几何推理证明的格式。在做初中数学中的几何题时，不管是图形的计算题，还是图形的证明题，我们一定要做到步步有据，要让看你解题过程的同学和老师，知道你的每一步从何处来，到何处去。从现在开始进行这种正规训练，到了初三时，我们每位同学就能达到初中生的数学思维水平了。

今天课间休息时，我把 F 伟同学又叫到办公室，找出昨天那道应用题，继续单独辅导。

这一次，直到他在我的面前点头，我才罢休。F 伟做的应用题是一道基础题。他不理解的地方在于总工作量为什么要看作单位 1？工作量为什么要等于工作效率乘以工作时间？甲的工作量加上乙的工作量为什么要等于总的工作量？

这些基础知识应该是在小学里都要过关的。另外，还有更重要的一点，就是他的注意力不集中，尤其表现在辅导过程中他老是答非所问上。

第19周

1月6日　星期一

复习全等三角形

昨天晚自习时，每个班都有20分钟的数学学习时间，我布置同学们做练习册上的全等三角形这一章的期末复习题。今天上课后，给了5分钟时间，让同学们认真看课本上本章的主要知识点。

5分钟后，通过问答的方式，与同学们一起，再次强调了这样几个知识点。

1 证明三角形全等的方法有：(1)边边边；(2)边角边；(3)角边角；(4)角角边；(5)斜边、直角边。第五种方法只能用来证明两个直角三角形全等。反过来，要证明两个直角三角形全等，并不只有第五种方法，前面的那些方法都可以用。做具体的几何证明题时，要分析具体的已知条件，看看有哪些已知条件，符合什么样的组合方式，然后就用相应的方法去证明三角形全等。

2 角平分线的性质：角平分线上的点到角两边的距离相等。这个定理在填空题里面经常要用到。比如：

> 如图，AD 是 $\angle BAC$ 的平分线，$\angle C=90^\circ$，$CD=3$，求点 D 到 AB 的距离。
>
> 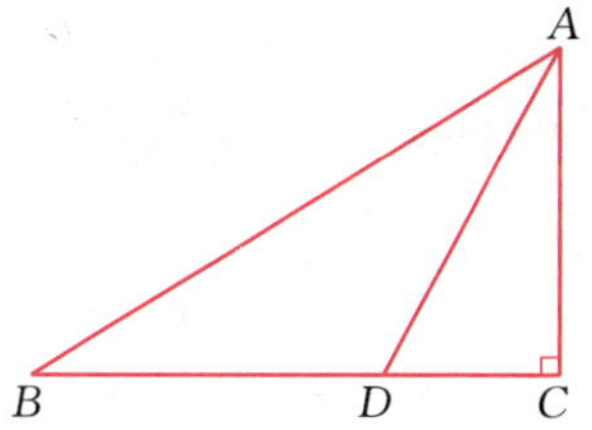
>

在这道题中，因为 AD 是 $\angle BAC$ 的平分线，所以点 D 到 AB 的距离等于点 D 到 AC 的距离。由于 $\angle C=90^\circ$，所以 D 到 AC 的距离恰好就是 DC 的长度3。

讲完这几个主要的知识点后，就让同学们继续做练习册上的期末复习题。

几个比较基础的三角形全等的证明题，我找了几位做得快的同学到黑板上写出详细证明过程。略做修改后，就让同学们把自己做的答案与黑板上的标准答案对照后改正。

晚自习时，给同学们考了一张全等三角形的简单试卷。同学们在考试的时候，我也在做题，花了 25 分钟时间就做完了。一节晚自习的时间为 40 分钟，两个班里，能在 40 分钟时间内大致完成全张试卷的同学有：13 班，W 智、子凯、任羽、嘉琪、芷晴、倩妮、展鹏、雪慧、萧淼、文伟；14 班，倩如、子洋、H 瑞、汝岚、家乐、写意、龙翔、Q 朋、浩天、宁鹭、泽滨、少元、紫颐、邹晖、Z 艺、瑞平、霖林。做得快，说明这些同学能熟练掌握全等三角形这一章的知识。

课间休息时，找了一些以前考试经常出错的同学到我这里重做错题。有一道数学题，要用到变形公式 $a^2+b^2=(a+b)^2-2ab$，尽管我讲过了那道原题，但这些同学还是不会用这个变形公式。我又免不了对他们一一唠叨一遍。

13 班还有一位同学，上周才对他一对一地教过了 x^2-4x+4 分解因式后为 $(x-2)^2$，不是 $(x-2)(x+2)$。他在我的一番"口沫横飞"之下，好不容易弄明白了，但没想到的是，时隔不到一周，他又不会做了。他又把 x^2-4x+4 错误地分解为 $(x-2)(x+2)$。一番讲解之后，我不禁在想，这些学生，到底是理解力太弱？还是记忆力低下？或者就是上天派来专门磨炼我们数学老师意志的？

1 月 7 日　星期二

评讲全等三角形试卷

全等三角形的试卷，我重点讲解了这些题目。

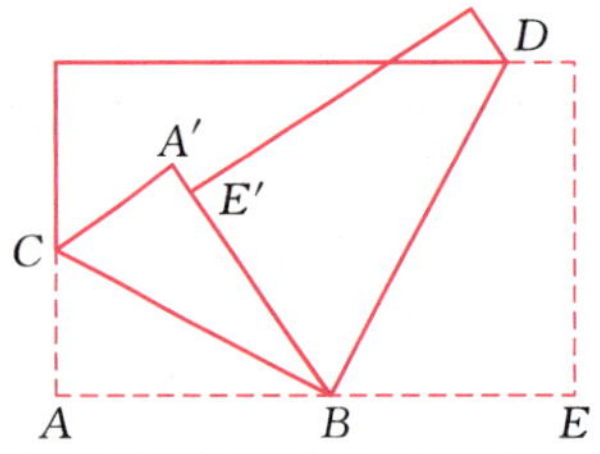

1 一个长方形纸片按如图所示的方式折叠后，$\angle CBD$ 的大小为(　　)。

A. 60°　　B. 75°

C. 90°　　D. 95°

这道选择题，以前在考试中曾经做过，在上一次考试中，两个班里都有一部分同学选择了错误答案 D。这些做错的同学用量角器量了一下，正好是 95°，所以就选择了错误答案 D。

在此次考试中，两个班里又有将近 20 人出错，他们都选择了错误答案 D。询问之后，又都是用量角器量出来的。我想，这些出错的同学，很有可能就是上一次考试出过错的同学。尽管在上一次考试中，已经给他们讲解了其中的道理，他们当时也明白了，但是一段时间之后，他们在做这同一道题目时又犯了同样的错误。一种错误，要想更正，对于这些同学来说，是多么的困难啊！但愿在期末考试中，这些同学不要再犯这样的错误了。

2 如图，$AB=AC$，$BD\perp AC$，$CE\perp AB$，垂足分别为 D、E，BD、CE 相交于点 F，求证：$BE=CD$。

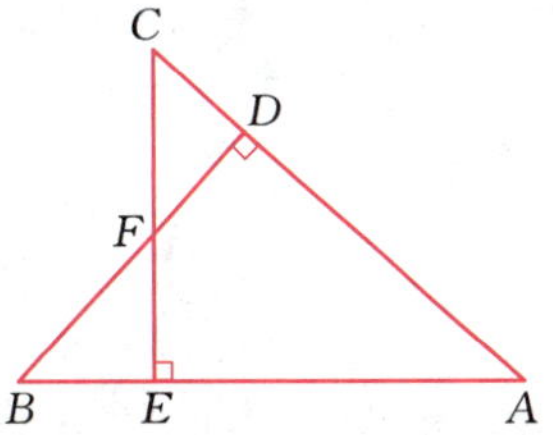

这道题要证△ACE 与△ABD 全等，但是这两个三角形“纠缠”在一起，很多同学很难发现相等的边和角。我在黑板上，把△ACE 与△ABD 分别画在不同的位置（如图），再让同学们分析相等的边与角。

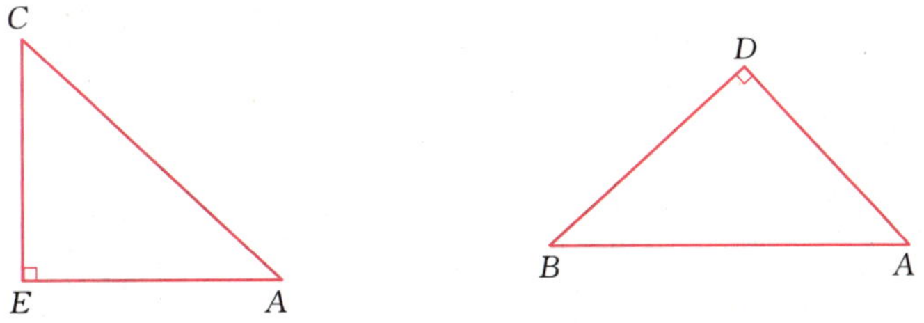

分离开的两个三角形

分开来看，就容易多了，$\angle AEC=\angle ADB=90°$，$AC=AB$，还有一个公共角 $\angle A$，三个条件正好可以证明 $\triangle ACE\cong\triangle ABD$，组合方式就是角角边。证明了 $\triangle ACE\cong\triangle ABD$ 之后，就可得到 $AE=AD$。又因为 $AB=AC$，那么 $AB-AE=AC-AD$，即 $BE=CD$。

3 如图，在△ABC 中，$AB=AC$，$\angle BAC=90°$，过点 B、C 分别向过点 A 的直线作垂线，$BD\perp DE$ 于 D，$CE\perp DE$ 于 E，B、C 在 DE 直线的同侧。求证：$DE=BD+EC$。

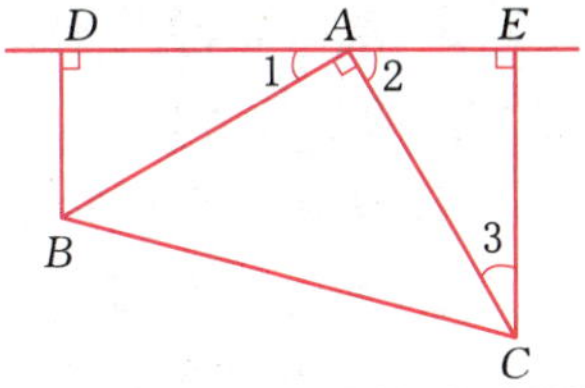

在这道题目中，有好几个垂直。我以前曾经跟同学们讲过一个解题规律：双垂直，尖角等。因为 $\angle BAC=90°$，所以 $\angle 1+\angle 2=90°$。又因为 $CE\perp DE$，所以

$\angle 3+\angle 2=90^\circ$。这样一来，$\angle 1$ 与 $\angle 3$ 这两个锐角就相等了。再加上题目告诉我们的另外两个条件：$AB=AC$，$\angle ADB=\angle CEA=90^\circ$，就可证明 $\triangle ABD\cong\triangle CAE$ 了。那么，就可以得到 $AD=EC$，$BD=AE$。所以 $DE=AE+AD=BD+EC$。

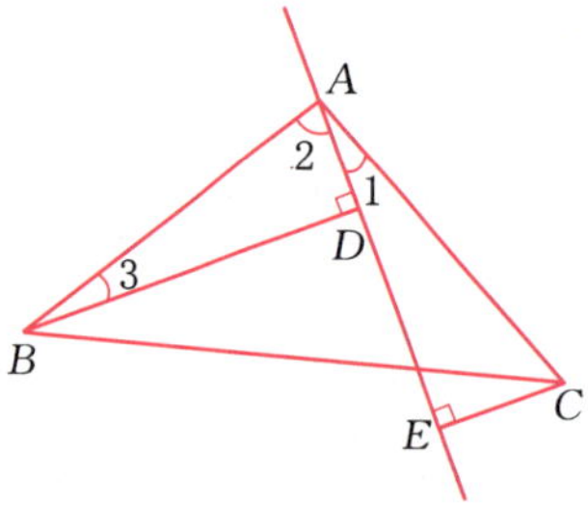

第 3 题变形图

此题有一个变式图形：如图，将直线 DE 绕点 A 旋转一定的角度，使 B、C 位于直线 DE 的两侧，$AB=AC$，$\angle BAC=90^\circ$，$BD\perp DE$ 于 D，$CE\perp DE$ 于 E，求证：$DE=BD-EC$。

这道题与上一题的解题思路差不多，还是可以利用“双垂直，尖角等”得到 $\angle 1=\angle 3$。然后，再加上另外两个已知条件证明 $\triangle ABD\cong\triangle CAE$。两个三角形全等后，得到 $AD=EC$，$BD=AE$，然后 $DE=AE-AD=BD-EC$。最后的结论与上一题的最后结论有一个小小的区别：上一题是 $DE=BD+EC$，这一题是 $DE=BD-EC$。

这两道题如果都能搞懂，那么这种几何证明题就没有问题了。

1 月 8 日　星期三

复习轴对称

上课后，用了 5 分钟时间，带领同学们一起翻看课本上的主要知识点。前两章复习时，让同学们自己去看课本上的知识点，很多人不知看哪里，也不知道哪些知识点重要，所以这一次就由我进行引领讲解。

本章涉及等腰三角形和等边三角形知识，在期末考试时，难度最大的题目一般就是出自本章。本章最主要的知识点有：

1 线段垂直平分线上的点到线段两端的距离相等。

2 点 (x, y) 关于 x 轴对称的点的坐标为 $(x, -y)$，点 (x, y) 关于 y 轴对称的点的坐标为 $(-x, y)$。

3 等腰三角形的性质与判定：(1)等边对等角，等角对等边；(2)三线合一。

4 等边三角形的性质与判定：(1)等边三角形的三个内角都等于 60°；(2)三个角都相等的三角形是等边三角形；(3)有一个角是 60° 的等腰三角形是等边三角形。

5 30° 的角所对的直角边等于斜边的一半。

复习完课本上这些最为重要的知识点后，就让同学们做练习册上的期末复习题。快下课时，我重点讲解了两道经典题型。

例 1 如图，在$\triangle ABC$中，$\angle ABC=90^\circ$，$AB=BC$，$BD=CE$，M是边AC的中点，求证：$\triangle DEM$是等腰直角三角形。

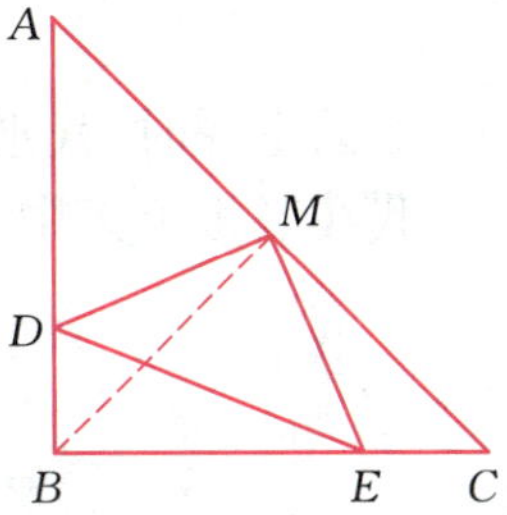

这道证明题，作辅助线BM之后，思路就比较清晰了。因为$\triangle ABC$是等腰直角三角形，$\angle A=\angle C=45^\circ$。$M$是$AC$的中点，连接$BM$之后，根据三线合一的知识点可得$BM\perp AC$，$\angle ABM=\angle CBM=45^\circ$。这样一来，可以得到$\triangle ABM$与$\triangle CBM$都是等腰直角三角形，从而可以得到$BM=CM$。再加上$\angle DBM=\angle ECM=45^\circ$，$BD=CE$，根据边角边定理可以得到$\triangle DBM\cong\triangle ECM$，从而可得$MD=ME$，$\angle DMB=\angle EMC$。又由于$\angle EMC+\angle EMB=90^\circ$，所以$\angle DMB+\angle EMB=90^\circ$。最后可以得到$\triangle DEM$是等腰直角三角形。

这种以等腰直角三角形或者等边三角形为背景的几何图形证明题，一般都要证明三角形全等，而且这种全等一般都是旋转后的全等。同学们可以多总结。

例 2 如图，$\triangle ABC$是等边三角形，D、E分别是BC、AC边上的点，且$AE=CD$，连接AD，过点B作$BQ\perp AD$于Q，连接BE交AD于P，求证：$PQ=\frac{1}{2}BP$。

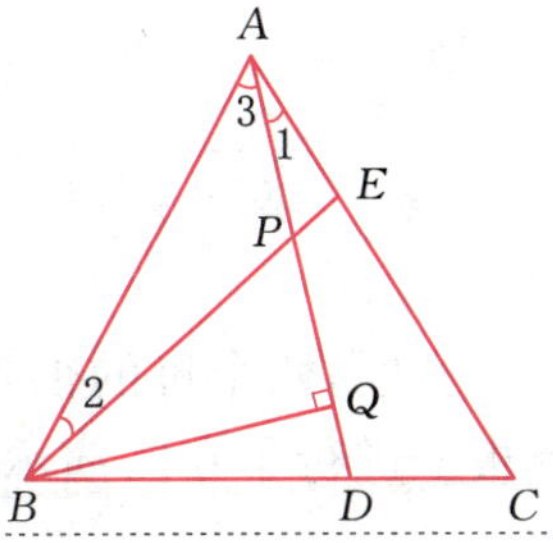

这道题，关键是要证明$\triangle ABE\cong\triangle CAD$。证明这两个三角形全等的三个条件应该很好找。因为$\triangle ABC$是等边三角形，可得$AB=CA$，$\angle BAE=\angle ACD=60^\circ$。还缺一个条件，题目正好为我们准备好了，$AE=CD$。证出$\triangle ABE\cong\triangle CAD$后，可得$\angle 1=\angle 2$。又因为$\angle 1+\angle 3=60^\circ$，所以$\angle 2+\angle 3=60^\circ$，而$\angle 2+\angle 3=\angle BPQ=60^\circ$。又因为$BQ\perp AD$，所以$\angle PBQ=30^\circ$。在$\mathrm{Rt}\triangle BPQ$中，$30^\circ$的角所对的直角边等于斜边的一半，所以$PQ=\frac{1}{2}BP$。

讲完这两道题后，让同学们把这两道题的详细解题过程写在练习册上。

晚自习时，测试了轴对称这一章的内容。

1月9日 星期四

轴对称试卷改错

今天上课时，我把昨天考试的试卷，发给同学们改错。

我在黑板上集中讲解了三道题：

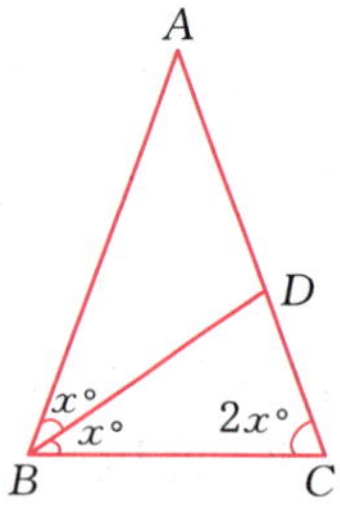

1 如图，在$\triangle ABC$中，$AB=AC$，BD是$\angle ABC$的平分线，点D在AC上，$\angle BDC=75°$，求$\angle A$的度数。

在这道题中，因为BD是$\angle ABC$的平分线，所以$\angle ABD=\angle DBC$。又因为$AB=AC$，所以$\angle ABC=\angle C$。

为了表示角度之间错综复杂的关系，最好的办法是设未知数。设$\angle ABD=\angle DBC=x°$，那么$\angle ABC=\angle C=2x°$。又因为$\angle BDC=75°$，在$\triangle DBC$中，三个内角的和为180°，所以可得方程$x+2x+75=180$，解得$x=35$。

这样的数学计算题，只要突破了一点，就非常容易突破其他点。最后可得$\angle ABC=\angle C=70°$，$\angle A=40°$。

2 尺规作图：(1)作一个角的平分线；(2)作一条线段的垂直平分线。

本题，两个班的很多同学做错了，一些同学尺规作图的痕迹很不规范。我在黑板上进行了专门演示，演示完后，又让同学们在试卷上模仿着画。

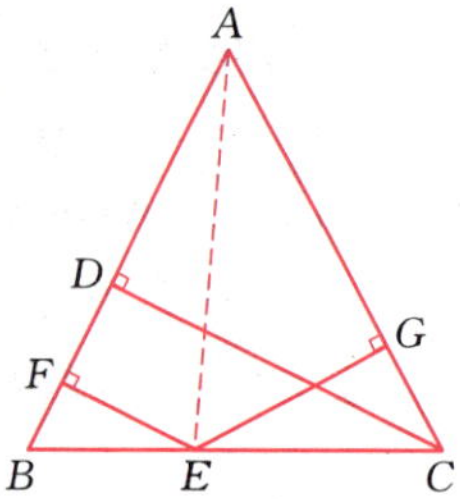

3 如图，在$\triangle ABC$中，$AB=AC$，在底边BC上取任意一点E，利用面积公式，可证点E到两腰的距离之和等于定长（腰上的高），即$EF+EG=CD$。请写出证明过程。

这道题在以前上课时讲过了，我前面所写的教学日记里面，也曾经专门讲解过。但现在，很多同学又忘了，纷纷问我该如何做。我对同学们说：“这道几何证明题，最好的证明方法，是运用三角形的面积去证明。”

证明　如图，连接 AE。

$\because S_{\triangle ABC}=S_{\triangle ABE}+S_{\triangle ACE}$，

$\therefore \frac{1}{2}AB\cdot CD=\frac{1}{2}AB\cdot EF+\frac{1}{2}AC\cdot EG$。

$\because AB=AC$，$\therefore$ 化简得 $CD=EF+EG$。

这道几何证明题有一道变式题：

变式题　如图，如果点 E 在 BC 的延长线上，那么 CD 与 EF、EG 之间又是怎样的关系呢？

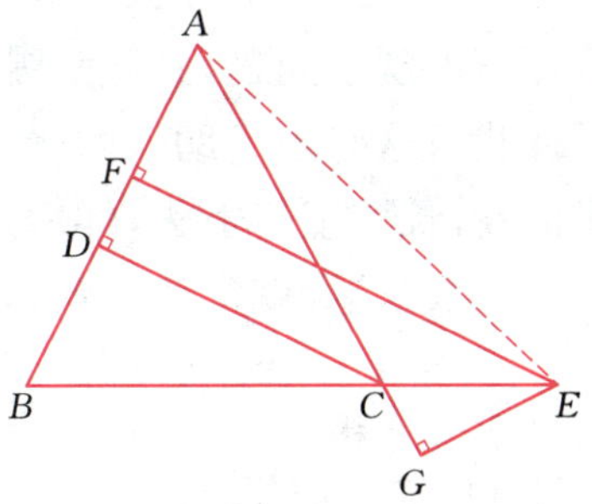

这道题的解题思路与上一题的差不多，只是有一点不同。根据图形特点需要做一点细小的改变。

解　$\because S_{\triangle ABC}=S_{\triangle ABE}-S_{\triangle ACE}$，

$\therefore \frac{1}{2}AB\cdot CD=\frac{1}{2}AB\cdot EF-\frac{1}{2}AC\cdot EG$。

$\because AB=AC$，$\therefore$ 化简得 $CD=EF-EG$。

同学们，对比这两道几何证明题，你们想明白整个过程以及结论了吗？

1月10日　星期五

数学期末模拟考试

今天每个班都有两节课，这也是期末考试前最后一次连堂课的机会。我找了一套期末模拟试卷，给两个班的学生进行了一次测试。

成绩出来后，最大的问题仍然是两极分化严重，特别是在13班这个普通班里，最高分有116分，最低分才11分，连优生分数的零头也赶不上。都在一个教室里学习，都用相同的教材，都是一个老师在教，真弄不懂为什么会有这么大的差距。

评讲这套数学模拟试卷时，我重点讲解了三个难一点的选择题。其他做错了的题目，让同学们自己去更正，如果遇到找不到思路的，再来问我。优生基本上只要看到题目上的"×"，就知道自己错在了哪里，也就可以迅速改正。而另外的一些后进生，自身的纠错能力严重不足，他们需要一对一的单独辅导。光靠我一个人，根本就照顾不过来，我只好再次发挥群体战术，把十几个后进生，一个一个地分配给优生单独辅导。优生用几分钟时间，把自己试卷上的错误更正完毕后，就去帮助这些后进生。

我要求优生重点去辅导后进生那些计算题，看看这些后进生，到底是什么计算环节出现了问题，到底是哪一个知识点没有弄明白，到底是什么公式变形混淆了。我对这些乐于助人的优生说："辅导别的同学一遍，就相当于自己又做了一遍试卷，长期坚持下去，你们这些优生也可以达到老师做数学试卷的速度。因为一看到数学题，就知道如何做才能得分，如何做会被扣分。"

1月11日 星期六

讲解两道工程类应用题

昨天晚自习时，从一张数学试卷上挑选了几道数学题，让同学们练了一下。今天，我就试卷上一道应用题，进行了讲解。

1 一项工程，甲单独施工，恰好在规定时间内完成。乙单独施工，完成工程所需天数是规定天数的1.5倍。如果由甲、乙两人先共同施工15天，那么余下的工程由甲队单独完成还需5天。(1)这项工程的规定时间是多少天？(2)已知甲每天的施工费用为6 500元，乙队每天的施工费用为3 500元。为了缩短工期，决定由两人共同施工，则该工程的施工费用是多少元？

首先设规定的时间为x天，那么甲单独完成要x天，乙单独完成要$1.5x$天。所以甲一天完成整个工程的$\frac{1}{x}$，乙一天完成整个工程的$\frac{1}{1.5x}$。甲、乙两人共同施工15天后，甲又单独施工5天，总工程量为$15\times\left(\frac{1}{x}+\frac{1}{1.5x}\right)+\frac{1}{x}\times 5$。而这个总工程量是等于整体1的。因为是把整个工程完成了，所以可列出方程：$15\times\left(\frac{1}{x}+\frac{1}{1.5x}\right)+\frac{1}{x}\times 5=1$。

化简，整理有 $\frac{15}{x}+\frac{10}{x}+\frac{5}{x}=1$，即 $\frac{30}{x}=1$，解得 $x=30$。

解到这里，一定要注意，分式方程解完后要检验，否则会被扣分。哪怕是一个最为简单的分式方程，解完后也一定要写出检验步骤。

经检验，$x=30$ 是原方程的解。

第(2)小题就比较简单了。先求出两人共同施工一天可以完成的工程量：$\frac{1}{30}+\frac{1}{1.5\times 30}=\frac{5}{90}$。再求出两人完成整个工程所需要的天数：$1\div\frac{5}{90}=18$。因为 $(6\,500+3\,500)\times 18=180\,000$，所以总费用就是 180 000 元。

讲完这道应用题后，还有一道填空题，很多同学问，我也讲解了一下。

> **2** 一项工程，甲、乙合做需要 x 天完成，甲单独完成需要 y 天，则乙单独完成需要________天。

在这道题中，甲、乙合做要 x 天完成，说明甲、乙两个人合做一天完成 $\frac{1}{x}$。甲单独完成需要 y 天，说明甲一天完成 $\frac{1}{y}$。那么，乙一天完成的工程量可以表示为 $\frac{1}{x}-\frac{1}{y}$，化简得 $\frac{1}{x}-\frac{1}{y}=\frac{y}{xy}-\frac{x}{xy}=\frac{y-x}{xy}$。乙单独完成整个工程所需要的时间，等于总工程量 1 除以乙一天完成的工程量 $\frac{y-x}{xy}$，即 $\frac{xy}{y-x}$。所以，乙单独完成整个工程需要 $\frac{xy}{y-x}$ 天。

1 月 12 日　星期日

几道基础计算题

今天的数学课是本学期数学期末考试前的最后一节。在 13 班上课时，考虑到很多同学在这段时间做模拟试卷时，犯了很多低级错误，还有部分同学把最简单的乘法公式和因式分解都搞混了。所以，我先用了一些时间，在教室里给大家复习了一下三个乘法公式。

讲完一些最基础的东西后，就让同学们做了几道基础题。

1 $\sqrt{4}+(2\,014-\pi)^0-\left(\frac{1}{3}\right)^{-1}+|-2|$。

2 $[(2x-y)(y+2x)+y(y-6x)]\div 2x$。

3 $\frac{x^2-4y^2}{x^2-2xy+y^2}\div\frac{x-2y}{x^2-xy}$。

4 $\left(1-\frac{1}{x+1}\right)\div\frac{x}{x^2-1}$。

5 $\left(\frac{x}{x-1}-\frac{x}{x+1}\right)\div\frac{2x}{1-x}$。

6 $\frac{5}{a-2}-a-2$。

7 解方程：$\frac{1}{x-2}=\frac{1-x}{2-x}-3$。

8 因式分解：① $-4a^3+4a^2b-ab^2$；② $2x^4-32$；

③ $m^2(n-2)+n^2(2-n)$。

下课时，同学们上交刚做的这几道基础题。数学期末考试前的复习时间，就让计算题做错的同学改错。改完错的同学和其他全对的同学，在考试前自由复习。

说是自由复习，我仍然给同学们圈定了一个范围：(1)看以前考试试卷和小测本上的错误；(2)看课本上的公式、法则、定理、结论等。

本学期所有的教学任务，到今天就全部结束了。

大考之前还是要回归基础：基本的公式、基本的计算、基本的题型、基本的原理……老师最后的一篇日记就记录了这些最简单、最基本的东西，希望能给每位同学留下深刻的印象。

日子像小河里的水，不停歇地向前流动，也承载着数学的教与学。在这条小河里，同学们是学会了游泳的本领，身体变得健壮，头脑变得清晰？还是在随波逐流？甚至呛着水，昏了头，试图逃离这条小河？

真希望这本教学日记，能为同学们揭示出在数学学习的小河里戏水的窍门。也正是这个心愿支撑着我每天在繁忙的教学工作之余，拖着疲惫的身躯，在深夜里记述着当天教学中的一点一滴。

我用日记描述着这一路的景象，想通过日记，让每个学生看清自己在数学学习中的方方面面。我一直有这样一个观点：数学其实很简单。我们每个人只要扎扎实实地掌握每一个知识点，打好基础，认清规律，避开陷阱，远离一些似是而非的观念，不需要费太多额外的力气，都能把数学学好。希望所有的数学学习者读完这本教学日记后，都能有“两岸猿声啼不住，轻舟已过万重山”的心境。

日记告一段落，而数学学习仍将继续，相信我们大家都能从数学学习中汲取营养，体验快乐，取得进步，获得成功。